Bankinformatik-Studien

Herausgegeben von Professor Dr. DIETER BARTMANN
Institut für Bankinformatik an der Universität Regensburg

Band 5

Titel der bisher erschienenen Bände

Band 1: B. A. KERSCHER
Telekommunikation
im Bankgeschäft
1998. ISBN 3-7908-1067-3

Band 2: M. KREUZER
Elektronische Bankvertriebswege
1998. ISBN 3-7908-1068-1

Band 3: C. STOCKMANN
Elektronische Bankfilialen
und virtuelle Banken
1998. ISBN 3-7908-1069-X

Band 4: Ch. FOTSCHKI
Kooperationen an der elektronischen
Bank-Kunde-Schnittstelle
1998. ISBN 3-7908-1085-1

Michael Grebe

Das elektronische Firmenkundengeschäft der Kreditinstitute mit dem industriellen Mittelstand

Ein strategisches Marketing-Konzept für die Bankpraxis

Mit 38 Abbildungen
und 74 Tabellen

Physica-Verlag
Ein Unternehmen
des Springer-Verlags

Dr. Michael Grebe
Institut für Bankinformatik
Universität Regensburg
D-93040 Regensburg

ISBN 978-3-7908-1086-8 ISBN 978-3-642-52421-9 (eBook)
DOI 10.1007/978-3-642-52421-9

Die Deutsche Bibliothek - CIP-Einheitsaufnahme
Grebe, Michael:
Das elektronische Firmenkundengeschäft der Kreditinstitute mit dem industriellen Mittelstand : ein strategisches Marketing-Konzept für die Bankpraxis / Michael Grebe. - Heidelberg : Physica-Verl., 1998
(Bankinformatik-Studien; Bd. 5)
ISBN 978-3-7908-1086-8

Umschlaggestaltung: Claudia Binder, Graphikdesign, Erding
SPIN 10661866 88/2202-5 4 3 2 1 0 - Gedruckt auf säurefreiem Papier

Vorwort des Herausgebers

Nach Risikokosten wird das traditionelle Aktiv- und Passivgeschäft mit Firmenkunden häufig zur Verlustquelle. Die Banken müssen versuchen, ihr Geschäft mit lukrativen Firmenkunden zu intensivieren. Eine sehr interessante Firmenkundengruppe ist der industrielle Mittelstand. In Relation zum Geschäftsvolumen erbringen mittelständische Firmenkunden oftmals höhere Deckungsbeiträge als Großunternehmen.

Der industrielle Mittelstand wird von der Mehrzahl der Kreditinstitute bisher wenig systematisch und eher reaktiv als proaktiv bearbeitet. Es ist somit anzunehmen, daß gerade im elektronischen Firmenkundengeschäft mit dem industriellen Mittelstand ein großes Potential besteht, das mit geeigneten Strategien und Maßnahmen erschlossen werden kann. Aus diesem Grund ist das Thema „elektronisches Firmenkundengeschäft mit dem industriellen Mittelstand“ wichtig.

Die vom Verfasser untersuchte Problemstellung lautet: Wie können die vorhandenen Potentiale im elektronischen Firmenkundengeschäft mit dem industriellen Mittelstand (Informationsgewinnungs-, Kundenbindungs-, Cross-Selling-, Rationalisierungs-, Differenzierung-, Imagepotential) erschlossen werden? Zielsetzung ist die Entwicklung und Operationalisierung eines strategischen Marketing-Konzepts zur Erschließung der oben genannten Potentiale.

Die vorliegende Arbeit entstand am Institut für Bankinformatik an der Universität Regensburg. Sie wurde in enger Zusammenarbeit mit der Bankpraxis erstellt. Deshalb sind die Antworten nicht nur theoretisch fundiert, sondern bieten gleichermaßen einen Leitfaden speziell in der Hand von Entscheidungsträgern im Firmenkundenmarketing und im Electronic Banking für Firmenkunden.

Regensburg im Juni 1997 Dieter Bartmann

Vorwort

Neue Technologien wie das Internet oder EDI/EDIFACT erweitern den Spielraum bei der Gestaltung und dem Vertrieb von Bankprodukten im Firmenkundengeschäft. Infolge dessen gewinnt das elektronische Firmenkundengeschäft eine wachsende Bedeutung und kann u.a. als Instrument zur Intensivierung der Kundenbindung oder zur Differenzierung durch Produktinnovationen genutzt werden. Aufgrund seiner Bedeutung und spezifischen Problemlage erweist sich der industrielle Mittelstand als besonders attraktive Zielgruppe für Bankleistungen des elektronischen Firmenkundengeschäfts.

Ziel dieses Buches ist die Entwicklung eines praxisorientierten Marketing-Konzepts für das elektronische Firmenkundengeschäft mit dem industriellen Mittelstand. Grundlage hierfür bildet neben einer detaillierten Situationsanalyse eine repräsentative Firmenkundenumfrage bei mittelständischen und großen Industrieunternehmen, deren Anforderungsprofil, Ausstattungsbedarf und Ausstattungsgrad im elektronischen Firmenkundengeschäft ausführlich dargestellt werden. Unter Verwendung multivariater Analysemethoden wird eine potentialorientierte Segmentierung entwickelt, die in konkrete Handlungsempfehlungen für die identifizierten Segmente mündet.

Die vorliegende praxisorientierte Untersuchung entstand im Rahmen einer Forschungstätigkeit des Verfassers im Kompetenzzentrum Medien am Institut für Bankinformatik an der Universität Regensburg. Das 1993 von Prof. Bartmann gegründete Institut für Bankinformatik betreibt vorwettbewerbliche Forschung zum Thema „Finanzdienstleistungen in der Informationsgesellschaft". Dieses Rahmenthema wird in einzelnen Kompetenzzentren vertiefend bearbeitet. Thema des Kompetenzzentrums Medien (CC Medien) ist der Einfluß elektronischer Medien auf die Bank-Kunde-Schnittstelle. Bankpartner im CC Medien sind die Bayerische Vereinsbank, die Bayerische Landesbank, der Bayerische Sparkassen- und Giroverband vertreten durch das Informatik Zentrum Bayern und die Schmidt-Bank.

An dieser Stelle möchte ich Herrn Prof. Bartmann sehr herzlich für die Übernahme des Erstgutachtens und die Schaffung hervorragender Rahmenbedingungen für eine praxisorientierte Forschungsarbeit am Institut für Bankinformatik danken. Mein besonderer Dank gilt weiterhin Herrn Prof. Hamerle für die Übernahme des Zweitgutachtens und seine fachkundige und hilfsbereite Unterstützung in statistischen Fragen der Untersuchung. Darüber hinaus danke ich den Bankpartnern des Instituts für Bankinformatik, die durch ihre finanzielle Förderung und die Bereitschaft zum engen Dialog diese Untersuchung ermöglicht und zum Gelingen maßgeblich beigetragen haben.

Einen lieben Dank sage ich meiner Mutter für Ihre immerpräsente und immerwährende Unterstützung in allen möglichen und unmöglichen Lebenslagen. Ein herzlicher Dank geht an meinen Vater für die ideelle und materielle Förderung meiner Entwicklung und Ausbildung. Einen lieben Dank sage ich auch meiner Freundin Christiane für Zerstreuung, Entspannung und Erholung besonders in Phasen extremer Arbeitsbelastung.

Weiterhin danken möchte ich meinem Freund Fabian Dömer für seine mentale Unterstützung und Bereitschaft zum kritischen Dialog, meinem Kollegen Bernhard (Bernie) Kerscher für viele fruchtbare Diskussionen und last but not least den anderen Kollegen am Institut für Bankinformatik, insbesondere Frau Gabriele Matzinger.

Regensburg im Juni 1997 Michael Grebe

Inhaltsverzeichnis

Abkürzungsverzeichnis

AL	Average Linkage
Anm. d. Verf.	Anmerkung des Verfassers
ANSI	American National Standardisation Institute
AWV	Außenwirtschaftsverordnung
AZV	Auslandszahlungsverkehr
BCS	Banking Communication Standard
BML	Bankmarktleistung
bspw.	beispielsweise
BTX	Bildschirmtext
bzgl.	bezüglich
bzw.	beziehungsweise
c.p.	ceteris paribus
CEPT	Conférence Européenne des Admin. des Postés et Télécommunic.
CL	Complete Linkage
DB	Datenbank
DFÜ	Datenfernübertragung
DSGV	Deutscher Sparkassen- und Giroverband
DTA	Datenträgeraustausch
DTB	Deutsche Terminbörse
EB	Electronic Banking
EDI	Electronic Data Interchange
EDI/EDIFACT	EDI mittels UN/EDIFACT
EFKG	Elektronisches Firmenkundengeschäft
EFT	Electronic Funds Transfer
EFTPOS	Electronic Funds Transfer am Point of Sale
et al.	et alii
etc.	et cetera
EU	Europäische Union
EWWU	Europäische Wirtschafts- und Währungsunion
FKG	Firmenkundengeschäft
FTAM/EU	File Transfer, Access and Management mit elektronischer Unterschrift
FTP	File Transfer Protocol

GAN	Global Area Network
Hrsg.	Herausgeber
HTML	Hypertext Markup Language
HTTP	Hypertext Transfer Protocol
i.e.S.	im engeren Sinne
IP	Internet Protocol
IRC	Internet Relay Chat
ISDN	Integrated Services Digital Network
ISO	International Organisation for Standardisation
ITU	International Telecommunications Union
IuK-Technologie	Informations- und Kommunikationstechnologie
IZV	Inlandszahlungsverkehr
KIT	Kernsoftware für intelligente Terminals
LAN	Local Area Network
m.E.	mit Einschränkungen
Mio.	Million
Mrd.	Milliarde
o.S.	ohne Seite
o.V.	ohne Verfasser
ODA	Office Document Architecture
ODETTE	Organisation for Data Exchange by Tele Transmission in Europe
ODIF	Office Document Interchange Format
OSI	Open Systems Interconnection
PC	Personal Computer
POS	Point of Sale
resp.	respektive
RINET	Reinsurance and Insurance Network
RJE	Remote Job Entry
RVS	Rechnerverbundsystem
S.W.I.F.T.	Society for Worldwide Interbank Financial Telecommunication
SGE	Strategische Geschäftseinheit
SGF	Strategisches Geschäftsfeld
SGML	Standard Generalised Markup Language
SL	Single Linkage
SMP	Symmetric Multiprocessing

SMTP	Simple Mail Transfer Protocol
sog.	sogenannte
SSL	Secure Socket Layer
TCP	Transmission Control Protocol
TRADACOM	Trading Data Communication
Tsd.	Tausend
u.U.	unter Umständen
UN/EDIFACT	United Nations / Electronic Data Interchange for Administration Commerce and Transport
VDA	Verband der deutschen Automobilindustrie
vgl.	vergleiche
VK	Videokonferenz
WAN	Wide Area Network
WP	Wertpapier
WWW	World Wide Web
z.B.	zum Beispiel
z.T.	zum Teil
ZV	Zahlungsverkehr

1 Potential und Potentialerschließung im elektronischen Firmenkundengeschäft mit dem industriellen Mittelstand

„Es gibt drei Wege zum klugen Handeln:
durch Nachdenken - der edelste,
durch Nachahmen - der leichteste,
durch Erfahrung - der bitterste."
Konfuzius

1.1 Neue Herausforderungen für Kreditinstitute

Deregulierung und technischer Fortschritt haben zu einer deutlichen Verschärfung des Wettbewerbs im Banken- und Finanzdienstleistungssektor geführt. Die Verfügbarkeit von Anwendungen der Informations- und Kommunikationstechnologie verändert die Strukturen dieser Branche grundlegend [vgl. o.V. 1996a, S. 35]. Sinkende Eintrittsbarrieren verschaffen Non- und Near-Banks sowie ausländischen Banken einen schnellen und vergleichsweise kostengünstigen Zugang zum deutschen Markt. Infolge dieser Entwicklungen sieht die Bank für Internationalen Zahlungsausgleich einen „noch nie dagewesenen Druck zu grundlegender Restrukturierung und Konsolidierung" [o.V. 1996a, S. 35] in den Bankensektoren der Industrieländer, wobei nicht erwartet wird, daß die Kräfte des Strukturwandels und das Innovationstempo künftig nachlassen werden. Ein Ende des Restrukturierungs- und Konsolidierungsprozesses ist nicht in Sicht.

Die Entwicklung zur Informationsgesellschaft führt dazu, daß der Produktionsfaktor Information gegenüber den klassischen Produktionsfaktoren an Bedeutung gewinnt. Einige Autoren sprechen in diesem Zusammenhang von der sog. Quartär-Hypothese, nach der sich mit dem Informationssektor ein vierter eigenständiger Bereich zu etablieren beginnt [vgl. Lehner 1996, S. 17]. Diese Entwicklung stellt für Kreditinstitute eine besondere Chance dar, denn anders als in der Agrar- oder Industriegesellschaft, wo Banken lediglich Komplementärfunktionen wahrnahmen, können sie das Produkt Information zumindest teilweise selbst erzeugen. Darüber hinaus treten sie als Verarbeiter, Vermittler und Verteiler von Information auf. Da die Informationsverarbeitung und -übertragung immer untrennbarer mit dem Einsatz der Informations- und Kommunikationstechnologie verbunden ist, sind Banken gezwungen, den Nutzen neuer Technologien zu beurteilen und relevante Technologien zu beherrschen.[1] Der Einsatz der Informations- und Kommunika-

---

[1] *Hermanns/Flegel* konstatieren, daß zukunftsorientierte Unternehmenspolitik ohne Berücksichtigung von Informations- und Kommunikationstechnologien (..) tendenziell zu strategischen Wettbewerbsnachteilen und ein Technologieverzicht ab einer bestimmten Technologieverbreitung zu einer isolierten Marktposition führen wird [vgl. Hermanns/Flegel 1992, S. 921-922].

tionstechnologie sollte nie Selbstzweck sein, sondern stets unmittelbar oder mittelbar auf eine Verbesserung der Wettbewerbssituation abzielen. Im Sinne der Kundenorientierung ist der Kunde in den Mittelpunkt aller Strategien und Maßnahmen zu stellen.

Die Verbindung von Computertechnik und digitalisierter Telekommunikation einerseits und die Verschmelzung von Ton- und Bildträgern mit dem Computer im Rahmen der Multimediatechnik andererseits bilden die Voraussetzungen für das Entstehen elektronischer Märkte. In diesen Märkten können Transaktionen vollständig elektronisch abgewickelt werden, indem Transaktionspartner Informationsobjekte über elektronische Netze austauschen [vgl. Schmid 1995, S. 224]. Das Internet bildet zusammen mit den sich etablierenden Sicherheits- und Übertragungsstandards eine geeignete Infrastruktur hierfür, deren Verbreitung auch Auswirkungen auf den Finanzdienstleistungsmarkt haben wird. Einerseits ist davon auszugehen, daß durch das Entstehen elektronischer Märkte die Markttransparenz bei standardisierten Produkten und Leistungen zunimmt, was zu einem verschärften Preiswettbewerb führt. Diese Entwicklung trifft besonders Kreditinstitute, deren Angebotsspektrum relativ homogen ist. Zum anderen fördern elektronische Märkte das Entstehen neuer finanzieller Austauschformen. Beispiele hierfür sind elektronisches Geld und multilaterale Netting-Center, die ein Forderungs- und Verbindlichkeitsclearing über Netzinfrastrukturen wie das Internet ermöglichen und damit eine Gefahr für traditionelle Bankgeschäfte, wie z.B. den Zahlungsverkehr, darstellen [vgl. Bartmann/ Kerscher 1995, S. 41-42].

Neben den wettbewerblichen und technologischen Herausforderungen nehmen auch die Anforderungen von seiten der Bankkunden zu. Statt isolierten Produktlösungen sind zunehmend ganzheitliche Problemlösungen gefragt. Je nach vorhandenen Ressourcen und bestehendem Know-how werden Kreditinstitute Problemlösungen nicht immer alleine bereitstellen können. Um dennoch als Problemlöser auftreten zu können, bieten sich Kooperationen mit geeigneten Partnern an. Kooperationsstrategien werden im Bankgeschäft der Zukunft einen bedeutenden Stellenwert einnehmen.

Die geschilderten Herausforderungen sind Chance und Risiko zugleich. Um sie als Chance zu nutzen, müssen Kreditinstitute Potentiale frühzeitig erkennen und diese proaktiv durch geeignete Strategien und Maßnahmen für sich erschließen. Kreditinstitute, die eine Anpassungsstrategie verfolgen und lediglich auf aktuelle Entwicklungen reagieren, setzen sich der Gefahr aus, im veränderten Wettbewerb Marktanteile zu verlieren.

Die vorliegende Untersuchung möchte einen konstruktiven Beitrag zur Bewältigung dieser neuen Herausforderungen leisten. Der Themenfokus liegt auf dem elektronischen Firmenkundengeschäft der Kreditinstitute mit dem industriellen Mittelstand.

1.2 Potentiale im elektronischen Firmenkundengeschäft mit dem industriellen Mittelstand

1.2.1 Der industrielle Mittelstand als Zielgruppe

Im Firmenkundengeschäft der Kreditinstitute hat sich die Wettbewerbssituation in den letzten Jahren deutlich verschärft. Obwohl mit Firmenkunden etwa zwei Drittel der bilanzwirksamen Aktiv- und ein Drittel der bilanzwirksamen Passivgeschäfte getätigt werden, liegt der Anteil der Erträge dieser Geschäfte vor Risikokosten bei nur etwa 20 bis 25% der Gesamterträge; nach Risikokosten wird das traditionelle Aktiv- und Passivgeschäft mit Firmenkunden häufig zur Verlustquelle [vgl. Wieandt 1994, S. 13]. Darüber hinaus besteht bei Großunternehmen und multinationalen Konzernen ein Trend zur Zentralisierung der Finanzaktivitäten in einer Inhouse-Bank, die Teile des traditionellen Bankgeschäfts selbst oder mit Non- und Near-Banks abwickelt. In dieser Situation müssen Kreditinstitute nach attraktiven Zielgruppen Ausschau halten und ihr Firmenkundengeschäft neu ausrichten.

Mittelständische Unternehmen stellen für Kreditinstitute - traditionell besonders für Sparkassen und Genossenschaftsbanken - ein wichtiges Kundensegment dar [vgl. Vogt 1990, S. 10]. Auch bei den Großbanken ist der Mittelstand zu einer wichtigen Kundengruppe avanciert. Die Internationalisierung des industriellen Mittelstands und die Problematik der Unternehmensnachfolge haben auch den Großbanken das Signal zur Mittelstandsoffensive gegeben [vgl. Weinkauf 1993, S. 399].[2] In Relation zum Geschäftsvolumen erbringen mittelständische Firmenkunden oftmals höhere Deckungsbeiträge als Großunternehmen, wobei innerhalb des Mittelstandssegments größere Betriebe, zu denen auch Unternehmen des industriellen Mittelstands gehören, die deckungsbeitragsstärkste Gruppe darstellen [vgl. Schmoll 1996, S. 7 und S. 15].

Auch künftig wird der industrielle Mittelstand eine besonders attraktive Zielgruppe für Kreditinstitute bleiben. Hierfür sprechen folgende Gründe:

- Größenbedingt besitzt der industrielle Mittelstand nicht das Spezialisten-Know-how, das zur alleinigen Bewältigung des sektoralen Strukturwandels, der technologischen Herausforderungen und der Internationalisierung von Produktion und Absatz notwendig ist. Mittelständische Unternehmen werden somit auch zukünftig auf externe Unterstützung angewiesen sein.

---

2 Z.B. wendet sich die Deutsche Bank mit ihrem „Programm 2000 für mittelständische Unternehmen" mit Informations- und Beratungsleistungen speziell an diese Zielgruppe, die im Firmenkundengeschäft inzwischen große Bedeutung erlangt hat. So beträgt bei der Deutschen Bank der Anteil des Mittelstands an den inländischen Firmenkunden rund 95%, am Kredit- und Einlagevolumen rund 75% und am Zinsertrag rund 80% [vgl. Deutsche Bank 1996, S. 13]. Die Anteile für den in dieser Untersuchung betrachteten industriellen Mittelstand als Teil des gesamten Mittelstands fallen geringer aus.

- Der industrielle Mittelstand verlangt zunehmend Systemangebote. Die Verschmelzung separater Bankmarktleistungen mit einer qualifizierten Beratung zu einer kundenindividuellen Problemlösung eröffnet speziell in diesem Segment neue Absatzpotentiale.
- Mittelständische Industrieunternehmen besitzen die notwendige Mindestgröße, die den Einsatz von elektronischen Mehrwertsystemen, z.B. zur Unterstützung des Cash Managements oder der Finanzplanung, sinnvoll erscheinen läßt. Auf der anderen Seite sind diese Unternehmen auf externes Know-how angewiesen, um die Vorteile dieser Systeme zu erkennen und zu realisieren.
- Das Verhältnis zwischen industriellem Mittelstand und Kreditinstituten ist im Regelfall von Dauer und deutlich stärker als bei Großunternehmen durch emotionale Elemente geprägt. Gerade die bestehenden Hauptbankverbindungen von mittelständischen Firmenkunden bieten bankseitig einen hervorragenden Ansatzpunkt zur Intensivierung des Geschäfts.
- Der industrielle Mittelstand wird von der Mehrzahl der Kreditinstitute bisher wenig systematisch und eher reaktiv als proaktiv bearbeitet [vgl. Renker 1993, S. 7].[3] Es ist somit anzunehmen, daß gerade im elektronischen Firmenkundengeschäft[4] mit dem industriellen Mittelstand ein großes Potential besteht, das mit geeigneten Strategien und Maßnahmen erschlossen werden kann.

Der industrielle Mittelstand stellt somit ein attraktives Geschäftsfeld mit Perspektiven für Kreditinstitute dar [vgl. Juncker 1993, S. 79]. Dabei birgt die Intensivierung des Bestandsgeschäfts, d.h. der Ausbau von Geschäftsbeziehungen mit bestehenden Kunden, gerade bei Universalbanken wegen ihres großen Firmenkundenstammes und der verfügbaren Datenbestände zu diesen Kunden ein hohes Potential. Dies gilt um so mehr, da seit Mitte der 80er Jahre im westdeutschen Mittelstand kein Zuwachs mehr an Bankverbindungen zu verzeichnen ist [vgl. Hötzel 1993, S. 375].

Ein erfolgversprechender Weg zur Potentialerschließung führt über eine Intensivierung der Kundenbindung, die mit unmittelbaren wirtschaftlichen Vorteilen verbunden ist.[5] Ansatzpunkte zur Erreichung dieses Ziels sind in den Problemfeldern des industriellen Mittelstands zu suchen. Relevante Problemfelder im Kontext des elektronischen Firmenkundengeschäfts sind das Finanzmanagement, das Informationsmanagement und damit untrennbar verbunden das Systemmanagement.

---

3 In einer Firmenkundenumfrage wurden lediglich 5% der Kreditinstitute als initiativ eingestuft [vgl. Renker 1993, S. 24]. Die Umfrage wurde bei allen Unternehmen aus Nordbayern mit mehr als 100 Mio. DM Umsatz sowie bei 183 von 2042 ausgewählten Kleinbetrieben und Selbständigen durchgeführt [vgl. Renker 1993, S. 16].

4 Zur Definition des elektronischen Firmenkundengeschäfts vgl. die Abschnitte 2.2 und 2.3.

5 Zur Definition und Wirkung der Kundenbindung vgl. Abschnitt 4.3.2.

1.2.2 Potentiale des elektronischen Firmenkundengeschäfts

Entwicklungen in der Informations- und Kommunikationstechnologie haben die Gestaltungsmöglichkeiten bei der Realisierung von Telebank-Anwendungen für Firmenkunden in den letzten Jahren deutlich erweitert.[6] Das elektronische Firmenkundengeschäft umfaßt elektronische Mehrwertsysteme, Electronic Services sowie Beratungsleistungen zu diesen Systemen und Services.[7] Es eröffnet für Kreditinstitute eine Reihe von Potentialen, die ihm strategische Bedeutung verleihen.

- **Informationsgewinnungspotential**: Voraussetzung für eine erfolgreiche Kundenbetreuung sind umfassende Informationen über den Firmenkunden [vgl. Ludwig 1993, S. 27]. Als Quelle der Informationsgewinnung bietet sich der Zahlungsverkehr des Firmenkunden an, weil er häufig Gelegenheit zur persönlichen Kontaktaufnahme bietet. Aufgrund der Verflochtenheit der Bankmarktleistungen besteht darüber hinaus eine enge Verbindung des Zahlungsverkehrs mit anderen Bankgeschäften [vgl. Schmidt-Chiari 1993, S. 647]. Somit kann der Zahlungsverkehr zumindest in Universalbanken als Nukleus der Bank-Firmenkunde-Beziehung angesehen werden, dessen Verlust strategische Konsequenzen nach sich zieht. *Juncker* sieht einen Rollenwandel des Zahlungsverkehrs vom Kostenfaktor zur „strategischen Waffe" im Wettbewerb um den Kunden und seine Einlagen [vgl. Juncker 1993, S. 76-78].[8]
  Kontoführung und Zahlungsverkehr laufen auch kundenseitig zunehmend systemunterstützt ab, sind also immer untrennbarer mit Technologie verbunden. Folglich müssen Kreditinstitute technologische Entwicklungen erkennen, ihre Relevanz prüfen und ihr Sortiment im traditionellen Firmenkundengeschäft um Bankmarktleistungen des elektronischen Firmenkundengeschäfts ergänzen.
- **Kundenbindungspotential**: Bankmarktleistungen im elektronischen Firmenkundengeschäft sind komplex und erklärungsbedürftig. Nicht selten besteht ein kundenseitiger Bedarf zur Individualisierung der Leistung, z.B. durch Integration eines elektronischen Mehrwertsystems in die DV-Landschaft des Firmenkunden. Diese Individualisierung ist im Regelfall mit persönlicher Beratung verbunden, die die Chance eröffnet, das Vertrauen des Firmenkunden in das eigene Kreditinstitut zu stärken und damit die Kundenbindung zu erhöhen.
- **Cross-Selling Potential**: Bankmarktleistungen im elektronischen Firmenkundengeschäft, wie eine EDI/EDIFACT-Beratung oder der Verkauf eines Cash Management-Systems, bieten Ansatzpunkte für eine Intensivierung des Kontakts zum Firmenkunden. Während der Beratung, der Systeminstallation oder des Supports teilt der Firmenkunde dem Firmenkundenbetreuer seine Probleme

---

6 Zum Begriff Telebanking und Telebank-Anwendung vgl. Abschnitt 2.2.3.

7 Zu den Begriffen elektronisches Firmenkundengeschäft, Electronic Services und elektronisches Mehrwertsystem vgl. die Abschnitte 2.2 und 2.3. Zum Begriff der Beratungsleistung vgl. Abschnitt 2.4.5.

8 „Der Zahlungsverkehr bindet den Kunden langfristig an die Bank und ist nahezu das einzige Instrument, um Einlagen zu generieren. (..) Denn aus Sicht des Kunden ist der Zahlungsverkehr das elementarste und wichtigste Bankprodukt" [Juncker 1993, S. 78].

mit. Sie können als Anknüpfungspunkte für den Absatz weiterer Bankmarktleistungen genutzt werden.

- **Rationalisierungspotential**: Leistungsbereitschaft ist eine wesentliche Determinante der Wettbewerbsfähigkeit eines Bankbetriebs, wobei beim traditionellen Vertrieb aufgrund der personalintensiven und personalabhängigen Produktion Kosten hauptsächlich durch das betriebsbereite Personal entstehen [vgl. Eilenberger 1993, S. 118]. Elektronische Mehrwertdienste ermöglichen das Vorhalten der bankseitigen Leistungsbereitschaft ohne unmittelbare Personalnotwendigkeit. Hierbei werden Abwicklungstätigkeiten, wie z.B. die manuelle Erfassung des Zahlungsbelegs, auf den Firmenkunden verlagert.
- **Differenzierungspotential**: In Zeiten zunehmender Angebotshomogenität gibt es nur wenige Ansatzpunkte für eine leistungsbezogene Differenzierung gegenüber dem Wettbewerb. Nachhaltige Wettbewerbsvorteile[9] sind schwer zu erzielen. Das elektronische Firmenkundengeschäft eröffnet neue Gestaltungsspielräume zur Hervorbringung von Bankmarktleistungsinnovationen, die Firmenkunden einen Mehrwert bieten und zur Differenzierung geeignet sind. Im Zuge steigender Komplexität und zunehmender Spezialisierung kann technologisches Know-how helfen, nachhaltige Wettbewerbsvorteile zu sichern, wenn es frühzeitig erworben wird und die Technologie große Bedeutung erlangt.
- **Imagepotential**: Mit innovativen Bankmarktleistungen im elektronischen Firmenkundengeschäft können sich Kreditinstitute als technologische Branchenführer am Markt positionieren und damit Imagevorteile realisieren.

Die genannten Potentiale sind nicht unabhängig voneinander; vielmehr bestehen Wechselbeziehungen zwischen ihnen.

1.3 Problemstellung: Wie können die vorhandenen Potentiale im elektronischen Firmenkundengeschäft mit dem industriellen Mittelstand erschlossen werden?

Vor dem Hintergrund der bestehenden Potentiale im elektronischen Firmenkundengeschäft und der Attraktivität des industriellen Mittelstands als Zielgruppe stellt sich die Frage, durch welche Strategien und Maßnahmen Kreditinstitute die genannten Potentiale erschließen können. In der Bankpraxis wird die Potentialerschließung bisher weitgehend unsystematisch betrieben. Statt Aktion dominiert Reaktion, anstelle von aufeinander abgestimmten Maßnahmen herrschen unkoordinierte Einzelaktionen vor. Die Ursachen hierfür sind vielfältig, wobei das Fehlen eines strategischen Marketing-Konzepts und bestehende Informationsdefizite zum

---

9 Nach Porter entstehen Wettbewerbsvorteile „im wesentlichen aus dem Wert, den ein Unternehmen für seine Abnehmer schaffen kann, soweit dieser die Kosten der Wertschöpfung für das Unternehmen übersteigt" [Porter 1992, S. 21]. Wettbewerbsvorteile sind nachhaltig, wenn die Vorteile von Dauer sind, d.h. nicht ohne weiteres von Konkurrenten nachgeahmt oder vernichtet werden können.

industriellen Mittelstand und seinen Anforderungen an das elektronische Firmenkundengeschäft zwei wesentliche Gründe sind.

Zur systematischen Potentialerschließung bedarf es zunächst der Entwicklung eines strategischen Marketing-Konzepts, das alle relevanten anbieter- und nachfrageseitigen Entwicklungen berücksichtigt. Das Konzept muß neben einer klaren Positionierung und der Wahl einer geeigneten strategischen Stoßrichtung die Auswahl und Formulierung erfolgversprechender Marketing-Strategien beinhalten. In einem zweiten Schritt ist das strategische Marketing-Konzept zu operationalisieren. Die Formulierung und Umsetzung operativer Maßnahmen muß den besonderen Anforderungen des industriellen Mittelstands an das elektronische Firmenkundengeschäft der Kreditinstitute Rechnung tragen.

1.4 Untersuchungsziel: Entwicklung und Operationalisierung eines strategischen Marketing-Konzepts zur Potentialerschließung

Ziel der vorliegenden Untersuchung ist die Entwicklung und Operationalisierung eines strategischen Marketing-Konzepts zur Potentialerschließung im elektronischen Firmenkundengeschäft mit dem industriellen Mittelstand. Grundlage hierfür ist eine detaillierte Situationsanalyse. Der Untersuchung liegt das in Abb. 1-1 dargestellte Untersuchungsmodell zugrunde. Der Begriff Modell deutet an, daß es sich um ein vereinfachtes Abbild der Realität handelt, in dem bewußt nur die wichtigsten Abhängigkeiten berücksichtigt sind.

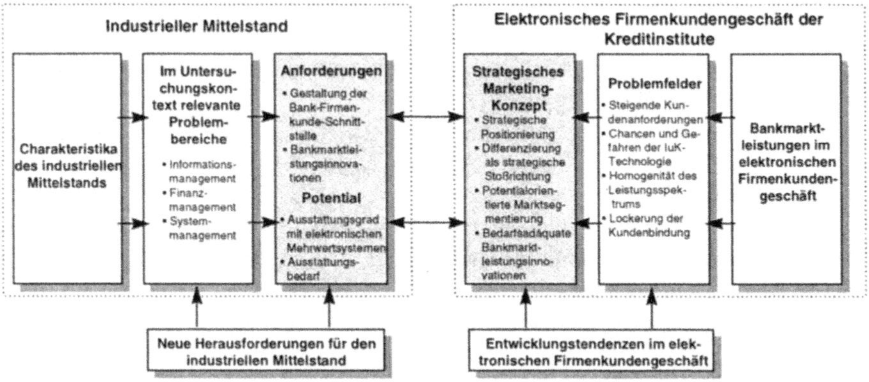

Abb. 1-1: Untersuchungsmodell

Der thematische Schwerpunkt liegt auf den dunkel unterlegten Themenfeldern. Auf Seiten des industriellen Mittelstands sind dies die **Anforderungen** an die Gestaltung der Bank-Firmenkunde-Schnittstelle und Bankmarktleistungsinnovationen sowie das **Potential** für den Absatz von Bankmarktleistungen im elektronischen Firmenkundengeschäft, welches sich aus der Diskrepanz zwischen dem **Ausstattungsgrad** und dem **Ausstattungsbedarf** bzgl. dieser Leistungen ableitet. Auf Seiten des elektronischen Firmenkundengeschäfts der Kreditinstitute liegt der Fokus auf der Entwicklung eines strategischen Marketing-Konzepts und der Formulierung geeigneter Maßnahmen zu dessen Umsetzung. Hierbei sind Potential und Anforderungen mittelständischer Unternehmen als Gestaltungsmaximen zu berücksichtigen.

1.5 Informationsgrundlage

Die vorliegende Untersuchung entstand im Rahmen einer Forschungstätigkeit des Verfassers im Kompetenzzentrum Medien am Institut für Bankinformatik an der Universität Regensburg. Das Institut für Bankinformatik betreibt vorwettbewerbliche Forschung zum Thema „Finanzdienstleistungen in der Informationsgesellschaft". Dieses Rahmenthema wird in einzelnen Kompetenzzentren vertiefend bearbeitet. Thema des Kompetenzzentrums Medien (CC Medien) ist der Einfluß elektronischer Medien auf die Bank-Kunde-Schnittstelle. Bankpartner im CC Medien sind die Vereinsbank, die Bayerische Landesbank, der Bayerische Sparkassen- und Giroverband und die SchmidtBank. Maßgeblich für die vorliegende Untersuchung ist der Gesamtprojektplan, der die Forschungsziele des CC Medien festlegt.

Die Untersuchung ist stark interdisziplinär angelegt und stützt sich auf folgende Informationsquellen:

- die verfügbare Literatur zu den Themenbereichen Bankbetriebslehre, Marketing, Informations- und Kommunikationstechnologie, Statistik sowie zu weiteren angrenzenden Themenbereichen;
- Studien, Umfragen und Analysen zum industriellen Mittelstand und zum elektronischen Firmenkundengeschäft;
- drei Workshops mit Electronic Banking-Experten und Firmenkundenbetreuern der Partnerbanken des Instituts für Bankinformatik sowie Experten anderer Kreditinstitute;
- etwa zwei Dutzend persönliche Experteninterviews mit Entscheidungsträgern im Finanzbereich von Industrieunternehmen und Electronic Banking-Experten von Kreditinstituten sowie
- mehrere telefonische Kurzinterviews.

Um den Informationsbedarf zur Operationalisierung des Marketing-Konzepts zu decken, greift die vorliegende Untersuchung darüber hinaus auf eine detaillierte Firmenkundenumfrage bei 163 Unternehmen aus dem Verarbeitenden Gewerbe zurück, die der Verfasser 1995 am Institut für Bankinformatik durchgeführt hat.

Die Untersuchung fokussiert auf das elektronische Firmenkundengeschäft deutscher Kreditinstitute mit in Deutschland ansässigen Unternehmen aus dem industriellen Mittelstand. Partiell wird die Betrachtung auf industrielle Großunternehmen ausgeweitet, weil diese einerseits die Verbreitung neuer Technologien im industriellen Mittelstand beeinflussen und andererseits neue Technologien häufig früher einsetzen. Die Ausführungen setzen die Merkmale von Universalbanken, wie einen großen Firmenkundenbestand, eine breite Allfinanz-Angebotspalette und eine vorhandene Kapitalkraft zur Realisierung von Bankmarktleistungsinnovationen, voraus. Die Ergebnisse lassen sich mit Einschränkungen auch auf Spezialbanken sowie Non- und Near-Banks übertragen, sofern sie entsprechende Leistungen anbieten. Auch wenn der Fokus auf dem elektronischen Firmenkundengeschäft liegt, ist partiell eine Ausdehnung der Betrachtung auf das Firmenkundengeschäft insgesamt notwendig.

Dem Projektauftrag des CC Medien folgend, besitzt die vorliegende Untersuchung einen deutlichen Praxisbezug. Besonderer Wert wird zum einen auf die Darstellung neuer Ideen, wie dem potentialorientierten Segmentierungsansatz, der Systematik der Innovationstypen bei Bankmarktleistungsinnovationen oder der Individualisierung von Bankmarktleistungen am Beispiel der intelligenten Bereitstellung von Informationen über elektronische Mehrwertsysteme gelegt. Zum anderen sollen durch die Berücksichtigung der Anforderungen der Bankpraxis bei der Entwicklung des strategischen Marketing-Konzepts die Voraussetzungen für eine breite Akzeptanz und Anwendung der dargelegten Ansätze geschaffen werden. Der empirische Teil ist als **Leitfaden für die Bankpraxis** zur Durchführung empirischer Untersuchungen bei Firmenkunden angelegt, wobei Kapitel 7 die notwendigen Schritte zur potentialorientierten Segmentierung des industriellen Mittelstands und zur Ableitung von segmentspezifischen Handlungsempfehlungen verdeutlichen soll.

1.6 Vorgehensweise

Die vorliegende Untersuchung gliedert sich in acht Kapitel. Im folgenden werden die Inhalte der einzelnen Kapitel übersichtsartig beschrieben.

- Mit diesem Abschnitt endet **Kapitel 1**, in dem die Potentiale im elektronischen Firmenkundengeschäft mit dem industriellen Mittelstand, das Problem der Erschließung dieser Potentiale und das Untersuchungsziel, welches in der Entwicklung und Operationalisierung eines strategischen Marketing-Konzepts zur Potentialerschließung besteht, dargelegt wurden.
- **Kapitel 2** führt die Begriffe Bankmarktleistung, elektronisches Firmenkundengeschäft und industrieller Mittelstand ein. Es wird beschrieben, welchen Einfluß die Informations- und Kommunikationstechnologie auf Bankmarktleistungen und deren Vertrieb besitzt und welche Funktion hierbei elektronischen Mehrwertsystemen zukommt. Die in dieser Untersuchung betrachteten Bankmarktleistungen im elektronischen Firmenkundengeschäft werden systematisiert, definitorisch abgegrenzt und kurz beschrieben.
- Gegenstand von **Kapitel 3** ist eine Situationsanalyse im elektronischen Firmenkundengeschäft der Kreditinstitute mit dem industriellen Mittelstand. Sie be-

ginnt mit einer Beschreibung der Charakteristika und im Untersuchungskontext relevanten Problembereiche des industriellen Mittelstands. Daran schließt sich ein Angebotsvergleich der Leistungsspektren im elektronischen Firmenkundengeschäft der neun größten deutschen Kreditinstitute an. Die Verbindung zwischen industriellem Mittelstand und elektronischem Firmenkundengeschäft wird über die Determinanten der Kundenbindung - Vertrauen und Qualität - und empirischen Befunden zu ihrer Bedeutung hergestellt. Kapitel 3 endet mit den Problemfeldern der Kreditinstitute im elektronischen Firmenkundengeschäft mit dem industriellen Mittelstand.

- Unter Berücksichtigung der identifizierten Problemfelder wird in **Kapitel 4** ein strategisches Marketing-Konzept für das elektronische Firmenkundengeschäft mit dem industriellen Mittelstand entwickelt. Hierzu wird zunächst das strategische Geschäftsfeld (SGF) „Industrieller Mittelstand" definiert und eine strategische Positionierung in diesem Geschäftsfeld festgelegt. Das Marketing-Ziel besteht in der Potentialerschließung im elektronischen Firmenkundengeschäft mit dem industriellen Mittelstand und soll mit der Wahl einer geeigneten strategischen Stoßrichtung sowie der Anwendung der Marketing-Strategien „Marktsegmentierung" und „Bankmarktleistungsinnovation" erreicht werden. In den Ausführungen zur Strategie der Marktsegmentierung wird ein neuer potentialorientierter Segmentierungsansatz vorgestellt und die Vorteilhaftigkeit seines Einsatzes am Beispiel von vier idealtypischen Segmenten dokumentiert. Die Ausführungen zur Strategie der Bankmarktleistungsinnovation beinhalten im wesentlichen die Darstellung einer neuen Systematik der Innovationstypen, die zur Innovationsgenese und Ideenfindung für Bankmarktleistungsinnovationen im elektronischen Firmenkundengeschäft mit dem industriellen Mittelstand herangezogen wird und zu konkreten Beispielen für Bankmarktleistungsinnovationen führt. Im Verlauf von Kapitel 4 werden Hypothesen formuliert, die das Bindeglied zum empirischen Teil der Untersuchung darstellen und dort getestet werden. Die Funktion der Hypothesen besteht zum einen in der Überprüfung der Anwendungsvoraussetzungen des strategischen Marketing-Konzepts und zum anderen in der Unterstützung der Formulierung konkreter Handlungsempfehlungen zu seiner Umsetzung. Kapitel 4 schließt mit der Spezifizierung des Informationsbedarfs zur Operationalisierung des strategischen Marketing-Konzepts.
- Zur Deckung des Informationsbedarfs wird in **Kapitel 5** eine Primärerhebung in Form einer Firmenkundenumfrage konzipiert und durchgeführt. Die Vorgehensweise folgt einem achtstufigen Phasenschema, das die Phasen Definition des Forschungsziels, Konzeption des Erhebungsmodells, Auswahl der Erhebungsmethode, Konzeption des Fragebogens, Konzeption der Stichprobe und Durchführung der Datenerhebung beinhaltet. Zu den Phasen Datenanalyse und Ergebnisdarstellung, die Inhalt von Kapitel 6 und 7 sind, werden grundsätzliche Vorbemerkungen gemacht.
- Gegenstand von **Kapitel 6** ist die Überprüfung der in Kapitel 4 aufgestellten Hypothesen. Hierbei liegt der thematische Fokus auf dem industriellen Mittelstand und den Unterschieden zwischen industriellem Mittelstand und Großun-

ternehmen. Der Vergleich erscheint notwendig, weil Großunternehmen einerseits technologische Innovationen häufig früher einsetzen als der industrielle Mittelstand und andererseits die Verbreitung neuer Technologien in dieser Zielgruppe beeinflussen. Im Verlauf des Kapitels werden die Determinanten des Ausstattungsbedarfs, der Ausstattungsgrad, das Interesse an Bankmarktleistungsinnovationen und die Anforderungen an die Gestaltung der Bank-Firmenkunde-Schnittstelle für den industriellen Mittelstand ausführlich dargestellt. Kapitel 6 endet mit einer Übersicht der Ergebnisse der Hypothesentests sowie einer Analyse des Entwicklungspotentials von Bankmarktleistungen im elektronischen Firmenkundengeschäft - speziell elektronischen Mehrwertsystemen - auf Grundlage der Pläne der befragten Unternehmen.

- In **Kapitel 7** wird das in Kapitel 4 entwickelte strategische Marketing-Konzept anhand der Ergebnisse der Firmenkundenumfrage unter Einsatz multivariater Verfahren operationalisiert. Ziel ist die Segmentierung des industriellen Mittelstands auf Grundlage des potentialorientierten Segmentierungsansatzes. Hierzu wird der industrielle Mittelstand unter Einsatz von Methoden der Clusteranalyse segmentiert, die Dimensionen seiner Qualitätswahrnehmung durch eine Hauptkomponentenanalyse ermittelt und Regeln zur Segmentierung neuer (stichprobenfremder) Unternehmen anhand von Klassifikationsbäumen entwickelt. Kapitel 7 schließt mit leistungs-, distributions-, preis- und kommunikationspolitischen Handlungsempfehlungen für die identifizierten Segmente.
- **Kapitel 8** faßt die Kernergebnisse der Untersuchung zusammen und gibt einen Ausblick.

2 Grundlegung

2.1 Bankmarktleistung: Begriff, Eigenschaften und Implikationen

2.1.1 Begriff der Bankmarktleistung

Für die absatzfähigen Leistungsergebnisse eines Bankbetriebs werden in der Literatur unterschiedliche Begriffe verwendet. *Hein* führt den Begriff der betrieblichen Marktleistung (Produkt) als Ergebnis betrieblicher Tätigkeit (Produktion) ein [vgl. Hein 1993, S. 19-20]. Nach *Stein* sind **Bankleistungen** „alle absatzfähigen Ergebnisse bankbetrieblicher Tätigkeit" [Stein 1993, S. 357]. *Eilenberger* definiert **Bankleistungen** als alle „von einem Bankbetrieb hervorgebrachten Ergebnisse einer Dienstleistungsproduktion sowohl in Form von absatzfähigen Dienstleistungen (Bankmarktleistungen oder primäre Bankleistungen) als auch in Form von Interbankleistungen und Eigenleistungen (sekundäre Bankleistungen)" [Eilenberger 1993, S. 114]. Nach *Eilenberger* sind Bankmarktleistungen somit eine Teilmenge der Bankleistungen.

In dieser Untersuchung steht die absatzfähige bankbetriebliche Marktleistung im Mittelpunkt. Um den marktlichen Charakter dieser Leistung zu unterstreichen und die Abgrenzung von innerbetrieblichen Leistungen zu betonen, wird in dieser Untersuchung der Begriff **Bankmarktleistung** verwendet. Bankmarktleistungen sind selbständige, marktfähige Leistungen eines Bankbetriebs, die mit dem Ziel angeboten werden, durch Kombination von internen und externen Faktoren nutzenstiftende Wirkungen an externen Faktoren zu erzielen [vgl. Meffert/Bruhn 1995, S. 27]. Die in dieser Untersuchung betrachteten Abnehmer der Bankmarktleistung sind mittelständische Firmenkunden. Als externe Faktoren kommen Firmenkunden sowie immaterielle Güter dieser Firmenkunden, wie z.B. Geld, Informationen, Rechte oder Arbeitsleistungen, in Betracht.

Der gängigen Auffassung folgend, werden Bankmarktleistungen in dieser Untersuchung als Dienstleistung charakterisiert [vgl. Eilenberger 1993, S. 113-114; Hein 1993, S. 20]. Einerseits besteht das Produktionsergebnis im Bankbetrieb hauptsächlich aus einer immateriellen Leistung in Form nichtkörperlicher Güter, andererseits ist die Wertschöpfung im Bankbetrieb ausschließlich durch immaterielle Produktionsergebnisse bestimmt [vgl. Eilenberger 1993, S. 114].

2.1.2 Bankmarktleistungen und Nebenleistungen

Dienstleistungen können nach ihrer Leistungssubstanz in Primär- und Sekundärdienstleistungen unterschieden werden. Unter **Primärdienstleistungen** werden Leistungen verstanden, die auf Gewinnerzielung ausgerichtet und eigenständig sind, d.h. unabhängig von anderen Absatzleistungen beim Firmenkunden eine nutzenstiftende Wirkung erzielen [vgl. Jugel/Zerr 1989, S. 164]. **Sekundärdienstleistungen** sind integraler Bestandteil einer Primärdienstleistung, wobei obligatorische und freiwillige Sekundärdienstleistungen unterschieden werden. Während obligatorische Sekundärdienstleistungen Leistungen sind, ohne die die Primärdienstleistung nicht verkäuflich wäre, stellen freiwillige Sekundärdienstleistungen auf eine „unmittelbare Erhöhung des Problemlösungspotentials der Absatzleistung" [Jugel/Zerr 1989, S. 164] und damit des Kundennutzens ab.

Gemäß ihrer Definition sind **Bankmarktleistungen** Primärdienstleistungen. Sekundärdienstleistungen sollen im folgenden als Nebenleistung bezeichnet werden. Eine **Bankmarktleistung** umfaßt eine **Kernleistung** sowie optional ein oder mehrere **Nebenleistungen**, die zur Verbesserung des Problemlösungspotentials dem Kunden obligatorisch oder freiwillig angeboten werden. Ein Beispiel für eine **Nebenleistung** ist die Beratung im Rahmen der Anbahnung oder Abwicklung eines Kreditgeschäfts.

Kernleistungen sind nicht immer trennscharf von Nebenleistungen abzugrenzen. Wesentliche Unterscheidungsmerkmale sind die Unabhängigkeit und die Gewinnerzielungsabsicht. Die Klärung der Unabhängigkeit kann im Einzelfall Schwierigkeiten bereiten. So kann eine Beratungsleistung sowohl Kernleistung als auch Nebenleistung sein. Im Sinne der obigen Definition wird man dann von einer Kernleistung ausgehen, wenn die Beratung unabhängig von anderen Bankmarktleistungen gegen Entgelt erbracht wird. Selbstverständlich kann und wird im Regelfall ein thematischer Bezug zu anderen Bankmarktleistungen bestehen. Solch ein Bezug ist schon aufgrund der Verflochtenheit zu erwarten, die im Wesen der Bankmarktleistung begründet ist.

2.1.3 Eigenschaften der Bankmarktleistung

Aus dem Verständnis der Bankmarktleistung als Dienstleistung heraus lassen sich eine Reihe wichtiger Eigenschaften der Bankmarktleistung ableiten:

- **Zweistufiger Leistungserstellungsprozeß**: Eine Bankmarktleistung wird in einem zweistufigen Prozeß erstellt. Dabei beinhaltet die erste Phase die Erstellung der Leistungsbereitschaft durch nicht absatzfähige Teilleistungen; die zweite Phase umfaßt die Endkombination der Teilleistungen zur eigentlichen Bankmarktleistung unter Integration eines externen Faktors [vgl. Corsten 1985, S. 85; Eilenberger 1993, S. 117; Büschgen 1995, S. 25]. Der externe Faktor ist unabdingbare Voraussetzung für die Produktion der Bankmarktleistung [vgl. Meffert/Bruhn 1995, S. 51]. Die Teilleistungen werden nur dann in eine Bankmarktleistung überführt, wenn ein konkretes Leistungsbegehren an den Bankbetrieb herangetragen wird. Andernfalls sind die Teilleistungen nicht oder nicht in vollem Umfang verwertbar [vgl. Eilenberger 1993, S. 117].
- **Problem der Lager- und Speicherfähigkeit**: Durch die Notwendigkeit der Einbeziehung des externen Faktors bei ihrer Erzeugung sind Bankmarktleistun-

gen nicht lagerfähig oder speicherbar [vgl. Stein 1993, S. 357]. Darüber hinaus sind Leistungserstellung und Leistungsverwertung untrennbar miteinander verbunden und Bankmarktleistungen unmittelbar bei ihrer Erbringung nutzenstiftend (uno-actu-Prinzip) [vgl. Jugel/Zerr 1989, S. 163].

- **Bedeutung des externen Faktors**: Wegen der Integration des externen Faktors ist die Erstellung einer Bankmarktleistung stets mit Unsicherheiten behaftet [vgl. Meffert/Bruhn 1995, S. 57 und S. 67]. Ergebnis und Qualität des Erstellungsprozesses werden durch den externen Faktor mitbestimmt. Die Integration des externen Faktors kann in bezug auf die Integrationsintensität, die Integrationsform und die Integrationswirkung unterschieden werden [vgl. Meyer 1994, S. 85-87]. Dabei umfaßt die Integration zum einen die Interaktion, d.h. die Einbindung des Abnehmers in den Erstellungsprozeß und zum zweiten die Individualisierung, d.h. die Ausrichtung der Leistung auf die Kundenbedürfnisse, die sich in der Spezifität des Leistungsprozesses äußert [vgl. Meffert/Bruhn 1995, S. 32].
- **Gestaltung durch Vertrag:** Die Gestaltung von Bankmarktleistungen erfolgt in erster Linie durch vertragliche Bestimmungen schuldrechtlicher, sachrechtlicher oder handelsrechtlicher Art oder durch die allgemeinen Geschäftsbedingungen [vgl. Renker 1993, S. 10]. Weiterhin sind Bankmarktleistungen nicht patentfähig, weil es keinen patentrechtlichen Schutz von Dienstleistungen gibt [vgl. Stein 1993, S. 358].[10] Dies sind Gründe dafür, warum Bankmarktleistungen grundsätzlich relativ leicht nachgeahmt werden können.
- **Partielle Standardisierbarkeit:** Aus dem externen Faktor als konstituierendes Element „resultiert der individualistische, personalintensive, schwer standardisierbare Charakter vieler Dienstleistungen“ [Meffert/Bruhn 1995, S. 68]. Diese Aussage gilt im besonderen Maße für die Bankmarktleistung, weshalb Potentiale, Prozesse und das Ergebnis einer Bankmarktleistung nur partiell standardisierbar sind.
- **Verflochtenheit:** Die Verflochtenheit ergibt sich aus den von den Banken teilweise bewußt herbeigeführten Leistungskombinationen (z.B. Konto als Voraussetzung für den Zahlungsverkehr, Zahlungsverkehr als Notwendigkeit zur Nutzung von Finanzdienstleistungen) [vgl. Stein 1993, S. 358]. Universalbanken besitzen vielfältige Möglichkeiten zur Verflechtung von Bankmarktleistungen.
- **Erklärungsbedürftigkeit:** Bankmarktleistungen sind abstrakt, d.h. immateriell und unanschaulich und deshalb aus Sicht des Kunden erklärungsbedürftig [vgl. Stein 1993, S. 358].
- **Vertrauensempfindlichkeit:** Bankmarktleistungen beziehen sich häufig auf „Geld“ und werden dadurch zu vertrauensempfindlichen Dienstleistungen. Die Vertrauensempfindlichkeit erfordert eine hohe Sozialkompetenz von seiten der Bank [vgl. Renker 1993, S. 11].

---

10 Nach dem Gesetz über die Eintragung von Dienstleistungsmarken sind seit dem 1.4.1979 Dienstleistungs*marken* patentierbar.

2.1.4 Kombination bankbetrieblicher Produktionsfaktoren zur Bankmarktleistung

Die Erstellung einer Bankmarktleistung erfolgt durch Kombination interner Produktionsfaktoren der Bank mit den abnehmerseitigen (externen) Produktionsfaktoren.[11] Die für die Leistungserstellung notwendigen **internen Produktionsfaktoren** (Ressourcen) eines Bankbetriebs können nach *Priewasser* in Personal, Kapital, Technologie und Information untergliedert werden [vgl. Priewasser 1992, S. 78-94]. **Externe Produktionsfaktoren** umfassen materielle und immaterielle Güter des Leistungsabnehmers sowie die aktive physische, intellektuelle und/oder emotionale Mitwirkung desselben [vgl. Meffert/Bruhn 1995, S. 52].

Die Ressource **Information**[12] hat in den vergangenen Jahrzehnten, vor allem durch die wachsende Komplexität in den Wechselbeziehungen zwischen Unternehmen und Umwelt, große Bedeutung erlangt und tritt inzwischen gleichrangig neben die drei klassischen Produktionsfaktoren Arbeit, Boden und Kapital [vgl. Büschgen 1995, S. 26]. Im Zuge dieser Entwicklung gewinnt für Kreditinstitute, die wie kaum ein anderes Unternehmen als informationsverarbeitende Systeme charakterisiert werden können [vgl. Büschgen 1995, S. 26], die Steigerung der Effizienz bei der Sammlung, Bereitstellung und Verteilung von Information an Bedeutung. Diese Effizienzsteigerung kann durch den Einsatz der Ressource **Technologie** erreicht werden, indem zum einen die Effizienz der bankinternen Leistungserstellung gesteigert wird und zum anderen durch Telebank-Anwendungen Teile des Leistungserstellungsprozesses auf den Kunden verlagert werden.

2.1.5 Qualität von Bankmarktleistungen

Qualität ist „diejenige Beschaffenheit (..), die eine Ware oder Dienstleistung zur Erfüllung vorgegebener Erfordernisse geeignet macht" [Büschgen 1995, S. 150]. Im Zentrum dieser Untersuchung stehen Unternehmen des industriellen Mittelstands in ihrer Rolle als Firmenkunden. Aus diesem Grunde ist der Qualitätsbegriff

---

11 Unter Produktionsfaktoren versteht man Sachgüter und Leistungen, die in den Produktionsprozeß eines Unternehmens eingehen und dort zur Hervorbringung von Sachgütern und Leistungen dienen.

12 Nach [Wittmann 1959, S. 14] ist Information zweckorientiertes Wissen und als solches Voraussetzung für jede Art von Entscheidung. Der Unterschied zu Nachrichten, Daten und Signalen besteht darin, daß Information „einen Neuigkeitswert hat und wissenswert, bedeutungstragend und verwendbar ist" [Bullinger 1994, S. 258].

anwenderbezogen, subjektiv zu fassen.[13] „Qualität ist danach definiert durch die Wahrnehmung der Produkteigenschaften bzw. Leistungen vom Kunden" [Bruhn 1994, S. 333]. Die Wahrnehmung der Qualität durch den Kunden wird in drei Ebenen artikuliert [vgl. Bruhn 1994, S. 338]:

- **Kognitiv**: Das Wissen des Kunden über vorhandene bzw. subjektiv wahrgenommene Qualitätsmerkmale.
- **Affektiv**: Das gefühlsmäßige Bewerten von leistungsbezogenen Qualitätsmerkmalen, z.B. die Wichtigkeit einzelner Qualitätseigenschaften.
- **Konativ**: Kundenverhalten aufgrund der wahrgenommenen Qualität (Kauf- und Markenwahlverhalten).

Dementsprechend kann auch die Messung der Kundenanforderungen auf diesen Ebenen erfolgen.

Nach diesem kundenorientierten Verständnis bezieht sich die Qualität auf alle Phasen der Bankmarktleistungserstellung. Hierbei sind kundenzugewandte Phasen (z.B. Beratung) von abwickelnden Phasen (z.B. Abwicklung eines Zahlungsauftrags des Kunden) zu unterscheiden [vgl. Büschgen 1995, S. 152]. In den abwickelnden Phasen wird Qualität in erster Linie durch Fehlerfreiheit hergestellt, während in den kundenzugewandten Phasen erheblich größere Qualitätsspielräume bestehen, die vom Kundenberater positiv genutzt werden können [vgl. Büschgen 1995, S. 152].[14]

2.1.6 Implikationen der Eigenschaften von Bankmarktleistungen für das Bankmarketing

Aus dem Wesen der Bankmarktleistung als Dienstleistung ergeben sich folgende Implikationen für das Bankmarketing:

- Banken sind Know-how- und technologieintensive Dienstleistungsunternehmen. Qualifizierte Mitarbeiter und eine leistungsfähige technische Infrastruktur sind

---

[13] In Abhängigkeit davon, wer die Beurteilung vornimmt und nach welchen Kriterien sie erfolgt, lassen sich neben der anwenderbezogenen, subjektiven Qualität drei weitere Qualitätsbegriffe unterscheiden [vgl. Bruhn 1994, S. 332]:

- Produktbezogene, objektive Qualität: In bezug auf bestimmte Kriterien objektiv meßbare und intersubjektiv nachprüfbare Qualität.
- Prozeßbezogene Qualität: Bei der Dienstleistungserstellung vorgegebene Qualität.
- Relative, nutzenbezogene Qualität: Qualität als Relation zwischen Kosten und Nutzen.

[14] Bei einer Beratungsleistung lassen sich prozeßbezogene und prozeßergebnisbezogene Qualitätsmerkmale unterscheiden. Prozeßbezogene Qualitätsmerkmale sind z.B. die Berücksichtigung der individuellen Bedürfnisse des Kunden, die Verständlichkeit der Argumentation des Kundenberaters, die Gesprächsdauer oder die Belastung des Kunden durch Wege und Wartezeiten. Prozeßergebnisbezogene Qualitätsmerkmale der Kundenberatung sind z.B. die Eignung der offerierten Bankmarktleistung zur Bedürfnisbefriedigung des Kunden, der Informationsstand des Kunden nach der Beratung oder die Realisierbarkeit der Empfehlung [vgl. Büschgen 1995, S. 153].

das wichtigste Potential eines Bankbetriebs [vgl. Gerken 1996, S. 119]. Aufgrund der Homogenität des Angebots an Bankmarktleistungen im deutschen Universalbankensystem kommt besonders der Qualifikation des Personals eine hohe Bedeutung zu [vgl. Priewasser 1992, S. 78].

- Während der Phasen des Kaufentscheidungsprozesses muß der Bankkunde Bewertungen alternativer Bankmarktleistungen vornehmen. Anders als bei Sachgütern ist die Qualität von Dienstleistungen ex ante für den Abnehmer schwer abzuschätzen; die Bewertung wird durch die Immaterialität und die begrenzte Standardisierbarkeit der Bankmarktleistung erschwert [vgl. Meffert/Bruhn 1995, S. 74]. Aus diesem Grunde bezieht der Bankkunde in die Abschätzung der Qualität das Image und Erscheinungsbild einer Bank sowie seine Erfahrungen und Beziehungen zu Kontaktsubjekten (z.B. Firmenkundenbetreuer) und Kontaktobjekten (z.B. Cash Management-System) mit ein [vgl. Gerken 1996, S. 118-119]. Darüber hinaus wird häufig auch die Alternative der Selbsterstellung geprüft (z.B. Softwareerstellung im eigenen Hause als Alternative zum Kauf eines Finanzplanungssystems) [vgl. Meffert/Bruhn 1995, S. 74]. Beim Kauf einer Bankmarktleistung werden personenbezogene Informationsquellen, wie Erfahrungsaustausch oder Mund-zu-Mund-Propaganda, häufiger als bei Sachgütern genutzt [vgl. Meffert/Bruhn 1995, S. 81].
- Da der externe Faktor - anders als bei Sachgütern - während des Erstellungsprozesses präsent ist, muß der gesamte Erstellungsprozeß der Bankmarktleistung marketingorientiert ausgerichtet werden [vgl. Meffert/Bruhn 1995, S. 68]. In diesem Zusammenhang spielt das Qualitätsmanagement von Bankmarktleistungen eine wichtige Rolle. Die Bedeutung der Qualität wird durch die Tatsache verstärkt, daß aufgrund der Problematik der ex-ante Qualitätsabschätzung Erfahrungen aus der Nutzung einer Bankmarktleistung in der Vergangenheit und die erzielte Kundenzufriedenheit als Qualitätsindikatoren in die aktuelle Alternativenbewertung des Bankkunden mit einfließen. Als wichtiges Element des Qualitätsmanagements ist das Beschwerdemanagement zu nennen, das kundenseitige Anstöße für Verbesserungen systematisch erfaßt und verarbeitet [vgl. Meffert/Bruhn 1995, S. 96-97].

2.2 Elektronisches Firmenkundengeschäft

2.2.1 Abgrenzung von Firmenkundengeschäft und Privatkundengeschäft

Traditionell wird die Bankkundschaft in Firmen- und Privatkunden unterteilt. Dieser Grobgliederung anhand objektiv feststellbarer Merkmale liegt die Erkenntnis zugrunde, daß sich Firmen- und Privatkunden in der Grundausrichtung ihrer Nachfrage unterscheiden [vgl. Hein 1993, S. 218].

Eine allgemeingültige definitorische Festlegung und Abgrenzung des Begriffs Firmenkunde besteht innerhalb des Bankensektors nicht [vgl. Dolff/Tober 1993, S. 654]. Im weitesten Sinne umfaßt der Begriff Firmenkundengeschäft das Geschäft mit Unternehmen (Groß-, Mittel- und Kleinunternehmen), Institutionellen (z.B.

Banken, Versicherungen), der Öffentlichen Hand, Selbständigen und Sonstigen (z.B. Verbände). Die Abgrenzung des Begriffs Firmenkundengeschäft im Bankbetrieb richtet sich nach dem relevanten Markt und folgt dabei pragmatischen Gesichtspunkten. Eine klare Trennungslinie zwischen Firmenkunden und Privatkunden ist häufig nicht feststellbar, da teilweise Kreditinstitute wirtschaftlich Selbständige, wie z.B. Wirtschaftsprüfer, Steuerberater, Rechtsanwälte, Apotheker und Ärzte, ebenso wie kleinere Unternehmen zur Privatkundschaft zählen. Für die vorliegende Untersuchung ist eine exakte Abgrenzung des Firmenkundengeschäfts nicht notwendig, da die Untersuchung auf den industriellen Mittelstand beschränkt wird.[15]

2.2.2 Electronic Banking und elektronisches Firmenkundengeschäft

In der bankbetrieblichen Literatur hat sich für den Einsatz der Informations- und Kommunikationstechnologie im Bankbetrieb der Begriff Electronic Banking etabliert [vgl. Straub 1990, S. 33]. Bis heute existiert keine einheitliche und allgemein anerkannte Definition dieses Begriffs. *Walter* unterscheidet drei „Achsen“ im Electronic Banking: Die bankinterne Achse, die Bank-zu-Bank-Achse und die Bank-Kunde-Achse [vgl. Walter 1991, S. 305-306].

In einer engeren Abgrenzung wird Electronic Banking auf die Bank-Kunde-Achse beschränkt und umfaßt [vgl. Drewes 1993, S. 730]:[16]

1. **SB Banking:** Absatz von Bankmarktleistungen am Standort der Bank oder an neutralen Standorten über SB-Automaten.
2. **Telebanking:** Absatz von Bankmarktleistungen am Standort des Kunden, wobei bei Privatkunden von Home Banking und bei Firmenkunden von Office Banking gesprochen wird.
3. **POS Banking:** Absatz von Zahlungsverkehrsleistungen am Ort der Entstehung von Zahlungsvorfällen (EFTPOS).
4. **Zusätzliche Leistungen:** Überlassen von Zugangssystemen (Software) zum Einsatz beim Kunden, Eröffnen von systemgestützten Zugriffsmöglichkeiten auf nicht-bankgeschäftliche Serviceprogramme, Beratungs- und Supportleistungen.

Im Sinne dieser Systematisierung befaßt sich die vorliegende Untersuchung mit dem Office Banking sowie zusätzlichen Leistungen der Kreditinstitute mit Bezug zum Office Banking. Diese beiden Felder werden zusammen als **elektronisches Firmenkundengeschäft** bezeichnet. Diese erste Arbeitsdefinition des elektronischen Firmenkundengeschäfts wird später noch genauer gefaßt.

---

15 Zur Definition des industriellen Mittelstands vgl. Abschnitt 2.5.3.

16 Auf Grundlage einer Analyse von vier wissenschaftlichen und zwei praktischen Definitionen und ihren Gemeinsamkeiten versteht *Straub* unter Electronic Banking „alle EDV gestützten Dienstleistungen (..), die im Verkehr zwischen Bankkunde und Bank angeboten werden, ohne direkte Involvierung von Bankpersonal“ [Straub 1990, S. 36].

Die Einführung des Begriffs elektronisches Firmenkundengeschäft erscheint aus drei Gründen geboten. Zum einen ist der Begriff Electronic Banking - wie oben dargestellt - nicht eindeutig definiert. Zum zweiten umfaßt Electronic Banking weit mehr als Office Banking und zusätzliche Leistungen mit Bezug zum Office Banking.[17] Zum dritten betont der Begriff elektronisches Firmenkundengeschäft, daß die Bank-Kunde-Achse des Electronic Banking und hier konkret das Geschäft mit Firmenkunden gemeint ist.

Das elektronische Firmenkundengeschäft ist vom traditionellen Firmenkundengeschäft abzugrenzen, das im Sinne einer Negativ-Definition alle Bankgeschäfte mit Firmenkunden umfaßt, die nicht dem elektronischen Firmenkundengeschäft zuzurechnen sind. Im wesentlichen sind dies Anlage- und Kreditleistungen sowie Zahlungsverkehrsleistungen und sonstige Leistungen, welche ein Kreditinstitut selbst erbringt oder vermittelt und über konventionelle Absatzwege - d.h. nicht elektronisch - vertreibt.[18]

2.2.3 Begriffsdefinitionen im elektronischen Firmenkundengeschäft

Im Zusammenhang mit dem elektronischen Firmenkundengeschäft sind einige weitere Begriffe einzuführen. Die **Bank-Firmenkunde-Schnittstelle** ist der physische oder elektronische Ort, an dem der Firmenkunde mit einem Kreditinstitut zusammentrifft. Der Begriff **elektronischer Vertrieb** bezeichnet aus Sicht der Bank die Inanspruchnahme von Bankmarktleistungen durch den Firmenkunden über elektronische Mehrwertsysteme.

Elektronische Mehrwertsysteme umfassen Dienstezugänge (Zugangssysteme) und Mehrwertdienste, die anbieterseitig erbracht werden. Der Begriff Mehrwertdienst signalisiert, daß „gegenüber einer simplen Telekommunikationsverbindung ein Mehrwert geboten wird" [Cenarius 1995, S. 18].[19] Das Zugangssystem versetzt den Nutzer in die Lage, den Mehrwertdienst an Drittstandorten in Anspruch zu nehmen. In der Literatur bestehen unterschiedliche Auffassungen darüber, was genau als Mehrwert zu bezeichnen ist [vgl. Kerscher 1995, S. 21]. Aus diesem Grunde erfolgt die Abgrenzung im vorliegenden Fall enumerativ. Gegenstand dieser Untersuchung sind folgende elektronische Mehrwertsysteme:[20] Finanzma-

---

[17] So bezieht sich Electronic Banking z.B. auch auf den Absatz von Bankmarktleistungen an Privatkunden.

[18] Zu den Berührungspunkten zwischen traditionellem und elektronischem Firmenkundengeschäft vgl. Abschnitt 2.3.3.

[19] Zum Begriff und zu Arten von Mehrwertdiensten vgl. auch [Stoetzer 1993, S. 1-5].

[20] Weniger technisch werden elektronische Mehrwertsysteme auch als elektronische Medien bezeichnet. *Krämer* definiert elektronische Medien als „alle mit Mikroprozessoren und anderen Bauteilen der Elektronik gesteuerten Informationsspeicherungs-, Informationsübertragungs- und Informationsverarbeitungseinrichtungen einschließlich der zugehörigen Ein- und Ausgabegeräte, die zugrunde liegende Kommunikationsinfrastruktur (Netze und Dienste) sowie die zum Betreiben der genannten Komponenten erforderlichen Softwareprogramme" [Krämer 1988, S. 5].

nagementsysteme, Online-Datenbanksysteme, Kommunikationssysteme und integrierte Online-Systeme.[21]

Durch Mehrwertsysteme lassen sich **Telebank-Anwendungen** realisieren. Sie versetzen den Firmenkunden in die Lage, Bankmarktleistungen an Standorten außerhalb der Bank auf elektronischem Wege in Anspruch zu nehmen. Hierzu ist einerseits die Umsetzung der Bankmarktleistung in einen Mehrwertdienst und andererseits die Konzeption und Realisierung eines Zugangssystems für die Inanspruchnahme des Mehrwertdienstes durch den Firmenkunden notwendig. Neben dem eigentlichen Zugang können Zugangssysteme weitere Funktionen bereitstellen. Ein Beispiel für eine Telebank-Anwendung ist der Inlandszahlungsverkehr, für den die Bank den Mehrwertdienst Inlandsüberweisung elektronisch in Form von Hardware, Software und Schnittstellen vorhalten muß und der Firmenkunde zur Nutzung dieses Dienstes ein Zugangssystem, z.B. Multicash Plus, benötigt. Im Rahmen dieser Untersuchung ist ausschließlich die Inanspruchnahme von Bankmarktleistungen am Standort des Firmenkunden von Interesse.

2.3 Eine neue Systematik der Bankmarktleistungen im elektronischen Firmenkundengeschäft

2.3.1 Notwendigkeit einer neuen Systematik der Bankmarktleistungen im elektronischen Firmenkundengeschäft

Im Kontext der vorliegenden Untersuchung ist eine neue Systematik der Bankmarktleistungen im elektronischen Firmenkundengeschäft aus mindestens drei Gründen erforderlich:

- Durch die wachsende Verbreitung von Kommunikationsstandards und branchen- und länderübergreifenden Datenformaten beginnen Leistungen im elektronischen Firmenkundengeschäft sich von Bankmarktleistungen im traditionellen Firmenkundengeschäft zu lösen und erlangen Selbständigkeit. Werden solche selbständigen Leistungen des elektronischen Firmenkundengeschäfts mit Gewinnerzielungsabsicht angeboten, so sind sie als Bankmarktleistung zu klassifizieren. *Juncker* geht davon aus, daß in Zukunft eine verursachungsgerechte Konditionenpolitik notwendig wird, die zum Ende der Mischkalkulation führt [vgl. Juncker 1993, S. 90; auch Schmidt-Chiari 1993, S. 647]. Diese Entwicklung wird dazu beitragen, daß elektronische Mehrwertsysteme und qualifizierte Beratungsleistungen künftig zumindest kostendeckend verrechnet werden und damit - zusammen mit dem Kriterium der Selbständigkeit - die Voraussetzungen für eine Bankmarktleistung erfüllen.
- Die Tatsache, daß es im elektronischen Firmenkundengeschäft, analog zum traditionellen Firmenkundengeschäft, Kernleistungen und Nebenleistungen gibt, wird in der Literatur nicht explizit thematisiert. Diese Unterscheidung ist jedoch von zentraler Bedeutung, wenn grundsätzliche Überlegungen zu Bankmarktlei-

[21] Zu ihrer Definition vgl. Abschnitt 2.4.

stungsinnovationen angestellt und leistungspolitische Strategien und Maßnahmen für das elektronische Firmenkundengeschäft entwickelt werden sollen.

- Technologische Entwicklungen bei elektronischen Mehrwertsystemen haben das Spektrum der über sie vertreibbaren Bankmarktleistungen in den letzten Jahren deutlich erweitert. Das elektronische Firmenkundengeschäft als Teil des Electronic Banking emanzipiert sich von seiner Rolle als Unterstützungsfunktion im Zahlungsverkehr zu einem eigenständigen Vertriebsweg für ein breites Spektrum an Bankmarktleistungen.

2.3.2 Systematik der Bankmarktleistungen im elektronischen Firmenkundengeschäft

Abb. 2-1 zeigt die Systematik der Bankmarktleistungen im elektronischen Firmenkundengeschäft.

Bankmarktleistungen im elektronischen Firmenkundengeschäft

- Elektronische Mehrwertsysteme
  - Zugangssysteme für Firmenkunden
  - Mehrwertdienste
- Electronic Services ohne Systemnotwendigkeit beim Firmenkunden
- Beratungsleistungen zu elektronischen Mehrwertsystemen und Electronic Services

Abb. 2-1: Systematik der Bankmarktleistungen im elektronischen Firmenkundengeschäft

Bankmarktleistungen im elektronischen Firmenkundengeschäft umfassen elektronische Mehrwertsysteme, Electronic Services ohne Systemnotwendigkeit beim Firmenkunden und eigenständige Beratungsleistungen zu elektronischen Mehrwertsystemen und Electronic Services. Jede der genannten Leistungen kann Kernleistung oder Nebenleistung sein. Eine Bankmarktleistung im elektronischen Firmenkundengeschäft liegt dann vor, wenn sie eine der genannten Leistungen als Kernleistung beinhaltet.

Unter **Electronic Services** werden elektronische Leistungen der Bank verstanden, für die der Firmenkunde kein Zugangssystem benötigt. Ein Beispiel hierfür ist ein Konten-Pooling[22], das die Bank auf Grundlage eines Vertrags mit dem Firmenkunden, aber im konkreten Fall ohne dessen elektronischen Anstoß durchführt. Der Fokus der vorliegenden Untersuchung liegt auf Telebank-Anwendungen, die über elektronische Mehrwertsysteme realisiert werden und durch ein Zugangssystem am

---

[22] Pooling bezeichnet das Konsolidieren der Salden von mehreren Bankkonten eines Unternehmens zum optimalen Ausgleich der Über- und Unterdeckungen [vgl. Jetter 1987, S. 43].

Ort des Firmenkunden in Anspruch genommen werden können. Electronic Services bilden somit nicht den Schwerpunkt dieser Untersuchung.

Vier Beispiele sollen deutlich machen, welche Gestalt Bankmarktleistungen im elektronischen Firmenkundengeschäft annehmen können:

- Ein multibankfähiges Cash Management-System, das zusammen mit einer qualifizierten Beratung und einer kundenindividuellen Systemanpassung angeboten wird. Die Bankmarktleistung besteht aus dem Cash Management-System als Kernleistung sowie Beratung und Systemanpassung als Nebenleistungen.
- Ein kostenpflichtiges Seminar zum Thema „Zahlungsverkehr mit UN/EDIFACT in mittelständischen Unternehmen". Die Bankmarktleistung umfaßt hierbei das Seminar als Kernleistung.
- Eine Auslandsüberweisung, die der Firmenkunde über sein Cash Management-System oder ein integriertes Online-System elektronisch anstößt. Die Bankmarktleistung besteht aus der Auslandsüberweisung als Kernleistung.
- Ein internationales Kontenpooling, das eine Bank selbst oder in Kooperation mit einer Kontoinformationssammelstelle (z.B. Fides Informatik, Banklink) als Electronic Service anbietet. Die Bankmarktleistung umfaßt das internationale Kontenpooling als Kernleistung.

2.3.3 Einfluß der Informations- und Kommunikationstechnologie auf Bankmarktleistungen

Die Informations- und Kommunikationstechnologie besitzt weitreichenden Einfluß auf Bankmarktleistungen, weil durch ihren Einsatz an der Bank-Firmenkunde-Schnittstelle bestimmte Nachteile, die sich für Kreditinstitute aus den Eigenschaften der Bankmarktleistung ergeben, zumindest partiell überwunden werden können.[23] Durch den **elektronischen Vertrieb von Bankmarktleistungen** des traditionellen Firmenkundengeschäfts wird es möglich, die Endkombination der im Rahmen der Leistungsbereitschaft vorgehaltenen Teilleistungen an andere Standorte zu verlagern [vgl. Eilenberger 1993, S. 119]. Dies begründet einen entscheidenden Rationalisierungseffekt für die Bank, da die Leistungsbereitschaft nicht mehr unter Einsatz von Personal vorgehalten werden muß. Gleichzeitig wird hierdurch die Problematik der Nicht-Lagerfähigkeit von Bankmarktleistungen entschärft. Die Bereitstellung von Bankmarktleistungen über elektronische Mehrwertsysteme erlaubt darüber hinaus eine neue Integrationsform, -intensität und -wirkung des externen Faktors. So kann ein Zugangssystem als Teil eines elektronischen Mehrwertsystems den Firmenkunden in die Lage versetzen, den Prozeß der Leistungsgestaltung dialoggestützt nach seinen Wünschen zu beeinflussen, wodurch eine erhöhte Integrationsintensität und eine stärkere Individualisierung der Bankmarktleistung erreicht wird.

[23] Zu den Eigenschaften der Bankmarktleistung vgl. Abschnitt 2.1.3.

Wird eine Bankmarktleistung des traditionellen Firmenkundengeschäfts, wie eine Inlandsüberweisung oder eine Wertpapiertransaktion, als Telebank-Anwendung in einem elektronischen Mehrwertsystem abgebildet, so ergeben sich Berührungspunkte zwischen traditionellem und elektronischem Firmenkundengeschäft. Bankmarktleistungen des elektronischen Firmenkundengeschäfts (elektronische Mehrwertsysteme) fungieren dann als Vertriebsweg für Bankmarktleistungen des traditionellen Firmenkundengeschäfts.

Neben dem elektronischen Vertrieb traditioneller Bankmarktleistungen ermöglicht der Einsatz der Informations- und Kommunikationstechnologie an der Bank-Firmenkunde-Schnittstelle neue Chancen zur Hervorbringung von **Bankmarktleistungsinnovationen**. So eröffnen intelligente Mehrwertdienste neue Gestaltungsfelder für Kreditinstitute. Ein Beispiel ist der Aufbau eines EDI/EDIFACT-Service-Centers mit entsprechenden Kommunikations-, Management- und Veredelungsdiensten.[24]

Der Einsatz der Informations- und Kommunikationstechnologie kann schließlich auch zu einer **Erhöhung des Kundennutzens bei bestehenden Bankmarktleistungen** beitragen. Zum einen kann der Nutzen einer Bankmarktleistung des traditionellen Firmenkundengeschäfts durch eine „elektronische Veredelung" gesteigert werden. Ein Beispiel ist die Durchführung von Simulationsrechnungen für Firmenkunden im Rahmen eines Kreditgeschäfts. Zum anderen können Bankmarktleistungen des elektronischen Firmenkundengeschäfts durch den Einsatz der Informations- und Kommunikationstechnologie funktional erweitert werden. Ein Beispiel hierfür ist ein Zahlungsverkehrssystem, das nicht nur den elektronischen Anstoß von In- und Auslandsüberweisungen erlaubt, sondern auch die Verwaltung bestehender Bankverbindungen in einer Datenbank unterstützt sowie den Abruf und die Übernahme der Kontodaten der Geschäftspartner, wie Kontonummer und Bankleitzahl, in die aktuelle Eingabemaske ermöglicht.

Die Ausführungen machen deutlich, daß die Informations- und Kommunikationstechnologie die Möglichkeiten hinsichtlich der Leistungsgestaltung und des Vertriebs von Bankmarktleistungen im Firmenkundengeschäft deutlich erweitert. Aus der Funktion des elektronischen Firmenkundengeschäfts als Vertriebsweg für Bankmarktleistungen des traditionellen Firmenkundengeschäfts und dem erweiterten Gestaltungsspielraum für Bankmarktleistungsinnovationen leitet sich die strategische Bedeutung des elektronischen Firmenkundengeschäfts ab.

2.3.4 Realisierung von Telebank-Anwendungen durch elektronische Mehrwertsysteme

Bei der Frage nach der Möglichkeit des elektronischen Vertriebs einer Bankmarktleistung ist entscheidend, ob und inwieweit die notwendige Interaktion zwi-

[24] Vgl. hierzu die Abschnitte 2.4.1.5 und 4.6.4.3.

schen Firmenkunde und Bank durch elektronische Mehrwertsysteme unterstützt werden kann. Die Interaktion kann sowohl firmenkundenseitig als auch bankseitig zwischen Menschen, Maschinen oder einer Kombination aus beiden realisiert werden. Beim elektronischen Vertrieb von Bankmarktleistungen ist die Unterstützung folgender elementarer Interaktionstypen durch elektronische Mehrwertsysteme denkbar:

- **Mensch-Mensch-Kommunikation**: Die Unterstützung kann durch elektronische Mehrwertsysteme erfolgen, welche die Mensch-Mensch-Kommunikation elektronisch abbilden. Beispiele hierfür sind ISDN-Videokonferenzsysteme oder Electronic Mail-Systeme.
- **Mensch-Maschine-Information**: Elektronische Mehrwertsysteme, die diesen Interaktionstyp unterstützen, stellen komplexe und im Regelfall schwach strukturierte Informationen (z.B. multimediale Daten) auf elektronischem Wege bereit. Ein Beispiel hierfür ist ein Online-Datenbanksystem.
- **Maschine-Maschine-Transaktion**: Der Interaktionstyp „Transaktion" beinhaltet Maschine-Maschine-Transaktionen mit hoch strukturierten Daten, die prinzipiell eine vollständig automatisierte Verarbeitung erlauben. Ein Beispiel hierfür ist ein Zahlungsverkehrssystem mit der Möglichkeit zum automatischen Abruf des Kontoauszugs.

Bei komplexeren Bankmarktleistungen ist in der Regel eine Kombination verschiedener Interaktionstypen zur Deckung des Interaktionsbedarfs notwendig. Der Interaktionsbedarf des Firmenkunden kann vollständig über eine Telebank-Anwendung oder durch eine Kombination von Telebank-Anwendung und konventionellem Vertrieb gedeckt werden. Auch wenn viele Bankmarktleistungen (noch) nicht vollständig elektronisch vertrieben werden können, ist es möglich, „einzelne Komponenten (..) herauszulösen und die Kommunikationstechnologien möglichst weitgehend auch hier zur Anwendung kommen zu lassen" [Meffert/Bruhn 1995, S. 44].

Entwicklungen in der Informations- und Kommunikationstechnologie haben in den vergangenen Jahren eine Vielzahl elektronischer Mehrwertsysteme hervorgebracht. Die Konzeption dieser elektronischen Mehrwertsysteme bestimmt, welche Interaktionskomponenten unterstützt werden können. Die Kombination unterschiedlicher Interaktionskomponenten in einem elektronischen Mehrwertsystem (z.B. die Dienste EMail und World Wide Web im Internet) erweitert den Spielraum bei der Realisierung von Telebank-Anwendungen. So wird es künftig möglich sein, sämtliche Interaktionstypen in einem elektronischen Mehrwertsystem abzubilden.

Die folgende Übersicht stellt für die Untersuchung ausgewählte elektronische Mehrwertsysteme und ihre (hauptsächliche) Unterstützungsfunktionalität dar. Sie systematisiert elektronische Mehrwertsysteme im Hinblick auf die Unterstützung der drei elementaren Interaktionstypen Mensch-Maschine-Information, Maschine-Maschine-Transaktion und Mensch-Mensch-Kommunikation.

Interaktionstyp Mehrwertsysteme zur Realisierung von Telebank-Anwendungen	Mensch-Maschine-Information	Maschine-Maschine-Transaktion	Mensch-Mensch-Kommunikation
Finanzmanagementsysteme			
• Zahlungsverkehrssystem	√	√	
• Cash Management-System	√	√	
• Finanzplanungssystem	√		
Online-Datenbanksysteme			
• Online-Datenbanksystem i.e.S.	√		
• Realtime-Datenbanksystem	√		
Kommunikationssysteme			
• ISDN-Videokonferenzsystem			√
• EMail-System			√
Integrierte Online-Systeme			
Internet	√	√	√
Integriertes Online-System (T-Online, CompuServe etc.)	√	√	√

Tabelle 2-1: Systematik der elektronischen Mehrwertsysteme

Mit dem integrierten Online-System T-Online lassen sich alle drei Interaktionstypen darstellen: Datenbankanbieter in T-Online, wie z.B. GENIOS-Wirtschaftsdatenbanken, ermöglichen die Mensch-Maschine-Information; mehr als 1000 Banken bieten Banking über T-Online an, z.B. die Abwicklung des Zahlungsverkehrs (Maschine-Maschine-Transaktion); darüber hinaus existiert ein EMail-Dienst, mit dem Nachrichten verschickt werden können (Mensch-Mensch-Kommunikation). Das Internet bietet mit seinen Diensten World Wide Web, EMail (SMTP) und FTP eine vergleichbare Funktionalität.

Im Hinblick auf die Planung und Realisierung von Telebank-Anwendungen durch Kreditinstitute ist entscheidend, welche der Mehrwertsysteme bereits heute von Firmenkunden genutzt werden und welche Pläne Firmenkunden diesbezüglich haben.

2.4 Definitorische Abgrenzung der Bankmarktleistungen im elektronischen Firmenkundengeschäft

2.4.1 Finanzmanagementsysteme

2.4.1.1 Begriff Finanzmanagementsystem

Finanzmanagementsysteme sind elektronische Mehrwertsysteme, die Unternehmen an ihrem Standort im Finanzmanagement unterstützen. Unter dem Begriff Finanzmanagementsystem werden drei Systemarten subsumiert: Zahlungsverkehrssysteme, Cash Management-Systeme und Finanzplanungssysteme. Hierbei ist der Begriff System umfassend und schließt zum einen eigenständig lauffähige DV-Systeme, zum anderen Teilsysteme eines modular aufgebauten Gesamtsystems ein. In der Praxis treten diese idealtypischen Systemarten vielfach als Module eines Gesamtsystems auf. Für den Bezug von Finanzmanagementsystemen kommen entweder Fremdbezug oder Eigenentwicklung in Betracht.

Electronic Data Interchange (EDI) ist eine Querschnittstechnologie bei der Realisierung von Telebank-Anwendungen. Als solches weist sie einen engen Bezug zu Finanzmanagementsystemen auf und wird im Anschluß an diese einführend beschrieben.

Die in den folgenden Abschnitten formulierten Definitionen folgen einem funktionalen Ansatz und dienen zur Herausbildung einer einheitlichen Terminologie für die vorliegende Untersuchung.

2.4.1.2 Zahlungsverkehrssysteme

Ein Zahlungsverkehrssystem ist ein elektronisches Mehrwertsystem, das den Cash Manager bei der Durchführung des Zahlungsverkehrs unterstützt. Der Zahlungsverkehr umfaßt hierbei die Initiierung, Abwicklung und Kontrolle von Zahlungstransaktionen. Im Unterschied zu Cash Management-Systemen stellen Zahlungsverkehrssysteme keine zusätzliche Dispositions-, Planungs- oder Entscheidungsunterstützungsfunktionalität bereit.

Man unterscheidet Offline- und Online-Zahlungsverkehrssysteme. Offline-Zahlungsverkehrssysteme generieren DTA-Dateien, die physisch auf einem Datenträger (Band, Diskette) transportiert werden. Online-Zahlungsverkehrssysteme verfügen über ein Kommunikationsmodul für den Electronic Funds Transfer.[25] Beispiele für Zahlungsverkehrssysteme sind ZV-Light und SAP R/3 (FI).[26]

2.4.1.3 Cash Management-Systeme

Cash Management ist ein Teilbereich des Finanzmanagements und umfaßt die kurzfristige Finanzdisposition, d.h. die effiziente Organisation und Durchführung des Zahlungsverkehrs sowie den Zahlungsausgleich durch kurzfristige Anlage überschüssiger und Beschaffung fehlender Liquidität [vgl. Kappler/Rehkugler 1991, S. 1038]. Das Cash Management (auch Liquiditätsmanagement) schließt die Planung, Realisation und Kontrolle der Primär- und Sekundärliquidität ein. Tägliches Ergebnis des Cash Managements ist der Liquiditätsstatus, der eine Gegen-

[25] Electronic Funds Transfer ist der englische Begriff für die beleglose Zahlungsverkehrsabwicklung [vgl. Eilenberger 1993, S. 239].

[26] SAP R/3 FI - Finanzwesen - ist innerhalb des R/3-Systems von SAP eine Anwendung zur Unterstützung des externen Rechnungswesens, die auch Zahlungsverkehrsfunktionen beinhaltet [vgl. SAP FI].

überstellung der Ein- und Auszahlungen sämtlicher Konten beinhaltet und die kurzfristige Dispositionsgrundlage bildet.

Typische Aufgaben des Cash Managements sind die Steuerung der Kassenhaltung, die Liquiditätsdisposition anhand von Buchungssalden und valutarischen Salden, die Liquiditätsplanung, das Tätigen von Geldanlage und -aufnahmegeschäften, die Steuerung der Zahlungsströme, die Wahl der Zahlungsinstrumente und Zahlungszeitpunkte, Pooling, Netting[27], das Währungsmanagement[28], die Liquiditätsplanung und die Liquiditätskontrolle.

Unter einem Cash Management-System wird ein elektronisches Mehrwertsystem verstanden, das Unternehmen bei den Aufgaben des Cash Managements unterstützt.[29] Die Entstehung dieser Systeme geht auf eine Entwicklung in den USA Ende der 60er Jahre zurück.[30] Die Mellon National Bank bot ihren Firmenkunden als Pionier der Branche 1969 erstmals ein Cash Management-System an [vgl. Glogowski 1990, S. 145]. 1978 begannen amerikanische Banken, ihre Systeme auch auf dem deutschen Markt anzubieten. Als erste der deutschen Großbanken trat 1983 die Commerzbank mit ihrem Cash Management-System COBRA auf den Markt. 1984 folgten die Deutsche Bank und die Dresdner Bank mit eigenen Systemen.

Die Entwicklung von Cash Management-Systemen vollzog sich in drei Stufen. In der ersten Stufe wurden reine Informationssysteme von Banken bereitgestellt. Hierbei handelte es sich um einfache Terminals, die am Ort des Unternehmens, installiert über eine Fernleitung, direkt mit dem Bankrechner verbunden waren. In der zweiten Stufe konnten Cash Manager bereits selbst Transaktionen initiieren. Noch immer waren die Systeme an die bereitstellende Bank gebunden. Die zunehmende Standardisierung bei Datenformaten und Protokollen und die Etablierung von Sicherheitsstandards führte zu Cash Management-Systemen der dritten Generation. Merkmale dieser Systemgeneration sind nationale Multibankfähigkeit, die Möglichkeit zur medienbruchfreien Weiterverarbeitung der Cash Management-Daten im Unternehmen sowie Funktionen, die den Cash Manager bei seinen Ent-

27 „Netting ist ein Instrument zur Optimierung des Liquiditätsmanagements von Unternehmensgruppen, das konzerninterne Forderungen und Verbindlichkeiten periodenweise gegeneinander aufrechnet, um die effektiven Zahlungsströme zu mindern" [Jetter 1987, S. 45].

28 Währungsmanagement, auch Treasury Management, wird in dieser Untersuchung als Teilbereich des Cash Managements aufgefaßt.

29 Zum Begriff, zur Funktionsweise, zur Auswahl und zur Wirkung von Cash Management-Systemen vgl. [Jetter 1987; Kettern 1987]. Einen Marktüberblick liefert [Eistert 1994]. Untersuchungen zu Cash Management-Systemen in den letzten Jahre konzentrieren sich hauptsächlich auf die Einsatzmöglichkeiten von Cash Management-Systemen in multinationalen Konzernen, so z.B. [Spahni-Klass 1990], [Herold 1994], [Boettger 1995].

30 Für die Entwicklung von Cash Management-Systemen in den USA waren der scheckbasierte Zahlungsverkehr und das amerikanische Trennbankensystem wichtige Katalysatoren, da sie eine wirkungsvolle Steuerung der Zahlungsströme im Sinne eines Liquiditätsausgleichs erheblich behinderten.

scheidungen unterstützen. Beispiele für Cash Management-Systeme der dritten Generation sind Multicash Plus, CMFC, Cerg Finance, ICMS und SAP R/3 (TR-CM, TR-TM).[31]

Cash Management-Systeme können ein Kommunikationsmodul für den Electronic Funds Transfer beinhalten, müssen es aber nicht. Viele Cash Management-Systeme setzen auf dem Kommunikationsmodul von Multicash Plus auf. Verfügt ein Cash Management-System über ein solches Kommunikationsmodul, kann es auch als erweitertes Zahlungsverkehrssystem aufgefaßt werden.

Mit der Verbreitung international gültiger Kommunikationsstandards zeichnet sich eine vierte Systemgeneration ab, deren Kennzeichen - über die Merkmale der dritten Generation hinaus - Offenheit, Integrationsfähigkeit, internationale Multibankfähigkeit und Multifunktionalität sind. In der vierten Generation gehen die verschiedenen dedizierten Finanzmanagementsysteme in einer Telebanking-Plattform für den Firmenkunden auf.

2.4.1.4 Finanzplanungssysteme

„Finanzplanung bezeichnet die Planung und Budgetierung künftiger Zahlungsströme mit dem Ziel, vorausschauend die notwendigen Maßnahmen zur Aufrechterhaltung der Zahlungsbereitschaft bzw. zur rentablen Anlage von Einnahmeüberschüssen einleiten zu können" [Kappler/Rehkugler 1991, S. 1028]. Ergebnis der Finanzplanung ist der Finanzplan, der alle Planeinnahmen und -ausgaben des Gesamtunternehmens beinhaltet und wegen der Problematik exakter Prognosen (zufallsbedingte) Schwankungen künftiger Zahlungsströme berücksichtigen muß [vgl. Kappler/Rehkugler 1991, S. 1028]. Im Unterschied zum Cash Management bezieht sich die Finanzplanung auf einen mittel- bis langfristigen Planungshorizont.

Finanzplanungssysteme sind elektronische Mehrwertsysteme, die Unternehmen in ihrer Finanzplanung unterstützen. Der Planungszeitraum muß mindestens sechs Monate betragen. Beispiele für Finanzplanungssysteme sind CMFC und ICMS. Finanzplanungssysteme umfassen in dieser Untersuchung auch selbst erstellte Spreadsheets in Tabellenkalkulationsprogrammen, die auf eine Unterstützung der Finanzplanung abzielen.

2.4.1.5 Electronic Data Interchange (EDI)

Unter EDI versteht man den „interventionsfreien Austausch strukturierter Daten, die unter Nutzung der elektronischen Datenübertragung zwischen Applikationen

---

[31] SAP R/3 TR-CM - Cash Management - ist innerhalb des R/3-Systems von SAP eine Anwendung zur Unterstützung des Cash Managements. Es umfaßt u.a. die Bereiche Electronic Banking, Scheckeinreichung, Cash Management, und Konten-Clearing [vgl. SAP TR-CM]. SAP R/3 TR-TM unterstützt den Geld- und Devisenhandel, Geschäfte mit derivativen Finanzinstrumenten sowie das Wertpapier- und Darlehensmanagement [vgl. SAP TR-TM].

beteiligter Kommunikationspartner transferiert werden" [Georg 1993, S. 5].[32] Im Unterschied zur elektronischen Post deckt EDI die Geschäftskommunikation mit strukturierten Daten, wie z.B. Bestellungen, Lieferscheine und Rechnungen, ab. Voraussetzung hierfür sind Vereinbarungen zwischen den Kommunikationspartnern über Syntax und Semantik einer EDI-Nachricht [vgl. Georg 1993, S. 5].

EDI ist die grundlegende Technologie für Online-Transaktionen. Grundsätzlich sind solche Transaktionen für EDI besonders geeignet, die strukturiert und zeitkritisch sind, häufig wiederholt werden und ein hohes Volumen aufweisen [vgl. Georg 1993, S. 6]. Aus diesem Grunde werden Zahlungstransaktionen im Interbankenverkehr und im Verkehr zwischen Bank und Firmenkunden schon lange Zeit per EDI übermittelt.

	branchenspezifisch	**branchenübergreifend**
national	• DTA (deutsche Kreditwirtschaft) • VDA (deutsche Automobilwirtschaft)	• ANSI X.12 (USA) • TRADACOM (GB)
international	• ODETTE (europ. Automobilwirtschaft) • RINET (europ. Versicherungswirtschaft) • S.W.I.F.T. (Kreditwirtschaft weltweit)	• EDIFACT

Tabelle 2-2: EDI-Datenformate [vgl. Schmoll 1994, S. 28]

Hemmnisse eines internationalen und branchenübergreifenden EDI waren bisher die verfügbaren Datenformate. Tabelle 2-2 zeigt EDI-Datenformate und deren Gültigkeitsbereich.

Im Financial-EDI, dem elektronischen Austausch von Finanzdaten, dominieren zwischen Firmenkunden und Kreditinstituten derzeit die Datenformate DTA und S.W.I.F.T. Bereits 1976 einigten sich die Spitzenverbände des deutschen Kreditgewerbes auf die Einführung des elektronischen Datenträgeraustauschs (DTA) [vgl. Terrahe/Schuck 1993, S. 429]. Während früher überwiegend Offline-Datenträger erstellt und physisch zur Bank transportiert wurden, wird das DTA-Format zusammen mit den Protokollen ZVDFÜ bzw. FTAM/EU zunehmend für den Electronic Funds Transfer, d.h. die Online-Initiierung von Zahlungstransaktionen im In- und Auslandszahlungsverkehr eingesetzt. Im Unterschied zum deutschen DTA-Format besitzen die von der Society for Worldwide Interbank Financial Telecommunication (S.W.I.F.T.) spezifizierten Datenformate internatio-

[32] Die Merkmale „strukturierte Daten" und „Austausch von Computer zu Computer" als Kennzeichen des EDI finden sich übereinstimmend auch in vielen anderen EDI-Definitionen [vgl. Kerscher 1996, S. 9]. Technisch gesehen handelt es sich bei EDI um einen kontrollierten File-Transfer zwischen verschiedenen Anwendungen [vgl. Georg 1993, S. 5].

nale Gültigkeit. Ihr Einsatz erfolgt hauptsächlich im Interbankenverkehr. Das S.W.I.F.T.-Format MT 940, das Aufbau und Inhalt eines elektronischen Kontoauszugs definiert, ist im Financial-EDI zwischen Bank und Firmenkunde weit verbreitet.

Mit UN/EDIFACT - Electronic Data Interchange for Administration, Commerce and Transport - ist erstmals ein EDI-Datenformat entstanden, das für den branchen- *und* länderübergreifenden Einsatz konzipiert ist. UN/EDIFACT geht auf eine Initiative der Vereinten Nationen (UN) von 1979 zurück und wurde 1987 als ISO-Norm verabschiedet [vgl. Kerscher 1996, S. 13]. Mit diesem EDI-Datenformat wird es möglich, medienbruchfreie elektronische Datenkreisläufe für den Austausch strukturierter Geschäftsdokumente zu bilden. Der Terminus EDI/EDIFACT bezeichnet den elektronischen Datenaustausch mittels UN/EDIFACT-Nachrichten und wird in dieser Untersuchung verwendet, wenn weniger das Datenformat UN/EDIFACT als vielmehr der elektronische Datenaustausch (EDI) von Nachrichten im UN/EDIFACT-Format im Vordergrund steht.

Für das elektronische Firmenkundengeschäft besonders relevant sind die UN/EDIFACT-Nachrichtentypen für den Zahlungsverkehr. Ihre Festlegung gilt inzwischen als weitgehend abgeschlossen [vgl. Kerscher 1996, S. 14]. Für die strukturierte Geschäftskommunikation zwischen Firmenkunde und Bank stellen sie eine Alternative zu den gängigen EDI-Datenformaten DTA und S.W.I.F.T. dar.[33] Tabelle 2-3 gibt eine Übersicht der UN/EDIFACT-Nachrichtentypen für den Zahlungsverkehr.

UN/EDIFACT-Nachrichten werden als Teil einer Übertragungsdatei übermittelt. Die Übertragungsdatei ist hierarchisch aufgebaut, von einem Nutzdatenrahmen umgeben und umfaßt Nachrichtengruppen, die aus einer Menge von Nachrichten bestehen, die wiederum Segmente bzw. Datenelemente umfassen [vgl. Kerscher 1996, S. 15].

Voraussetzung für EDI sind neben der Festlegung von Semantik und Syntax der Nachrichten Vereinbarungen bzgl. der Kommunikation. Prinzipiell ist UN/EDIFACT plattformunabhängig, wobei in der Praxis häufig der EMail-

[33] So kann ein Zahlungsauftrag von Firmenkunden alternativ im DTA-Format DTAUS oder im UN/EDIFACT-Format PAYORD elektronisch erteilt werden. Für einen Kontoauszug stehen S.W.I.F.T. MT 940 und UN/EDIFACT FINSTA zur Verfügung. Als Voraussetzung zur Bildung von Electronic Loops, d.h. geschlossenen elektronischen Kreisläufen, beinhalten UN/EDIFACT-Nachrichten gegenüber den konventionellen Formaten deutlich mehr Informationen. So erlaubt z.B. ein detaillierter Verwendungszweck in einer Gutschriftsanzeige den automatischen Abgleich mit der Debitorenliste und die medienbruchfreie Weiterverarbeitung des Geschäftsvorfalls in der Buchhaltung.

Standard X.400 zum Einsatz kommt, der eine asynchrone Multipoint-Kommunikation ermöglicht [vgl. Schmoll 1994, S. 144].[34]

AUTACK: Authentifizierungs- und Quittungsnachricht	**CREADV:** Gutschriftsanzeige	**DOCAMA:** Avisierung der Änderung eines Dokumentenakkreditivs	**FINCAN:** Storno-Nachricht
AUTHOR: Autorisierungsnachricht	**CREEXT:** Erweiterte Gutschriftsanzeige	**DOCAMI:** Information über die Änderung eines Dokumentenakkreditivs	**FINPAY:** Interbankenverkehr
BANSTA: Bank-Servicenachricht	**CREMUL:** Multiple Gutschriftsanzeige	**DOCAMR:** Beantragung einer Änderung eines Dokumentenakkreditivs	**FINSTA:** Bankkontoauszug
CHIPHER: Sicherstellung von Vertraulichkeit	**DEBADV:** Belastungsanzeige	**DOCAPP:** Antrag zur Eröffnung eines Dokumentenakkreditivs	**PAYORD:** Zahlungsauftrag
COLADV: Benachrichtigung über Dokumentensammlung	**DEBMUL:** Multiple Belastungsanzeige	**DOCARE:** Rückantwort zu einer Änderung des Dokumentenakkreditivs	**PAYEXT:** Erweiterter Zahlungsauftrag
COLREQ: Anfrage über Dokumentensammlung	**DIRDEB:** Lastschrift	**DOCINF:** Information über die Eröffnung eines Dokumentenakkreditivs	**PAYMUL:** Multipler Zahlungsauftrag
CONTRL: Syntax- / Servicenachricht (Bestätigung und Fehlermeldg.)	**DOCADV:** Avisierung eines Dokumentenakkreditivs	**DOCxxx:** Fünf weitere Dokumenten-akkreditiv-nachrichten	**RECECO:** Risikoübernahme

Tabelle 2-3: UN/EDIFACT-Standards im Zahlungsverkehr [vgl. Bösler 1995, S. 33]

Die elektronische Vernetzung zwischen Bank und Firmenkunde schafft Vorteile für beide Seiten. Als wesentliche Vorteile sind zu nennen [vgl. Kagermann/Scheuermann 1993, S. 190; Bodo 1993, S. 176]:

- Vermeidung von Übertragungsfehlern, die durch Medienbrüche entstehen;[35]
- Beschleunigung der Abläufe;
- Erhöhung des Verfügbarkeitsgrads;
- Reduktion der Erfassungskosten;

[34] Der Standard X.435 ist eine Erweiterung von X.400 und ermöglicht Sicherheits- und Bestätigungsverfahren, die die Sicherheit von EDI/EDIFACT erhöhen [vgl. Kerscher 1996, S. 15-16].

[35] Medienbrüche treten auf, wenn eingetroffene Daten nicht direkt erkannt und weiterverarbeitet werden können, und damit eine (erneute) manuelle Erfassung notwendig wird [vgl. Georg 1993, S. 7].

- Reduktion des Prüf- und Abstimmungsaufwands durch automatisierte Kontrollen und
- Zugang zu neuen Märkten durch einheitliche Nachrichtenstandards.

Darüber hinaus können Kreditinstitute durch Financial-EDI die Beziehung zu ihren Firmenkunden intensivieren und ihre Möglichkeiten zur Hervorbringung von Bankmarktleistungsinnovationen erweitern.

Allerdings sind mit EDI auch einige Nachteile verbunden. Als wichtigste zu nennen sind die hohen Investitionskosten bis zur Realisierung geschlossener elektronischer Kreisläufe, die Sicherheitsproblematik bei Datenübertragung und -verarbeitung sowie die zunehmende Abhängigkeit von der Technik, die besonders bei einem Systemausfall deutlich wird.

Folgt man der Auffassung von *Jonas*, daß alle wirtschaftlichen Vorgänge als Tauschvorgänge zu bezeichnen sind [vgl. Jonas 1992, S. 232], und berücksichtigt man, daß jeder Tauschvorgang von einer Vielzahl von Dokumenten begleitet ist, dann wird deutlich, welches Rationalisierungspotential EDI in der Geschäftskommunikation eröffnet.

2.4.2 Online-Datenbanksysteme

Eine Online-Datenbank ist „eine elektronische Sammlung von Informationen, die mit einer Zugriffssprache (Retrieval-Sprache) verbunden ist, so daß Informationen unter verschiedenen Gesichtspunkten miteinander verknüpft bzw. selektiert und interaktiv durch den Benutzer abgefragt werden können“ [Hügel 1990, S. 19-20]. Wichtige Unterscheidungsmerkmale von Datenbanken sind der Datentyp (z.B. Texte, numerische Daten, Grafiken, Video, Audio), die Thematik (z.B. Unternehmensdatenbanken, Länderdatenbanken, volkswirtschaftliche Datenbanken), die Aktualität der Daten (realtime vs. historisch) und die Vollständigkeit der Daten (Volltext- vs. Referenzdatenbanken).[36]

Online-Datenbanksysteme basieren auf elektronischen Mehrwertsystemen, die den Transport der Datenbankinhalte unabhängig vom physischen Standort der Datenbank ermöglichen. Charakteristikum eines Online-Datenbanksystems ist die direkte Verbindung zwischen Nutzer und Datenbankanbieter, die den unmittelbaren Zugriff auf die gewünschte Information ermöglicht. Dieses Kriterium grenzt Online-Datenbanksysteme von Offline-Datenbanksystemen ab. Für die vorliegende Untersuchung ist die Unterscheidung zwischen Online-Datenbanksystemen mit historischen Informationen (Online-Datenbanksysteme i.e.S.) und solchen mit Echtzeit-Informationen (Realtime-Datenbanksysteme oder Online-Informationssysteme) bedeutsam. Realtime-Datenbanksysteme sind Online-Datenbanksysteme

[36] Zu den Typen von Online-Datenbanken vgl. [Hügel 1990, S. 20-29] und [Staud 1991, S. 217-221].

mit aktuellen, d.h. ohne Zeitverzug bereitgestellten und meist nur kurz in die Vergangenheit reichenden Informationen, die sich aus den Ticker-Diensten der Börsen entwickelt haben [vgl. Hügel 1990, S. 29].

Suchart Merkmal	Suche eines konventionellen Informationsmediums in einer Bibliothek	Suche in einem Online-Datenbanksystem
Zeitbedarf	hoch	niedrig
Vielfalt der Zugriffsmöglichkeiten	niedrig	hoch
Anregungen und Querverweise zu anderen Quellen	zumeist nicht gegeben	häufig gegeben
Aktualität	nicht immer sichergestellt	sehr hoch
Verfügbarkeit	unsicher (z.B. ausgeliehen)	hoch
Informationsspeicherung	physisch	elektronisch
Informationssuche	aufwendig	einfach und schnell
Qualität der Rechercheergebnisse	eher niedrige Trefferquote	eher hohe Trefferquote
Anforderungen an technische Kompetenz	niedrig	mittel bis hoch (je nach Retrievalsprache)
Kostentransparenz	i.d.R. nicht gegeben	gegeben (nach Datenbank und Zeitbedarf)
Zugriff	orts- und zeitgebunden	orts- und zeitunabhängig
Vollständigkeit der Information	nur z.T. gegeben	gegeben
Vorbereitungsdauer	niedrig	hoch
Vermeidung von Medienbrüchen	nein	ja

Tabelle 2-4: Eigenschaften der konventionellen Informationssuche im Vergleich zu einer Online-Datenbankrecherche [vgl. Gries/Schmidt 1995, S. 42-44; Eggert 1992, S. 105]

Voraussetzung für ein schnelles und einfaches Auffinden von Informationen in einer Datenbank ist ein leistungsfähiges Information Retrieval, das die Präsentation, Speicherung, Organisation und den Zugriff auf Informationen umfaßt [vgl. Salton/McGill 1983, S. 1]. Mit Hilfe der Retrievalsprache eines Datenbanksystems kann gezielt auf bestimmte Inhalte der Datenbank zugegriffen werden, indem nach bestimmten Suchbegriffen oder logischen Verknüpfungen zwischen mehreren Suchbegriffen in der Datenbank gesucht wird. Dabei legt ein Abgleichmechanismus fest, welche Informationen des Informationsraumes mit der gestellten Anfrage übereinstimmen.

Aus der Nutzung eines Online-Datenbanksystems ergeben sich im Vergleich zu einer konventionellen Informationssuche Vor- und Nachteile, die in Tabelle 2-4 aufgeführt sind.

Wichtige Qualitätsmerkmale eines Online-Datenbanksystems sind [vgl. Eggert 1992, S. 112-113]:

- die Aktualität der Datenbankinformation;
- die Vollständigkeit der Datenbankinformation;

- die Verläßlichkeit der Datenbankinformation und
- die Übersichtlichkeit in der Darstellung des Datenbankangebots.

Die Qualität einer Datenbankrecherche, d.h. die Effizienz und Effektivität der Informationssuche in einem Datenbanksystem, kann anhand des Recall- und des Precision-Wertes gemessen werden. Der Recall-Wert bezeichnet die Vollständigkeitsquote der gefundenen relevanten Informationen, der Precision-Wert die Genauigkeitsquote, d.h. das Verhältnis zwischen der Zahl der gefundenen relevanten Informationen und der Zahl aller gefundenen Informationen [vgl. Henzler 1992, S. 165-166].

2.4.3 Kommunikationssysteme

2.4.3.1 ISDN-Videokonferenzsysteme

Videokonferenzsysteme unterstützen die synchrone Fernkommunikation zwischen zwei oder mehreren Personen durch den Austausch von Sprache und Bildern. Darüber hinaus stellen neuere Videokonferenzsysteme die Funktionen Joint Editing (gemeinsame Dokumentenverarbeitung) und Application Sharing (gemeinsame Nutzung von Anwendungsprogrammen) bereit [vgl. Kerscher 1996, S. 36]. ISDN-Videokonferenzsysteme setzen, anders als die schon seit den 80er Jahren verfügbaren breitbandigen Videokonferenzsysteme, auf dem ISDN-Netz auf.

Erst durch neuentwickelte Kompressionsverfahren und die Verbreitung des Kommunikationsstandards H.320 ist das Betreiben von Videokonferenzen über das schmalbandige ISDN möglich geworden. Damit werden die bisherigen Haupthinderungsgründe einer größeren Verbreitung, wie hohe Kosten für die Breitbandübertragung, fehlende Kompatibilität unter den angebotenen Systemen und die nicht überall verfügbare Studiotechnik, überwunden [vgl. Riehm/Wingert 1995, S. 42]. Durch Parallelschalten mehrerer ISDN-Kanäle kann eine Übertragungsqualität nahe der von Breitbandvideokonferenzen erreicht werden.[37]

Ein ISDN-Videokonferenzsystem besteht aus:
- Ein- und Ausgabegeräten, wie Kamera, Mikrophon, Lautsprechern;
- Systemsoftware für die Benutzerführung, das Joint Editing und das Application Sharing;
- Kompressions- und Dekompressionsdekoder sowie
- einer ISDN-Schnittstellenkarte mit entsprechenden Software-Treibern.

---

[37] Die Parallelschaltung von maximal 30 ISDN-Basiskanälen ermöglicht Übertragungsraten von bis zu 1,92 Mbit/s, was fast einer Übertragungsqualität auf VHS-Niveau entspricht [vgl. Riehm/Wingert 1995, S. 43]. In der Praxis erfolgt die Übertragung von Videokonferenzdaten über zwei bis sechs Kanäle (128 bis 384 Kbit/s) [vgl. Kerscher 1996, S. 36].

Der Preisverfall bei den Videokonferenzsystemen wird deutlich, wenn man berücksichtigt, daß die Kosten für ein System vor drei Jahren noch bei 12.000 DM lagen, sie sich derzeit zwischen 2.000 bis 4.000 DM bewegen und für die Zukunft erwartet wird, daß die Preise für die kleinste Videokonferenzlösung auf unter 1.000 DM fallen werden [vgl. o.V. 1996c, S. 18].

Durch den Einsatz eines ISDN-Videokonferenzsystems in der Kommunikation zwischen Bank und Firmenkunde lassen sich die Vorteile einer persönlichen visuellen Kommunikation mit den Vorteilen der Kommunikation über elektronische Medien verbinden. Als wesentliche Vorteile sind hier zu nennen [vgl. Kleinherne 1996, S. 22-23]:

- Möglichkeit zur Übertragung non-verbaler Signale (Mimik, Gestik, Körperhaltung), die den Erfolg eines Informationsaustauschs um den Faktor zwei und mehr steigern können. Dies ist ein klarer Vorteil gegenüber Telefon und Telefax.
- Schnelle Überbrückung großer Distanzen bei geringen Kosten.[38]
- Steigerung der Reichweite, indem mehrere regional verteilte Parteien an einer Videokonferenz teilnehmen können.
- Unterstützung von Abstimmungs- und Entscheidungsprozessen durch die Funktionen Application Sharing und Joint Editing.

Auch wenn die Gesprächspartner sichtbar sind, kann eine ISDN-Videokonferenz ein persönliches Gespräch nicht vollständig ersetzen. So ist der Bewegungsspielraum der Teilnehmer wegen des begrenzten Sichtfeldes der Kamera eingeschränkt und der Dialog in einen gewissen formalen Rahmen gezwängt. Bei nicht ausreichender Übertragungskapazität führt das „Bildruckeln" zu einem synthetischen Eindruck, der sich negativ auf den Konferenzerfolg auswirken kann.

Unter Berücksichtigung der Vor- und Nachteile sind ISDN-Videokonferenzsysteme grundsätzlich eine weitere Alternative in der Bank-Firmenkunde-Kommunikation, wobei sich die Frage nach der firmenkundenseitigen Akzeptanz stellt.

2.4.3.2 Electronic Mail-Systeme

Ein elektronisches Postsystem (Electronic Mail-System, EMail-System) ist ein Kommunikationsmedium, das den asynchronen elektronischen Austausch von Nachrichten und Dokumenten zwischen mehreren Kommunikationspartnern gemäß dem Store-and-Forward-Prinzip unterstützt [vgl. Kerner 1993, S. 329]. Wichtige Grundfunktionen eines elektronischen Postsystems sind das Erstellen, Versen-

[38] Ein Rechenbeispiel der DG Bank ergab für eine zweistündige Besprechung, die ein Bankmitarbeiter aus Frankfurt in München führen muß, im Vergleich zur Autofahrt einen Kostenvorteil in Höhe von 881,90 DM und im Vergleich zum Flug einen Kostenvorteil in Höhe von 696,90 DM [vgl. Kleinherne 1996, S. 23]. Darin sind die durch die Reisedauer entstehenden Opportunitätskosten des Mitarbeiters enthalten.

den, Dokumentieren, Empfangen und Anzeigen von elektronischen Postdokumenten; darüber hinaus unterstützen elektronische Postsysteme die Formatierung, Konvertierung und Disposition solcher Dokumente [vgl. Kerscher 1996, S. 33].

Unterschiede zwischen dem elektronischen Datenaustausch (EDI) und der elektronischen Post liegen nicht im Transportsystem, sondern in den Dokumentenformaten, Kommunikationspartnern und Weiterverarbeitungsschnittstellen. Bei EMail-Systemen dominieren im lokalen Bereich proprietäre Systeme, wie MS Mail oder cc:Mail. Im Weitverkehrsbereich sind EMail-Systeme nach dem X.400-Standard sowie dem Internet Protokoll SMTP am weitesten verbreitet[39], wobei Gateways den Übergang zwischen beiden Systemen ermöglichen [vgl. Cenarius 1994, S. 16].

Durch den Einsatz von Electronic Mail läßt sich die Kommunikation zwischen Bank und Firmenkunde verbessern. Dies wird möglich, indem die spezifischen Eigenschaften dieses Mediums, wie das zeitlich und räumlich unabhängige Absenden und Empfangen oder das medienbruchfreie Verteilen (Broadcasting) und Weiterleiten (Forwarding) von Mails, zum Vorteil des Firmenkunden eingesetzt werden. Neue Möglichkeiten zur Kommunikation und Information ergeben sich durch das elektronische Versenden von HTML-Seiten aus dem World Wide Web.[40]

Nachteile dieses Mediums können eine Überfrachtung mit sogenannten „Junk-Mails", ein nachlässiger Schreibstil und das Problem der Nachweisbarkeit des Absendens und Empfangens von EMails sein.

Unter Berücksichtigung der Vor- und Nachteile ist Electronic Mail eine weitere interessante Option in der Kommunikation zwischen Bank und Firmenkunde.

2.4.4 Integrierte Online-Systeme (Online-Dienste)

2.4.4.1 Begriff Online-Dienst

Die derzeit zu beobachtende Online-Euphorie hat zu einer großen Verbreitung des Begriffs Online-Dienst geführt. Für die vorliegende Untersuchung ist dieser Terminus, der in verschiedenen Interpretationen verwendet wird, genauer zu fassen:

---

39 Diese beiden Standards beschreiben den Aufbau eines EMail-Systems. Weitere Standards beziehen sich auf Verzeichnisdienste und das Dokumentenformat. So ist X.500 ein ITU-Standard, der auf den Aufbau eines weltweit gültigen elektronischen Verzeichnisdienstes abzielt; ODA/ODIF, UN/EDIFACT und SGML sind ISO-Standards, die das Dokumentenformat spezifizieren [vgl. Kerscher 1996, S. 34].

40 So erlaubt das Groupware System Lotus Notes in der Version 4.0 das Versenden von HTML-Seiten, wobei dem EMail-Empfänger beim Lesen der EMail die gleiche Funktionalität bereitsteht, als wenn er die HTML-Seite über seinen Web-Browser unter Eingabe der HTTP-Adresse aufruft. Verfügt der Firmenkunde über einen Lotus Notes 4.0-Client, so können Kreditinstitute relevant erscheinende HTML-Seiten (eigene oder fremde) zielgruppenspezifisch an ihre Firmenkunden versenden.

- Zum einen steht der Begriff für einen einzelnen elektronischen Mehrwertdienst. Beispiele für solche Mehrwertdienste sind Bankanwendungen, wie der Inlandszahlungsverkehr, Kommunikationsanwendungen, wie Electronic Mail, oder Informationsanwendungen, wie Online-Recherchen. Auf diese Dienste kann über Zugangssysteme, die beim Nutzer installiert sind, zugegriffen werden.
- Zum anderen bezeichnet der Begriff integrierte elektronische Mehrwertsysteme, wie T-Online, CompuServe oder das Internet. Kennzeichen dieser „Online-Dienste“ ist, daß sie jeweils über einen einheitlichen Dienstezugang eine Vielzahl von elektronischen Mehrwertdiensten integrieren.

Online-Dienste werden in dieser Untersuchung als elektronische Mehrwertsysteme verstanden, die verschiedene Informations-, Interaktions- und Kommunikationsdienste integrieren. Deshalb werden sich auch als **integrierte Online-Systeme** bezeichnet.

Für die vorliegende Untersuchung werden diejenigen integrierten Online-Systeme ausgewählt, die Dienste für Unternehmen bereitstellen. Da sich eine Entwicklung abzeichnet, bei der die integrierten Online-Systeme, wie T-Online, CompuServe, America Online und das Microsoft Network im Internet aufgehen, liegt der Fokus, nach einer kurzen Darstellung von T-Online als Beispiel für ein kommerzielles integriertes Online-System, auf dem Internet und seinen Diensten. Im Anschluß daran werden weitere, im Zusammenhang mit dem elektronischen Firmenkundengeschäft der Kreditinstitute interessant erscheinende Online-Systeme kurz vorgestellt.

2.4.4.2 T-Online

Der 1984 von der damaligen Bundespost eingeführte Bildschirmtext (BTX) war ursprünglich als TV-basiertes System konzipiert. Inzwischen wird als Zugangsmedium jedoch fast nur noch der PC eingesetzt. Nach der Umbenennung in DATEX-J Anfang der 90er Jahre wird das System seit 1995 unter T-Online geführt. In T-Online bieten derzeit ca. 2.700 Anbieter auf 600.000 Seiten Informations-, Auskunfts- und Bestelldienste an [vgl. Kerscher 1996, S. 40]. Während die Nutzerzahlen in den 80er Jahren zunächst nur sehr langsam zunahmen, sind die Zuwachsraten inzwischen deutlich gestiegen.

Jahr	1985	1986	1987	1988	1989	1990	1991	1992	1993	1994	1995	1996
TN	38	58	96	147	195	260	302	340	497	708	965	1.163

Tabelle 2-5: Anschlußentwicklung bei T-Online in Tsd. [vgl. T-Online 1996] [41]

Wie eine Strukturuntersuchung der T-Online-Neukunden (damals noch Datex-J) zwischen 1987 und 1994 ergab, ist der Anteil der gewerblichen Nutzern von ehe-

[41] Zahl für 1996 Stand 28.07.1996.

mals über 80% auf unter 40% gesunken [vgl. auch für die folgenden Zahlen Telekom 1994, o.S.]. Die rein geschäftlichen Anschlüsse waren in 1994 nur noch für 16% der Neuanschlüsse verantwortlich. Unter den gewerblichen Nutzer belegt die Industrie mit einem Anteil von 14% Rang 4 hinter dem Dienstleistungsgewerbe, dem Handel und dem Handwerk.

Vorteile von T-Online liegen zum einen in der Übertragungssicherheit der Daten, was dieses Medium zur bevorzugten Online-Banking-Plattform gemacht hat.[42] Zum anderen bestehen flächendeckende Einwahlknoten mit mindestens 14400 Baud sowie ISDN-Zugänge, die eine schnelle Übertragung großer Datenvolumina ermöglichen. Darüber hinaus gilt das System mit seinem ausgereiften Netzmanagement als stabil. Es besitzt zahlreiche Gateways, u.a. zu X.400-, Videotext- und Telefax-Diensten und einen Internet-Zugang. Neben dem terminalorientierten CEPT-Standard unterstützt T-Online das betriebssystemunabhängige KIT-Format.

2.4.4.3 Internet

Das Internet ist in den 60er Jahren aus einem Forschungsprojekt des amerikanischen Verteidigungsministeriums hervorgegangen. Das Netz wurde mit dem Ziel entwickelt, durch eine dezentrale Netzstruktur eine hohe Ausfallsicherheit zu gewährleisten. Im Unterschied zu kommerziellen integrierten Online-Systemen hat das Internet keinen Eigentümer, sondern besteht aus einer Vielzahl von Netzen, die untereinander durch Gateways verknüpft sind und verschiedenen Institutionen gehören [vgl. Kerscher 1996, S. 44].[43] Zwischen den Netzen mieten die Eigentümer der Netze Leitungen an [vgl. Schneider 1995, S. 266]. In jedem Netz existiert zumindest ein Server, der Internet-Dienste bereitstellt. Die von den Internet-Servern angebotenen Dienste können von jedem Internet-Zugang der Welt mit der entsprechenden Zugangssoftware genutzt werden.

Für die weltweit eindeutige Kennzeichnung der Server sind die Network Information Center (NIC) verantwortlich [vgl. Schneider 1995, S. 268]. Sogenannte Internet-Service-Provider bieten Zugänge zum Internet an, sowohl für Internet-Nutzer als auch für Internet-Anbieter; sie besitzen eigene Netzinfrastrukturen, die an das Internet angeschlossen sind [vgl. Schneider 1995, S. 267]. Darüber hinaus übernehmen die Service-Provider Netzmanagement, Vertrieb, Support und die Abrechnung für den Zugang.

Auch das Internet ist ein diensteintegrierendes Online-System. Tabelle 2-6 zeigt die Liste der wichtigsten Internet-Mehrwertdienste. Die am häufigsten genutzten Mehrwertdienste im Internet sind das World Wide Web und Electronic Mail. Das World Wide Web (WWW) wurde 1989 entwickelt und umfaßt die Komponenten WWW-Browser, WWW-Server, HTML-Dokumente und ein eindeutiges Adressierungsschema. Die auf WWW-Servern vorgehaltenen HTML-Dokumente können

---

[42] In T-Online werden mehr als 1,4 Mio. Konten geführt [vgl. Kerscher 1996, S. 40].

[43] Deshalb bezeichnet man das Internet auch als das „Netz der Netze".

von WWW-Nutzern über ihren WWW-Zugang mit einem installierten WWW-Browser abgerufen werden.

Internet-Mehrwertdienste	Beschreibung
Transaktionsdienste	
Telnet	Terminalemulation als remote login zu externen Rechnern
RJE (Remote Job Entry)	Absetzen von Rechenaufträgen auf externen Rechnern
FTP (File Transfer Protokoll)	Gesicherter Zugriff auf externe Dateien
SMTP/EDI	Spezifikationsvorschlag für EDI über das SMTP
Informationsdienste	
Online-Datenbanken	z.B. WAIS, WHOIS, X.500-Datenbanken
Archie	Interaktiver Suchdienst für Dateien
Gopher	Hierarchischer, interaktiver Informationsdienst
WWW (World Wide Web)	Global vernetzter Hypermediadienst
Kommunikationsdienste	
News	Asynchroner Bulletin-Board-Dienst für Diskussionsforen
IRC (Internet Relay Chat)	Synchroner Chat-Dienst für textbasierte Echtzeitdiskussionen
EMail	Auf SMTP aufsetzender EMail-Dienst

Tabelle 2-6: Übersicht wichtiger Internet-Mehrwertdienste [vgl. Kerscher 1996, S. 44]

Der Kreis der Internet-Nutzer hat sich in den letzten Jahren deutlich erweitert. Waren es früher hauptsächlich Personen aus dem universitären Umfeld, so treten heute Unternehmen, öffentliche Institutionen und Privatpersonen als Nutzer auf. Insgesamt wird die Zahl der Internet-User weltweit auf ca. 40 Mio. geschätzt. Dementsprechend hat sich das Angebot im World Wide Web deutlich vergrößert und mit ihm die Anzahl der Internet-Server.

Aufgrund der lange Zeit bestehenden Sicherheitsproblematik wurde das Internet bislang überwiegend als Informations- und Kommunikationsmedium eingesetzt und Transaktionen nur vereinzelt und überwiegend in geschlossenen Kreisläufen angeboten. Inzwischen zeichnen sich jedoch Lösungen dieser Sicherheitsproblematik ab.[44] Ein weiterer Engpaß im Internet besteht im Auffinden des gesuchten Dienstes bzw. der gesuchten Information. Aus diesem Grunde konzentriert sich

---

44 Ein wichtiger Eckpfeiler für die Sicherheit im Internet ist der SSL-Standard von Netscape. SSL steht für Secure Socket Layer und sichert in der Kommunikation zwischen World Wide Web-Client und -Server eine 40-Bit (Europa) bzw. 128-Bit (USA) Verschlüsselung der übertragenen HTML-Seiten. Das Verfahren wird inzwischen auch von anderen Anbietern in WWW-Browser und WWW-Server integriert. Einige Kreditinstitute bieten bereits Internet-Transaktionen auf Grundlage des SSL-Standards an. Sie sind Vorboten einer Entwicklung, in der das Internet nicht nur als Informations- und Kommunikations-, sondern auch als Transaktionsmedium genutzt wird. Vgl. hierzu auch [Bartmann/Stockmann 1996, S. 56-58]. Bspw. bietet die Deutsche Bank die Abwicklung von Zahlungsverkehrsgeschäften über das Internet / World Wide Web an, wobei geplant ist, das Basisangebot um Wertpapieraufträge und zusätzliche Anwendungen speziell für mittelständische Unternehmen zu erweitern [vgl. o.V. 1996l, S. 32].

eine Vielzahl von Anbietern auf das Aufbereiten, Verdichten und Vermitteln von Informationen im Internet [vgl. Kerscher 1996, S. 45].[45]

Sicherheit im Internet ist auch zentrale Voraussetzung für den elektronischen Datenaustausch (EDI) über das Internet [vgl. Neuburger/Jaros-Sturhan 1995, S. 40]. Entwürfe für einen EDI/EDIFACT-Mehrwertdienst im Internet wurden bereits von der Internet Engineering Task Force entwickelt und liegen als Draft RFC 1767 vor [vgl. Kerscher 1996, S. 46]. Es wird erwartet, daß EDI/EDIFACT-Mehrwertdienste nach der Lösung der Sicherheitsproblematik eine schnelle Verbreitung im Internet erfahren werden [vgl. Kerscher 1996, S. 46].

2.4.4.4 Sonstige integrierte Online-Systeme

CompuServe

CompuServe wurde 1969 in den USA gegründet. Das Angebot der rund 3.000 Dienste ist stark auf den amerikanischen Markt ausgerichtet und beinhaltet rund 1.000 Diskussionsforen, davon 800 zu Themen des Hard- und Softwaresupports [vgl. Kerscher 1996, S. 41]. Neben Treibern und Software-Updates, die geladen werden können, werden in CompuServe Datenbanken auch angeboten. So kann auf mehr als eine halbe Million Unternehmensprofile über die Datenbanken von Creditreform Deutsche Datenbanken, Hoppenstedt, „Wer gehört zu wem?“ (Commerzbank) sowie Dun&Bradstreet zugegriffen werden [vgl. Scharf 1996, S. 29]. In Deutschland hat CompuServe 250.000 Nutzer, für das Jahr 2000 werden 1 bis 1,5 Mio. Nutzer prognostiziert. Es existieren 14 Einwahlknoten, davon ein ISDN-Zugang [vgl. WWW 1996c]. Wie die anderen integrierten Online-Systeme, so verfügt auch CompuServe über einen Internet-Gateway.

General Electric Information Services

Speziell im Firmenkundengeschäft spielt das auf dem Mark III Netz aufsetzende Mehrwertsystem GE Information Services (GEIS) mit seinen 40.000 Kunden eine bedeutende Rolle. GEIS bietet einen Mehrwertdienst für POS-, Bestell- und Handelsanwendungen, eine UN/EDIFACT-Anbindung auf der Basis von X.435 mit Clearing-Funktionalität, einen X.400-EMail-Service mit zahlreichen Gateways, u.a. auch zum Internet, sowie branchenspezifische Datenbank- und Bulletin-Board-Dienste [vgl. o.V. 1995]. Für 1997 plant GEIS die Einführung von EDI-Mehrwertdiensten im Internet.[46]

---

[45] Vgl. Abschnitt 4.6.4.6.

[46] Hierzu hat GEIS mit der Firma Netscape Anfang 1996 eine gemeinsame Tochter „Actra Business Systems“ gegründet, die professionelle Internet-Produkte entwickeln soll, wobei der Fokus in Dokumenten-Gateways für den Austausch von EDI-Nachrichten und Mails sowie Server-Lösungen für EDI und kommerzielle Internet-Anwendungen liegt [vgl. o.V. 1996k, S. 1-2].

2.4.5 Beratungsleistungen im elektronischen Firmenkundengeschäft

Unter einer Beratungsleistung im elektronischen Firmenkundengeschäft versteht man eine Leistung, bei der ein Kreditinstitut (Träger der Beratung; Beratender) gegenüber einem Firmenkunden (Adressat der Beratung; Beratener) im Rahmen der Bewertung, der Beschaffung, des Einsatzes und/oder der Integration von elektronischen Mehrwertsystemen zur Realisierung von Telebank-Anwendungen beratend oder unterstützend tätig wird.

Die Beratungsleistung ist als Nebenleistung aufzufassen, wenn sie im Rahmen des Absatzes einer Bankmarktleistung im Sinne einer verkaufsfördernden Maßnahme erbracht wird. Demgegenüber ist sie als Kernleistung einzustufen, wenn sie dem Firmenkunden unabhängig von anderen Bankmarktleistungen einen Nutzen generiert und mit Gewinnerzielungsabsicht angeboten wird. Die Beratungsleistung kann im unmittelbaren Bezug zum Absatz eines elektronischen Mehrwertsystems der Bank stehen (leistungsbezogene Beratung), aber auch ohne konkreten Produktbezug (leistungsunabhängige Beratung) erbracht werden.

2.5 Industrieller Mittelstand

„A small business is not a little big business."
J.A. Welsh / J.F. White

2.5.1 Mittelstandsbegriff

Der Begriff Mittelstand kann sowohl den gesellschaftlichen als auch den wirtschaftlichen Mittelstand im Sinne mittelständischer Unternehmen bezeichnen [vgl. Hamer 1990a, S. 27]. Gegenstand dieser Untersuchung sind mittelständische Unternehmen in ihrer Rolle als Firmenkunden der Kreditinstitute.

Die Mittelstandsökonomie rechtfertigt die Eigenbehandlung der mittelständischen Unternehmen nicht nur aus ihrer Größe heraus, sondern aus ihrer speziellen Eigenart, denn „mittelständische Unternehmen sind wesensverschieden von Großunternehmen einerseits und von Minderunternehmen andererseits" [Hamer 1990a, S. 28]. Ein wesentliches Unterscheidungsmerkmal besteht in der Unternehmensführung, die im Mittelstand durch den Risikounternehmer geprägt wird, der schicksalhaft mit seinem Unternehmen verbunden ist. Demgegenüber tragen in Großunternehmen Gehaltsunternehmer die Verantwortung, deren Verbindung zum Großbetrieb vertraglich geregelt ist und nur auf Zeit besteht. Dabei ist jeder Gehaltsunternehmer als „dispositiver Faktor" austauschbar. Aufgrund der Verflochtenheit von Privat- und Geschäftssphäre trifft die Vorstellung der Wirtschaftswissenschaften vom homo oeconomicus auf den Risikounternehmer und damit auf mittelständische Firmenkunden - im Gegensatz zu Großunternehmen - nur eingeschränkt zu. Mittelständische Unternehmen zeichnen sich durch einen besonderen personalen Charakter aus [vgl. Hamer 1990a, S. 31].

Für den Begriff Mittelstand hat sich bislang keine einheitliche Definition etabliert. In der Literatur existieren mehr als 200 Ansätze zur begrifflichen Erfassung des Mittelstands [vgl. Deckers 1990, S. 3]. Abgrenzungen des Mittelstands können auf Basis quantitativer oder qualitativer Merkmale oder einer Mischung dieser Merkmalsgruppen vorgenommen werden. Man unterscheidet monodimensionale und mehrdimensionale Ansätze.

Quantitative Merkmale	Qualitative Merkmale
• Umsatz • Beschäftigtenanzahl • Gewinn • Anlagevermögen	• Verbindung von Unternehmen und Inhaber (Eigentümerunternehmerschaft) • Einheit von Eigentum und Haftung • Rechtliche Selbständigkeit / Konzernunabhängigkeit • Nichtemissionsfähigkeit

Tabelle 2-7: Beispiele quantitativer und qualitativer Merkmale zur Abgrenzung mittelständischer Unternehmen

In Untersuchungen wird häufig die Unternehmensgröße zur Abgrenzung herangezogen. Als Indikatoren hierfür werden aus Gründen der Operationalität häufig die Merkmale Umsatz und Beschäftigtenanzahl gewählt. Ein Beispiel soll die Spannweite bei der Festlegung quantitativer Abgrenzungskriterien deutlich machen. In seiner Untersuchung „Die Mittelstandsstichprobe des IFM“ grenzt das Institut für Mittelstandsforschung den Mittelstand über das Kriterium Beschäftigtenanzahl als Unternehmen zwischen einem und 200 Mitarbeitern ab. In der Klasse zwischen 100 und 200 Mitarbeitern beträgt der durchschnittliche Umsatz in der gezogenen Stichprobe 23,4 Mio. DM [vgl. Helmstädter/Vogelbusch 1990, S. 6]. Demgegenüber grenzt *Nahlik* den Mittelstand über das Merkmal Umsatz zwischen 1 und 250 Mio. DM vom Kleingewerbe bzw. von Großunternehmen ab [vgl. Nahlik 1989, S. 628].[47] Den Definitionen ist gemein, daß sie zweckorientiert erfolgen. So ist das Ziel der Mittelstandsstichprobe die Deckung einer Lücke in der amtlichen Statistik, die Abgrenzung von *Nahlik* zielt auf eine geeignete Segmentierung der Unternehmen für das Kreditgeschäft ab.

Auch in dieser Untersuchung soll die Abgrenzung des Mittelstands zweckorientiert im Hinblick auf das Forschungsziel erfolgen. Um eine geeignete Abgrenzung zu finden, werden zunächst Anzahl und Bedeutung der steuerpflichtigen Unternehmen in Deutschland näher analysiert.

47 [Eggert 1992, S. 20-21] führt Beispiele an, die die Grenze zwischen Mittelstand und Großunternehmen bei 2.500 Mitarbeitern ziehen.

2.5.2 Volkswirtschaftliche Bedeutung des Mittelstands

Von den rund 2,6 Mio. steuerpflichtigen Unternehmen[48] in Deutschland erwirtschaften über 80% einen Umsatz unter 1 Mio. DM und lediglich 2,36% einen Umsatz von mehr als 10 Mio. DM. Über 40% aller steuerpflichtigen Unternehmen sind dem Dienstleistungsgewerbe zuzurechnen.

Der Terminus Mittelstand bezeichnet eine sehr heterogene Gruppierung, die sich durch große Wandlungsfähigkeit und eine branchen- und regionenbezogene Ubiquität auszeichnet [vgl. Gruhler 1994, S. 19]. Je nach Abgrenzung beschäftigt dieses Segment zwischen 2/3 und 3/4 der Arbeitnehmer in der Bundesrepublik, erarbeitet mehr als 50% der steuerpflichtigen Umsätze und tätigt mehr als 40% aller Investitionen [vgl. Ludwig 1993, S. 19]. Insbesondere der industrielle Mittelstand besitzt eine tragende Funktion für die deutsche Volkswirtschaft.

Umsatzklasse [DM] Wirtschaftszweig	< 1 Mio.	1-10 Mio.	10-50 Mio.	50-100 Mio.	100-250 Mio.	>=250 Mio.	Summe	Anteil
Land u. Forstwirtschaft	47.903	6.469	311	12	6	0	54.701	2,08%
Verarbeitendes Gewerbe	240.813	88.756	15.248	2.518	1.494	856	349.685	13,29%
Baugewerbe	188.596	69.838	5.056	387	152	48	264.077	10,03%
Handel	544.111	153.586	19.230	2.273	1.307	772	721.279	27,41%
Dienstleistungs-unternehmen	988.482	88.650	7.276	742	433	244	1.085.827	41,26%
Sonstige	129.603	22.624	2.963	456	308	289	156.243	5,94%
Summe	2.139.508	429.923	50.084	6.388	3.700	2.209	2.631.812	100,00%
Anteil	81,29%	16,34%	1,90%	0,24%	0,14%	0,08%	100,00%	

Tabelle 2-8: Anzahl steuerpflichtiger Unternehmen nach Wirtschaftszweigen und Umsatzklassen - eigene Berechnungen auf Grundlage von [StaBuAmt 1995, S. 29 und S. 134-187]

Als Indikator für die Bedeutung der Wirtschaftszweige soll das Kriterium der steuerbaren Umsätze herangezogen werden. Wie aus Tabelle 2-9 zu ersehen ist, spielt der Dienstleistungszweig mit einem Anteil von 13,7% an den steuerbaren Umsätzen aller Unternehmen in Deutschland gegenüber dem Verarbeitenden Gewerbe und dem Handel nur eine untergeordnete Rolle.

48 Hier sind steuerpflichtige Unternehmen im Sinne §2 Abs. 1 UStG gemeint. Unterhält ein Unternehmen mehrere Betriebe oder besteht ein Unternehmen aus mehreren örtlichen Einheiten, so wird es als Einheit mit dem gesamten Jahresumsatz von dem für den Sitz der Geschäftsleitung zuständigen Finanzamt zentral erfaßt [vgl. StaBuAmt 1995, S. 9].

Umsatzsegment Wirtschaftszweig	Segment <10 Mio. DM Steuerbarer Umsatz in Mio. DM	Segment ≥10 Mio. DM Steuerbarer Umsatz in Mio. DM	Alle Unternehmen Steuerbarer Umsatz in Mio. DM	Prozentualer Anteil am steuerbaren Umsatz aller Unternehmen
Land u. Forstwirtschaft	28.523	6.880	35.403	0,56%
Relativ	80,57%	19,43%	100,00%	
Verarbeitendes Gewerbe	336.612	1.983.254	2.319.866	36,66%
Relativ	14,51%	85,49%	100,00%	
Baugewerbe	243.927	182.583	426.510	6,74%
Relativ	57,19%	42,81%	100,00%	
Handel	581.365	1.531.707	2.113.072	33,39%
Relativ	27,51%	72,49%	100,00%	
Dienstleistungsunternehmen	424.404	442.104	866.508	13,69%
Relativ	48,98%	51,02%	100,00%	
Sonstige	91.843	475.243	567.086	8,96%
Relativ	16,20%	83,80%	100,00%	
Alle Unternehmen	1.706.674	4.621.771	6.328.445	100,00%
Relativ	26,97%	73,03%	100,00%	
Anzahl Unternehmen	2.569.431	62.381	2.631.812	
Relativ	97,63%	2,37%	100,00%	

Tabelle 2-9: Steuerpflichtiger Umsatz nach Wirtschaftszweigen und Umsatzklassen - eigene Berechnungen auf Grundlage von [StaBuAmt 1995, S. 134-187]

Tabelle 2-9 zeigt darüber hinaus die große Bedeutung des Verarbeitenden Gewerbes für die deutsche Volkswirtschaft. 13,3% aller steuerpflichtigen Unternehmen in Deutschland sind dem Verarbeitenden Gewerbe zuzurechnen; sie erbringen 36,7% aller steuerpflichtigen Umsätze. Innerhalb dieses Wirtschaftszweigs sind vor allem Unternehmen mit mindestens 10 Mio. DM Umsatz bedeutsam. In diesem Segment befinden sich 20.116 Unternehmen (entspricht 0,8%), die fast ein Drittel der gesamten steuerbaren Umsätze aller Unternehmen in Deutschland erwirtschaften.

2.5.3 Abgrenzung des industriellen Mittelstands für die vorliegende Untersuchung

Für diese Untersuchung ist der Begriff Mittelstand geeignet abzugrenzen. Für eine Abgrenzung des Begriffs werden die Kriterien **Potential für den Absatz von Bankmarktleistungen im elektronischen Firmenkundengeschäft** und **Operationalisierbarkeit** herangezogen.

Kriterium: Potential für den Absatz von Bankmarktleistungen im elektronischen Firmenkundengeschäft

Im Hinblick auf das Potential sind folgende Punkte zu beachten:

- **Absatzpotential**: Die Absatzmöglichkeiten von Bankmarktleistungen im elektronischen Firmenkundengeschäft setzen spezifische Problemstellungen beim Firmenkunden voraus, aus denen sich ein Bedarf ableitet. Komplexität und Anforderungen an das Finanzmanagement beim Firmenkunden steigen in der Regel mit wachsendem Umsatz und zunehmender Internationalität des Geschäfts [vgl. Kappler/Rehkugler 1991, S. 1024]. Gleiches gilt für das Informationsmanagement und das Systemmanagement. Besonders größere mittelständische Unternehmen besitzen einen Bedarf an Bankmarktleistungen im elektronischen Firmenkundengeschäft, z.B. der elektronischen Abwicklung des Zahlungsverkehrs oder Cash Management-Systemen; im Vergleich zu Großunternehmen verfügen sie jedoch über ein geringeres Know-how, um diese Systeme fachgerecht zu bewerten, zu beschaffen, einzusetzen und zu integrieren.
- **Ausstattungsgrad**: Zahlreiche empirische Untersuchungen belegen, daß der Ausstattungsgrad bzgl. elektronischer Mehrwertsysteme mit der Unternehmensgröße zunimmt [vgl. Stoetzer 1993, S. 10].[49] Im Mittelstand wird die Verbreitung innovativer Mehrwertsysteme zunächst verstärkt bei größeren mittelständischen Unternehmen zu beobachten sein.
- **Anzahl und Bedeutung**: Die Abgrenzung des Mittelstands soll so erfolgen, daß der Mittelstand eine angemessene Zahl von Unternehmen enthält, die die Formulierung und Umsetzung spezifischer Marketing-Programme wirtschaftlich rechtfertigt. Bei der Abgrenzung kann die volkswirtschaftliche Bedeutung der ausgewählten Unternehmen als ein Indikator für ihre Attraktivität herangezogen werden.

Diese Kriterien sprechen dafür, den Fokus in dieser Untersuchung bewußt auf größere Mittelstandsunternehmen zu richten.

Kriterium: Operationalisierbarkeit

Im Hinblick auf die Operationalisierbarkeit sind folgende Punkte zu beachten:

- **Verfügbarkeit der Abgrenzungskriterien**: Die Abgrenzungskriterien sollen in der Bankpraxis zugänglich sein und dort z.T. auch Anwendung finden. So sind Merkmale wie Umsatz, Rechtsform und Konzernzugehörigkeit im Regelfall bekannt oder durch eine Datenbankabfrage beschaffbar.
- **Vergleichsproblematik**: Im Falle der Abgrenzung des Mittelstands über die Merkmale Beschäftigtenanzahl oder Umsatz führen Betrachtungen über einen Wirtschaftszweig hinaus zu Problemen. Zum einen bestehen zwischen kapitalintensiven und arbeitsintensiven Unternehmen strukturelle Unterschiede, die ei-

---

[49] Weitere empirische Belege für diese These finden sich bei [Fritsch 1987] und [Witte/Dowling 1991]. Vgl. auch die Ausführungen bei [Lehner 1996, S. 46-50]. Eine Untersuchung zu Unterschieden zwischen frühen und späten Adoptoren computergestützter Techniken im Verarbeitenden Gewerbe liefern [Ewers/Fritsch 1987].

ne Gleichbehandlung in Frage stellen [vgl. Pfohl/Kellerwessel 1990, S. 8-11]. Zum anderen können gleiche Umsätze in verschiedenen Wirtschaftszweigen aufgrund unterschiedlicher Vorleistungsquoten unterschiedliche Wertschöpfungsanteile enthalten. Das führt zu Unterschieden in der Komplexität von Zahlungsverkehr und Finanzmanagement, insbesondere zwischen Verarbeitendem Gewerbe, Handel und Dienstleistungsgewerbe [vgl. Kappler/Rehkugler 1991, S. 1024].

- **Amtliche Statistik**: Die Abgrenzungskriterien sollen derart gewählt werden, daß Anzahl und Struktur der Unternehmen der amtlichen Statistik, z.B. der Umsatzsteuerstatistik des Statistischen Bundesamtes, entnommen werden können.

Abgrenzung des industriellen Mittelstands

Unter Berücksichtigung dieser Kriterien beschränkt sich die vorliegende Untersuchung auf den industriellen Mittelstand, der größere mittelständische Unternehmen aus dem Verarbeitenden Gewerbe mit einem Jahresumsatz von mindestens 10 Mio. DM umfaßt. Um den Charakteristika des Mittelstands Rechnung zu tragen, erfolgt in dieser Gruppe eine weitere Beschränkung auf Unternehmen, die selbständig, d.h. nicht Teil eines Konzerns sind, und keine Möglichkeit zur Beschaffung von Eigenkapital über den Kapitalmarkt besitzen, d.h. nicht in der Rechtsform einer AG oder KGaA firmieren. Die Grenze zwischen industriellem Mittelstand und Großunternehmen wird bei 500 Mio. DM Jahresumsatz gezogen.[50]

In dieser Untersuchung wird z.T. auf Studien und Analysen verwiesen, denen eine andere oder keine genaue Abgrenzung des Mittelstands zugrunde liegt. Die Problematik der Übertragbarkeit der Ergebnisse auf das Segment „Industrieller Mittelstand“ ist dem Verfasser bewußt. Es wurde versucht, dieser Problematik dadurch zu begegnen, daß

- bei einer größenspezifischen Aufgliederung des Mittelstands stets die Ergebnisse für die passenden Größenklassen rezitiert werden und
- der Schwerpunkt eher auf die Wiedergabe der qualitativen und weniger der quantitativen Ergebnisse gelegt wird.

Die Begriffe industrieller Mittelstand und Mittelstand werden im folgenden synonym verwendet.

50 Diese Abgrenzung findet sich auch in der Bankpraxis.

3 Situationsanalyse

„Nur wer schneller lernt
als sich die Umwelt verändert,
wird überleben."
H. Simon

3.1 Der industrielle Mittelstand und seine im Untersuchungskontext relevanten Problembereiche

3.1.1 Charakteristika des industriellen Mittelstands

Für die Entwicklung von Problemlösungen für den industriellen Mittelstand durch Bankmarktleistungen im elektronischen Firmenkundengeschäft bedarf es eines tiefergehenden Verständnisses der spezifischen Situation und daraus abgeleiteter Problembereiche mittelständischer Unternehmen. Die Problembereiche des industriellen Mittelstands ergeben sich aus Defiziten im innerbetrieblichen Bereich, der Integration des Unternehmens in das Marktgeschehen (zwischenbetrieblicher Bereich) sowie den gesamtwirtschaftlichen Rahmenbedingungen [vgl. Huth 1985, S. 80-83].

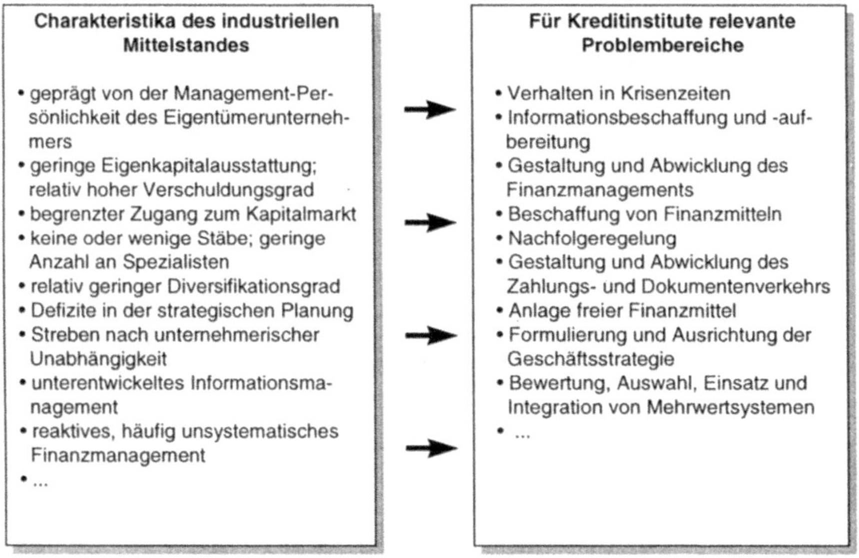

Abb. 3-1: Charakteristika mittelständischer Unternehmen und abgeleitete Problembereiche

Abb. 3-1 zeigt die innerbetrieblichen Charakteristika des industriellen Mittelstands (insbesondere im Vergleich zu Großunternehmen) und daraus resultierende Problemstellungen, die für Kreditinstitute von Relevanz sind.

Auch wenn im Rahmen dieser Untersuchung auf eine erschöpfende Darstellung aller Problembereiche des Mittelstands verzichtet werden muß, sollen drei wichtige Merkmale mittelständischer Unternehmen, die für die Bank-Firmenkunde-Beziehung von grundlegender Bedeutung sind, angesprochen werden:

1. Im Vergleich zu Großunternehmen sind mittelständische Unternehmen weniger stark diversifiziert, besitzen eine geringere Eigenkapitalbasis[51] und sind deswegen krisenanfälliger als Großunternehmen [vgl. Gruhler 1994, S. 143]. Dies wird auch durch eine überdurchschnittliche Insolvenzquote im Mittelstand deutlich. Gleichzeitig sind sie bei der Aufnahme von Fremdkapital durch den fehlenden Zugang zum organisierten Kapitalmarkt benachteiligt. Darüber hinaus sind in mittelständischen Unternehmen dingliche Sicherheiten nur beschränkt vorhanden; häufig müssen Vermögensgegenstände aus der Privatsphäre als Sicherheit dienen. Aus dieser Situation erwächst ein Konfliktpotential zwischen Bank und mittelständischen Firmenkunden.
2. Mittelständische Unternehmen verfügen einerseits über eine geringere Anzahl an Spezialisten und Stäben als Großunternehmen. Sie sind andererseits zu groß, um auf wissenschaftliche Methoden der Unternehmensführung verzichten zu können [vgl. Wagner 1992, S. 3]. Hieraus leitet sich die sog. Managementlücke im Mittelstand ab. Der Mangel an Spezialisten führt zu Defiziten vor allem in der Unternehmensführung und im Finanzmanagement. Studien belegen, daß Mängel in der Unternehmensführung und im Finanzmanagement die wichtigsten Ursachen für betriebliche Probleme im Mittelstand sind [vgl. Wagner 1992, S. 35 und S. 37-38]. Aufgrund einer geringen Spezialistenanzahl besitzen Systemlösungen im Sinne einer schlüsselfertigen Gesamtlösung für ein konkretes Problem im Mittelstand eine wichtige Bedeutung [vgl. Kotler/Bliemel 1992, S. 298].
3. Bei mittelständischen Unternehmen ist häufig das Privatvermögen des Geschäftsführers mit dem Firmenvermögen verquickt. Anders als bei Großunternehmen, wo Manager disponible Faktoren sind, ist im Mittelstand häufig die Existenz des Unternehmers mit der Existenz des Unternehmens verbunden. Hieraus resultiert ein besonderes emotionales Engagement des Geschäftsführers in Verhandlungen mit der Bank. Die Annahme eines rationalen Entscheidungs-

[51] Im Zeitraum von 1965 bis 1992 trat im Mittelstand ein Substanzverzehr an Eigenkapital von circa 11,5 Prozentpunkten auf, wobei deutliche Strukturunterschiede und -verschiebungen festzustellen sind [vgl. Gruhler 1994, S. 144-145]. Dabei hat sich die Schere zwischen Mittelstand und Großunternehmen weiter geöffnet. Die Differenz zwischen den Eigenkapitalquoten wuchs zwischen 1978 und 1989 von 4 bis 5 Prozentpunkten auf knapp 10 Prozentpunkte [vgl. Gruhler 1994, S. 145]. Aufgrund dieser Entwicklung ist von einer finanziellen Schwächung des Mittelstands auszugehen, die auch die Investitions- und Innovationskraft negativ beeinflußt [vgl. Gruhler 1994, S. 162].

verhaltens ist in mittelständischen Unternehmen damit nur eingeschränkt gültig.[52]

Aus den genannten Charakteristika erwachsen mittelständischen Unternehmen bestimmte Wettbewerbsvor- und -nachteile gegenüber Großunternehmen.

Wettbewerbsvorteile	Wettbewerbsnachteile
• Planungsflexibilität	• Forschung und Entwicklung
• Rechnungswesen	• Finanzierung
• Kontrolle	• Personalbeschaffung und -fortbildung
• Führung	• Leistungserstellung und Lagerung
• Marketing (Leistungspolitik)	• Marketing (Preispolitik, Kommunikationspolitik)
• Organisation	• Beschaffung

Tabelle 3-1: Selbsteinschätzung der Wettbewerbsvor- und -nachteile mittelständischer Unternehmen gegenüber Großunternehmen [vgl. Mortsiefer et al. 1980, S. 26-71][53]

3.1.2 Neue Herausforderungen für den industriellen Mittelstand

Der verschärfte Wettbewerb und Entwicklungen in der Informations- und Kommunikationstechnologie stellen an den Mittelstand größere Anforderungen als je zuvor [vgl. Hamer 1990a, S. 201]. Risiken ergeben sich für mittelständische Unternehmen aus [vgl. Hamer 1990a, S. 185-208]:

- dem sektoralen Strukturwandel;
- der Entwicklung der Bevölkerungsstruktur;
- dem regionalen Strukturwandel;
- dem technologischen Wandel;
- dem sozialen Wertewandel (Ökologiewelle, veränderte Anforderungen an die Arbeit) und
- dem Ressourcenproblem (Rohstoffknappheit, Entsorgungsproblematik, Kosten des Produktionsfaktors Arbeit).

---

52 In einer Umfrage bei 2.800 mittelständischen Unternehmen zwischen 1980 und 1983 gaben 60% an, subjektiv-emotional und intuitiv statt nur rational-ökonomisch und systematisch zu entscheiden [vgl. Hamer 1990b, S. 42]. „Die herrschende mechanistische Managementtheorie trifft (..) auf die mittelständischen Unternehmer nur eingeschränkt zu" [Hamer 1990b, S. 46]. *Hamer* folgert daraus, daß bei den Verhaltensprämissen eine neue empirische Wirtschaftswissenschaft und Wirtschaftspolitik für den Mittelstand ansetzen muß.

53 Die Ergebnisse gehen auf eine Umfrage bei 249 mittelständischen Unternehmen zurück, die im Jahr 1980 durchgeführt wurde. Es handelt sich um Selbsteinschätzungen der befragten Unternehmen.

Diese Entwicklungen haben dazu geführt, daß der industrielle Mittelstand einen Teil seiner Wettbewerbsvorteile gegenüber Großunternehmen verloren hat. So versetzt die Informations- und Kommunikationstechnologie Großunternehmen in die Lage, ihre Transaktionskosten zu senken, ihre Reaktionszeiten zu vermindern und so ihre Flexibilität zu erhöhen. Durch Just-in-Time-Konzepte werden Kosten auf mittelständische Zulieferer übergewälzt [vgl. Linn 1990, S. 330]. Es ist davon auszugehen, daß die wettbewerblichen Anforderungen an mittelständische Industrieunternehmen mit wachsender Unternehmensgröße, zunehmender Internationalität der Unternehmensbranche und der Transportfähigkeit der produzierten Güter steigen [vgl. Hamer 1990b, S. 119].

Ein Indikator dafür, inwieweit Unternehmen die erhöhten Anforderungen bewältigen konnten, sind die Unternehmensinsolvenzen. Abb. 3-2 zeigt die Entwicklung der Unternehmensinsolvenzen zwischen 1950 und 1996 in der ehemaligen BRD. Darüber hinaus ist in der Abbildung die Entwicklung für das Verarbeitende Gewerbe seit 1990 und Ostdeutschland seit 1991 dargestellt.

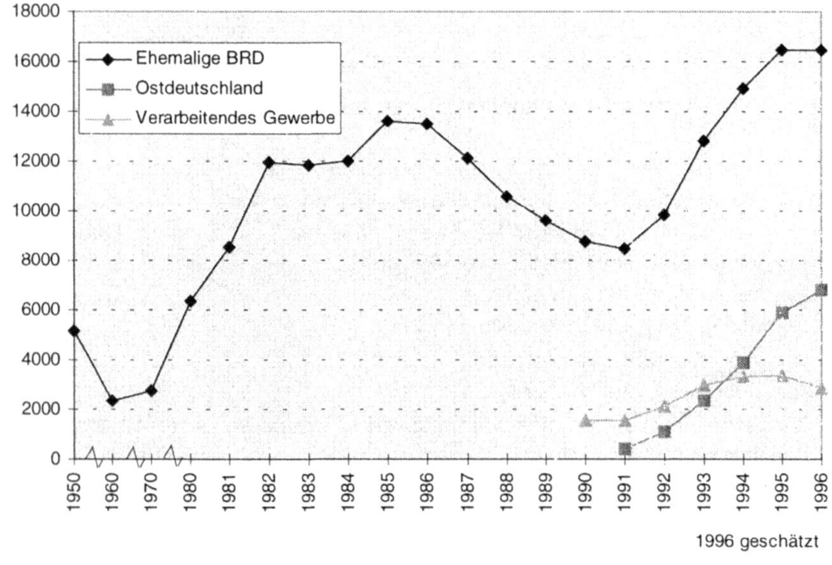

Abb. 3-2: Anzahl der Unternehmensinsolvenzen in Deutschland zwischen 1950 und 1996 [StaBuAmt 1996, S. 6; Creditreform 1996, S. 2; Zahlen für das Verarbeitende Gewerbe und Prognosen für 1996 aus WWW 1996a]

Der sprunghafte Anstieg der Unternehmensinsolvenzen in 1991 und das Verharren auf hohem Niveau dokumentieren, daß eine steigende Anzahl von Unternehmen dem Strukturwandel nicht gewachsen ist. Wie Tabelle 3-2 zeigt, war Anfang der 90er Jahre das Verarbeitende Gewerbe zunächst überdurchschnittlich von den

Unternehmensinsolvenzen betroffen, wobei sich dieser Trend jedoch inzwischen umzukehren scheint.

Besonders kritisch ist die Tatsache, daß eine Unternehmensinsolvenz kein isoliertes Problem darstellt, sondern im Regelfall starke Auswirkungen auf die Solvenz der Geschäftspartner nach sich zieht [vgl. Creditreform 1996, S. 3]. Hiervon ist der Mittelstand aufgrund seiner relativ niedrigen Eigenkapitalquote besonders betroffen. Es wird geschätzt, daß 30% aller Konkursanträge von Gläubigern insolventer Unternehmen gestellt werden, die den Verlust ihrer Forderungen nicht verkraftet haben [vgl. Creditreform 1996, S. 3].

	1992	1993	1994	1995	1996
Westdeutschland	16,4	30,5	16,0	12,6	-2,0
Ostdeutschland	178,6	113,1	67,2	43,5	22,0
Verarb. Gewerbe	33,3	41,3	11,8	1,5	-14,0
Deutschland	23,6	38,7	23,9	19,0	4,0

1996 geschätzt

Tabelle 3-2: Prozentuale Veränderung der Unternehmensinsolvenzen zwischen 1992 und 1996 [StaBuAmt 1996, S. 6; Creditreform 1996, S. 2; Zahlen für das Verarbeitende Gewerbe und Prognosen für 1996 aus WWW 1996a]

Der industrielle Mittelstand ist gefordert, diesen Herausforderungen durch entsprechende Anpassungsmaßnahmen zu begegnen. Hierbei entstehen spezifische Problembereiche, aus denen ein Problemlösungsbedarf erwächst, der - im Falle einer Entscheidung für den externen Marktbezug - durch die Inanspruchnahme von Produkten und Dienstleistungen zumindest teilweise gedeckt werden kann.

3.1.3 Im Untersuchungskontext relevante Problembereiche des industriellen Mittelstands

3.1.3.1 Bankmarktleistungen im elektronischen Firmenkundengeschäft als Lösungsbeitrag zu ausgewählten Problembereichen des industriellen Mittelstands

In der vorliegenden Untersuchung ist zu fragen, in welchen Problembereichen mittelständischer Unternehmen Kreditinstitute Kompetenz besitzen und mit entsprechenden Bankmarktleistungen des elektronischen Firmenkundengeschäfts Lösungsbeiträge leisten können. Das Denken von den Problemen des Firmenkunden her eröffnet für Kreditinstitute die Chance, durch firmenkundenproblembezogene Strategien und Maßnahmen ihre Wettbewerbsposition zu verbessern.[54]

Traditionell weisen Bankmarktleistungen im Firmenkundengeschäft einen engen Bezug zum **Finanzmanagement** auf und zielen darauf ab, Unternehmen in der

54 Erfolgversprechende Strategien und Maßnahmen werden in Kapitel 0 dargestellt.

Abwicklung bestimmter Finanzmanagementaktivitäten zu unterstützen. Diese Unterstützungsleistung kann durch Finanzmanagementsysteme noch verbessert werden.[55]

Ein zweiter wichtiger Problembereich des industriellen Mittelstands mit Bezug zum elektronischen Firmenkundengeschäft ist das **Informationsmanagement**. Durch elektronische Mehrwertsysteme, wie Online-Datenbanken, kann die Informationsbeschaffung als eine Teilfunktion des Informationsmanagements maßgeblich unterstützt werden.[56]

Untrennbar mit dem Finanz- und Informationsmanagement verbunden ist das **Systemmanagement**. Es muß sicherstellen, daß die bestehenden DV-Systeme optimal genutzt werden und neue Technologien im Hinblick auf ihre Eignung zur Realisierung von Rationalisierungspotentialen und strategischen Wettbewerbsvorteilen überprüft werden. Vor dem Hintergrund einer zunehmenden in- und überbetrieblichen Systemintegration, u.a. bedingt durch die Verbreitung internationaler Standards wie UN/EDIFACT und betriebswirtschaftlicher Standardsoftware wie SAP R/3, kann der Absatz elektronischer Mehrwertsysteme immer weniger isoliert gesehen werden und darf nicht mehr losgelöst von den DV-Systemen des Kunden erfolgen.

Im folgenden werden die Problembereiche Informationsmanagement, Finanzmanagement und Systemmanagement aus Sicht des industriellen Mittelstands näher untersucht.

3.1.3.2 Informationsmanagement

„Informationsmanagement umfaßt die systematische Planung, Gestaltung, Koordination und Kontrolle aller Informationsaktivitäten eines Unternehmens“ [Zahn/Rüttler 1990, S. 9]. Als solches stellt es eine Querschnittsfunktion im Unternehmen dar, weil der Faktor „Information“ alle Wertschöpfungsaktivitäten beeinflußt. Nach *Bullinger* muß das Informationsmanagement zumindest drei Anforderungen erfüllen [vgl. Bullinger 1994, S. 262]:

- **Selektionsfähigkeit**: Das wesentliche aus der Informationsflut filtern.
- **Kommunikationsfähigkeit**: Sachverhalte in einer Form darstellen, so daß sie von anderen verstanden werden.
- **Logisches und abstraktes Systemdenken**: Probleme in einer computerverarbeitbaren Form aufbereiten.

Mittelständische Unternehmen sind häufig im Informationsmanagement überfordert und benötigen Unterstützung [vgl. Vogt 1990, S. 10-11]. Hierfür sind folgen-

[55] Zu Finanzmanagementsystemen und ihrer Funktionalität vgl. die Abschnitte 2.4.1 und 3.2.2.1.

[56] Zu Online-Datenbanksystemen und ihrer Funktionalität vgl. die Abschnitte 2.4.2 und 3.2.2.2.

de Gründe anzuführen [vgl. Gries/ Schmidt 1995, S. 30-36; vgl. Pieper 1990, S. 32-34]:

- Mittelständische Unternehmen unterschätzen die Bedeutung des Produktionsfaktors Information. Information wird häufig ungeplant und unsystematisch beschafft, wobei viel unnötiger Informationsballast anfällt.
- Die Frage, wie die Informationsbasis für Unternehmensentscheidungen verbessert werden kann, genießt in mittelständischen Unternehmen nur einen geringen Stellenwert.
- In mittelständischen Unternehmen ist im Gegensatz zu Großunternehmen eine Zentralisierung des Informationsbeschaffungswesens nicht praktikabel. Die Informationsbeschaffung ist deshalb in die Linie integriert (Fachabteilung) oder Aufgabe der DV-Abteilung, die häufig sehr technisch und strategiefern ausgerichtet ist.
- Weniger die generelle Verfügbarkeit der relevanten Information ist das Problem, sondern ihre systematische Sammlung und Verdichtung sowie der schnelle Zugriff.

Defizite im Informationsmanagement wirken sich auf die Geschäftspolitik und damit auf den Unternehmenserfolg aus. Für den industriellen Mittelstand stellt sich die Frage, wie er sein Geschäft sichern und am selektiven Marktwachstum partizipieren kann. Konkret geht es um Aspekte der Wahl der Absatzgebiete, der Diversifikation sowie der Identifikation von Abnehmern und Kooperationspartnern im In- und Ausland. In diesem Zusammenhang gewinnt die Verfügbarkeit nützlicher Informationen zum richtigen Zeitpunkt am richtigen Ort strategische Bedeutung. In einer Umfrage des Instituts für Mittelstandsforschung gaben 20% der befragten mittelständischen Unternehmen an, wegen Informationsdefiziten bestimmte Exportländer nicht für sich zu erschließen [vgl. Gries/Schmidt 1995, S. 34]. Auch in sämtlichen Phasen des Innovationsprozesses stellen fehlende Informationen ein schwerwiegendes Hindernis dar [vgl. Gries/Schmidt 1995, S. 34]. Darüber hinaus sind Informationsdefizite, neben einer mangelnden strategischen Orientierung, die Ursache für einen zurückhaltenden Einsatz strategischer Planungsinstrumente im Mittelstand [vgl. Gries/ Schmidt 1995, S. 30]. Eine Umfrage der DG Bank bei 2.361 mittelständischen Unternehmen macht deutlich, für welche strategischen Ziele (mit absteigender Priorität) Informationen vorrangig benötigt werden: Rationalisierung, Modernisierung, Expansion, Neuentwicklung von Produkten sowie Konsolidierung und Umstellung der Produktpalette [vgl. o.V. 1996b, S. 18].

Eine Analyse der Deutschen Gesellschaft für Mittelstandsberatung zeigt, daß erfolgreiche mittelständische Unternehmen im Gegensatz zu weniger erfolgreichen über eine klare Informationsstrategie verfügen und diese auch umsetzen, eine aktive Informationsbeschaffung und -verarbeitung betreiben und sich auf wesentliche relevante Informationen konzentrieren [vgl. Weißenberg 1995, S. 22]. *Vogt* bemerkt, daß man sicher nicht falsch liege mit der Behauptung, „Wettbewerbsvorsprung laufe immer mehr auf Informationsvorsprung heraus“ [Vogt 1990, S. 11].

Offensichtlich bedarf es spezifischer Aufklärungs- und Informationsmaßnahmen, um den industriellen Mittelstand für die Bedeutung des Informationsmanagements zu sensibilisieren. Kreditinstitute verfügen über langjähriges Know-how in der Informationsbeschaffung und -verarbeitung, so daß sie durch geeignete Veranstaltungen, wie Vorträge, Seminare und Schulungen, einen wesentlichen Beitrag hierzu leisten können. Bei diesen Veranstaltungen sollten weniger das Leistungsspektrum der Bank als vielmehr allgemeine Fragen des Informationsmanagements und Möglichkeiten ihrer Lösung im Vordergrund stehen. Um die Gestaltung bankeigener Informationsleistungen zu verbessern, sind Detailinformationen zu Ausstattungsgrad und Plänen des industriellen Mittelstands bzgl. Online-Datenbanksystemen und integrierten Online-Systemen, zu vorhandenen Akzeptanzbarrieren sowie dem Interesse an den Informationsinhalten notwendig.[57]

3.1.3.3 Finanzmanagement

„Finanzmanagement bezeichnet die Erfüllung aller Aufgaben, die mit der Planung, Realisation und Kontrolle von Finanzströmen verbunden sind" [Kappler/Rehkugler 1991, S. 1023]. Aufgabe des Finanzmanagements ist die Abstimmung zwischen Einnahmen und Ausgaben eines Unternehmens, wobei die Aufrechterhaltung der Zahlungsfähigkeit Existenzziel ist [vgl. Kappler/Rehkugler 1991, S. 1024]. Weitere Ziele des Finanzmanagements sind Rentabilität, Sicherheit und Unabhängigkeit [vgl. Wossidlo 1990, S. 241]. Das Finanzmanagement umfaßt die Finanzdisposition (Cash Management), die mittel- und langfristige Finanzplanung, das finanzwirtschaftliche Risikomanagement und die Finanzkontrolle.

Geschäftsführer bzw. Finanzvorstand	Finanzleiter	Finanzcontroller
• Repräsentation • Konfliktregulierung • Krisenmanagement	• Kapitalbeschaffung • Investor Relations • Kapitalanlage • Kreditmanagement • Versicherungen	• Planung • Berichterstattung und Interpretation • Rechnungswesen und Steuern • Interne Revision • Volkswirtschaftliche Untersuchungen

Tabelle 3-3: Aufgaben des Geschäftsführers/Finanzvorstands, Finanzleiters und Finanzcontrollers im Finanzmanagement [vgl. Kappler/Rehkugler 1991, S. 1025]

[57] Vgl. hierzu die Abschnitte 4.6.4.4, 0 und 4.6.5.4 sowie die Ergebnisse der Firmenkundenumfrage in Kapitel 6 und 7.

Im Regelfall ist das Finanzmanagement im industriellen Mittelstand in einer eigenständigen Finanzabteilung institutionalisiert, wobei innerhalb der Finanzorganisation[58] der Geschäftsführer des Unternehmens die generelle Führungsverantwortung, der Finanzleiter (Treasurer, Cash Manager) die generelle Realisationsverantwortung und der Finanzcontroller die generelle Rechnungsverantwortung trägt [vgl. Kappler/Rehkugler 1991, S. 1024-1025]. In kleineren Unternehmen des industriellen Mittelstands werden diese Funktionen häufig in Personalunion wahrgenommen.

Während früher in erster Linie Großunternehmen ein professionelles Finanzmanagement betrieben, das aktiv Vorgänge in güterwirtschaftlichen Beschaffungs-, Produktions- und Absatzbereichen mitbestimmt, zeichnet sich seit einiger Zeit auch im Mittelstand eine Entwicklung zu einem verstärkt agierenden, rational abwägenden Finanzmanagement ab [vgl. Wossidlo 1990, S. 240-241]. Mittelständische Unternehmen wollen, ähnlich wie Großunternehmen, Zusatzerträge aus der Liquiditätshaltung erwirtschaften und die Kosten der Liquiditätshaltung minimieren [vgl. Schmidt-Chiari 1993, S. 646]. Für diese Entwicklung sind mehrere Ursachen zu nennen:

- Wettbewerbszwänge, die es notwendig machen, alle Möglichkeiten zur Ertragssteigerung bzw. Aufwandssenkung auszuschöpfen;
- die zunehmende Internationalisierung des industriellen Mittelstands mit der Notwendigkeit des Risikomanagements von Zins- und Währungspositionen;
- neue Instrumente auf den Finanzmärkten, die Finanzverantwortliche zu eigenen Finanzlösungen motivieren.[59]

Mit dieser Entwicklung ändert sich die Rolle des Finanzmanagements von einer reagierenden Funktion zu einem „Impulsgeber für leistungswirtschaftliche Entscheidungsbereiche“ [Wossidlo 1990, S. 241]. Der Rollenwandel führt zu neuen Anforderungen an die Finanzorganisation und die Finanzverantwortlichen.

Aufgrund des wachsenden Exportgeschäfts des industriellen Mittelstands steigt die Notwendigkeit für Bankverbindungen im Ausland. Für Zahlungstransaktionen und deren Absicherung sind geeignete Zahlungsformen bzw. Finanzinstrumente auszuwählen, die bestehende oder mögliche Bonitäts-, Länder-, Zinsänderungs- und Wechselkursrisiken reduzieren oder sogar kompensieren. Das hierfür notwendige Know-how ist aufgrund der geringen Anzahl von Spezialisten nur selten vorhanden, denn insbesondere bei kleineren Unternehmen des industriellen Mittelstands rechtfertigt die Ertragsbasis keine Finanzspezialisten [vgl. Wertschulte 1993, S. 494]. Es erscheint geboten, „die Finanzstabilität von mittleren Unternehmen durch

---

58 Finanzorganisation bezeichnet „die zielorientierte Gestaltung von finanzwirtschaftlichen Kommunikations-, Handlungs- und Entscheidungsprozessen durch ein System von formalen Regelungen“ [Kappler/Rehkugler 1991, S. 1023].

59 Neue Möglichkeiten ergeben sich insbesondere durch den Einsatz derivativer Finanzinstrumente, wie Optionen und Futures sowie Zins- und Währungsswaps, mit denen bei nicht fachgerechtem Einsatz erhebliche Risiken verbunden sind.

die Anwendung von in Großunternehmen längst üblichen Instrumenten zu stärken" [Wertschulte 1993, S. 494].

Ansatzpunkte für Kreditinstitute zur Unterstützung dieses Rollenwandels liegen zum einen in adäquaten Beratungsleistungen rund um den Themenbereich Finanzmanagement. Zum anderen kann durch den Absatz von elektronischen Mehrwertsystemen der Zielkonflikt zwischen Sicherstellung der Liquidität und Maximierung der Rendite firmenkundenseitig entschärft werden [vgl. Kappler/Rehkugler 1991, S. 1038]. Für eine zielgerichtete Unterstützung sind detaillierte Informationen über Ausstattungsgrad und Pläne des industriellen Mittelstands bei Finanzmanagementsystemen sowie der Notwendigkeit für den Einsatz dieser Systeme erforderlich. Im Hinblick auf eine Verbesserung bestehender und die Entwicklung neuer Finanzmanagementsysteme ist für Kreditinstitute darüber hinaus das Interesse mittelständischer Unternehmen bzgl. einer Funktionserweiterung von Bedeutung.

3.1.3.4 Systemmanagement

Untersuchungsergebnisse deuten generell darauf hin, daß im Mittelstand „der Einsatz der IuK-Technologie in allen Bereichen (noch) auf 'relativ niedrigem Niveau' (gegenüber Großunternehmen) erfolgt" [Lehner 1996, S. 47]. Die sich bietenden Chancen der Informations- und Kommunikationstechnologie werden in mittelständischen Unternehmen offenbar seltener genutzt als in Großunternehmen, weshalb von einer Lücke zwischen dem tatsächlichen und dem gewollten Einsatz von DV-Systemen auszugehen ist [vgl. Lehner 1996, S. 48]. Dies ist um so gravierender, da Untersuchungen belegen, daß „die neuen Kommunikationssysteme den Klein- und Mittelbetrieben relativ noch mehr nützen als den Großbetrieben" [Hamer 1990b, S. 79]. Darüber hinaus besteht ein enger Zusammenhang zwischen der Wettbewerbsposition mittelständischer Unternehmen und ihrem Ausstattungsgrad mit neuen Informations- und Kommunikationstechnologien [vgl. Wittstock 1987, S. 70-71]. Dies verdeutlicht den strategischen Stellenwert des Systemmanagements im Mittelstand. Unter Systemmanagement sollen in dieser Untersuchung Bewertung, Beschaffung, Einsatz und Integration von DV-Systemen, insbesondere elektronischen Mehrwertsystemen, verstanden werden. Im Kontext dieser Untersuchung geht es um elektronische Mehrwertsysteme für den Finanzbereich mittelständischer Unternehmen. Handlungsbedarf im Systemmanagement besteht vor allem beim strategischen Einsatz der Informations- und Kommunikationstechnologie sowie der Erneuerung und Integration der bestehenden Systeme [vgl. Lehner 1996, S. 48-49].

Bewertung

Kürzere Innovationszyklen in der Informations- und Kommunikationstechnologie verstärken die Notwendigkeit eines permanenten Technologiemonitoring. Obwohl mittelständische Unternehmen meist über ein ausgeprägtes technologisches Know-how verfügen, bereitet die Bewertung des betriebswirtschaftlichen Nutzens neuer Technologien häufig Schwierigkeiten. In bezug auf elektronische Mehrwertsysteme besitzt der industrielle Mittelstand einen (latenten) Informationsbedarf. Zwar sind Probleme im Informations- und Finanzmanagement bekannt, es besteht jedoch selten Kenntnis darüber, wie diese Probleme durch den Einsatz elektronischer Mehrwertsysteme gelöst werden können. Auch die Wahl des optimalen Investitionszeitpunkts stellt aufgrund der schnell voranschreitenden technologischen Entwicklung ein Problem dar.

Beschaffung und Einsatz

Nach einer grundsätzlichen Entscheidung für die Investition in ein elektronisches Mehrwertsystem muß das richtige System ausgewählt werden. Hierzu ist ein Marktüberblick der angebotenen Systeme notwendig. Die Auswahl des Systems muß die individuellen Anforderungen des jeweiligen mittelständischen Unternehmens berücksichtigen. Es sind Aspekte wie Integrationsfähigkeit in die bestehende Systemlandschaft, Offenheit, Skalierbarkeit und Zukunftssicherheit zu beachten und zu prüfen.

Integration

Zur Bewältigung der genannten Herausforderungen wird künftig für mittelständische Unternehmen die Integration der Informations- und Kommunikationssysteme sowohl innerbetrieblich als auch zwischenbetrieblich, d.h. mit Geschäfts- und Finanzpartnern, notwendig sein. Auf der technischen Ebene sind vier Integrationskreise zu unterscheiden [vgl. Kagermann/Scheuermann 1993, S. 184-190; auch Linn 1990, S. 340-341]:

- **Integration innerhalb des Unternehmens**: Die Integration muß auf allen Ebenen des Finanzmanagements, d.h. zwischen Cash Management, mittelfristiger Finanzplanung, strategischer Finanzplanung, Risikomanagement und Finanzbuchhaltung, erfolgen. Neben der funktionsbezogenen Systemintegration ist auch eine funktionsübergreifende Integration notwendig, die Beschaffungs- und Absatzmarktaktivitäten in ihren Finanzwirkungen berücksichtigt.
- **Integration mit Partnern des Warengeschäfts**: Durch die Integration der eigenen Systeme mit denen von Zulieferern und Kunden können neben Kostenvorteilen auch strategische Vorteile in Form einer engeren Bindung der Geschäftspartner realisiert werden. Ein Beispiel ist die automatische Umwandlung der Ausgangsrechnung eines Lieferanten in eine Eingangsrechnung des eigenen Unternehmens. Zahlungsavisinformationen des Partners können zur Steigerung der Verläßlichkeit in der eigenen Finanzdisposition genutzt werden.
- **Integration mit Partnern des Finanzgeschäfts**: Durch die Vernetzung zwischen Bank und Firmenkunde wird die Aktualität der Information gesteigert und dem Wunsch des Firmenkunden nach zeitlicher und räumlicher Flexibilität entsprochen. Die Vernetzung ermöglicht den vollständigen Abgleich und die laufende Aktualisierung der Cash Management-Daten mit den Finanzbuchhaltungsdaten auf Basis der Informationen der Bank. Durch die schnellere Verfügbarkeit von Informationen (z.B. Zahlungsavise mit Wertstellungsdaten zu Buchungsposten) können Liquiditätssteuerung und Disposition verbessert werden. Darüber hinaus lassen sich interne Arbeitsabläufe im Finanzmanagement be-

schleunigen und Kosten durch die Vermeidung von Medienbrüchen und die Beschleunigung von Buchungsvorgängen einsparen [vgl. Terrahe/Schuck 1993, S. 437; Stein/Cantor 1993, S. 450].

- **Integration im Partnernetz**: Im letzten Schritt erfolgt die vollständige zwischenbetriebliche Integration der Informations- und Kommunikationssysteme mit Geschäftspartnern. Durch die Errichtung eines geschlossenen Electronic Loop zwischen Unternehmen, die durch Lieferbeziehungen miteinander verbunden sind, und ihren Finanzpartnern lassen sich Rationalisierungspotentiale erschließen, indem Medienbrüche vermieden und Geschäftsdaten schneller national und international transferiert werden.

Die Integration umfaßt die Gestaltungsobjekte Daten, Funktionen und Systeme [vgl. Linn 1990, S. 342-345]. EDI, das durch Verwendung des UN/EDIFACT-Datenformats branchenübergreifend und international möglich wird, ist als Triebkraft dieser Entwicklung zu sehen, wobei sich die Mehrzahl der Industrieunternehmen erst am Beginn dieser Systemintegration sieht [vgl. Bartmann/Grebe 1995, S. 28].[60]

Mit ihrem spezifischen Know-how bei elektronischen Mehrwertsystemen für den Finanzbereich eines Unternehmens können Kreditinstitute den industriellen Mittelstand bei der Bewertung, der Beschaffung, dem Einsatz und der Integration dieser Systeme unterstützen. Den Anforderungen des industriellen Mittelstands nach Systemlösungen können Kreditinstitute im elektronischen Firmenkundengeschäft gerecht werden, indem sie Komplettlösungen offerieren, die neben dem Absatz des eigentlichen Systems auch Beratungsleistungen vor (z.B. Liste von Bewertungskriterien), während (z.B. Installation und Integration in bestehende DV-Welt) und nach dem Systemverkauf (z.B. Support) beinhalten. Im Hinblick auf eine kundenorientierte Angebotsgestaltung ist zu prüfen, welchen Leistungsumfang der industrielle Mittelstand wünscht und auf welche Qualitätsmerkmale er besonderen Wert legt. Die zunehmende zwischenbetriebliche Systemintegration eröffnet für Kreditinstitute die Möglichkeit, sich über ein EDI-Service-Center als Informationscarrier in den Informationsströmen ihrer Firmenkunden zu verankern.[61]

60 In der Benchmark-Studie „Made in Germany 2", die in 1995 Status quo und Perspektive von Forschung und Entwicklung am Standort Deutschland bei 123 Unternehmen aus dem Verarbeitenden Gewerbe untersuchte, gaben 19% der befragten Unternehmen an, sämtliche Transaktionen im Geschäftsverkehr mit Partnern des Warengeschäfts noch papiergebunden abzuwickeln. 43% der befragten Unternehmen standen am Beginn von EDI mit Partnern des Warengeschäfts. Lediglich 8% der befragten Betriebe gaben an, am Ende dieses Integrationsprozesses angelangt zu sein. Die restlichen 30% waren mit EDI schon vorangeschritten, sahen allerdings noch Defizite in der Integration.

61 Vgl. Abschnitt 4.6.4.3.

3.2 Das elektronische Firmenkundengeschäft der Kreditinstitute

3.2.1 Entwicklungstendenzen

3.2.1.1 Technologische Entwicklungstendenzen

Das Spektrum und die Funktionalität von Bankmarktleistungen im elektronischen Firmenkundengeschäft werden entscheidend durch Entwicklungen der Informations- und Kommunikationstechnologie bestimmt. Aus diesem Grunde erscheint im Rahmen dieser Untersuchung eine kurze Darstellung wichtiger Entwicklungstendenzen bei Hardware, Software und Netzen notwendig.

Hardware

Zur Hardware zählen Host-Systeme, mittlere Datentechnik, Workstations und PCs, wobei die Grenzen - je nach Definition - nicht immer trennscharf sind. Wichtige Hardware-Trends sind:

- **Steigende Leistungsfähigkeit bei sinkenden Preisen**: Die Situation im Hardware-Bereich ist seit einigen Jahren durch Preisnachlässe bei gleichzeitig steigender Leistungsfähigkeit der Systeme gekennzeichnet [vgl. Bullinger 1994, S. 9].
- **Parallelverarbeitung**: Durch den parallelen Einsatz mehrerer Prozessoren kann die Leistungsfähigkeit eines Computers erheblich verbessert werden. Ein gebräuchliches Konzept ist das Symmetric Multiprocessing (SMP). Hierbei teilen sich typgleiche Prozessoren einen gemeinsamen Speicherraum, wobei häufig kostengünstige Prozessoren zum Einsatz kommen. Massiv parallele Systeme setzen auf leistungsfähigeren Prozessoren auf. Die Vorteile der Parallelverarbeitung können nur dann ausgenutzt werden, wenn die Anwendungsprogramme, wie z.B. Datenbankmanagementsysteme, hierfür konzipiert sind.
- **Optische Speichermedien**: Sie erleichtern die Archivierung von Daten und die Bereitstellung großer Datenmengen für Firmenkunden (Bsp.: CD-ROM-Datenbanken).

Software

Als wichtige Entwicklungstendenzen im Software-Bereich mit Relevanz für das elektronische Firmenkundengeschäft sind zu nennen [vgl. Kröger 1996, S. 15-18]:

- **Graphische Oberflächen**: Durch den Einsatz graphischer Benutzeroberflächen kann die Benutzerfreundlichkeit und der Selbsterklärungsgrad elektronischer Mehrwertsysteme deutlich erhöht werden.
- **Standardisierung**: Normen und (Quasi-)Standards, z.B. bei Betriebssystemen (Windows), Internet-Browsern (Netscape, Microsoft), Datenbank-Retrieval-Sprachen oder Seitenbeschreibungssprachen (HTML), reduzieren den Lernaufwand für die Bedienung elektronischer Mehrwertsysteme und steigern damit die Adoptionsgeschwindigkeit dieser Systeme.

- **Multimedia**: Multimedia steht für die Kombination von mindestens einem digitalen kontinuierlichen Medium (z.B. Ton, Film, Musik) mit einem diskreten Medium (z.B. Text, Grafik), wobei die Medien interaktiv nutzbar sind [vgl. Riehm/Wingert 1995, S. 9]. Um Multimedia zum Leben zu Erwecken, benötigt man Multimedia-Systeme. Darunter versteht man interaktive Systeme, die eine integrierte Erzeugung, Darstellung, Manipulation, Verarbeitung, Kommunikation und Speicherung von multimedialen Informationen erlauben [vgl. Steinmetz 1993, S. 16-19]. Multimedia kommt der menschlichen Informationsverarbeitung entgegen, weil sich durch die Repräsentation einer Information durch audiovisuelle Medien die Merkfähigkeit gegenüber der herkömmlichen textuellen Repräsentation steigern läßt.
- **Hypertext**: Hypertext ist eine Form des nicht-sequentiellen Schreibens und Lesens, wobei die Informationen in Knoten zusammengefaßt werden, die wiederum über Zeiger vernetzt sind [vgl. Conklin 1987, S. 17].[62] Anders als bei menügeführten (sequentiellen) Systemen können die Knoten über Zeiger beliebig verknüpft sein, was einerseits eine erhöhte Flexibilität bei der Bewegung in Hypertext-Systemen bedeutet, gleichzeitig aber ein Orientierungsproblem („Lost in Hyperspace“) nach sich zieht. Hypermedia bezeichnet die Anwendung des Hypertext-Konzepts auf multimediale Informationen.
- **Client-Server**: „Client/Server technology is processing distributed between a Client or „Front-End“ device such as a ‘PC’ or terminal and a Server or „Back-End“ processor. The Client is responsible for the user interface and the data validation functions while the Server handels the data repository activities“ [Diamond 1995, S. 45]. Client-Server ermöglicht den Zugriff auf eine Vielzahl von Mehrwertdiensten im Netzverbund, wobei mit geeigneten Netzinfrastrukturen die räumliche Verteilung der Server und Clients keine Rolle mehr spielt.

Ein Beispiel für die Integration dieser neuen Technologien ist das Internet.[63] Hierbei handelt es sich um ein Client-Server-basiertes elektronisches Mehrwertsystem, das mit dem World Wide Web über einen multimedialen, hypermediaorientierten Mehrwertdienst verfügt, der Texte, Grafiken, Bewegtbilder und Tonsequenzen von verteilten Internet-Servern auf Internet-Clients an beliebigen Standorten überträgt. Der Zugriff auf diesen Dienst und weitere Dienste erfolgt über einen Web-Browser, der mit einer standardisierten graphischen Benutzeroberfläche ausgestattet ist.

Netze

Erst durch die Verbindung von Hardware und Software mit intelligenten Netzen wird es für Kreditinstitute möglich, Telebank-Anwendungen zielgruppen- und

---

62 Vgl. zur ausführlichen Darstellung des Hypertext-Konzepts mit Beispielen [Kerscher 1996, S. 27-30].

63 Vgl. auch die Darstellung in Abschnitt 2.4.4.3.

situationsadäquat anzubieten. Als wichtige Entwicklungstendenzen bei Netzen sind zu nennen:

- **PC-Vernetzung**: Standalone-PCs werden in Unternehmen zunehmend in LANs vernetzt. Durch Gateways zu anderen Netzen und Zugängen zu integrierten Online-Systemen, wie T-Online und dem Internet, mutieren die PCs zu Clients in einem globalen Client-Server-Verbund.
- **ISDN**: ISDN ist ein datenintegriertes, digitales Telekommunikationsnetz, das 1989 in Deutschland eingeführt wurde. Der kostengünstige Anschluß und die Förderung durch die Telekom haben zu einem raschen Anstieg der Netzanschlüsse geführt. Die ISDN-Infrastruktur ist flächendeckend, womit Deutschland im internationalen Vergleich derzeit einen deutlichen Vorsprung in der digitalen, schmalbandigen Netzinfrastruktur besitzt. ISDN ist eine wichtige Komponente bei der Realisierung von Telebank-Anwendungen. Für die Zukunft wird eine Verschmelzung von ISDN mit Breitbandnetzen prognostiziert. Damit werden sich komplexe Multimedia-Anwendungen am Ort des Firmenkunden durch Client-Server-basierte elektronische Mehrwertsysteme realisieren lassen.
- **Standardisierung**: Normen und Standards bei Übertragungsprotokollen und Nachrichtentypen erleichtern den Übergang von unternehmensinternen (LAN) zu unternehmensübergreifenden (WAN) und globalen Netzwerken (GAN). OSI- und Internet-Standards sind hierbei Wegbereiter.
- **Postreform**: Am 01.01.1998 tritt die dritte Stufe der Postreform in Kraft. Damit wird das Monopol der Telekom bei Sprachdiensten und Festnetzen aufgehoben [vgl. Kerscher 1995, S. 40]. Es wird erwartet, daß diese Liberalisierung zu einem verstärkten Wettbewerb und einer deutlichen Angebotsausdehnung bei Netzen und Mehrwertdiensten bei gleichzeitig sinkenden Preisen führt [vgl. Kerscher 1995, S. 40-42].
- **Sicherheit**: Elementare Voraussetzung für die Realisierung von Telebank-Anwendungen ist die Übertragungssicherheit der Daten. Bankmarktleistungen können wegen ihrer Vertrauensempfindlichkeit nur dann elektronisch vertrieben werden, wenn die Übertragungssicherheit gewährleistet ist. Inzwischen zeichnen sich hard- und softwarebasierte Sicherheitslösungen für elektronische Netze wie das Internet ab.

Entwicklungstendenzen, wie Preissenkungen bei Hardware und Netzdiensten und sich etablierende (Quasi-)Standards, senken das Investitionsrisiko bei elektronischen Mehrwertsystemen. Gleichzeitig eröffnen Technologien, wie das Hypermedia-Konzept, Multimedia und graphische Oberflächen neue Möglichkeiten zur Verbesserung der Benutzerfreundlichkeit elektronischer Mehrwertsysteme bei gleichzeitig steigender Systemfunktionalität. Für Kreditinstitute erweitern die neuen Technologien das technisch realisierbare Spektrum von Telebank-Anwendungen. Es stellt sich die Frage, ob und inwieweit der industrielle Mittelstand Telebank-Anwendungen wünscht und auf welche systemtechnische Infrastruktur Kreditinstitute bei der Realisierung dieser Telebank-Anwendungen aufbauen können.

3.2.1.2 Normative und ordnungspolitische Entwicklungstendenzen

Entwicklungstendenzen im normativen Umfeld umfassen den regulatorischen und ordnungspolitischen Rahmen des elektronischen Firmenkundengeschäfts mit dem industriellen Mittelstand, der durch Gesetze, Vorschriften und die gängige Rechtsprechung determiniert wird. Für die vorliegende Untersuchung besitzt die Europäische Wirtschafts- und Währungsunion (EWWU) besondere Relevanz, deren Wesen und Wirkung im folgenden kurz dargestellt werden.

Der 01.01.1999 ist der Termin für die dritte Stufe der Europäischen Wirtschafts- und Währungsunion (EWWU) [vgl. BdB 1996, S. 53]. Die Umstellung auf den Euro wird nicht schlagartig erfolgen, sondern im Verlauf eines dreijährigen Übergangszeitraums; gleichwohl sollen die Interbanken-Clearingsysteme bereits 1999 umgestellt werden [vgl. BdB 1996, S. 53].[64]

Nach Einführung einer einheitlichen europäischen Währung werden voraussichtlich nur noch die Währungsblöcke der Triade bestehen: US-Dollar, Euro und Yen. Gleichzeitig wird bei einer einheitlichen europäischen Währung der Markteintritt von Banken in anderen Ländern des Binnenmarktes erleichtert, was zu einer weiteren Intensivierung des Wettbewerbs im Finanzdienstleistungssektor um mittelständische Firmenkunden führen wird [vgl. Schmidt-Chiari 1993, S. 651]. Eine einheitliche europäische Währung verschmelzt die einzelnen europäischen Geld- und Kapitalmärkte, wodurch Größe, Liquidität und Attraktivität des europäischen Kapitalmarktes erheblich gesteigert werden [vgl. Schmidt-Chiari 1993, S. 651]. Diese Entwicklung kann zu einer verstärkten Disintermediation der Banken bei der Kapitalbeschaffung durch die Unternehmen führen, wobei dieser Effekt bei multinationalen Konzernen deutlich stärker auftreten wird als im industriellen Mittelstand.

Nach Vollzug der Europäischen Währungsunion erhält der Zahlungsverkehr in der EU Binnencharakter [vgl. Schmidt-Chiari 1993, S. 648]. Da alle Zahlungen in einer einheitlichen Währung abgewickelt werden, gibt es innerhalb der beteiligten EU-Länder keine Wechselkursschwankungen mehr. Damit sinken die Absicherungskosten für mittelständische Unternehmen, was zu sinkenden Erträgen aus Kurssicherungsgeschäften bei Kreditinstituten führen wird.

Dieser Entwicklung entgegen wirkt eine steigende Verflechtung Deutschlands mit anderen Volkswirtschaften, insbesondere dem Yen- und Dollarbereich. Sie hat eine Zunahme der Volumina im Auslandszahlungsverkehr zur Folge, die im industriellen Mittelstand die Nachfrage nach Zahlungsverkehrs- und Cash Manage-

64 Während der Übergangszeit führen das Clearing der Banken in der Euro-Währung und Zahlungsaufträge der Nicht-Banken in Landeswährung dazu, daß das erstbeauftragte Kreditinstitut eine Umrechnung des Zahlungsbetrags von der Landeswährung in den Euro durchführen muß [vgl. BdB 1996, S. 55]. Die Zahlungsaufträge müssen folglich zwei Betragsfelder beinhalten. Für Nicht-Banken, die Zahlungsaufträge in der Euro-Währung einreichen möchten, wird in der Übergangszeit ein Euro-Konto geführt [vgl. BdB 1996, S. 56].

ment-Systemen, die internationale Multibankfähigkeit besitzen, erhöhen wird. Der industrielle Mittelstand wird verstärkt Risikomanagementleistungen nachfragen und beim Aufbau eines professionellen Devisen- und Risikomanagements auf das Know-how der Banken angewiesen sein [vgl. Priewasser 1994, S. 216-217].

3.2.1.3 Entwicklungstendenzen im wettbewerblichen Umfeld

Zur Analyse der Triebkräfte des Branchenwettbewerbs hat *Porter* ein Wettbewerbsmodell entwickelt, das fünf Kräfte als bestimmende Größen für den langfristig erzielbaren Gewinn in einer Branche nennt [vgl. Porter 1992, S. 22-27]. Im einzelnen sind dies das Ausmaß der Rivalität unter den Wettbewerbern der Branche, die Verhandlungsstärke der Lieferanten, die Verhandlungsstärke der Abnehmer, die Bedrohung durch potentielle neue Konkurrenten und die Bedrohung durch Ersatzprodukte. Abb. 3-3 zeigt Porters Modell der Wettbewerbskräfte für das elektronische Firmenkundengeschäft der Kreditinstitute.

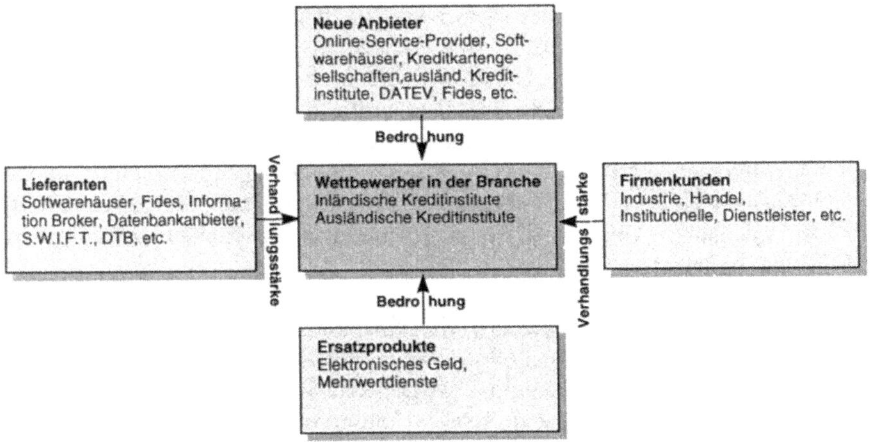

Abb. 3-3: Wettbewerbskräfte im elektronischen Firmenkundengeschäft der Kreditinstitute

Der Kreis der relevanten Wettbewerber im elektronischen Firmenkundengeschäft mit in Deutschland ansässigen Unternehmen hat sich durch die Europäische Union und die damit einhergehende Liberalisierung und Deregulierung deutlich vergrößert. Inländische Banken sehen sich zunehmend einem Wettbewerb mit ausländischen Kreditinstituten ausgesetzt, die z.T. schon längere Zeit auf dem deutschen Markt aktiv sind (Wettbewerber), z.T. aber auch erst aufgrund der veränderten Situation in den Markt eintreten (neue Anbieter). Im Bereich der Finanzmanagementsysteme und hier speziell des Electronic Funds Transfer stellen die eingesetzten überwiegend nationalen Datenformate und -protokolle derzeit für ausländische Kreditinstitute noch eine Markteintrittsbarriere dar. Mit der Verbreitung von UN/EDIFACT und international genormten Kommunikationsprotokollen wird diese Hürde fallen. Durch einheitliche technische Standards wird es für Unternehmen möglich werden, die Anlage und Beschaffung von Finanzmitteln bei Kreditinstituten weltweit durchzuführen. Hierbei wird dem Internet als elektronischem Marktplatz eine Schlüsselrolle zufallen. Der Vollzug einer gemeinsamen europäischen Währung im Rahmen der Europäischen Wirtschafts- und Währungsunion verstärkt diese Entwicklung, weil bei Finanztransaktionen innerhalb der einbezogenen Nationen das Währungsrisiko als Risikofaktor nicht mehr besteht. Als Konsequenz wird die Rivalität unter den Kreditinstituten deutlich zunehmen.

Lieferanten von Kreditinstituten sind Institutionen, die Leistungen erbringen, welche als Input für die Erstellung von Bankmarktleistungen dienen. Die erbrachten Leistungen können hierbei Nebenleistungen darstellen (z.B. eine Datenbankrecherche bei einem Datenbank-Host als Ergänzung zu einer entgeltlichen, individuell erstellten Branchenanalyse) oder die eigentliche Kernleistung sein (z.B. Finanzplanungssystem, das die Bank ihren Firmenkunden in Kooperation mit einem Softwarehaus anbietet). Anders als bei der Rivalität in der Branche lassen sich allgemeingültige Aussagen bzgl. der Veränderung der Verhandlungsstärke der Lieferanten nicht treffen. Die genannten Lieferanten nehmen häufig eine Doppelrolle ein, indem sie neben ihrer Lieferantenrolle ihre Leistungen selbständig an Firmenkunden vertreiben. Mit der Entstehung eines elektronischen Marktplatzes wie dem Internet / World Wide Web wird der direkte Zugang dieser Institutionen zu Firmenkunden erleichtert, weshalb zu erwarten ist, daß Lieferanten künftig verstärkt als „neue Anbieter" aktiv werden und damit zu Konkurrenten der Kreditinstitute avancieren.

Durch die zunehmende Verlagerung von Finanzströmen auf elektronische Netze und die Etablierung des Internet / World Wide Web als globales Informations- und Transaktionsmedium entstehen neue Möglichkeiten zur Hervorbringung von Ersatzprodukten. Ersatzprodukte im Kontext dieser Untersuchung sind Leistungen, die geeignet sind, die Funktionalität bzw. den Leistungsumfang von Bankmarktleistungen im elektronischen Firmenkundengeschäft auf alternativem Weg bereitzustellen. Exemplarisch sollen zwei Ersatzprodukte genannt werden, die unmittelbare Auswirkungen auf das elektronische Firmenkundengeschäft besitzen:

- **Elektronisches Geld**, das in elektronischen Netzen ohne Einschaltung von Kreditinstituten direkt zwischen Unternehmen transferiert werden kann, stellt ein Surrogat für die klassische Banküberweisung dar.[65] Vor dem Hintergrund der in Kapitel 1 dargelegten strategischen Bedeutung des Zahlungsverkehrs in der Bank-Firmenkunde-Beziehung birgt dieses Ersatzprodukt eine Gefahr. Auch wenn zu erwarten ist, daß Kreditinstitute künftig in die Ausgabe und Verwaltung von elektronischem Geld involviert sein werden, besteht jedoch für inländische Kreditinstitute die Gefahr, daß diese Rolle von ausländischen Banken übernommen wird, die rechtzeitig entsprechende Kooperationen eingegangen sind. Auch Notenbanken und Regulierungsgremien werden Einfluß auf die Entwicklung des elektronischen Geldes nehmen.[66]

- **Multilaterale Netting-Center**, die ein Forderungs- und Verbindlichkeitsclearing über Unternehmens- und Konzerngrenzen hinaus durchführen, stellen eine weitere Bedrohung für Kreditinstitute dar. Die unternehmensseitige Motivation für die Teilnahme an einem solchen Netting-Center besteht in einem hohen Einsparungspotential, das sich insbesondere für Firmen erzielen läßt, die miteinander in wechselseitigen Lieferbeziehungen stehen. Mit UN/EDIFACT steht ein internationales Datenformat bereit, um das Netting über elektronische Netze auch ohne Kreditinstitute durchführen zu können. Als Organisatoren eines solchen Netting-Centers kommen prinzipiell auch Non- und Near-Banks in Frage. Die eigentliche Clearing-Leistung wird in Form eines elektronischen Mehrwertdienstes erbracht, der über ein entsprechendes Zugangssystem, wie z.B. einem Web-Browser, genutzt werden kann.

Aus diesen Beispielen wird deutlich, daß die Informations- und Kommunikationstechnologie das Spektrum an Ersatzprodukten im elektronischen Firmenkundengeschäft deutlich erweitert. Elektronisches Geld und multilaterale Netting-Center

---

65 „Während sich der unbare Zahlungsverkehr bisher in der geschlossenen und kontrollierten Sphäre der Kreditinstitute und Finanzdienstleister abgespielt hat, sind inzwischen zunehmend auch international technische Verfahren im Einsatz, die elektronisches Geld unmittelbar für Unternehmen und Bürger - vorbei an den Banken und Zentralbanken - verwendbar machen" [Hartmann 1996, S. 5]. Die Bundesbank unterteilt elektronisches Geld in Karten- und Netzgeld, wobei beide Geldtypen Überschneidungspunkte aufweisen.
Ein Beispiel für ein Kartensystem ist **Mondex** aus Großbritannien. Das System basiert auf einer auf mehrere Währungen lautenden Chipkarte, mit der direkte Purse-to-Purse-Transaktionen, d.h. Geldtransfers zwischen Mondex-Karten, durchgeführt werden können. Die Karte kann über das Telefon aufgeladen werden. Das Modex-System erlaubt erstmals einen ununterbrochenen elektronischen Zahlungskreislauf ohne Einschaltung von Clearingstellen und Rückgriff auf gesetzliche Zahlungsmittel [vgl. Hartmann 1996, S. 5-6].
Beispiel für den Betreiber eines Netzgeldsystems ist die niederländische Firma **Digicash**, die elektronische Noten und Münzen mit angeblich fälschungssicherer Seriennummer emittiert, die im Internet - wie Bargeld - zur Zahlung verwendet werden können [vgl. Hartmann 1996, S. 6]. Die Deutsche Bank hat eine Lizenz von Digicash erworben. Sie plant einen Pilot-Versuch mit 1.000 Teilnehmern und 30 Händlern Anfang 1997 [vgl. o.V. 1996h, S. 24].

66 So sieht der derzeit vorliegende Entwurf der sechsten KWG-Novelle vor, daß das Betreiben von „Netzgeldsystemen" als Bankgeschäft festgeschrieben wird [vgl. Niehoff 1996, S. 71].

stellen hierbei erst den Anfang der Entwicklung dar.[67] Für Kreditinstitute erwächst aus diesen Entwicklungen die Gefahr, daß Teile ihres Kerngeschäfts langfristig von Non- und Near-Banks besetzt werden.

Als weitere Kraft im Wettbewerbsmodell von *Porter* sind die mittelständischen Firmenkunden zu nennen, deren Verhandlungsstärke in den letzten Jahren deutlich zugenommen hat. Die zunehmende Rivalität in der Branche hat zu einem Margenverfall geführt, der bereits an anderer Stelle dargelegt wurde. Insbesondere bonitätsmäßig einwandfreie Firmenkunden werden von Kreditinstituten umworben und können ihre Verhandlungsmacht gegenüber den Banken ausspielen. Charakteristika und im Untersuchungskontext relevante Problemfelder des industriellen Mittelstands wurden bereits in Abschnitt 3.1 ausführlich beschrieben.

Es bleibt festzuhalten, daß die Wettbewerbskräfte im elektronischen Firmenkundengeschäft erheblich zugenommen haben und nicht ohne Auswirkungen auf das traditionelle Firmenkundengeschäft bleiben werden. Die Notwendigkeit für Kreditinstitute zu einer strategischen Neupositionierung im elektronischen Firmenkundengeschäft wird hierdurch mit Nachdruck unterstrichen.

3.2.2 Vergleich der Leistungsspektren der neun größten deutschen Kreditinstitute

3.2.2.1 Finanzmanagementsysteme

Vorbemerkung

Als Anbieter von Finanzmanagementsystemen treten inländische Banken, ausländische Banken, Softwarehäuser und Industrieunternehmen auf. Bei Banken im Inland dominiert bei den Cash Management-Systemen Multicash Plus, das von der Firma Omikron in Köln im Auftrag des Bankverlags als Interessenvertretung eines Großteils der deutschen Banken entwickelt wurde. Ende der 80er Jahre hatte sich die HypoBank mit einer Eigenlösung am Markt versucht, ist dann aber - nicht zuletzt wegen des großen Wartungsaufwandes für die Software - wieder auf Multicash Plus umgeschwenkt. Derzeit bietet die Deutsche Bank als einzige der großen deutschen Banken ein eigenentwickeltes System an.

Multicash Plus ist eine modular aufgebaute Software, die aus dem Kommunikationsmodul „BCS" und einem Anwendungsmodul „Multicash" besteht. Das Kommunikationsmodul ermöglicht den Datentransfer zwischen Firmenkunde und

[67] So äußert *Hartmann* die Gefahr, daß multilaterale Konzerne eigene Kunstwährungen einführen und bei ihren Kunden, Lieferanten und Mitarbeitern Akzeptanz erzwingen [vgl. Hartmann 1996, S. 6]. Er folgert: „In der Tat könnten sich Bargeld und elektronisches Geld allmählich zu Konkurrenzprodukten entwickeln. (..) Sollte sich das von den Banken emittierte digitale Geld als effizienter als herkömmliche Zahlungsmittel erweisen, dann es könnte es teilweise oder ganz an ihre Stelle treten (..)" [Hartmann 1996, S. 7].

Bank[68], das Anwendungsmodul beinhaltet die verschiedenen Anwendungen, wie Inlandszahlungsverkehr, Auslandszahlungsverkehr, Akkreditivgeschäft, Wertpapier- und Deviseninformationen. Multicash Plus wird komplett oder in Einzelmodulen durch den Bankverlag lizensiert, wobei die anbietenden Banken das System modifizieren und unter eigenem Namen anbieten können. Dies hat dazu geführt, daß Multicash Plus von den Banken in einer Vielzahl von Varianten mit unterschiedlichen Bezeichnungen vertrieben wird. Obwohl das Basissystem bei den anbietenden Banken identisch ist, bestehen bei den unterstützten Funktionen durchaus Unterschiede. Voraussetzung für eine elektronische Mehrwertleistung ist nämlich neben dem System als Dienstezugang beim Firmenkunden der bankseitig vorgehaltene Mehrwertdienst. Bspw. unterstützen einige Banken die Akkreditivabwicklung noch nicht, obwohl das Modul in Multicash Plus verfügbar ist.

Neben den Inlandsbanken bieten auch Banken aus dem Ausland, traditionsbedingt insbesondere den USA, Finanzmanagementsysteme an. Von amerikanischen Banken werden auf dem deutschen Markt weniger vollständige Finanzmanagementsysteme, sondern eher Systeme für den Bezug und die Übermittlung von Kontoinformationen von bzw. zu Sammelstellen (z.B. Citibanking, Worldcash[69]) oder als Plattform für verschiedene Cash Management Funktionen (z.B. Chase Microstation der Chase Bank) angeboten [vgl. Eistert 1994, S. 35]. Da das Angebot der ausländischen Banken in erster Linie auf Großunternehmen und multinationale Konzerne ausgerichtet ist, wird auf eine ausführliche Darstellung der Funktionalität der von Auslandsbanken angebotenen Systeme verzichtet.

Auch Industrieunternehmen treten als Anbieter von Finanzmanagementsystemen auf. So hat Hewlett Packard das System HP-CA$H entwickelt und bis Anfang der 90er Jahre aktiv vermarktet. Auch BMW ist mit seinem selbst entwickelten Cash Management-System ICMS an den Markt getreten. Inzwischen hat die Firma Ecosoft in München Weiterentwicklung und Vertrieb übernommen.

Als weitere wichtige Anbietergruppe sind Softwarehäuser zu nennen. Einige von Softwarehäusern angebotenen Systeme beinhalten kein eigenes Kommunikationsmodul, sondern setzen auf BCS von Multicash Plus auf. Für eine ausführliche

---

68 Das Kommunikationsmodul BCS unterstützt das Protokoll FTAM/EU, ein Komprimierungsverfahren und bietet eine einheitliche Oberfläche. Mit Multicash Plus läßt sich der Electronic Funds Transfer jedoch auch über andere Protokolle, wie ZVDFÜ, T-Online, RVS abwickeln.

69 Das in Kooperation von Commerzbank, Vereinsbank und BHF-Bank entwickelte und in Zusammenarbeit mit Fides-Informatik betriebene System Worldcash erlaubt die Beschaffung internationaler Kontoinformationen (Modul ARS) und die Erteilung von Payment Orders (Modul MTS) von bzw. an Fides. Auch dieses System ist kein geschlossenes Finanzmanagementsystem, sondern hauptsächlich eine Zugangssoftware für die Fides-Dienste [vgl. Eistert 1994, S. 35].

Darstellung der Funktionalität der von Softwarehäusern angebotenen Systeme wird auf die Literatur verwiesen.[70]

Wegen der Vielzahl der angebotenen Systeme und den Funktionsüberschneidungen innerhalb des Systemsortiments jeder Bank erscheint für eine Analyse des Angebots an Finanzmanagementsystemen im elektronischen Firmenkundengeschäft der Kreditinstitute der Bezug auf einzelne Systeme nicht sinnvoll. Statt dessen soll für die neun größten Banken in Deutschland die Funktionalität der angebotenen elektronischen Mehrwertsysteme vergleichend dargestellt werden. Hierbei ist das Ziel, Unterschiede im Angebot ausfindig zu machen, um daraus - unter Berücksichtigung der Kundenanforderungen - Anhaltspunkte für eine leistungsbezogene Differenzierung zu erhalten.

In den folgenden Tabellen macht die Markierung „√" deutlich, *daß* die betreffende Funktion existiert; sie gibt jedoch keinen Hinweis darauf, in welchem Umfang die Funktion angeboten wird. Das Angebot der Sparkassen ist durch die WestLB und die Bayerische Landesbank, das Angebot der Genossenschaftsbanken durch die DG Bank repräsentiert.[71] Informationsgrundlage der Bestandsaufnahme sind die verfügbare Literatur sowie vom Verfasser durchgeführte Telefoninterviews mit Electronic Banking-Experten der genannten Institute.[72]

Zahlungsverkehrssysteme

Derzeit werden von Kreditinstituten neben der traditionellen, papiergebundenen Variante zwei Wege der elektronischen Zahlungsauftragsübermittlung angeboten. Zum einen der elektronische Datenträgeraustausch (DTA), zum anderen die Übermittlung der Zahlungsverkehrsdaten vom Standort des Firmenkunden aus per Datenfernübertragung (DFÜ). Beim DTA-Verfahren erstellt der Firmenkunde den Datenträger elektronisch (offline) mit Hilfe eines DTA-Systems und transportiert ihn dann physisch zur Bank.

Bei der zweiten Variante kann der Firmenkunde mit Hilfe eines bei sich zu installierenden Systems Zahlungstransaktionen anstoßen. Hauptfunktion der Zahlungsverkehrsmodule ist der Electronic Funds Transfer. Darüber hinaus können Kontodaten von Geschäfts- und Finanzpartnern sowie die Firmenkonten verwaltet werden. Aufgrund ihres Datenvolumens kommen für mittelständische Unternehmen in erster Linie die Übermittlungswege T-Online, Datex-P (X.25) (paketvermittelte Datenübertragung) und ISDN in Betracht. Standleitungen zur Bank werden sich in den wenigsten Fällen rechnen. Bankseitig werden die Zahlungsaufträge entweder direkt in die Bank-DV geleitet oder sie laufen auf einem Vorrechner auf, der für die Kundenkommunikation bestimmt ist.

---

70 Vgl. [Eistert 1994, S. 34-71].

71 Wegen der institutsspezifischen Unterschiede im Angebot erscheint die Darstellung des Angebots *einer* Sparkasse bzw. Genossenschaftsbank nicht sinnvoll.

72 Informationen zu den Telefoninterviews sind im Anhang aufgeführt.

Die neun größten deutschen Kreditinstitute[73] bieten unisono Zahlungsverkehrssysteme an, welche die Übermittlung von In- und Auslandszahlungsaufträgen per DTA und DFÜ und eine Terminüberwachung der Zahlungsaufträge ermöglichen [vgl. Danziger/Vogel 1996, S. 41]. Inzwischen unterstützen alle Banken das Kommunikationsprotokoll FTAM/EU, das ZVDFÜ mittelfristig ablösen soll. In diesen Basisfunktionen des elektronischen Zahlungsverkehrs unterscheidet sich das Angebot der neun größten deutschen Kreditinstitute nicht.

EDI/EDIFACT

Anfang der 90er Jahre begannen Kreditbanken mit dem Angebot von Finanzmanagementsystemen für den UN/EDIFACT-Standard [vgl. Kerscher 1996, S. 18]. Durch die voranschreitende Normierung der UN/EDIFACT-Nachrichtentypen und die wachsenden Anforderungen wichtiger Firmenkunden haben Kreditinstitute das Spektrum der unterstützten UN/EDIFACT-Nachrichtentypen seitdem z.T. erheblich ausgeweitet. Tabelle 3-4 zeigt eine Übersicht der unterstützten Nachrichtentypen (Stand Juli 1996).

Die Tabelle macht deutlich, daß die EDIFACT-Thematik bei den untersuchten Banken mit unterschiedlicher Intensität verfolgt wird. Im Unterschied zum Zahlungsverkehr bestehen bei der Unterstützung der UN/EDIFACT-Nachrichtentypen z.T. erhebliche Angebotsunterschiede.

	Deutsche Bank	**Dresdner Bank**	**West LB**	**Commerzbank**	**Vereinsbank**	**Bayer Landesbank**	**Hypo-Bank**	**DG Bank**	**Bankges. Berlin**
PAYORD Zahlungsauftrag	√	√	√	√	√	√	√	√	√
PAYEXT Erweiterter Zahlungsauftrag	√	√	√	√	√	√		√ AZV geplant	√
PAYMUL Multipler Zahlungsauftrag	geplant	geplant	geplant	geplant	geplant	geplant			
CREADV Gutschriftsanzeige	√	√	geplant	√	√	√	√		

[73] Bei den Kreditinstituten handelt es sich um die neun größten Universalbanken in Deutschland. Sie sind absteigend nach ihrem Umsatz im Geschäftsjahr 1995 geordnet [vgl. o.V. 1996i, S. B2].

	Deutsche Bank	Dresdner Bank	West LB	Commerzbank	Vereinsbank	Bayer Landesbank	Hypo-Bank	DG Bank	Bankges. Berlin
CREEXT Erweiterte Gutschriftsanzeige	√	√	geplant	√	√	√		√	
CREMUL Multipler Zahlungsauftrag	geplant	geplant	geplant	geplant	geplant	geplant			
DEBADV Belastungs anzeige	√	√	geplant	√	√	√	√	geplant	
DEBMUL Multiple Belastungsanzeige	geplant	geplant	geplant	geplant	geplant	geplant			
BANSTA Finanznachricht-Status	√	geplant		√	geplant				
FINSTA Tagesauszug	√	√		√	√	geplant		geplant	
DIRDEB Lastschrift	√	geplant	geplant	√	√	geplant			
DOCxxx Dokumentennachrichten	geplant	geplant		geplant	geplant	geplant			
AUTACK Nachricht für Elektr. Unterschr.	√	geplant				geplant			
CONTRL Service Nachricht		geplant		√		geplant			
FINPAY Interbanken ZV-Auftrag	√	geplant	geplant	√	geplant	√			
Angeboten	10	6	2	10	7	6	3	3	2
Geplant	4	9	8	4	6	8	0	2	0

Tabelle 3-4: Unterstützte UN/EDIFACT-Nachrichtentypen - Status quo und kurzfristige Pläne der neun größten deutschen Kreditinstitute [vgl. Grebe/Kerscher 1996, S. 34; eigene Telefonbefragung]

EDI/EDIFACT eröffnet Kreditinstituten die Möglichkeit zur Hervorbringung von Bankmarktleistungsinnovationen. So können Banken neben der Verarbeitung der UN/EDIFACT-Nachrichtentypen weitere Mehrwertdienste anbieten, wie bspw. einen Reparaturservice für defekte Übertragungsdateien, die Konvertierung in andere Formate (DTA, S.W.I.F.T.) und UN/EDIFACT-Versionen oder eine ereignisgesteuerte Avisierung (z.B. bei Zahlungseingängen größer 100.000 DM).[74] Tabelle 3-5 zeigt den Status quo und die kurzfristigen Pläne der neun größten deutschen Kreditinstitute bei EDI/EDIFACT-Mehrwertdiensten.

	Deutsche Bank	**Dresdner Bank**	**West LB**	**Commerzbank**	**Vereinsbank**	**Bayer Landesbank**	**Hypo-Bank**	**DG Bank**	**Bankges. Berlin**
Elektronische Autorisierung	√	√	geplant	√	√	√		geplant	√
Reparaturservice	√	geplant			√				
Konvertierung nach DTA/ SWIFT	√	√		√	√	√	√	√	
Konvertierung in Auslandsformate	√	√			√				
Ereignisgesteuerte Avisierung	√	√	geplant		geplant	√			
Terminaufträge	√	√		√	√	√			
Angeboten	6	5	0	3	5	4	1	1	1
Geplant	0	1	2	0	1	0	0	1	0

Tabelle 3-5: Unterstützte EDI/EDIFACT- Mehrwertdienste - Status quo und kurzfristige Pläne der neun größten deutschen Kreditinstitute [vgl. Grebe/Kerscher 1996, S. 34; eigene Telefonbefragung]

Wie die Übersicht zeigt, ist das Angebot an EDI/EDIFACT-Mehrwertdiensten sehr heterogen. Unter Berücksichtigung der unterstützten Nachrichtentypen in Tabelle 3-4 und der angebotenen Mehrwertdienste in Tabelle 3-5 lassen sich die untersuchten Banken in drei EDI/EDIFACT-Innovationstypen klassifizieren: Vorreiter (Deutsche Bank), Mainstream (Dresdner Bank, Commerzbank, Vereinsbank, Bayerische Landesbank) und Nachzügler (WestLB, HypoBank, DG Bank und Bankgesellschaft Berlin). Die Pläne der Banken bzgl. der Unterstützung weiterer Nachrichtentypen deuten darauf hin, daß auch künftig Angebotsunterschiede be-

[74] Vgl. Abschnitt 4.6.4.3.

stehen werden. Dies gilt auch für EDI/EDIFACT-Mehrwertdienste, deren Spektrum bei weitem noch nicht ausgeschöpft ist. Bankmarktleistungen im Themenkomplex UN/EDIFACT bieten somit Ansatzpunkte zur leistungsbezogenen Differenzierung im elektronischen Firmenkundengeschäft.

Cash Management-Systeme

Durch die Entwicklung internationaler Kommunikationsprotokolle (z.B. FTAM/EU) und Datenformate (z.B. S.W.I.F.T., UN/EDIFACT) konnte die Multibankfähigkeit der angebotenen Cash Management-Systeme inzwischen auch auf Banken außerhalb Deutschlands ausgedehnt werden. Neben umfassenden Anzeigemöglichkeiten der Bestands- und Bewegungsdaten im Zahlungsverkehr auf unterschiedlichen Aggregationsstufen rückt im Zuge eines Rollenwandels der Finanzabteilung die Optimierung des Liquiditätsmanagements in den Vordergrund. Besitzt ein mittelständisches Unternehmen mehrere Bankverbindungen im In- und Ausland, können durch Pooling, d.h. die automatische Zusammenführung dieser Konten auf einem Zielkonto[75], Überziehungskosten minimiert bzw. Anlageerlöse maximiert werden.

	Deutsche Bank	**Dresdner Bank**	**West LB**	**Commerzbank**	**Vereinsbank**	**Bayer Landesbank**	**Hypo-Bank**	**DG Bank**	**Bank-ges. Berlin**
Multibankfähig national	√	√	√	√	√	√	√	√	√
Multibankfähig international	√	√	√	√	√	√	√		√
Automatischer Kontenabruf	√	√	√	√	√	√	√	√	√
Anzeigemöglichkeiten									
• Valutar. Salden	√	√	√	√	√	√	√	√	√
• Je Konto	√	√	√	√	√	√	√	√	√
• Je Bank	√	√	√	√	√	√	√	√	√
• Je Währung	√	√	√	√	√	√	√	√	√
• Gesamtübersicht	√	√	√	√	√	√	√	√	√
• Einzelumsatzsuche	√	√	√	√	√	√	√	√	√

[75] Zur exakten Definition von Pooling vgl. Fußnote 22 in Abschnitt 2.3.2.

	Deutsche Bank	Dresdner Bank	West LB	Commerzbank	Vereinsbank	Bayer Landesbank	Hypo-Bank	DG Bank	Bankges. Berlin
Pooling									
• national						√	√		
• national nur eigenes Institut	√	√	√	√	√			√	√
• auch international						√			
• international nur eigenes Institut			√	√	√				√
Netting	geplant			√					√
WP-Transaktionen								Depot Direkt in T-Online	

Tabelle 3-6: Funktionalität der Cash Management-Systeme der neun größten deutschen Kreditinstitute [vgl. Danziger/Vogel 1996, S. 41; eigene Telefonbefragung]

Wie Tabelle 3-6 zeigt, ist die Funktionalität der von den neun größten deutschen Banken angebotenen Cash Management-Systeme bzgl. der Merkmale Multibankfähigkeit und Anzeigemöglichkeiten nahezu identisch. Für den industriellen Mittelstand bestehen relevante Unterschiede in der Funktionalität der Systeme zum einen im Pooling und zum anderen in der Möglichkeit einer elektronischen Ordererteilung bei Wertpapiergeschäften. Diese Funktionen eröffnen Differenzierungsmöglichkeiten für Kreditinstitute, wobei zu klären ist, ob und inwieweit der industrielle Mittelstand diese Funktionen tatsächlich wünscht. Auch im Netting[76] gibt es deutliche Angebotsunterschiede, jedoch besitzt diese Funktion für den industriellen Mittelstand per Definition keine Bedeutung.[77]

Während alle Banken nationales Pooling zumindest für Konten im eigenen Konzern anbieten, wird ein internationales Pooling von fünf der neun Banken offeriert. Ein internationales Multibank-Pooling bietet derzeit ausschließlich die Bayerische

[76] Zur Definition des Netting vgl. Fußnote 27 in Abschnitt 2.4.1.3.

[77] Der industrielle Mittelstand ist definiert als Unternehmen aus dem Verarbeitenden Gewerbe mit 10 bis 500 Mio. Umsatz, die nicht Teil eines Konzerns sind und keinen direkten Zugang zum Kapitalmarkt besitzen. Dehnt man den Begriff des Netting auch auf Nicht-Konzerngesellschaften aus, so kann die bi- oder multilaterale Verrechnung von Forderungen und Verbindlichkeiten über EDI/EDIFACT auch für den industriellen Mittelstand durchaus an Bedeutung gewinnen.

Landesbank an. Offensichtlich bestehen hier für Kreditinstitute Ansatzpunkte zur Differenzierung.

Eine elektronische Auftragserteilung für Aktiengeschäfte wird derzeit nach Auskunft der befragten Electronic Banking-Experten nur von der DG Bank in T-Online angeboten. Ein in Finanzmanagementsysteme integrierbares Wertpapierabwicklungsmodul ist bei keinem der untersuchten Kreditinstitute verfügbar.

Finanzplanungssysteme
Durch den Einsatz eines Finanzplanungssystems kann die Zahlungsfähigkeit des Unternehmens für jeden Tag in der Zukunft errechnet werden (Cash Forecasting). Der automatische Abgleich von Plan- und Ist-Daten liefert eine Übersicht der Abweichungen, die eine Neuplanung notwendig machen. Vom Unternehmen als Bezogenem versandte Schecks, deren Rücklauf aufgrund von Erfahrungswerten prognostiziert und in die Plandaten einbezogen wurde, können bei erfolgter Belastung automatisch mit den Plandaten abgeglichen werden.

	Deutsche Bank	Dresdner Bank	West LB	Commerzbank	Vereinsbank	Bayer Landesbank	Hypo-Bank	DG Bank	Bankges. Berlin
Cash Forecasting	√	√	√	√	√	√		√	√
Automatischer Abgleich									
• von Plan/Ist-Daten	√	√	√			√			
• des Scheckrücklaufs	√	√	√	√		√		√	√
Eigenes FPS	db-plan	dreplan							
Vermitteltes FPS			CERG, CMFC 78	CERG	CERG, CMFC	CERG	CERG		reviplan (Arthur Andersen)

Tabelle 3-7: Funktionalität von Finanzmanagementsystemen der neun größten deutschen Kreditinstitute [vgl. Danziger/Vogel 1996, S. 41; eigene Telefonbefragung]

Wie Tabelle 3-7 zeigt, bieten die untersuchten Kreditinstitute bis auf die HypoBank eigene Systeme mit zumindest rudimentären Finanzplanungsfunktionen

[78] Es sei an dieser Stelle darauf hingewiesen, daß CERG und CMFC neben den Finanzplanungsfunktionen auch umfassende Cash Management-Funktionen bereitstellen.

an.[79] Zwei der neun Banken haben spezielle eigene Finanzplanungssysteme im Sortiment, während sechs weitere Kreditinstitute Kooperationen mit Anbietern von Finanzplanungssystemen eingegangen sind. Gleich von mehreren Banken angeboten werden die Systeme CERG und CMFC, die beide modular aufgebaut sind und ein separates Kommunikationsmodul benötigen, damit Zahlungen initiiert und Kontoinformationen eingeholt werden können. Dabei geht die Funktionalität dieser Systeme weit über das Finanzplanungsmodul von Multicash Plus hinaus. So bieten CERG-Finance und CMFC eine Scheckrücklaufstatistik, eine Zahlungszielstatistik, die graphische Darstellung der Planungsvorschau, eine Klassifizierung von Zahlungsströmen sowie die Anlage und Speicherung von What-If-Analysen, die den Vergleich alternativer Planungen vereinfachen [vgl. Eistert 1994, S. 46]. Trotz des relativ homogenen Angebots an Finanzplanungssystemen der untersuchten Kreditinstitute eröffnen die dargestellten Funktionen Differenzierungspotentiale.

3.2.2.2 Online-Datenbanksysteme

Informationsleistungen stellen einen expandierenden, breitgefächerten und relativ neuen Leistungsbereich der Banken dar [vgl. Gerken 1996, S. 170]. In den letzten Jahren haben Banken eigene Einheiten gebildet, die Informationsleistungen gegen Entgelt anbieten. Durch das Zusammenwachsen von Telekommunikation und Informatik zur Telematik und der Integration von Sprache, Text, Grafik und Bewegtbild (Multimedia) entstehen neue elektronische Mehrwertdienste, die den Online-Bezug von Informationen am Standort des Firmenkunden qualitativ und quantitativ unterstützen.

Die erste Online-Datenbank in Gestalt einer Patentdatenbank bot 1963 die Fa. Derwent in den USA an [vgl. Hügel 1990, S. 30]. Auch der kommerzielle Markt für Online-Datenbanken bildete sich mit den Unternehmen DIALOG und SDC im Jahre 1972 zunächst in den USA heraus. Die Anzahl der Datenbanken wird heute weltweit auf mehr als 8.200 beziffert, die von ca. 2.000 Datenbankanbietern und ca. 1.600 Hosts offeriert werden [vgl. Gries/Schmidt 1995, S. 10; Herget/Hensler 1995, S. 130]. Der Anteil der Online-Datenbanken beträgt 67% [vgl. Herget/Hensler 1995, S. 130]. Die Steigerungsraten bei den Umsätzen mit Online-Datenbanken bewegten sich zwischen 1990 und 1994 in Deutschland bei etwa 10% p.a., wobei in einzelnen Marktsegmenten, z.B. Finanzinformationen, deutlich höhere Wachstumsraten zu verzeichnen waren [vgl. Gries/Schmidt 1995, S. 10]. Die Dynamik des Marktes ist hoch, die Transparenz relativ gering [vgl. Eggert 1992, S. 62]. Insgesamt liegt Deutschland sowohl im Angebot als auch in der Nutzung von Online-Datenbanken im internationalen Vergleich deutlich hinter anderen bedeutenden Volkswirtschaften zurück [vgl. Herget/Hensler 1995, S. 130].

---

[79] Die angegebene Funktionalität bezieht sich auf die von den Banken angebotenen Systeme und nicht auf die Systeme von Kooperationspartnern.

Kreditinstitute treten als Datenbankproduzent, Datenbankanbieter und Informationsvermittler auf [vgl. Danziger/Vogel 1996, S. 41]. Hierbei sehen sie sich einer Vielzahl von Konkurrenten gegenüber:

- Datenbank-Hosts, die die Angebote unterschiedlicher Informationsanbieter, wie Information-Broker, Unternehmensberatungen, Marktforschungsinstitute, integrieren;[80]
- staatliche Stellen, wie das Statistische Bundesamt;[81]
- Informationsangebot der Selbsthilfeeinrichtungen der Wirtschaft, wie Verbände, Handelskammern;[82]
- sonstige Anbieter von Informationen, z.B. Auskunfteien, öffentliche Medien, Agenturen, nationale und internationale Organisationen (OECD, Weltbank).

Das Gros der Anbieter kommt nach wie vor aus den USA; deren relatives Marktgewicht nimmt jedoch ab [vgl. Gries/Schmidt 1995, S. 21]. Der Markt für Online-Datenbanksysteme ist von einem hohen Konzentrationsgrad gekennzeichnet, wobei als Akteure sowohl traditionelle Informationsanbieter als zunehmend auch Anbieter von Mehrwertdiensten auftreten. In den letzten Jahren ist das Bestreben der Anbieter gewachsen, durch Aufkäufe und Kooperationen die gesamte Wertschöpfungskette von der Datenbankproduktion bis zur Bereitstellung eines Online-Datenbank-Zugangssystems abzudecken. Dabei nutzt eine wachsende Zahl bedeutender Datenbank-Hosts das World Wide Web als Vertriebsmedium.[83]

Eine Analyse der Verteilung der Datenbanken auf Fachgebiete zeigt eine Dominanz von Wirtschaftsinformationen (33% Anteil), gefolgt von wissenschaftlich-technischen Informationen (19% Anteil) [vgl. Herget/Hensler 1995, S. 130]. Von Online-Datenbanken mit Wirtschaftsinformationen werden vor allem die in Tabelle 3-8 aufgeführten Themenbereiche abgedeckt.

---

80 Beispiele für das Angebot großer Datenbank-Hosts speziell im Internet / World Wide Web finden sich in Fußnote 138 in Abschnitt 4.6.4.6.

81 Auch das Statistische Bundesamt ist mit Informationen im Internet/WWW präsent (http://www.statistik-bund.de). Es kann eine Vielzahl von aktuellen Zahlen aus 20 Bereichen, wie Gewerbe- und Insolvenzmeldungen, Wahlen, Bevölkerung oder Löhne und Gehälter abgerufen werden; darüber hinaus bestehen Links zu Statistikbehörden anderer Länder und zum System „Eurostat" der Europäischen Union. Das weitaus größere Angebot wird (derzeit noch) in T-Online offeriert, wo über die Adresse *48484# auf mehr als 1.500 Seiten zugegriffen werden kann [vgl. o.V. 1996e, S. 8].

82 Informationen zum Deutschen Industrie- und Handelstag (DIHT), zu den deutschen Außenhandelskammern (AHK) und den Industrie- und Handelskammern (IHK) findet man unter http://www.ihk.de.

83 Wichtige Datenbank-Hosts in Deutschland mit Wirtschafts- und Finanzinformationen im Internet sind GENIOS in Düsseldorf (ca. 250 Datenbanken; http://www.genios.de), FIZ in Karlsruhe (ca. 120 Datenbanken; http://www.fiz-karlsruhe.de) und GBI in München (ca. 120 Datenbanken; http://www.gbi.de). Vgl. auch Fußnote 138 in Abschnitt 4.6.4.6.

• Branchen und Märkte	• Wirtschaftsnachrichten	• Presse und Medien
• Konjunktur und Entwicklung	• Geschäftsverbindungen	• Kurse und Zinssätze
• Unternehmen und Kredite	• Literaturhinweise	• Statistiken

Tabelle 3-8: Themenbereiche von Online-Datenbanksystemen

Tabelle 3-9 zeigt das Online-Informationsangebot der neun größten deutschen Kreditinstitute.

	Deutsche Bank	Dresdner Bank	West LB	Commerzbank	Vereinsbank	Bayer Landesbank	Hypo-Bank	DG Bank	Bankges. Berlin
Datenbankdienste									
• Allgemeine Informationen	√							√	
• Förderprogramme	√								
• Geschäftsverbindungen	√	√		√				√	
Devisenkurse	√	√	√	√	√	√	geplant		
Wertpapierkurse	√	√		√	√	√	geplant		√
Kursprognosen	√	√		√		√	geplant		√
Devisencharts	√	√		√			geplant		√

Tabelle 3-9: Online-Informationsleistungen der neun größten deutschen Kreditinstitute [vgl. Danziger/Vogel 1996, S. 41]

Das über elektronische Mehrwertsysteme beziehbare Informationsangebot ist sehr heterogen. Die Deutsche Bank deckt als einzige das erfragte Spektrum komplett ab. Aktuelle Informationen werden hauptsächlich über Multicash Plus und T-Online, andere Informationen über große Datenbank-Hosts bereitgestellt.[84] Auch

[84] So bietet bspw. die Deutsche Bank einen Zugang zu ihrer in Kooperation mit Datenbankanbietern entwickelten Datenbank euro-select über FIZ und Data-Star an [vgl. Deutsche Bank 1994, S. 5]. Die Datenbank enthält Informationen über Förderprogramme der EU.

das Internet wird in wachsendem Umfang als Informationsplattform von Kreditinstituten genutzt.[85]

3.2.2.3 Kommunikationssysteme

Neben einer Realisierung der Interaktionstypen Mensch-Maschine-Information und Maschine-Maschine-Transaktion über elektronische Mehrwertsysteme kann zunehmend auch die Mensch-Mensch-Kommunikation durch Electronic Mail und ISDN-Videokonferenzen abgebildet und unterstützt werden.

Eine repräsentative Untersuchung bei 400 Kreditinstituten in Deutschland[86] zur Nutzung der Informations- und Kommunikationstechnologie hatte 1992 ergeben, daß 40% der Banken mit einem stärkeren Einsatz von EMail rechneten; auch für ISDN-Videokonferenzen prognostizierten die Befragten eine zunehmende Verbreitung [vgl. Mahler 1994, S. 35-36]. Tabelle 3-10 zeigt, daß die Voraussetzungen für die Kommunikation zwischen Bank und Firmenkunde über Electronic Mail bankseitig inzwischen grundsätzlich gegeben sind. Die Kommunikation zwischen Firmenkunde und Firmenkundenbetreuer per EMail ist bisher jedoch nur vereinzelt möglich.

Alle neun Kreditinstitute verfügen über eine EMail-Adresse. Von größerer Bedeutung für Firmenkunden ist die Erreichbarkeit des Firmenkundenbetreuers über Electronic Mail. Fünf der neun befragten Banken bieten Electronic Mail auf Wunsch des Firmenkundenbetreuers an, bei zwei weiteren sind EMail-Adressen für Firmenkundenbetreuer in Planung.

Im Vergleich zu Electronic Mail befindet sich der Einsatz von ISDN-Videokonferenzen in der Firmenkundenbetreuung noch im Anfangsstadium. Wie die Telefoninterviews ergaben, werden Videokonferenzsysteme zwar für die Kommunikation unternehmensintern oder zwischen Konzerngesellschaften schon längere Zeit eingesetzt.[87] Auch existieren Überlegungen über die Verwendung dieses Mediums im Kundenkontakt Konkrete Pläne diesbezüglich gibt es bislang jedoch nur bei einem Kreditinstitut.

---

85 Vgl. hierzu das Informationsangebot in den integrierten Online-Systemen in Abschnitt 3.2.2.4. Die Deutsche Bank plant, ihre Datenbank euro-select über das Internet/WWW zugänglich zu machen [Brief der Deutschen Bank an den Verfasser; 22.07.1996].

86 Die Studie über die Nutzung der Informations- und Kommunikationstechnologie in Kreditinstituten wurde in 1992 durch das IFO-Institut im Auftrag des Wissenschaftlichen Instituts für Kommunikationsdienste (WIK), Bad Honnef, durchgeführt.

87 Bspw. setzt die DG Bank ISDN-Videokonferenzen für die Kommunikation mit den örtlichen Volks- und Raiffeisenbanken ein. Die Deutsche Bank verwendet diese Systeme u.a. zur Abstimmung zwischen Konzernleitung und Auslandstöchtern.

	Deutsche Bank	Dresdner Bank	West LB	Commerzbank	Vereinsbank	Bayer Landesbank	Hypo-Bank	DG Bank	Bankges. Berlin
EMail-Adresse der Bank im Internet	√	√	√	√	√	√	√	√	√
EMail-Adresse für Firmenkundenbetreuer	teilweise; Flächendeckung geplant	geplant	geplant		vereinzelt		teilweise; Flächendeckung geplant	teilweise	vereinzelt
ISDN-Videokonferenzen mit Firmenkunden	teilweise; Flächendeckung geplant								

Tabelle 3-10: Angebotene Kommunikationsleistungen der neun größten deutschen Kreditinstitute [eigene Telefonbefragung und Internet/WWW-Recherche, 16.11.1996]

3.2.2.4 Integrierte Online-Systeme

Die Unterstützung der drei Interaktionsformen Mensch-Maschine-Information, Maschine-Maschine-Transaktion und Mensch-Mensch-Kommunikation durch ein integriertes Online-System versetzt den Firmenkunden in die Lage, Telebank-Anwendungen über ein einziges Zugangssystem zu nutzen. In diesem Abschnitt soll - exemplarisch für ein integriertes Online-System - das für den industriellen Mittelstand bedeutsame Internet-Angebot der neun größten deutschen Kreditinstitute dargestellt werden.

Die Anzahl der Banken im Internet ist in den letzten beiden Jahren deutlich angestiegen. Mehr als 240 deutsche Kreditinstitute sind inzwischen im Internet vertreten [vgl. WWW 1996d]. Tabelle 3-11 zeigt das World Wide Web-Angebot der neun größten Kreditinstitute. Die Darstellung beschränkt sich auf Informationsleistungen, die für den industriellen Mittelstand von Interesse sind.

Die Deutsche Bank deckt unter den verglichenen Instituten das breiteste Informationsspektrum ab. Die anderen Kreditinstitute halten einige besondere Leistungen bereit. So kann man sich bei einigen Banken mittels File-Transfer eine Demoversion der Zahlungsverkehrssoftware aus dem Netz laden. Eine Archivfunktion, die Zugriff auf zurückliegende Artikel ermöglicht, bietet die Commerzbank. Tagesaktualität im Angebot weisen derzeit vier von neun Banken auf. Insgesamt bestehen deutliche Angebotsunterschiede in quantitativer und qualitativer Hinsicht, die auch zeigen, welche Bedeutung der Internet-Thematik für Firmenkunden in den untersuchten Kreditinstituten beigemessen wird.

	Deutsche Bank	**Dresdner Bank**	**West LB**	**Commerzbank**	**Vereinsbank**	**Bayer Landesbank**	**Hypo-Bank**	**DG Bank**	**Bankges. Berlin**
Adresse	www. deutsche-bank.de	www. dresdner-bank.de	www. westlb.de	www. commerz bank.de	www. vereins bank .de	www. bayernlb. de	www. hypo.de	www. dgbank. de	www. bankge sellschaft .de
Produkt-informationen EFKG	√	√		√	√	√	√	√	
Spezielle Informationen für den Mittelstand	√	√							
Volkswirt schaftl. Informationen	√	√	√	√	√	√	√		√
Branchen informationen	√			√	√	√	√		
Länderinformationen	√		√	√	√		√		√
Börseninformationen	√	√		√	√		√	√	
Börsen-kurse	√	√			√		√		
EDI-FACT-Informationen	√	√		√			√		
Software-Download	√	√		√				√	
Diskussionsforen	√				√				
Tagesakt ualität	√	√			√		√		
Archiv				√					
WWW-Links	√ (Töchter)	√			√				√ (Töchter)

Tabelle 3-11: Angebot der neun größten deutschen Kreditinstitute im Internet / World Wide Web [Internet/WWW-Recherche, 16.11.1996]

3.2.2.5 Beratungsleistungen im elektronischen Firmenkundengeschäft

Den Kundenanforderungen Rechnung tragend, forcieren die Banken den Full-Service-Gedanken, d.h. die Ergänzung von Bankmarktleistungen durch Beratungsleistungen auch in nicht finanzbezogenen Themenfeldern [vgl. Berger 1993, S. 465]. Dies schließt Beratungsleistungen im elektronischen Firmenkundengeschäft ein, die zu einer Notwendigkeit beim Absatz von elektronischen Mehrwertsystemen an mittelständische Unternehmen geworden sind.

	Deutsche Bank	Dresdner Bank	West LB	Commerzbank	Vereinsbank	Bayer Landesbank	Hypo-Bank	DG Bank	Bankges. Berlin
Beratungsleistungen im elektronischen Firmenkundengeschäft durch die Bank									
kostenlos als Nebenleistung beim Absatz von BML im EFKG	√	√	√	√	√	√	√	√	√
auch eigenständig gegen Entgelt	√			√	√	√		√	
Kostenlose EDIFACT-Einführungsberatung	√	√	√	√	√	√	√	√	geplant
Beratungsleistungen im elektronischen Firmenkundengeschäft durch Kooperationspartner									
Entgeltliche Beratungsleistungen durch Kooperationspartner	√ (DGM; CNI)	√ (DMC)				√ (Bayern Consult)	√ (HMT)		√ (BB-Data)

Tabelle 3-12: Angebot von Beratungsleistungen im elektronischen Firmenkundengeschäft der neun größten deutschen Kreditinstitute [eigene Telefonbefragung]

Tabelle 3-12 zeigt das Angebot von Beratungsleistungen im elektronischen Firmenkundengeschäft der neun größten deutschen Kreditinstitute. Die Tatsache, daß alle befragten Banken Beratungsleistungen zu ihren eigenen elektronischen Mehrwertsystemen anbieten, macht die Bedeutung von Beratungsleistungen im elektronischen Firmenkundengeschäft deutlich. Fünf Kreditinstitute bieten entgeltliche Beratungsleistungen im elektronischen Firmenkundengeschäft und acht der neun untersuchten Banken kostenlose Beratungsleistungen zum Themenbereich UN/EDIFACT an. Darüber hinaus werden von vier Kreditinstituten über Konzerntöchter umfassende DV-Beratungsleistungen offeriert. Durch Kombination des Beratungs-Know-hows einer Beratungs-Tochter in allgemeinen DV-Fragen mit dem Bank-Know-how im Finanzmanagement und der Realisierung von Telebank-Anwendungen ist die Bank in der Lage, gegenüber mittelständischen Firmenkunden als Full-Service-Provider und Problemlöser aufzutreten.

3.3 Ausgewählte Determinanten der Kundenbindung zwischen industriellem Mittelstand und Kreditinstituten

3.3.1 Vertrauen

3.3.1.1 Bedeutung emotionaler Aspekte in der Bank-Firmenkunde-Beziehung

Die Beziehung zwischen mittelständischen Unternehmen und Kreditinstituten ist durch rationale *und* emotionale Aspekte geprägt. Hierauf weisen die Ergebnisse einiger empirischer Untersuchungen hin. Eine Studie des DSGV von 1989 hat ergeben, daß von Firmenkunden in Ausnahmesituationen gemachte Erfahrungen mit der Bank sehr lange nachwirken und „sich durch andere Erlebnisse im alltäglichen Umgang mit Geldinstituten nicht verändern" lassen [Bück 1993, S. 698]. In einer anderen Studie gaben 45% der Firmenkunden auf die Frage, wie stark sie die Problemlösungskompetenz im Vergleich zur Vertrauenswürdigkeit bei einer Entscheidung über die Zusammenarbeit mit einer Bank bewerten, ein Gleichgewicht dieser Kriterien an, während 40% der Vertrauenswürdigkeit eine größere Bedeutung beimaßen [vgl. Renker 1993, S. 19]. In der gleichen Untersuchung gaben 70% an, im Falle eines gestörten Vertrauensverhältnisses ihre Bank zu wechseln [vgl. Renker 1993, S. 25].

Der Umfang der Inanspruchnahme von Bankmarktleistungen durch mittelständische Unternehmen hängt stark vom Vertrauen des Firmenkunden zur Bank ab.[88]

[88] *Luhmann* definiert Vertrauen als Verhalten einer Person, durch das soziale Komplexität handhabbar gemacht werden kann [vgl. Luhmann 1973, S. 23-32]. Die Beziehung zwischen Kreditinstituten und mittelständischen Firmenkunden ist durch soziale Komplexität gekennzeichnet, die einerseits auf die generelle soziale Komplexität von Interaktionsbeziehungen zurückzuführen ist und sich andererseits aus der asymmetrischen Informationsverteilung ableitet, die zu einem Informationsgefälle zwischen den Kreditinstituten und mittelständischen Firmenkunden führt. Vertrauen kann nun als Mechanismus aufgefaßt werden, um durch die soziale Komplexität bedingte Verhaltensunsicherheiten zu reduzieren. Dies geschieht, indem die vertrauende Person - ihren unzureichenden Informationsstand ignorierend - unterstellt, daß sich die Gegenseite erwartungsgemäß verhält. Hierbei geht die vertrauende Person das Risiko einer Fehleinschätzung ein. Im Verlauf der Vertrauensbeziehung wird die Entscheidung für Vertrauen permanent überprüft. Dabei werden Verhaltensweisen der Gegenseite weniger nach ihrem faktischen sondern vielmehr nach ihrem symbolischen Wert interpretiert. Mit dem Vertrauen nicht vereinbare Verhaltensweisen werden so lange ignoriert, wie sie eine bestimmte Schwelle nicht überschreiten [vgl. Luhmann 1973, S. 81]. Bei Überschreiten der Schwelle erfolgt der Vertrauensentzug.

Insbesondere bei Problemstellungen, die der mittelständische Firmenkunde nicht überblicken kann, die von Tragweite sind und bei denen er auf das Know-how eines Kreditinstituts angewiesen ist, wird er sich vorzugsweise an die Bank wenden, zu der ein ausgeprägtes Vertrauensverhältnis besteht [vgl. Bürkner/Woerz 1993, S. 728]. Diese These wird durch empirische Ergebnisse gestützt. So ordneten in einer Untersuchung mittelständische Unternehmen der Vertrauenswürdigkeit der Bank den höchsten Wert aller Merkmale der Beratungsqualität zu [vgl. Kailich 1990, S. 212].

Im Hinblick auf die Beziehung zwischen Kreditinstituten und dem industriellen Mittelstand ist bedeutsam, welche Faktoren die Entscheidung für oder gegen Vertrauen in einer bestimmten Situation beeinflussen. Wesentliche Kriterien sind Erfahrungen aus ähnlichen Situationen, vage Vormeinungen sowie die Struktur der Interaktionsbeziehung. Im konkreten Fall werden die wahrgenommene Vertrauenswürdigkeit der Gegenseite (ihr Wissen, ihre Motive), die Operationalisierbarkeit von Leistung und Gegenleistung, die Vermeidbarkeit des Schadens falscher Erwartungen, die Einschätzung der Interessenlage der Gegenseite sowie die Dauer und Intensität der Beziehung bestimmen, ob Vertrauen als die richtige Verhaltensweise angesehen wird [vgl. Wagner 1992, S. 62-63].

Bei den Kriterien wird deutlich, daß neben der Struktur der Interaktionsbeziehung vor allem die subjektive Beurteilung der beteiligten Personen für die Wahl der Verhaltensweise von Bedeutung ist. Der Finanzverantwortliche in einem mittelständischen Unternehmen wird diese Entscheidung wesentlich vom Verhalten und von den Erfahrungen mit den Mitarbeitern der Bank, insbesondere den Kundenbetreuern abhängig machen. Ihnen fällt somit die Schlüsselrolle bei der Schaffung eines Vertrauensverhältnisses zu. Hierbei ist der Faktor Zeit durch nichts zu ersetzen, weshalb die Schaffung eines Vertrauensverhältnisses allenfalls ein mittelfristiges Ziel sein kann [vgl. Wagner 1992, S. 60]. Aus diesem Grunde stellen bestehende Vertrauensverhältnisse mit Firmenkunden einen Vermögenswert der Bank dar.

3.3.1.2 Vertrauen als Instrument zur Erhaltung der Kundenbindung

Mehrfachbankverbindungen sind inzwischen auch im Mittelstand zur Regel geworden.[89] In vielen mittelständischen Unternehmen hat sich eine Bankverbindungshierarchie herausgebildet, in der mit einem oder wenigen Kreditinstituten ein großer Anteil des anfallenden Geschäfts und mit weiteren Kreditinstituten Geschäfte nach Bedarf bzw. nur spezielle Geschäfte abgewickelt werden. Dementsprechend können die Partnerbanken als Haupt- bzw. Nebenbanken charakterisiert werden. Tendenziell ist bei Aufnahme einer neuen Bankverbindung von einer Lockerung der Kundenbindung in den bestehenden Bankverbindungen auszugehen.

---

89 Vgl. die Ergebnisse der Firmenkundenumfrage in Abschnitt 6.1.2.1.

Auch von der wachsenden Verbreitung von Telebank-Anwendungen geht - ohne geeignete Gegenmaßnahmen - ein negativer Einfluß auf die Kundenbindung aus. Bei der Substitution persönlicher durch maschinelle Kontakte geht das psychologisch wichtige Gefühl des Bedientwerdens sowie die Individualität und Einmaligkeit einer Bankmarktleistung verloren [vgl. Meyer 1992, S. 832]. Bei Bankmarktleistungen, die über elektronische Mehrwertsysteme in Anspruch genommen werden, sind durch die elektronische Abwicklung Reklamation und Nachbesserung erschwert, was zu einem gewissen Verlust an Kundennähe führt.

Kreditinstitute können dieser Problematik begegnen, indem sie Maßnahmen ergreifen, die das Vertrauen des mittelständischen Firmenkunden gegenüber dem eigenen Institut stärken. Einen Ansatzpunkt stellen Verhaltensweisen mit symbolischem Wert dar, z.B. bestimmte Vertrauensgesten des Firmenkundenbetreuers oder das individuelle Eingehen auf die Wünsche und Bedürfnisse des Firmenkunden. Firmenkundenbetreuern fällt bei der Stärkung des Vertrauensverhältnisses die Schlüsselrolle zu. Dies wird um so deutlicher, wenn man berücksichtigt, daß gut 40% der Finanzentscheider ihren Firmenkundenbetreuer im Kreditinstitut seit mehr als zehn Jahren kennen und bei Unternehmen mit mehr als 100 Mio. DM Jahresumsatz immerhin noch jeder dritte Finanzentscheider schon länger als zehn Jahre mit seinem Firmenkundenbetreuer zusammenarbeitet [vgl. Hötzel 1993, S. 365-366].

Entscheidend für den Aufbau eines Vertrauensverhältnisses sind auch psychologische Faktoren. Die unterschiedliche Mentalität von Firmenkundenbetreuer und Entscheidungsträger in mittelständischen Unternehmen birgt ein Konfliktpotential [vgl. Hötzel 1993, S. 365]. Im Extremfall treffen Beamtentugenden auf unternehmerische Risikobereitschaft und Entscheidungsfreudigkeit. Zur Überwindung dieses Problems sollten Kreditinstitute bei der Personalauswahl die Vereinbarkeit der Mentalitäten ihrer Firmenkundenbetreuer mit denen der Finanzverantwortlichen in mittelständischen Unternehmen verstärkt berücksichtigen.[90]

---

[90] Im Privatkundengeschäft verfolgt der Finanzdienstleister MLP bereits seit einigen Jahren sehr erfolgreich diese Strategie. So wird bei der Auswahl eines persönlichen Beraters für einen Kunden bewußt auf die Kompatibilität von Alter, Ausbildung, Beruf und Lifestyle geachtet. Aus Sicht von MLP ist es wesentlich, daß sich der Berater in die Probleme seines Kunden hineinversetzen kann oder diese bereits selbst erlebt hat.

3.3.2 Qualität

3.3.2.1 Wichtige Qualitätsmerkmale in der Bank-Firmenkunde-Beziehung

Durch die Abstraktheit und die Erklärungsbedürftigkeit der Bankmarktleistung bildet sich der mittelständische Firmenkunde sein Bild über ein Kreditinstitut vor allem durch Erlebnisse mit den Firmenkundenbetreuern [vgl. Bück 1993, S. 696]. Damit spielen neben den leistungsbezogenen Qualitätsmerkmalen auch leistungsübergreifende Merkmale, wie das Erscheinungsbild der Bank sowie die Kompetenz und das Verhalten der Firmenkundenbetreuer, eine wichtige Rolle.

Ansatzpunkte für eine gesteigerte Befriedigung ihrer Anforderungen sehen Firmenkunden - der Bedeutung nach absteigend - in einer intensiveren Beratung durch die Bank, einer Verbesserung der Information und Kommunikation, günstigeren und transparenteren Konditionen und einer höheren Kompetenz der Bank [vgl. Renker 1993, S. 20]. Die Mehrzahl mittelständischer Unternehmen wünscht sich darüber hinaus eine persönlichere und individuellere Betreuung [vgl. Renker 1993, S. 20].

Neben den allgemeinen Qualitätsmerkmalen, die sich auf die gesamte Bank-Firmenkunde-Beziehung beziehen, gibt es spezielle Qualitätsmerkmale, die sich aus den Anforderungen der mittelständischen Firmenkunden an das elektronische Firmenkundengeschäft ableiten. Zu nennen sind hier Anforderungen bzgl. des Leistungsumfangs im elektronischen Firmenkundengeschäft (Systeme, Beratung, Installation, Support) sowie bzgl. Art und Umfang der Betreuung des Firmenkunden durch die Bank.

Zu den Qualitätsmerkmalen im elektronischen Firmenkundengeschäft gibt es in der Literatur nur bruchstückhafte Informationen. Die Ergebnisse einer Untersuchung bei 38 Unternehmen von 1994 deuten auf eine besondere Bedeutung produktbegleitender Dienstleistungen (Nebenleistungen), wie Support, Software-Dokumentation und Updates, beim Vertrieb elektronischer Mehrwertsysteme hin [vgl. Jacob/Klein 1995, S. 21]. Die Autoren empfehlen, den „Produktkern `Software´ durch Erleichterungs- und Profilierungsdienstleistungen zu einem Leistungsbündel zu erweitern" [Jacob/Klein 1995, S. 21]. Es ist festzustellen, daß ein Forschungsbedarf bzgl. der Qualitätswahrnehmung des industriellen Mittelstands im elektronischen Firmenkundengeschäft besteht.

3.3.2.2 Zusammenhang zwischen Qualitätsmerkmalen und Kundenbindung

Bei der Inanspruchnahme einer Bankmarktleistung führt der Abgleich der individuellen Anforderungen mit der Qualitätswahrnehmung zu einem bestimmten Zufriedenheitsniveau des Firmenkunden, das ein Indikator für die Qualität der Bankmarktleistung ist.[91]

---

[91] Zur Qualität der Bankmarktleistung vgl. Abschnitt 2.1.5.

Wie das Deutsche Kundenbarometer belegt, besteht ein enger Zusammenhang zwischen Kundenzufriedenheit und Kundenbindung: Je höher die Kundenzufriedenheit, desto höher ist die potentielle Wiederwahl, die Weiterempfehlungsrate und die Wahrscheinlichkeit, daß Kunden ihre Geschäftstätigkeit intensivieren und weitere Geschäfte tätigen [vgl. Meyer/Dornach 1995, S. 40-48]. Auch wenn die Ergebnisse auf Befragungen von Privatpersonen basieren, lassen sie sich mit Einschränkungen auf mittelständische Unternehmen übertragen, wo häufig wenige Einzelpersonen Entscheidungsträger sind.

Der Zusammenhang zwischen der Bedeutung bestimmter Qualitätsmerkmale und dem Grad der Kundenbindung im Firmenkundengeschäft wurde in einer Umfrage bei fast 3.500 Firmenkunden der Vereinsbank untersucht. In der Datenanalyse wurden die erfragten Qualitätsmerkmale mit Hilfe einer Hauptkomponentenanalyse zu fünf Qualitätsdimensionen verdichtet.[92]

Qualitätsdimension	Beschreibung	Korrelation mit Kundenbindung
Problemlösung	Maßgeschneiderte, individuelle Lösung von Kundenproblemen; schnelle Kreditentscheidung; Risikobereitschaft	0,81
Leistungsbereitschaft	Kontakt/Erreichbarkeit des Betreuers, Zuverlässigkeit von Informationen und Vereinbarungen	0,73
Beratung/Information	Aktive Information und fachlich kompetente Beratung des Kunden	0,68
Preis-Leistungs-Verhältnis	Angemessenes Preis-Leistungs-Verhältnis	0,51
Abwicklung	Schnelle, zuverlässige Abwicklung von Geschäftsvorfällen und Zahlungsverkehr	0,49

Tabelle 3-13: Zusammenhang zwischen Qualitätsdimensionen und Kundenbindung im Firmenkundengeschäft [vgl. Hensche 1996, S. 369-371]

Die Qualitätsdimensionen Problemlösung, Leistungsbereitschaft und Beratung/Information weisen den engsten Zusammenhang mit der Kundenbindung auf. Der Einsatz der Informations- und Kommunikationstechnologie bietet vielfältige Ansatzpunkte zur Verbesserung dieser Qualitätsfaktoren mit dem Ziel einer Erhöhung der Kundenbindung. Beispiele sind die Verbesserung der Erreichbarkeit durch den Einsatz von Electronic Mail und ISDN-Videokonferenzen oder das Angebot umfassender Datenbankleistungen zur Information des Kunden.

Demgegenüber ist der meßbare Zusammenhang zwischen der Kundenbindung und dem Preis-Leistungs-Verhältnis bzw. der schnellen und zuverlässigen Abwicklung

[92] Die Untersuchung wurde mehrstufig angelegt: 1) Pilotstudie bei 44 Firmenkunden. Extraktion von 26 Qualitätsmerkmalen. Entwicklung des Fragebogens für die Hauptstudie. 2) Befragung von 375 Firmenkunden. Extraktion von Qualitätsfaktoren mit der Hauptkomponentenmethode. 3) Befragung von 3.493 Kunden zur Validierung der Qualitätsfaktoren.

geringer.[93] Die Ergebnisse deuten darauf hin, daß über das Preis-Leistungs-Verhältnis - zumindest im Bestandsgeschäft - die Kundenbindung nur eingeschränkt erhöht werden kann.[94] Dies trifft im besonderen Maße für standardisierte Bankmarktleistungen zu, bei denen dem Preis eine wichtige Rolle als Verkaufsargument zukommt. Demgegenüber treten bei komplexeren Bankmarktleistungen Kreativität und Flexibilität der Bank zur Generierung einer Problemlösung für den Firmenkunden in den Vordergrund, während der Preis an Bedeutung verliert [vgl. Schmidt-Chiari 1993, S. 650].

3.4 Problemfelder für Kreditinstitute

Gegenstand der vorangegangenen Abschnitte dieses Kapitels war eine Situationsanalyse im elektronischen Firmenkundengeschäft der Kreditinstitute mit dem industriellen Mittelstand. Das Kapitel begann mit einer Beschreibung der Charakteristika des industriellen Mittelstands und seiner im Untersuchungskontext relevanten Problembereiche. Anschließend wurden relevante Entwicklungstendenzen dargestellt und das Leistungsspektrum der Kreditinstitute im elektronischen Firmenkundengeschäft einer vergleichenden Analyse unterzogen. Schließlich wurden ausgewählte Determinanten der Kundenbindung - Vertrauen und Qualität - beschrieben und ihre Bedeutung mit Hilfe empirischer Ergebnisse untermauert.

Als Ergebnis der Situationsanalyse können zusammenfassend die folgenden Problemfelder für Kreditinstitute festgehalten werden:

- **Steigende Firmenkundenanforderungen und Wunsch nach Full-Service-Leistungen**: Neue Herausforderungen führen im industriellen Mittelstand auch zu steigenden Erwartungen an Kreditinstitute. Zunehmende Problemkomplexität und fehlendes Spezialisten-Know-how verstärken den Wunsch nach Full-Service-Leistungen aus einer Hand. Für Kreditinstitute ist von Interesse, welche Anforderungen der industrielle Mittelstand an die Gestaltung der Bank-Firmenkunde-Schnittstelle und den Leistungsumfang der Kreditinstitute im elektronischen Firmenkundengeschäft hat.
- **Chancen und Gefahren durch Entwicklungen in der Informations- und Kommunikationstechnologie**: Entwicklungen in der Informations- und Kommunikationstechnologie bewirken eine deutliche Erweiterung des Gestaltungsspielraums im elektronischen Firmenkundengeschäft, die gleichzeitig Chance und Risiko ist. Chance, weil durch sie strategische Wettbewerbsvorteile aufge-

[93] Da bei dieser Untersuchung Firmenkunden einer bestimmten Bank befragt wurden und die Kundenbindung zu dieser Bank gemessen wurde, gelten diese Ergebnisse insbesondere für das Bestandsgeschäft und weniger für das Neukundengeschäft [vgl. Hensche 1996, S. 371]. Im Neukundengeschäft kann das Preis-Leistungs-Verhältnis ein wichtiges Akquiseargument sein.

[94] Dem Verfasser ist wohl bewußt, daß eine positive Korrelation nicht notwendigerweise einen ursächlichen Zusammenhang anzeigt. Ein solcher Zusammenhang ist anzunehmen, wenn keine Gemeinsamkeitskorrelation, keine formale Korrelation und keine Inhomogenitätskorrelation vorliegt. Zu den Arten von Korrelationen vgl. [Koller 1963, S. 70-73].

baut werden können. Risiko, weil durch eine zu späte Investition in neue Technologien oder eine Investition in Technologien, die vom Firmenkunden nicht akzeptiert werden, Wettbewerbsnachteile entstehen können, die aufgrund des raschen technologischen Fortschritts nur schwer wieder aufzuholen sind. Deshalb stellt sich für Kreditinstitute die Frage, wie Ausstattungsgrad und Pläne des industriellen Mittelstands bzgl. des Einsatzes neuer Technologien an der elektronischen Bank-Firmenkunde-Schnittstelle sind.

- **Homogenität des Leistungsspektrums**: Wie der Angebotsvergleich in Abschnitt 3.2.2 zeigte, hat sich das Leistungsspektrum der Universalbanken auch im elektronischen Firmenkundengeschäft insbesondere bei Systemen, die schon längere Zeit am Markt verfügbar sind, angeglichen. Der Mittelstand nimmt Kreditinstitute zunehmend als „homogene Masse" wahr [vgl. Ludwig 1993, S. 22]. Für Kreditinstitute stellt sich die Frage, wie die kundenseitig wahrgenommene Homogenität überwunden und gleichzeitig eine stärkere Profilierung gegenüber mittelständischen Firmenkunden erreicht werden kann.
- **Lockerung der Kundenbindung**: Auch im industriellen Mittelstand zeigt sich ein Trend zu Mehrfachbankverbindungen. Gleichzeitig führt der Wertewandel zu einem kritischen Konsumentenbewußtsein, das auch das Entscheidungsverhalten der Finanzverantwortlichen im industriellen Mittelstand beeinflußt. Durch eine zunehmende Homogenität der Leistungsspektren der Kreditinstitute sind Preisvergleiche leichter durchführbar. Der einzelgeschäftsbezogene Bankwechsel, z.B. für eine Festgeldanlage, wird durch integrierte Online-Systeme, die Zugang zu elektronischen Märkten bieten, erleichtert. Diese Entwicklungen tragen - wenn auch in der Intensität schwächer als bei Großunternehmen - zu einer Lockerung der Kundenbindung bei. Für Kreditinstitute stellt sich die Frage, wie sie die Bindungsintensität ihrer mittelständischen Firmenkunden trotz dieser Entwicklungen erhalten und ausbauen können.

Diese Problemfelder induzieren einen akuten Handlungsbedarf für Kreditinstitute. Es stellt sich die Frage, durch welche Strategien und Maßnahmen Kreditinstitute den neuen Herausforderungen begegnen können. Hierzu sind spezifische Informationen über den industriellen Mittelstand notwendig, die im Verlauf dieses Kapitels bereits an den entsprechenden Stellen beschrieben wurden.[95] Im folgenden Kapitel 4 wird ein strategisches Marketing-Konzept entwickelt und der Informationsbedarf für seine Operationalisierung spezifiziert. Die Operationalisierung dieses strategischen Marketing-Konzepts ist Gegenstand der Kapitel 5, 6 und 7.

---

95 Vgl. die Abschnitte 3.1.3 und 3.3.

4 Ein strategisches Marketing-Konzept für das elektronische Firmenkundengeschäft mit dem industriellen Mittelstand

„Banking is a technology driven business."
M. Endres

„The difference in banking is people."
Herkunft unbekannt

4.1 Vorbemerkung

Gegenstand dieses Kapitels ist die Entwicklung eines strategischen Marketing-Konzepts mit dem Ziel der Potentialerschließung im elektronischen Firmenkundengeschäft mit dem industriellen Mittelstand.[96]

Die Darstellung beginnt mit der Definition des strategischen Geschäftsfelds „Industrieller Mittelstand", der strategischen Positionierung in diesem Geschäftsfeld sowie der Auswahl einer geeigneten strategischen Stoßrichtung. Übergeordnetes Marketing-Ziel ist die Potentialerschließung im elektronischen Firmenkundengeschäft mit dem industriellen Mittelstand. Im Anschluß daran werden zwei Basisstrategien des Marketing - Marktsegmentierung und Bankmarktleistungsinnovation -, deren Verfolgung vor dem Hintergrund der in Abschnitt 3.4 genannten Problemfelder besonders erfolgversprechend erscheint, auf das elektronische Firmenkundengeschäft mit dem industriellen Mittelstand angewendet.

Bei der Marktsegmentierung werden zunächst die Nutzenpotentiale dieser Strategie im vorliegenden Fall beschrieben. Unter Berücksichtigung der Anforderungen der Bankpraxis wird anschließend ein neuer potentialorientierter Segmentierungsansatz vorgestellt und die Vorteilhaftigkeit seines Einsatzes am Beispiel von vier idealtypischen Segmenten dokumentiert.

Die Ausführungen zur Strategie der Bankmarktleistungsinnovation beginnen nach einer kurzen Begriffsabgrenzung mit einer neuen Systematik der Innovationstypen, die Innovationsgenese und Ideenfindung maßgeblich unterstützen soll. Anschließend werden Ansatzpunkte zur Verbesserung des Erfolgs von technologieorientierten Bankmarktleistungsinnovationen beschrieben. Die Darstellung des Entwicklungspotentials von Bankmarktleistungen im elektronischen Firmenkundengeschäft mit dem industriellen Mittelstand bildet neben der Systematik der Innovati-

[96] Zum Begriff des strategischen Marketing-Konzepts und seinen Dimensionen vgl. [Meffert 1988, S. 245-265; Kleinaltenkamp/Fließ 1995, S. 952].

onstypen die Grundlage für die Ableitung konkreter Bankmarktleistungsinnovationen für diese Zielgruppe.

Zur Unterstützung der späteren Operationalisierung des in diesem Kapitel zu erarbeitenden strategischen Marketing-Konzepts werden zahlreiche Hypothesen formuliert. Sie stellen das Bindeglied zwischen dem konzeptionellen und dem empirischen Teil der vorliegenden Untersuchung dar. Bei der Entwicklung des strategischen Marketing-Konzepts müssen einige Annahmen bzgl. des industriellen Mittelstands und seinen Anforderungen an das elektronische Firmenkundengeschäft der Kreditinstitute gemacht werden. Hierzu werden Hypothesen formuliert, deren Gültigkeit auf Grundlage der durchgeführten Situationsanalyse wahrscheinlich ist. Die Gültigkeit dieser Hypothesen ist eine wesentliche Voraussetzung für die Anwendbarkeit des strategischen Marketing-Konzepts auf das elektronische Firmenkundengeschäft mit dem industriellen Mittelstand.

Die Formulierung weiterer Hypothesen soll die Umsetzung des strategischen Marketing-Konzepts in ein geeignetes operatives Marketing-Programm unterstützen. Auch ihre Gültigkeit erscheint vor dem Hintergrund der bisherigen Ausführungen, der geführten Experteninterviews und der Erkenntnisse in der verfügbaren Literatur wahrscheinlich. Die Überprüfung der Hypothesen erfordert detaillierte Informationen über das elektronische Firmenkundengeschäft mit dem industriellen Mittelstand. Zur Operationalisierung des strategischen Marketing-Konzepts sind weitere quantitative Informationen notwendig. Der sich hieraus ableitende Informationsbedarf wird in Abschnitt 4.7.1 spezifiziert.

4.2 Definition des strategischen Geschäftsfelds „Industrieller Mittelstand" und strategische Positionierung

4.2.1 Bankpotential und Wettbewerbsvorteil

Das Potential einer Bank (Bankpotential) läßt sich in **Leistungspotentiale** und **Erfolgspotentiale** unterteilen.[97] Das Leistungspotential ist die Summe aller potentiellen Aktionsmöglichkeiten einer Bank und wird durch ihre Ressourcen bestimmt. Erfolgspotentiale determinieren die Erfolgsmöglichkeiten einer Bank. Sie werden durch den Bedarf eines Marktsegments (Kundengruppe - wer?), den Nutzen, den bestimmte Bankmarktleistungen bei dieser Kundengruppe stiften (Kundenfunktion - was?) und die Alternativen der Realisation der Funktion in dieser Kundengruppe (Leistungstechnologie - wie?) umrissen und maßgeblich durch die Umwelt geprägt.

---

[97] Potentiale kennzeichnen in diesem Kontext die raum- und zeitabhängigen Möglichkeiten eines Systems oder seiner Umfelder, die einer Aktivierung bedürfen, damit sie wirksam werden [vgl. Bullinger 1994, S. 90-94].

Mit der Ausrichtung bankinterner Leistungspotentiale auf bankexterne Erfolgspotentiale entsteht ein **Bankpotential**. Diese Ausrichtung ist Gegenstand des **potentialorientierten Managements**. Hierzu ist eine Modularisierung des Marktes in **strategische Geschäftsfelder** notwendig. Ein strategisches Geschäftsfeld ist eine Kombination der strategischen Bezugsobjekte Kundensegment, geographische Region und Leistungsprogramm [vgl. Büschgen 1995, S. 74]. Die einzelnen strategischen Geschäftsfelder sind derart zu wählen, daß sie über autonome Erfolgspotentiale verfügen, weitgehend von anderen Geschäftsfeldern unabhängig und eindeutig abgrenzbar sind.[98]

Bankintern wird jedem strategischen Geschäftsfeld eine **strategische Geschäfteinheit** gegenübergestellt, die mit einem spezifischen Leistungspotential ausgestattet wird (Personal, Technik, Budget).[99] Strategische Geschäftseinheiten sind somit abgrenzbare Bereiche in der Bank, mit denen sich in strategischen Geschäftsfeldern Wettbewerbsvorteile erzielen lassen.[100]

Abb. 4-1: Das potentialorientierte Management als Bindeglied zwischen strategischer Geschäftseinheit und strategischem Geschäftsfeld

---

98 Da es keine objektiven Kriterien zur Bildung strategischer Geschäftsfelder gibt, führt die Literatur eine Reihe von Ersatzkriterien an. Vgl. hierzu den zusammenfassenden Kriterienkatalog bei [Trummer 1990, S. 87] und die Kriterien bei [Küspert 1991, S. 47-48].

99 In der Literatur werden die Begriffe strategisches Geschäftsfeld und strategische Geschäftseinheit von einer Reihe von Autoren synonym verwendet [vgl. Küspert 1991, S. 49, insbesondere Fußnote 130]. Der Verfasser vertritt mit *Küspert* die Auffassung, daß die Geschäftsfeldbildung und die Bildung betreuender organisatorischer Geschäftseinheiten nicht in einem Schritt vollzogen werden kann, sondern vielmehr entkoppelt ablaufen muß. Ansonsten würde mit der Einteilung der Umwelt gleichzeitig eine Einteilung des Unternehmens vollzogen werden [vgl. Küspert 1991, S. 51].

100 Zum Wettbewerbsvorteil vgl. Fußnote 9 in Abschnitt 1.2.2.

Mit der Trennung von strategischem Geschäftsfeld und strategischer Geschäftseinheit sind eine Reihe von Vorteilen verbunden [vgl. Küspert 1991, S. 53]:

- Erhöhung der Transparenz und der Handhabbarkeit operativer und strategischer Probleme;
- größere Problemnähe und erhöhte Durchsetzbarkeit strategischer Pläne;
- effizientere langfristige Ressourcen-Allokation durch eine verstärkte Ausrichtung an dem Bankpotential als Ergebnis des Abgleichs von Erfolgs- und Leistungspotentialen;
- Möglichkeit der Führung von strategischen Geschäftseinheiten als Profit Center und Unternehmen im Unternehmen.

4.2.2 Prüfung der Kriterien zur Bildung des strategischen Geschäftsfelds „Industrieller Mittelstand"

Zur Entwicklung eines strategischen Marketing-Konzepts ist zunächst ein strategisches Geschäftsfeld zu bilden und geeignet abzugrenzen. Für die vorliegende Untersuchung ist zu prüfen, ob die Bildung eines strategischen Geschäftsfelds „Industrieller Mittelstand" sinnvoll erscheint. Diesbezüglich haben die Ausführungen zum industriellen Mittelstand in Kapitel 2 und 3 folgende Ergebnisse erbracht:

- Gegenüber Kleinbetrieben, Großunternehmen sowie multinationalen Konzernen verfügt der industrielle Mittelstand über ein autonomes Erfolgspotential, das sich aus der spezifischen Attraktivität dieser Zielgruppe für Kreditinstitute, seiner volkswirtschaftlichen Bedeutung und den neuen Herausforderungen, denen er sich gegenübergestellt sieht, ableitet.[101]
- Der industrielle Mittelstand besitzt ein Erfolgspotential, das weitgehend unabhängig ist von dem Erfolgspotential anderer Segmente bzw. Geschäftsfelder. Ein Indiz hierfür ist die Tatsache, daß das Firmenkundengeschäft mit Großunternehmen an Bedeutung verliert, während das Geschäft mit dem industriellen Mittelstand an Bedeutung gewinnt.[102]
- Der industrielle Mittelstand ist gegenüber anderen Kundengruppen eindeutig abgrenzbar.

Die Voraussetzungen zur Bildung eines strategischen Geschäftsfelds „Industrieller Mittelstand" sind somit gegeben.

Vor dem Hintergrund des besonderen Erfolgspotentials des elektronischen Firmenkundengeschäfts wäre es alternativ denkbar, ein strategisches Geschäftsfeld „Elektronisches Firmenkundengeschäft mit dem industriellen Mittelstand" zu bilden. Mit der Bildung dieses strategischen Geschäftsfelds könnte man dem Poten-

---

101 Vgl. die Abschnitte 1.2.1, 2.5.2 und 3.1.2.

102 Konkret läßt sich diese Entwicklung am Beispiel der Deutschen Bank belegen. Sie konnte in 1995 im Firmenkundengeschäft eine „erstaunliche Wachstumsrate" erzielen [Kopper 1996, S. 124], die vor allem auf das gute Geschäft mit mittelständischen Firmenkunden zurückzuführen ist. Großunternehmen verloren demgegenüber an Attraktivität.

tial in diesem Geschäftsfeld und seiner wachsenden Bedeutung Rechnung tragen. Folgende Gründe sprechen gegen eine solche Abgrenzung:

- Die Wechselbeziehungen zwischen elektronischem und traditionellem Firmenkundengeschäft führen dazu, daß die Erfolgspotentiale in diesen Geschäftsfeldern nicht unabhängig voneinander sind. So ist zu erwarten, daß durch eine enge Geschäftsbeziehung im traditionellen Firmenkundengeschäft die Chancen für den Absatz von Bankmarktleistungen im elektronischen Firmenkundengeschäft verbessert werden. Auch im umgekehrten Fall ist von positiven Ausstrahlungseffekten des elektronischen auf das traditionelle Firmenkundengeschäft auszugehen.
- Das elektronische Firmenkundengeschäft besitzt eine Doppelrolle, indem es zum einen Bankmarktleistungen beinhaltet, die eigenständig am Markt angeboten werden können, und zum anderen als Vertriebsweg für Bankmarktleistungen des traditionellen Firmenkundengeschäfts fungiert. Eine Aufteilung des traditionellen und elektronischen Firmenkundengeschäfts in zwei separate strategische Geschäftsfelder würde zumindest partiell zu einer Trennung von Technik und Anwendung führen, die sich negativ auf den Geschäftserfolg auswirken kann.[103]

Im folgenden wird deshalb von dem strategischen Geschäftsfeld „Industrieller Mittelstand" ausgegangen. Gemäß der Definition des industriellen Mittelstands in Abschnitt 2.5.3 wird dieses Geschäftsfeld auf in Deutschland ansässige Unternehmen beschränkt (geographische Region). Dabei konzentriert sich die vorliegende Untersuchung auf das elektronische Firmenkundengeschäft in diesem Geschäftsfeld.

4.2.3 Instrumente zur Ermittlung des Bankpotentials und zur Strategiewahl in strategischen Geschäftsfeldern

Die negativen Erfahrungen zahlreicher Kreditinstitute bei einer unzureichend geplanten Ausdehnung des Geschäfts auf neue Kunden, Bankmarktleistungen und/oder Regionen in der Vergangenheit lehren, daß Profitabilitätssteigerungen mit einer unkontrollierten Expansionsstrategie im Regelfall nicht zu erzielen sind [vgl. Bürkner/Woerz 1993, S. 722]. Voraussetzung für Profitabilität im Firmenkundengeschäft ist, daß sich eine Bank auf Geschäftsfelder konzentriert, in denen sie Besonderes leisten kann [vgl. Bürkner/Woerz 1993, S. 722]. Die Bank muß sich entscheiden, wo und in welcher Form sie Wettbewerber sein will. Ziel muß es sein, nachhaltige Wettbewerbsvorteile zu erschaffen und zu erhalten. Hierzu muß ein Kreditinstitut sein Potential in strategischen Geschäftsfeldern evaluieren.

[103] Im Hinblick auf die Verbreiterung des Spektrums von Telebank-Anwendungen erscheint es notwendig, daß bei der Entwicklung von Bankmarktleistungen des traditionellen Firmenkundengeschäfts bereits in der Konzeptionsphase die Voraussetzungen für einen elektronischen Vertrieb berücksichtigt werden.

Zur Ermittlung des Bankpotentials eines bestimmten Kreditinstituts in einem strategischen Geschäftsfeld sind die Leistungspotentiale mit den Erfolgspotentialen zu verknüpfen. Die Analyse der Leistungspotentiale und die Verknüpfung der Leistungspotentiale mit den Erfolgspotentialen muß institutsspezifisch erfolgen und kann somit nicht Gegenstand der vorliegenden Untersuchung sein. Deshalb soll im folgenden nur kurz auf das Spektrum der Methoden und Konzepte zur Ermittlung des Bankpotentials und zur Strategieentwicklung eingegangen werden. Tabelle 4-1 zeigt praxisrelevante Instrumente und ihre Einsatzbereiche.

Instrument	Einsatzbereich
zur Unternehmensanalyse	
Potentialanalyse	Analyse der vorhandenen und zukünftig verfügbaren Potentiale eines Kreditinstituts unter Berücksichtigung der vorhandenen Ressourcen.
Stärken-Schwächen-Analyse	Identifikation der Stärken und Schwächen eines Kreditinstituts.
Chancen-Risiko-Analyse	Ziel ist die Identifikation von Marktpotentialen und „strategischen Diskontinuitäten", bei denen es sich um schwer prognostizierbare Ereignisse handelt, deren Eintritt die Bank zu einschneidenden Maßnahmen zwingen könnte.
Gap-Analyse	Gegenüberstellung der gewünschten Entwicklung einer Zielgröße mit dem erwarteten Verlauf bei der verfolgten Strategie. Abweichungen zeigen die Notwendigkeit für Strategieänderungen an.
zur Strategiewahl	
Ansoff-Matrix	Die Produkt-Markt-Matrix nach Ansoff eignet sich zur Generierung von Strategien in Wachstumsmärkten. Aus einer Vier-Felder-Matrix mit den Ausprägungen Produkt (bestehende, neue) und Markt (bestehende, neue) werden vier Strategieempfehlungen abgeleitet (Marktdurchdringung, Produktentwicklung, Marktentwicklung und Diversifikation).
Portfolio-Methode	Ziel ist die Identifikation von strategischen Geschäftsfeldern, welche die Unternehmensziele bestmöglich erreichen. Grundlage bilden die PIMS-Studie, das Erfahrungskurvenkonzept und das Lebenszyklusmodell. In einer Portfolio-Matrix werden strategische Geschäftsfelder bzgl. der unternehmensinternen Stärken und Schwächen sowie der marktbezogenen Chancen positioniert. Typische Portfolio-Matrizen sind das Marktanteils-Marktwachstums-Portfolio mit den vier Feldern „Question Marks", „Stars", „Cash Cows" und „Poor Dogs" und das Marktattraktivitäts-Wettbewerbspositions-Portfolio. Aus der Positionierung der SGF in der Portfolio-Matrix lassen sich Strategieempfehlungen für die einzelnen SGF ableiten.

Tabelle 4-1: Instrumente zur Unternehmensanalyse und Strategiewahl - Eigene Darstellung in Anlehnung an [Götze/Rudolph 1994, S. 14-16, S. 25-42; Büschgen 1995, S. 63-78; Nieschlag/Dichtl/Hörschgen 1988, S. 864-868]

In der Praxis empfiehlt sich der kombinierte Einsatz der Instrumente. So können anhand der strategischen Geschäftsfeldkurve im Rahmen einer Gap-Analyse Lükken in bezug auf Volumen und Ertrag strategischer Geschäftsfelder offengelegt werden. Die Ansoff-Matrix zeigt Stoßrichtungen auf, um diese Lücken zu schließen [vgl. Büschgen 1995, S. 119-120]. Die Nachteile des Ansoff-Ansatzes einer einseitigen Ausrichtung auf Wachstum und die fehlende Berücksichtigung von internen Stärken und Schwächen sowie Marktchancen und -risiken werden durch die Portfolio-Methode teilweise kompensiert [vgl. Büschgen 1995, S. 123]. Aus den mit Hilfe der Portfolio-Methode ermittelten Ist-Positionen der strategischen Geschäftsfelder lassen sich Normstrategien ableiten.

4.2.4 Strategische Positionierung

Die weiteren Ausführungen zum strategischen Marketing-Konzept in dieser Untersuchung gehen von einer Universalbank aus, die sich als **„Innovativer und kompetenter Full-Service-Finanzpartner des industriellen Mittelstands"** positionieren will. Diese Positionierung leitet sich aus den bisherigen Ausführungen ab.[104] Sie wird gewählt, weil

- das elektronische Firmenkundengeschäft und hier insbesondere die Positionierung als innovatives Kreditinstitut vielfältige Lösungsansätze zu den in Abschnitt 3.4 formulierten Problemfeldern bietet;
- Kompetenz ein wesentliches Qualitätsmerkmal in der Bank-Firmenkunde-Beziehung ist und aus Sicht des industriellen Mittelstands noch Kompetenzdefizite auf Seiten der Kreditinstitute bestehen;[105]
- sich die Bank im Sinne der Kundenorientierung nach den Bedürfnissen des industriellen Mittelstands richten sollte und diese Zielgruppe Komplettlösungen aus einer Hand wünscht;[106]
- nur ein partnerschaftliches Vertrauensverhältnis zwischen Bank und Firmenkunde eine dauerhafte Bank-Firmenkunde-Beziehung sichert und die Voraussetzungen für eine hohe Kundenbindung schafft.[107]

Diese Positionierung folgt einer modernen Sichtweise, in der die zu entwickelnden Bankmarktleistungen eher der Positionierung folgen müssen als umgekehrt [vgl. Esch/Levermann 1995, S. 9-10]. In bezug auf das Leistungsprogramm wird durch diese Positionierung zum Ausdruck gebracht, daß weniger die Nachahmung objektiver Leistungsverbesserungen der Konkurrenz im Vordergrund steht, sondern vielmehr die Genese und Umsetzung innovativer Bankmarktleistungen, die sich konsequent am Kundennutzen orientieren.

---

[104] Vgl. insbesondere die Abschnitte 2.3.3, 2.4 und Kapitel 3.
[105] Vgl. Abschnitt 3.3.2.1.
[106] Vgl. Hypothese H 2 in Abschnitt 4.4.2.
[107] Vgl. Abschnitt 3.3.1.

4.3 Festlegung des Marketing-Ziels

4.3.1 Unzureichende Potentialausschöpfung im elektronischen Firmenkundengeschäft mit dem industriellen Mittelstand

Kreditinstitute schöpfen das vorhandene Kundenpotential im elektronischen Firmenkundengeschäft mit dem industriellen Mittelstand bisher unzureichend aus. Für diese These sprechen zum einen empirische Ergebnisse, nach denen lediglich 5% der Kreditinstitute als initiativ eingestuft werden [vgl. Renker 1993, S. 24], und zum anderen Gespräche und Interviews des Verfassers mit Electronic Banking-Experten von Kreditinstituten. Sie ergaben übereinstimmend, daß im elektronischen Firmenkundengeschäft mit dem industriellen Mittelstand insbesondere die Personalressourcen für eine proaktive Kundenbetreuung nicht ausreichen. Aus diesem Grunde werden Firmenkunden überwiegend unsystematisch und reaktiv, d.h. erst bei kundenseitiger Nachfrage, betreut.

Diese Erkenntnis führt zu folgender Hypothese:

> ***H 1 „Im industriellen Mittelstand besteht ein Potential für den Absatz von Bankmarktleistungen des elektronischen Firmenkundengeschäfts“***
> Dieses Potential wird deutlich anhand der Pläne mittelständischer Unternehmen bzgl. des Einsatzes elektronischer Mehrwertsysteme und ihrem Interesse an damit verbundenen Bankmarktleistungen.

Aufgrund des geringen Marktwachstums und des zunehmenden Wettbewerbs auch im elektronischen Firmenkundengeschäft bietet sich vor allem eine Intensivierung des Geschäfts mit bestehenden Kunden an. „Kreditinstitute finden in aller Regel in der Intensivierung von bereits bestehenden Kundenverbindungen ein attraktiveres Entwicklungspotential vor als in der Neukundenakquisition“ [Priewasser 1994, S. 205].

Die Voraussetzungen für eine Potentialerschließung sind grundsätzlich gegeben, denn die Kreditinstitute verfügen über detaillierte Daten bzgl. ihrer Firmenkunden. Durch die Zusammenführung aller relevanten Bestands- und Bewegungsdaten der Firmenkunden in einem Data-Warehouse und die Segmentierung der Firmenkunden im Hinblick auf ihr Potential für den Absatz von Bankmarktleistungen im elektronischen Firmenkundengeschäft lassen sich attraktive Firmenkunden identifizieren. Diese können anschließend durch ein gezieltes Marketing-Programm angesprochen werden. Die Zusammenführung aller relevanten Kundendaten in einer Kundendatenbank stellt für Kreditinstitute (vielfach noch) ein schwerwiegendes Problem dar. Ursache hierfür ist eine heterogene Anwendungslandschaft, die auf verschiedenen, meist hierarchisch organisierten Datenbanken aufbaut. Die Lösung dieses Problems ist eine wichtige innerbetriebliche Voraussetzung für die Potentialerschließung.

Die Potentialerschließung im elektronischen Firmenkundengeschäft im strategischen Geschäftsfeld „Industrieller Mittelstand" stellt das Marketing-Ziel dar, welches mit den im folgenden dargestellten Strategien und Maßnahmen verfolgt werden soll.

4.3.2 Intensivierung der Kundenbindung als Ansatzpunkt zur Potentialerschließung

Ein wichtiger Ansatzpunkt zur Potentialerschließung ist die Intensivierung der Kundenbindung. „Kundenbindung stellt einen Prozeß wiederkehrender Kontakte dar, der die Verbundenheit des Kunden mit dem Unternehmen bzw. dem Produkt oder der Dienstleistung langfristig verstärkt" [Rapp 1996, S. 26]. Je höher die Bindung eines mittelständischen Firmenkunden an ein Kreditinstitut ist, um so eher wird der Firmenkunde [vgl. Wagner 1992, S. 60-61]

- seinen wiederkehrenden Bedarf ganz oder zu einem Großteil bei demselben Kreditinstitut decken, was zur einer erhöhten Kauffrequenz führt;
- sein positives Verhältnis zu dem betreffenden Kreditinstitut an Dritte kommunizieren;
- den Akquisitionsbemühungen anderer Kreditinstitute widerstehen;
- nur bei gewichtigen Gründen seine Bankverbindung wechseln.

Aus Sicht eines Kreditinstituts lassen sich mit Firmenkunden, die eine hohe Kundenbindung aufweisen, wirtschaftliche Vorteile realisieren [vgl. Rapp 1996, S. 26-27]:

- **Ausschöpfung des Cross-Selling-Potentials**: Durch eine vergleichsweise hohe Kauffrequenz dieser Firmenkunden besteht ein häufiger Kontakt, der Ansatzpunkte für Cross-Selling-Geschäfte bietet. Firmenkunden mit hoher Bindung zu einem Kreditinstitut werden sich bei Neugeschäften zunächst an dieses Institut wenden.
- **Ausschöpfung des Preisspielraums**: Firmenkunden mit hoher Kundenbindung weisen eine geringere Preissensitivität auf als Firmenkunden mit geringer Kundenbindung. In gewissem Rahmen kann ein Kreditinstitut diesen Preisspielraum für sich nutzen.[108]
- **Reduktion des Abstimmungsaufwandes**: Durch die erhöhte Kauffrequenz sinkt im Zeitablauf der Abstimmungs- und Informationsbedarf des Firmenkunden bei der Inanspruchnahme von Bankmarktleistungen.
- **Einsparung von Kosten für die Neukundenakquise**: Eine erhöhte Kundenbindung versetzt ein Kreditinstitut in die Lage, mit weniger Kunden mehr Dek-

[108] Diese These wird durch eine empirische Studie bestätigt, in der 98% der befragten Betriebe ihrer Hausbank auch dann treu bleiben wollen, wenn die Konditionen einmal geringfügig schlechter sind als bei der Konkurrenz. Als Motive geben 50% der befragten Unternehmen Bankentreue und Vertrauen an, 20% eine gute Beratung und 15% Bequemlichkeit [vgl. Renker 1993, S. 22].

kungsbeitrag zu erwirtschaften. Damit sinkt die Notwendigkeit für eine Neukundenakquise, die mit hohen Anfangsinvestitionen verbunden ist, die erst im Verlauf einer Kundenbeziehung wieder erwirtschaftet werden.

- **Einsparung von Kosten für die Wiedergewinnung**: Schließlich können auch Kosten für die Wiedergewinnung vorhandener Kunden eingespart werden, weil Kunden mit hoher Bindung ihren wiederkehrenden Bedarf vorzugsweise bei demselben Kreditinstitut decken.

In Abschnitt 3.3 wurde die Bedeutung von Vertrauen und Qualität für die Kundenbindung dargelegt. Bei der in den folgenden Abschnitten dargestellten Wahl der strategischen Stoßrichtung und der Selektion der Marketing-Strategien wird die enge Beziehung zwischen den Qualitätsdimensionen Problemlösung, Leistungsbereitschaft sowie Beratung/Information und der Kundenbindung berücksichtigt.

4.4 Wahl der strategischen Stoßrichtung

4.4.1 Kostenführerschaft versus Differenzierung

Nach *Porter* gibt es zwei grundsätzliche Quellen für Wettbewerbsvorteile: Kostenvorteile und Differenzierung [vgl. Porter 1992, S. 31]. Ein Kreditinstitut kann Wettbewerbsvorteile realisieren, wenn es ihm besser als seinen Rivalen gelingt, mit den Wettbewerbskräften in der Branche fertig zu werden.[109] Nach *Porter* sollte man sich entweder für den Strategietyp „Kostenführerschaft" oder für den Strategietyp „Differenzierung" entscheiden[110], da eine Strategie „zwischen den Stühlen" Mittelmäßigkeit impliziert und das Erzielen von Wettbewerbsvorteilen erschwert.

Ziel der Kostenführerschaft ist es, einen Kostenvorsprung vor den Konkurrenten zu erzielen. Dies ist nach dem Erfahrungskurven-Konzept dauerhaft nur über die Marktführerschaft möglich, wobei durch die konsequente Ausnutzung eines isolierten Erfahrungspotentials, von Verflechtungen mit anderen strategischen Geschäftsfeldern oder der Wahrnehmung von Kooperationsmöglichkeiten mit anderen Unternehmen die Position der Kostenführerschaft jedoch auch von Nicht-Marktführern erreicht werden kann [vgl. Trummer 1990, S. 162-163].

Demgegenüber versucht ein Kreditinstitut mit der Differenzierungsstrategie, durch qualitative Leistungsvorteile der eigenen Bankmarktleistungen gegenüber denen

[109] Vgl. hierzu das Modell der Wettbewerbskräfte im elektronischen Firmenkundengeschäft in Abschnitt 3.2.1.3.

[110] Die Fokussierungsstrategie als dritte Strategieoption wird hier nicht näher beschrieben, weil sie auf den beiden Basisstrategien aufsetzt. Die Anwendung der Strategie auf das elektronische Firmenkundengeschäft im strategischen Geschäftsfeld „Industrieller Mittelstand" stellt eine Fokussierung dar.

der Konkurrenz einen höheren Kundennutzen zu erzielen.[111] Ein höherer Kundennutzen kann entweder durch Senken der Abnehmerkosten oder durch Steigern der Abnehmerleistung erreicht werden [vgl. Porter 1992, S. 178]. Bei der Beurteilung alternativer Differenzierungsstrategien stellt der Kundennutzen das zentrale Beurteilungsmaß dar, weil Differenzierungsbemühungen wertlos sind, wenn sie nicht vom Kunden honoriert werden. Hieraus ergibt sich die besondere Bedeutung der Marktforschung als wichtige Informationsgrundlage bei der Entwicklung einer Differenzierungsstrategie. Notwendige Voraussetzung für den Erfolg einer Differenzierungsstrategie ist, die Differenz zwischen den eigenen Kosten und den Erlösen langfristig zu erweitern. Differenzierung bedeutet, daß die Kosten nicht das strategische Ziel sind, was jedoch nicht heißt, daß die Kostenseite ignoriert werden darf.

Häufig wird Differenzierung mit Qualität gleichgesetzt [vgl. Trummer 1990, S. 181]. *Porter* stellt hierzu fest, daß die Verbesserung der Qualität nur *einen* Aktionsbereich im Rahmen einer Differenzierungsstrategie darstellt und Qualität somit ein Teil der Differenzierung ist [vgl. Porter 1992, S. 169].

Kostenführerschaft	Differenzierung
• günstige Kostenposition im gesamten „Produktionsprozeß“ • qualitativ gute Bankmarktleistungen mit hohen Akzeptanzwerten bei den Firmenkunden • Verbleiben einer ausreichenden und langfristig stabilen Nachfrage • Kompatibilität der Kostenführerschaft mit der Corporate Identity der Bank • möglichst keine weiteren Anwärter auf die Position des Kostenführers • großer Liquiditätsspielraum für die notwendigen Investitionen • hohes Kostenbewußtsein auf allen Hierarchiestufen • Ausüben einer strengen Kostenkontrolle • geringer Gemeinkostenblock • Innovationsfähigkeit, um durchschlagende Kostenpotentiale zu entdecken	• hohe Komplexität der Bankmarktleistung im Aufbau und in der Verwendung • Notwendigkeit zur starken Berücksichtigung von Firmenkundenanforderungen • Bankmarktleistungen befinden sich in einem frühen Stadium ihres Lebenszyklus • Differenzierung auf Gebieten, denen Firmenkunden einen Wert beimessen • bankseitig realistische Einschätzung der Kosten der Differenzierung • parallele Ausschöpfung der Differenzierungsmöglichkeiten bei Kernleistungen und Nebenleistungen • systematische und gezielte Differenzierung statt Differenzierung ohne klare Konturen in alle Richtungen • Preisabstand bis zum Billiganbieter nicht zu groß • Konkurrenten entscheiden sich nicht für die gleiche Differenzierungsstrategie • rationale *und* emotionale Differenzierung

Tabelle 4-2: Voraussetzungen für die strategischen Stoßrichtungen „Kostenführerschaft“ und „Differenzierung“ [vgl. Trummer 1990, S. 175-177, 194-196]

[111] *Trummer* versteht unter einer Differenzierungsstrategie „die Schaffung einer produkt- bzw. leistungsmäßigen Einzigartigkeitsstellung auf nichtpreislichem Sektor im Vergleich zu den Konkurrenten“ [Trummer 1990, S. 179].

An die Anwendbarkeit der beschriebenen Strategietypen sind bestimmte Voraussetzungen geknüpft, die in Tabelle 4-2 dargestellt sind. Die genannten Voraussetzungen bieten Anhaltspunkte für die Wahl eines Strategietyps.

4.4.2 Differenzierung als strategische Stoßrichtung im elektronischen Firmenkundengeschäft mit dem industriellen Mittelstand

Die Entscheidung für den einen oder anderen Strategietyp muß in Abhängigkeit der Wettbewerbskräfte in der Branche und der eigenen Marktposition der Bank getroffen werden. Eine vollständige Analyse umfaßt hierbei auch die zur Verfügung stehenden bankinternen Leistungspotentiale. Unter Berücksichtigung der bisherigen Ausführungen, insbesondere den Ergebnissen der Situationsanalyse, lassen sich wichtige Gründe anführen, die im elektronischen Firmenkundengeschäft mit dem industriellen Mittelstand bei Universalbanken institutsunabhängig für eine Differenzierungsstrategie sprechen:

1. **Entwicklungsstand des elektronischen Firmenkundengeschäfts**: Nach *Winkler* durchläuft ein Produkt- oder Dienstleistungsbereich in seiner Marktentwicklung drei (idealisierte) Phasen [vgl. Winkler 1972, S. 102-104]. In der ersten Phase steht die Befriedigung des Grundnutzens im Vordergrund. In der zweiten Phase wird der Grundnutzen des Produkts bzw. der Dienstleistung differenziert. In der dritten Phase findet eine Differenzierung des Grundnutzens durch weitere Nebenleistungen statt. Der Markt hat sich bis zu dieser Phase vollständig vom Verkäufer- zum Käufermarkt gewandelt; er hält ein reichhaltiges Angebot von qualitativ nahezu gleichartigen Leistungen bereit. Die Situationsanalyse hat deutlich gemacht, daß das elektronische Firmenkundengeschäft in einigen Bereichen die dritte Phase bereits erreicht hat. In dieser Reifephase muß sich das Marketing darauf konzentrieren, über den Grundnutzen der Kernleistung hinaus vorhandene Kundenbedürfnisse zu ermitteln und zu befriedigen, die den Charakter eines Zusatznutzens haben [vgl. Werner 1987, S. 402]. Dieses Bestreben ist sehr gut mit der Differenzierungsstrategie als strategischer Stoßrichtung zu vereinbaren.
2. **Eignung des elektronischen Firmenkundengeschäfts zur Differenzierung**: Bankmarktleistungen des elektronischen Firmenkundengeschäfts erfüllen in geradezu idealer Weise die Voraussetzungen für eine Differenzierungsstrategie. Elektronische Mehrwertsysteme sind komplex im Aufbau und erklärungsbedürftig. Aufgrund der großen Bedeutung des externen Faktors für die Qualität der Bankmarktleistung spielt die Berücksichtigung der Kundenbedürfnisse eine zentrale Rolle. Wegen der durch den technologischen Fortschritt bedingten kurzen Innovationszyklen bei elektronischen Mehrwertsystemen bestehen vielfältige Möglichkeiten zur Genese von Bankmarktleistungsinnovationen, die eine mögliche Maßnahme im Rahmen einer Differenzierungsstrategie darstellen [vgl. Bodo 1993, S. 177].
3. **Anforderungen des industriellen Mittelstands**: Wie in der Situationsanalyse ausgeführt wurde, besteht im industriellen Mittelstand durch eine zunehmende Problemkomplexität einerseits und durch mangelndes betriebswirtschaftliches

und finanzwirtschaftliches Spezial-Know-how andererseits der Wunsch nach Problemlösungen aus einer Hand. Diese Anforderungen richten mittelständische Unternehmen auch an ihre Geschäftsbanken. Eine Problemlösung erfordert zu einem gewissen Grade eine Individualisierung der Leistung, die Ansatzpunkte für die Umsetzung einer Differenzierungsstrategie bietet.

4. **Bedeutung der Qualität für die Kundenbindung**: Aufgrund der kundenseitig wahrgenommenen Angebotshomogenität kommt der Qualität von Bankmarktleistungen eine zentrale Bedeutung zu [vgl. Bartmann 1996, o.S.; Nader 1993, S. 454]. Kreditinstitute stehen unter Druck, ein besonderes Qualitätsprofil zu entwickeln: „In der Uniformität des Bankangebots ist die Qualität das eigentliche Unterscheidungs- und Erfolgsmerkmal" [Schmidt-Chiari 1993, S. 649]. Der Zusammenhang zwischen Qualität und Kundenbindung einerseits sowie Qualität und unternehmerischen Erfolgsgrößen andererseits wird durch empirische Studien belegt.[112]
5. **Gefahr eines Preiswettbewerbs**: Nach Auffassung von *Hötzel* führt die Preisstrategie in eine Sackgasse, weil sich Banken in den Wettbewerb mit Spezialisten begeben, die sich auf bestimmte Marktsegmente konzentrieren und dort billiger anbieten können [vgl. Hötzel 1993, S. 367]. Auch neue Anbieter, die ohne Filialnetz über elektronische Medien den Zugang zum industriellen Mittelstand erlangen, besitzen gegenüber filialorientierten Universalbanken deutliche Kostenvorteile.[113] Ein Preiswettbewerb ist für keine in Deutschland ansässige Universalbank förderlich, weil die Kostenstrukturen für Universalbanken im Unterschied zu Industrieunternehmen, die ihre Produktionsstätten ins Ausland verlagern können, relativ ähnlich sind und fallende Preise die ohnehin sinkenden Erträge weiter schrumpfen lassen. Mit der Verfolgung einer Differenzierungsstrategie erwerben Kreditinstitute eine gewisse Immunität gegenüber Billiganbietern.
6. **Problem der Strategienachahmung**: Im Gegensatz zur Strategie der Kostenführerschaft, die ein einfaches operationales Ziel aufweist, existiert bei der Differenzierungsstrategie eine Vielzahl von Ansatzpunkten zur Unterscheidung von der Konkurrenz. Differenzierung entsteht hierbei häufig durch die Zusammenstellung unterschiedlicher Differenzierungsmerkmale zu einem Bündel, in

---

[112] Wie die in Abschnitt 3.3.2.2 vorgestellte Vereinsbank-Studie zeigt, besteht zwischen der Kundenbindung und dem Qualitätsfaktor „Preis-Leistungs-Verhältnis" ein deutlich geringerer empirischer Zusammenhang als zwischen der Kundenbindung und den Qualitätsfaktoren „Problemlösung", „Leistungsbereitschaft" sowie „Beratung/Information". Offensichtlich läßt sich besonders durch eine Verbesserung von nicht-preisbezogenen Qualitätsfaktoren die Kundenbindung positiv beeinflussen.
Das PIMS-Projekt ergab einen positiven Zusammenhang zwischen Qualität und Cash-Flow bzw. ROI [vgl. Trummer 1990, S. 126-127]. Darüber hinaus werden als positive Effekte einer höheren relativen Qualität die Steigerung des Marktanteils, eine geringere Preisempfindlichkeit der Kunden, die Fähigkeit zur Durchsetzung höherer Preise sowie höhere Wiederholkaufraten genannt [vgl. Trummer 1990, S. 186]. Die Vertreter von PIMS sehen im Kampf um den Kunden in der Qualität die stärkste Waffe.

[113] Zu den neuen Anbietern im elektronischen Firmenkundengeschäft vgl. Abschnitt 3.2.1.3.

dem institutsspezifische Synergieeffekte wirksam werden [vgl. Trummer 1990, S. 187]. Damit ist die Nachahmung der Differenzierungsstrategie eines Kreditinstituts durch andere Kreditinstitute unwahrscheinlicher als die Nachahmung der Strategie der Kostenführerschaft. Darüber hinaus kann eine Differenzierungsstrategie im Unterschied zur Strategie der Kostenführerschaft prinzipiell auch dann erfolgversprechend sein, wenn sie von mehreren Kreditinstituten verfolgt wird, solange sich die „Differenzierungsbündel" hinreichend voneinander unterscheiden.

Aus diesen Gründen wird im folgenden die Differenzierungsstrategie als strategische Stoßrichtung zugrunde gelegt.

Abschließend werden einige Hypothesen formuliert, deren Gültigkeit wesentliche Voraussetzung für eine Verfolgung der Differenzierung als strategischer Stoßrichtung im elektronischen Firmenkundengeschäft mit dem industriellen Mittelstand ist. Ihre Gültigkeit erscheint vor dem Hintergrund der Ergebnisse der Situationsanalyse wahrscheinlich. Die Überprüfung der Hypothesen ist Gegenstand des empirischen Teils der vorliegenden Untersuchung.

> ***H 2 „Der Mittelstand bevorzugt die Full-Service-Bank"***
> Der industrielle Mittelstand wünscht im elektronischen Firmenkundengeschäft mehrheitlich die Full-Service-Bank. Hierunter wird ein Kreditinstitut verstanden, das im elektronischen Firmenkundengeschäft neben einem breiten Leistungsspektrum umfassende Unterstützungsleistungen vor (z.B. Beratung), während (z.B. Installation, Schulung) und nach (z.B. Support durch Hotline) dem Verkauf eines elektronischen Mehrwertsystems anbietet.

> ***H 3 „Die Qualität an der Bank-Firmenkunde-Schnittstelle besitzt im Mittelstand eine hohe Bedeutung"***
> Der industrielle Mittelstand besitzt eine differenzierte Qualitätswahrnehmung an der Bank-Firmenkunde-Schnittstelle, die durch die unterschiedliche Wichtigkeit einzelner Qualitätsmerkmale zum Ausdruck kommt. Die Bedeutung, die relevante Qualitätsmerkmale im Urteil des industriellen Mittelstands besitzen, unterstreicht den Stellenwert der Qualität an der Bank-Firmenkunde-Schnittstelle in dieser Zielgruppe.

> ***H 4 „Die Qualität im elektronischen Firmenkundengeschäft besitzt im Mittelstand eine hohe Bedeutung"***
> Der industrielle Mittelstand besitzt eine differenzierte Qualitätswahrnehmung im elektronischen Firmenkundengeschäft, die durch die unterschiedliche Wichtigkeit einzelner Qualitätsmerkmale zum Ausdruck kommt. Die Bedeutung, die relevante Qualitätsmerkmale im Urteil des industriellen Mittelstands besitzen, unterstreicht den

Stellenwert der Qualität im elektronischen Firmenkundengeschäft in dieser Zielgruppe.

H 5 „Der Mittelstand besitzt im Vergleich zu Großunternehmen eine eigenständige Qualitätswahrnehmung"
Der industrielle Mittelstand verfügt im Vergleich zu Großunternehmen über eine eigenständige Qualitätswahrnehmung, die durch signifikante Unterschiede in der Beurteilung der Wichtigkeit einzelner Qualitätsmerkmale zum Ausdruck kommt.

Nach der Festlegung der strategischen Stoßrichtung sollen im folgenden die Strategie der Marktsegmentierung und die Strategie der Bankmarktleistungsinnovation auf das elektronische Firmenkundengeschäft mit dem industriellen Mittelstand angewendet werden.

4.5 Strategie der Marktsegmentierung

4.5.1 Marktsegmentierung als eine Basisstrategie des Marketing

Ziel der Marktsegmentierung ist die Aufteilung eines heterogenen Gesamtmarktes in deutlich voneinander abgegrenzte, homogene Segmente, die mit einem spezifischen Marketing-Mix (Marketing-Programm), d.h. einer Kombination aus Leistungs-, Distributions-, Preis- und Kommunikationsmaßnahmen, bearbeitet werden [vgl. Thiess 1986, S. 635].

In der Literatur lassen sich zwei Auffassungen der Marktsegmentierung unterscheiden [vgl. Thiess 1986, S. 635]:

- **Marktsegmentierung als taxonomische Marktforschungsmethode**: Marktsegmentierung verstanden als taxonomische Marktforschungsmethode ermöglicht, durch eine Strukturierung des faktischen oder potentiellen Marktes nach Abnehmern, deren Bedarf, Verhalten und Reaktionen umfassende Kenntnisse über den relevanten Markt zu gewinnen. Das Problem besteht hierbei in der Identifikation geeigneter Segmente.
- **Marktsegmentierung als Basisstrategie des Marketing**: Über den ersten Ansatz hinaus erstreckt sich die Marktsegmentierung nach diesem Verständnis auf den zielgruppenspezifischen Einsatz des Marketing-Mix. Hierbei besteht das Problem in der Auswahl von Segmenten für die Marktbearbeitung und der Formulierung geeigneter Maßnahmen für diese Segmente.

Im vorliegenden Fall steht die Marktsegmentierung als Basisstrategie des Marketing im Vordergrund. Bevor das Marketing-Mix zielgruppenspezifisch eingesetzt werden kann, muß der Markt zunächst in geeignete Segmente unterteilt werden.

Die Segmentierung sollte hierbei folgende Anforderungen erfüllen [vgl. Kotler/Bliemel 1992, S. 435; Nieschlag/Dichtl/Hörschgen 1988, S. 835; Thiess 1986, S. 636]:

1. **Theoretischer Bezugsrahmen**: Die Segmentierung sollte innerhalb eines theoretischen Bezugsrahmens erfolgen.
2. **Segmentierungskriterien**: Die Segmentierungskriterien sollten kaufverhaltensrelevant und operationalisierbar sein und eine diskriminatorische Kraft besitzen.
3. **Meßbarkeit**: Es müssen nachfragerelevante Unterschiede zwischen den Segmenten bestehen, die meßbar sind.
4. **Substantialität**: Ein Segment muß in bezug auf Größe und Gewinnpotential ausreichend groß sein. Deshalb sollte die größtmögliche Kundengruppe betrachtet werden, für die sich ein maßgeschneidertes Marketing-Programm lohnt.
5. **Erreichbarkeit**: Die Segmente müssen sich durch entsprechende Marketing-Maßnahmen erreichen lassen.
6. **Umsetzbarkeit**: Die Marketing-Programme sollten in den Segmenten umsetzbar sein.
7. **Stabilität**: Die Segmente sollten über eine gewisse Zeit stabil bleiben.

4.5.2 Nutzenpotentiale der Marktsegmentierungsstrategie im elektronischen Firmenkundengeschäft mit dem industriellen Mittelstand

Werner weist darauf hin, daß die Nutzenpotentiale der Marktsegmentierung vom Entwicklungsstand des Marktes abhängen. Je größer die Homogenität der institutsspezifischen Leistungsspektren, je dynamischer der Markt, je unterschiedlicher und verschiedenartiger die Abnehmergruppen, desto höhere Nutzenpotentiale lassen sich durch die Strategie der Marktsegmentierung erschließen [vgl. Werner 1987, S. 400-401]. In Abschnitt 4.4.2 wurde bereits dargelegt, daß es sich beim elektronischen Firmenkundengeschäft der Kreditinstitute zumindest partiell um einen Markt mit hohem Entwicklungsstand handelt, weshalb zu erwarten ist, daß mit der Verfolgung einer Marktsegmentierungsstrategie große Vorteile verbunden sind. Folgende Nutzenpotentiale sind zu nennen [vgl. Thiess 1986, S. 635; Werner 1987, S. 399]:

- Steigerung der Markttransparenz für das segmentierende Kreditinstitut und Identifikation von Marktpotentialen;
- Erhöhung der Effizienz in der Ressourcen-Allokation, z.B. durch Konzentration auf Unternehmen mit hohem Absatzpotential;
- maximale Anspruchs- und Bedürfnisbefriedigung aufgrund einer zielgerichteten und systematischen Informationssuche zur Identifikation von Firmenkundenanforderungen an das elektronische Firmenkundengeschäft, des Interesses für Bankmarktleistungsinnovationen und des Potentials für den Absatz von Bankmarktleistungen im elektronischen Firmenkundengeschäft und damit verbunden eine hohe Zufriedenheit der Firmenkunden, die sich positiv auf die Kundenbindung auswirkt;

- Erzielen von Wettbewerbsvorteilen durch das systematische Erschließen von Marktnischen bzw. bisher vom Markt vernachlässigten oder nicht systematisch bearbeiteten Segmenten;
- Realisierung von Know-how-Vorteilen durch Spezialisierung auf bestimmte segmentspezifische Ansprüche und Bedürfnisse.

4.5.3 Traditionelle Segmentierungsansätze im Firmenkundengeschäft

In der Praxis des Firmenkundengeschäfts setzen Kreditinstitute seit vielen Jahren auf die Strategie der Marktsegmentierung. Häufig erfolgt eine sehr grobe Dreiteilung der Firmenkunden in Kleinbetriebe, Mittelstand sowie Großunternehmen und multinationale Konzerne. Die Segmentierung erfolgt im wesentlichen mit dem Ziel einer Zuordnung der Leistungspotentiale der Bank zu den Erfolgspotentialen des Marktes. Während für Großunternehmen und multinationale Konzerne Firmenkundenbetreuer im Sinne von Key Account Managern vorgehalten werden, die relativ wenige Unternehmen betreuen, ist die Betreuungsspanne für den Mittelstand deutlich größer. Kleinbetriebe werden wie Mengenkunden im Privatkundengeschäft betreut. Diese Grobklassifikation kann als Makrosegmentierung der Firmenkunden aufgefaßt werden. Im Rahmen dieser Makrosegmentierung kann der industrielle Mittelstand als ein Makrosegment aufgefaßt werden.

Als Segmentierungskriterien im Firmenkundengeschäft kommen hauptsächlich Unternehmensdemographika (z.B. Umsatz, Mitarbeiteranzahl, Branche, geographische Lage) zum Einsatz [vgl. Weinkauf 1993, S. 395]. Darüber hinaus segmentieren Kreditinstitute nach Haupt- und Nebenbankverbindungen, nach Risikoklassen und nach der Art der Unternehmensführung (Eigentümerunternehmen vs. managementgeführtes Unternehmen). Vereinzelt wird auch das Kriterium der „Lebensphase des Unternehmens" (Gründung, Wachstum, Unternehmensnachfolge, etc.) herangezogen [vgl. Weinkauf 1993, S. 397]. Bei einer Segmentierung nach diesen Kriterien wird implizit davon ausgegangen, daß die Kriterien Indikatoren für die Bedarfssituation des Unternehmens sind.

Eine weitergehende Segmentierung der Firmenkunden innerhalb von Makrosegmenten - oder spezifischer: von strategischen Geschäftsfeldern - wird von der überwiegenden Anzahl der Kreditinstitute nicht vorgenommen. Darüber hinaus ist dem Verfasser keine Segmentierung von Firmenkunden im Hinblick auf den Absatz von Bankmarktleistungen im elektronischen Firmenkundengeschäft bekannt. Aufgrund der genannten Nutzenpotentiale bietet sich jedoch eine potentialorientierte Mikrosegmentierung gerade in diesem Feld an.[114]

Gegenstand des folgenden Abschnitts ist die Erarbeitung eines potentialorientierten Segmentierungsansatzes für das elektronische Firmenkundengeschäft unter Berücksichtigung der Anforderungen der Bankpraxis.

---

[114] Vgl. Abschnitt 4.5.2.

4.5.4 Ein neuer potentialorientierter Segmentierungsansatz für das elektronische Firmenkundengeschäft

4.5.4.1 Anforderungen der Bankpraxis an einen neuen Segmentierungsansatz

Damit ein neuer Segmentierungsansatz in der Bankpraxis akzeptiert wird, muß er zumindest folgenden Anforderungen genügen:

- **Potentialorientierung**: Der Ansatz soll dazu dienen, die unterschiedlichen Potentiale von Firmenkunden im elektronischen Firmenkundengeschäft mit dem industriellen Mittelstand für den Absatz von Bankmarktleistungen im elektronischen Firmenkundengeschäft zu identifizieren.
- **Handhabbarkeit**: Der Ansatz soll verständlich und im Firmenkundenmarketing leicht handhabbar sein.
- **Klassifizierbarkeit**: Firmenkunden aus dem strategischen Geschäftsfeld „Industrieller Mittelstand" sollen auf Grundlage möglichst weniger Merkmale, die in Kreditinstituten über die Bestandskunden verfügbar sind oder leicht beschafft werden können, den Segmenten zugeordnet werden können.
- **Vorteilhaftigkeit**: Der neue Ansatz soll „bessere" Handlungsempfehlungen generieren als es konventionelle Segmentierungsansätze oder eine unsystematische Marktbearbeitung ermöglichen.

Diese Anforderungen sind als strenge Nebenbedingungen bei der Konzeption des neuen Segmentierungsansatzes zu berücksichtigen.

4.5.4.2 Potentialorientierte Segmentierung anhand der Diskrepanz von Ausstattungsgrad und Ausstattungsbedarf

Die Idee des potentialorientierten Segmentierungsansatzes für das elektronische Firmenkundengeschäft besteht darin, die Firmenkunden nach ihrem **Potential** für den Absatz von Bankmarktleistungen im elektronischen Firmenkundengeschäft zu klassifizieren. Der Ansatz basiert auf der Überlegung, daß sich das Absatzpotential im wesentlichen aus der Diskrepanz zwischen dem **Ausstattungsgrad** und dem **Ausstattungsbedarf** eines Unternehmens bzgl. Bankmarktleistungen im elektronischen Firmenkundengeschäft ableitet. Aus dem Niveau von Ausstattungsgrad und Ausstattungsbedarf und ihrem Verhältnis zueinander lassen sich unter Berücksichtigung weiterer segmentspezifischer Charakteristika Handlungsempfehlungen für die identifizierten Segmente ableiten. Implizit wird bei diesem Ansatz angenommen, daß zumindest bei einem Teil der Unternehmen aus dem industriellen Mittelstand ein Mißverhältnis zwischen Ausstattungsgrad und Ausstattungsbedarf für eine gewisse Zeit besteht und vom segmentierenden Kreditinstitut durch geeignete Maßnahmen erschlossen werden kann.[115]

Für den neuen Segmentierungsansatz sind Ausstattungsgrad und Ausstattungsbedarf geeignet zu operationalisieren. Während der Ausstattungsgrad anhand der installierten Mehrwertsysteme leicht festgestellt werden kann, erfordert der Ausstattungsbedarf eine Spezifizierung. Hierzu ist die Frage zu beantworten, welches die Determinanten des Ausstattungsbedarfs bzgl. Bankmarktleistungen im elektronischen Firmenkundengeschäft sind.

Ausstattungsbedarf
Grundsätzlich ist davon auszugehen, daß die Komplexität des Finanzmanagements mit der **Unternehmensgröße** zunimmt [vgl. Kappler/Rehkugler 1991, S. 1024; Pausenberger/ Glaum/Johansson 1995, S. 1378]. Ab einer bestimmten Unternehmensgröße ist das anfallende Aufgabenvolumen im Finanzbereich nicht mehr von einer Person zu bewältigen, so daß Stellen gebildet und Aufgaben dezentralisiert werden. Hierdurch steigt der Koordinations- und Kommunikationsaufwand innerhalb des Unternehmens sowie auch zwischen dem Unternehmen und seinen Geschäftsbanken. Gleichzeitig nimmt der Informationsbedarf für finanzwirtschaftliche Entscheidungen zu. Mit steigender Komplexität der zu bewältigenden Aufgaben ist auch von einem wachsenden Informationsbedarf im Unternehmen auszugehen.

Eine weiterer wichtiger Bestimmungsfaktor der Komplexität des Finanz- und Informationsmanagements ist der **Internationalisierungsgrad** eines Unternehmens. Grenzüberschreitende Zahlungen, eine große Anzahl an Fakturierungswährungen sowie viele Bankverbindungen im Ausland führen zu erhöhten Anforderungen an Cash Management, Finanzplanung und Risikomanagement. Gleichzeitig ist bei steigendem Internationalisierungsgrad ein wachsender Informationsbedarf im Unternehmen anzunehmen, der die Komplexität des Informationsmanagements erhöht.

Bankmarktleistungen im elektronischen Firmenkundengeschäft können Unternehmen bei der Bewältigung ihrer Aufgaben im Informations- und Finanzmanagement unterstützen. Die Nutzenpotentiale des Einsatzes elektronischer Mehrwertsysteme im industriellen Mittelstand ergeben sich aus der Funktionalität der Systeme und den Problembereichen dieser Zielgruppe, die in Kapitel 2 bzw. 3 dargestellt wur-

---

[115] In der Literatur finden sich vielfältige Hypothesen dazu, warum Wirtschaftseinheiten bei gleicher objektiver Profitabilität einer Innovation unterschiedlich reagieren und zu Früh- bzw. Spätadoptoren werden. Mögliche Gründe können sein [vgl. Ewers/Fritsch 1987, S. 11-12]: Unterschiedliche Einschätzung der Profitabilität aufgrund von Informationsmängeln und selektiver Perzeption, unterschiedliche Kosten der Umstellung auf die neue Technik, unterschiedliche Priorisierung von Lerneffekten, Imageeffekten und „echten" Rechenvorteilen, unterschiedliche Erwartungen hinsichtlich der weiteren Technik- und Absatzmarktentwicklung und unterschiedliche Zeitpräferenzen.

den. Es ist davon auszugehen, daß mit zunehmender Komplexität von Finanz- und Informationsmanagement die Nutzenpotentiale des Systemeinsatzes steigen.[116] Der wachsende Wettbewerbsdruck, der besonders mittelständische Unternehmen zur Ausschöpfung aller Möglichkeiten zur Ertragssteigerung und Aufwandssenkung zwingt, induziert hierbei einen Bedarf zur Realisierung dieser Nutzenpotentiale durch den Einsatz elektronischer Mehrwertsysteme. Aus diesem Grunde wird der Begriff Ausstattungsbedarf eingeführt. Sein Niveau hängt von der Größe und dem Internationalisierungsgrad eines Unternehmens ab, wobei ein hoher Ausstattungsbedarf hohe Nutzenpotentiale bei der Inanspruchnahme von Bankmarktleistungen im elektronischen Firmenkundengeschäft anzeigt.

Unternehmensgröße und Internationalisierungsgrad sind Dimensionen eines objektiven Ausstattungsbedarfs. Hiervon zu unterscheiden ist der subjektive Ausstattungsbedarf, welcher aus der subjektiven Sicht des Finanzverantwortlichen im Unternehmen resultiert. Die bewußte Beschränkung auf objektive Kriterien erscheint geboten, weil einerseits davon auszugehen ist, daß durch eine schlüssige Argumentation des Firmenkundenbetreuers im Falle eines hohen objektiven und eines niedrigen subjektiven Ausstattungsbedarfs der Entscheidungsträger von den Nutzenpotentialen eines Systemeinsatzes zu überzeugen ist; andererseits ist bei einem hohen subjektiven und einem niedrigen objektiven Ausstattungsbedarf mittelfristig eine Unzufriedenheit des Firmenkunden zu erwarten, wenn sich der Systemnutzen nicht im erwarteten Umfang einstellt, weil die Einsatzvoraussetzungen, wie ein entsprechendes Transaktionsvolumen oder eine Mindestanzahl von Bankverbindungen, nicht gegeben sind.

Für die potentialorientierte Segmentierung sind Unternehmensgröße und Internationalisierungsgrad als Determinanten der Komplexität von Finanz- und Informationsmanagement zu konkretisieren. Da die Segmentierung im Hinblick auf den Absatz von Bankmarktleistungen im elektronischen Firmenkundengeschäft erfolgen soll, sind spezielle *finanz*bezogene Indikatoren dieser Determinanten auszuwählen. Folgende Indikatoren für den Ausstattungsbedarf werden verwendet:

- Geschäftsumfang und Internationalität des Geschäfts;
- Geschäftsverbindungen zu Kreditinstituten und
- Transaktionsvolumen im Zahlungsverkehr.[117]

Mit diesen Indikatoren ist der Ausstattungsbedarf grob spezifiziert.

---

[116] [Stoetzer 1993, S. 8-10] erörtert den Zusammenhang zwischen der Unternehmensgröße und den Nutzenpotentialen von Mehrwertdiensten und verweist auf entsprechende empirische Befunde (vgl. auch Abschnitt 2.5.3 und hier besonders Fußnote 49). Zu den Nutzenpotentialen bestimmter Finanzmanagementsystemfunktionen vgl. [Shapiro 1992, S. 330-331]. Den Zusammenhang zwischen den Bestimmungsfaktoren Unternehmensgröße und Internationalisierungsgrad und den Nutzenpotentialen eines Finanzmanagementsystemeinsatzes untersuchen [Pausenberger/ Glaum/Johansson 1995, S. 1378-1382].

[117] Zur Operationalisierung dieser Indikatoren (Zieldimensionen) vgl. Abschnitt 5.5.3.

Ausstattungsgrad

Der Ausstattungsgrad umfaßt die Ausstattung eines Unternehmens mit Mehrwertsystemen im elektronischen Firmenkundengeschäft. Hierzu gehören Finanzmanagementsysteme, Online-Datenbanksysteme, Kommunikationssysteme und integrierte Online-Systeme. Darüber hinaus sind neben dem Einsatz internationaler Datenformate auch die Netzzugänge im Unternehmen von Bedeutung. Um der Dynamik in der aktuellen Entwicklung insbesondere bei Online-Datenbanksystemen, Kommunikationssystemen und integrierten Online-Systemen Rechnung zu tragen, sollen bei diesen Systemen nicht nur der Status quo erfaßt, sondern darüber hinaus etwaige Anschaffungspläne der Unternehmen berücksichtigt werden. Hiermit wird eine gewisse zeitliche Stabilität der Segmente sichergestellt.

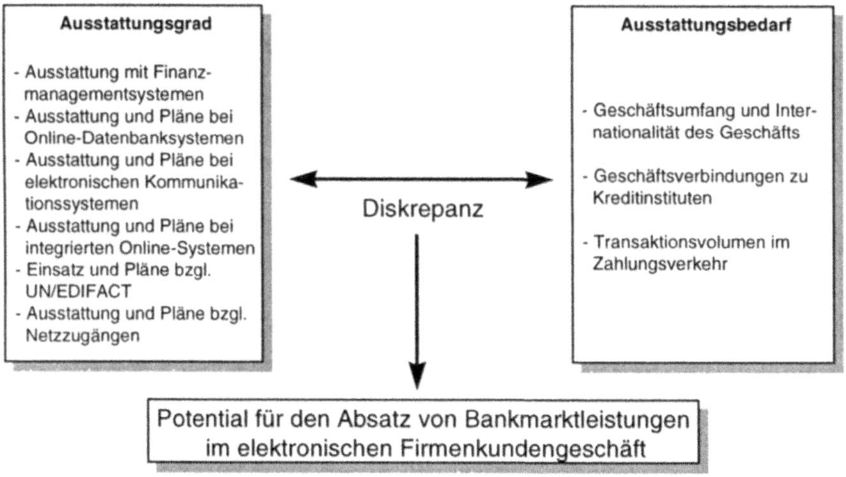

Abb. 4-2: Konzept des potentialorientierten Segmentierungsansatzes

Abb. 4-2 gibt abschließend die Konzeption des Segmentierungsansatzes wider. Der potentialorientierte Segmentierungsansatz bildet den theoretischen Bezugsrahmen zur Segmentierung des industriellen Mittelstands für den Absatz von Bankmarktleistungen im elektronischen Firmenkundengeschäft.

Abschließend werden drei Hypothesen zum potentialorientierten Segmentierungsansatz formuliert. Ihre Gültigkeit ist eine wesentliche Voraussetzung für die Anwendbarkeit des potentialorientierten Segmentierungsansatzes in der bankbetrieblichen Praxis.

H 6 „Unternehmen im industriellen Mittelstand unterscheiden sich in bezug auf ihren Ausstattungsbedarf und ihren Ausstattungsgrad und besitzen deshalb ein unterschiedliches Potential für den Absatz von Bankmarktleistungen im elektronischen Firmenkundengeschäft"
Die Anwendung des potentialorientierten Segmentierungsansatzes im strategischen Geschäftsfeld „Industrieller Mittelstand" ist somit sinnvoll.

H 7 „Der industrielle Mittelstand läßt sich potentialorientiert segmentieren"
Der industrielle Mittelstand läßt sich unter Anwendung des potentialorientierten Segmentierungsansatzes als theoretischem Bezugsrahmen in homogene Segmente einteilen, die sich in bezug auf ihren Ausstattungsgrad und ihren Ausstattungsbedarf und damit in ihrem Potential für den Absatz von Bankmarktleistungen des elektronischen Firmenkundengeschäfts deutlich voneinander unterscheiden. Die Segmentierung erfüllt hierbei die Anforderungen aus Abschnitt 4.5.1.

H 8 „Es lassen sich Regeln zur Klassifikation neuer mittelständischer Unternehmen finden"
Die Segmentierungsmerkmale besitzen eine unterschiedliche diskriminatorische Kraft. Es lassen sich geeignete Regeln finden, nach denen neue (stichprobenfremde) Unternehmen mit geringer Fehlklassifikationswahrscheinlichkeit dem passenden Segment zugeordnet werden können.

4.5.4.3 Skizzierung von Handlungsempfehlungen für vier idealtypische Segmente

Geht man in einer theoretischen Betrachtung von zwei idealisierten Ausprägungen bei Ausstattungsgrad und Ausstattungsbedarf - „niedrig" und „hoch" - aus, so lassen sich durch die Kombination dieser beiden Ausprägungen vier idealtypische Segmente bilden, die im Potentialportfolio in Abb. 4-3 dargestellt sind.

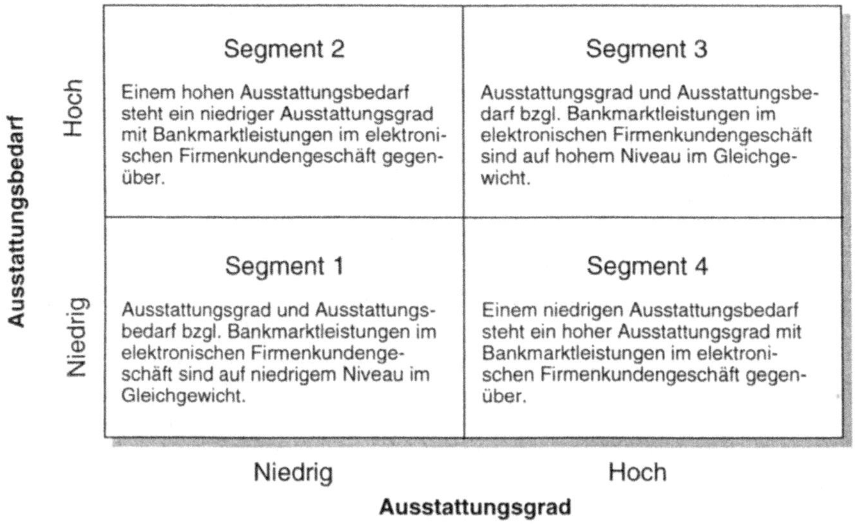

Abb. 4-3: Idealtypische Segmente des potentialorientierten Segmentierungsansatzes (Potentialportfolio)

Anhand des Niveaus von Ausstattungsgrad und Ausstattungsbedarf und der bestehenden Diskrepanz lassen sich segmentspezifische Handlungsempfehlungen ableiten. Um den **praktischen Nutzen** des neuen Segmentierungsansatzes zu verdeutlichen, werden im folgenden Handlungsempfehlungen für die vier idealtypischen Segmente kurz skizziert.[118]

- **Segment 1**: Unternehmen in diesem Segment verfügen über einen geringen Ausstattungsbedarf und einen geringen Ausstattungsgrad mit Bankmarktleistungen des elektronischen Firmenkundengeschäfts. Somit ist zu erwarten, daß dieses Segment nur über rudimentäre Erfahrung im Umgang mit elektronischen Mehrwertsystemen verfügt. Aus diesem Grunde dürfte in diesem Segment verstärkt der Wunsch nach schlüsselfertigen Komplettlösungen und Systemen mit geringer Komplexität bestehen. Informationsveranstaltungen können Unternehmen dieses Segments mit den Nutzenpotentialen von Telebank-Anwendungen vertraut machen. Das Potential für den Absatz von Bankmarktleistungen des elektronischen Firmenkundengeschäfts ist in diesem Segment niedriger als in Segment 2, aber höher als in Segment 4 einzustufen.
- **Segment 2**: Unternehmen in diesem Segment sind durch einen niedrigen Ausstattungsgrad bei gleichzeitig hohem Ausstattungsbedarf charakterisiert. Nach

[118] Da die Segmente das Ergebnis theoretischer Überlegungen sind, werden an dieser Stelle nur Ansatzpunkte zur Gestaltung des Marketing-Mix gegenüber diesen Segmenten beschrieben. Für die auf Grundlage der Firmenkundenumfrage gebildeten „realen" Segmente erfolgt in Abschnitt 7.6.2 eine ausführliche Darstellung von Handlungsempfehlungen im Rahmen der Preis-, Distributions-, Leistungs- und Kommunikationspolitik.

dem Konzept des potentialorientierten Segmentierungsansatzes weisen sie damit das größte Potential für den Absatz von Bankmarktleistungen des elektronischen Firmenkundengeschäfts auf. Zur Erschließung sollten Kreditinstitute mit diesen Unternehmen ins Gespräch kommen. Hierzu empfiehlt sich eine besonders intensive Bearbeitung in Form einer direkten persönlichen Ansprache. Darüber hinaus sind Informationsveranstaltungen denkbar, die den Nutzen der Mehrwertsysteme speziell für Unternehmen mit hohem Ausstattungsbedarf deutlich machen und die Finanzverantwortlichen für die Thematik sensibilisieren. Bei der Einführung elektronischer Mehrwertsysteme ist die relativ geringe Erfahrung der Firmenkunden mit solchen Systemen zu berücksichtigen. Deshalb empfiehlt sich ein stufenweises Vorgehen. Das Angebot von Systemmodulen ermöglicht eine schrittweise Erweiterung der Systemfunktionalität. Wegen der mangelnden Erfahrung dieser Unternehmen ist der Wunsch nach umfassenden Beratungs- und Supportleistungen vor, während und nach dem Absatz elektronischer Mehrwertsysteme wahrscheinlich.

- **Segment 3**: Unternehmen in diesem Segment zeichnen sich durch einen hohen Ausstattungsbedarf und einen hohen Ausstattungsgrad mit Bankmarktleistungen des elektronischen Firmenkundengeschäfts aus. Aufgrund dessen ist zu erwarten, daß sie über entsprechende Erfahrungen mit elektronischen Mehrwertsystemen verfügen und deshalb überdurchschnittlich anspruchsvoll und aufgrund des hohen Ausstattungsbedarfs eher als die Segmente 1 und 2 an einem Einsatz neuer, innovativer Systeme interessiert sind. Ein hoher Ausstattungsgrad bedeutet im Regelfall nicht, daß tatsächlich *alle* in dieser Untersuchung betrachteten elektronischen Mehrwertsysteme eingesetzt werden. Aus diesem Grunde kommen für Unternehmen dieses Segments einerseits noch nicht eingesetzte Systeme in Frage, deren Einsatz vor dem Hintergrund des hohen Ausstattungsbedarfs ein großes Nutzenpotential verspricht. Auf der anderen Seite ist ein besonderes Interesse für Mehrwertsysteme mit umfassender Funktionalität, wie z.B. Cash Management-Systeme mit speziellen Transaktionsfunktionen (Wertpapiertransaktionen) oder Online-Datenbanksysteme, die ein breites Informationsspektrum abdecken, zu erwarten. Aufgrund der Vielzahl der eingesetzten Systeme ist die Integration der verschiedenen Mehrwertsysteme in die bestehende DV-Landschaft zur Vermeidung von Medienbrüchen besonders wichtig. Sie erfordert von seiten der Bank eine kundenindividuelle Systemanpassung. Werden neue elektronische Mehrwertsysteme im strategischen Geschäftsfeld „Industrieller Mittelstand“ eingeführt, so sind Unternehmen dieses Segments für einen Pilot-Test am besten geeignet, weil sie beurteilen können, ob und inwieweit ein neues System einen Nutzen bietet und in welchen Bereichen die Stärken und Schwächen des Systems liegen. Die enge Zusammenarbeit bei der Markteinführung neuer Systeme birgt die Chance zur Intensivierung der Kundenbindung. Auch wenn das Potential aufgrund der tendenziellen Übereinstimmung von Ausstattungsbedarf und Ausstattungsgrad im Vergleich zu Segment 2 gering erscheint, handelt es sich um eine wichtige Kundengruppe speziell im Hinblick auf die Überprüfung der Akzeptanz von Bankmarktleistungsinnovationen im elektronischen Firmenkundengeschäft.

- **Segment 4:** Unternehmen in diesem Segment weisen einen geringen Ausstattungsbedarf und einen hohen Ausstattungsgrad auf. Deshalb ist zu erwarten, daß ihr Potential für den Absatz von Bankmarktleistungen des elektronischen Firmenkundengeschäfts relativ zu den anderen Segmenten gering ist. Dieses Segment sollte somit nicht den Fokus der Absatzbemühungen bilden und eher nachrangig bearbeitet werden.

Wie bereits erwähnt, handelt es sich bei dieser Segmentierung um das Ergebnis einer theoretischen Überlegung, die keinen Anspruch erhebt, die Kundenstruktur im elektronischen Firmenkundengeschäft mit dem industriellen Mittelstand realistisch abzubilden. Die Darstellung der Segmente diente primär zur Verdeutlichung des potentialorientierten Segmentierungsansatzes. Zur Generierung einer „realistischen" Segmentierung müssen die Kriterien des Ausstattungsgrads und des Ausstattungsbedarfs zunächst für eine repräsentative Stichprobe erhoben und anschließend unter Einsatz multivariater Verfahren analysiert werden. Hierbei ist a priori nicht davon auszugehen, daß sich genau vier Segmente ergeben, die sich anhand der Ausprägungen „niedrig" und „hoch" charakterisieren lassen.

4.6 Strategie der Bankmarktleistungsinnovation

4.6.1 Begriff der Bankmarktleistungsinnovation

4.6.1.1 Innovation von Bankmarktleistungen

Der Begriff Innovation bezeichnet „das Entwickeln von Neuem inklusive dessen Markteinführung" [Bullinger 1994, S. 35].[119] Wie bei Sachgütern, so ist auch bei Bankmarktleistungen eine scharfe Abgrenzung von Innovation und Variation problematisch [vgl. Meffert/ Bruhn 1995, S. 255]. In der Literatur bestehen unterschiedliche Abgrenzungsansätze. *Priewasser* faßt Bankmarktleistungsvariation als einen Spezialfall der Bankmarktleistungsinnovation auf und nennt folgende Innovationstypen im Bankbetrieb [vgl. Priewasser 1992, S. 381]:

- **Bankmarktleistungsdifferenzierung**: Angebot neuer Bankmarktleistungen innerhalb der angebotenen Bankmarktleistungsgruppen;
- **Bankmarktleistungsdiversifikation**: Angebot neuer Bankmarktleistungen in neuen Bankmarktleistungsgruppen;
- **Bankmarktleistungsvariation**: Modifikation von Eigenschaften angebotener Bankmarktleistungen;

---

119 Innovationen können allgemein nach folgenden Dimensionen unterschieden werden: **Subjektdimension**: Hierbei geht es um die Frage, für wen die Leistung neu ist (z.B. Betriebsneuheit, Marktneuheit, Weltneuheit). **Intensitätsdimension**: Die Intensitätsdimension bezieht sich auf den Neuigkeitsgrad einer Innovation. **Zeitdimension**: Die Zeitdimension bezieht sich auf den Zeitraum, über den eine Innovation als solche bezeichnet werden kann. Die Dauer ist abhängig von der Nachahmungsgeschwindigkeit anderer Anbieter. **Objektdimension**: Hierbei geht es um die Frage, auf welches Objekt sich die Innovation bezieht (z.B. Produktinnovation oder Prozeßinnovation).

- **Packaging**: Bündelung von Bankmarktleistungen im Sinne einer problemlösenden Systemleistung.

Der Verfasser schließt sich diesem weitgefaßten Verständnis der Bankmarktleistungsinnovation an und verwendet in dieser Untersuchung Bankmarktleistungsinnovation als übergeordneten Begriff für die vier Innovationstypen.

Traditionell spielen Produktinnovationen bei Kreditinstituten (Bankmarktleistungsinnovationen) eine wesentlich geringere Rolle als in der Industrie [vgl. Priewasser 1992, S. 381]. Die veränderten Umweltbedingungen haben in den letzten Jahren jedoch dazu geführt, daß Innovationen im Bankgeschäft inzwischen zum kritischen Erfolgsfaktor geworden sind [vgl. Büschgen 1995, S. 131]. Wie im Industriebereich bedarf es deshalb im Bankbetrieb eines gezielten Innovationsmanagements. Zur systematischen Planung und Gestaltung des Innovationsprozesses im Rahmen des Innovationsmanagements hat *Büschgen* ein Vorgehensmodell entwickelt, das die folgenden Phasen umfaßt [vgl. Büschgen 1995, S. 135-149]:

1. **Innovationsgenese**: Voraussetzung für eine erfolgreiche Innovationsgenese ist die Sicherstellung des Informationsflusses zwischen der Informationsgewinnung und der Bankmarktleistungsentwicklung. Anstöße sollen aus den Rahmenbedingungen, den Nachfrageverhältnissen und der Konkurrenzsituation kommen.
2. **Ideengenerierung**: Ziel dieser Phase ist die Generierung möglichst vieler Ideen, die zunächst noch unbewertet bleiben.
3. **Ideenanreicherung, -bewertung und -selektion**: Ziel ist die Anreicherung der Ideen im Sinne einer Leistungsstudie. Die Ideen sind zu bewerten und die erfolgversprechendsten zu selektieren.
4. **Bankmarktleistungsentwicklung:** Die selektierten Ideen werden zu einer marktfähigen Leistung entwickelt. Die Funktions- und Akquisitionsdimensionen werden spezifiziert.[120]
5. **Bankmarktleistungseinführung:** Die Einführung ist besonders erfolgskritisch für den Absatzverlauf. Bei Firmenkunden ist eine Einführung zunächst bei Pilot-Kunden denkbar. Wegen der Imitationsgefahr sind Markttests nur eingeschränkt sinnvoll.

Der Begriff **Bankmarktleistungsinnovation** bezeichnet somit den Prozeß von der Innovationsgenese bis zur Markteinführung von Bankmarktleistungen, die zumindest eine Betriebsneuheit darstellen und einem der vier Innovationstypen Differenzierung, Diversifikation, Variation oder Packaging zugeordnet werden können.

Der Erfolg einer Innovation hängt wesentlich von ihrer Diffusions- und Adoptionsgeschwindigkeit ab. **Diffusion** bezeichnet „the process by which an innovation

[120] Funktionsdimensionen stehen mit dem Service des Bankmarktleistungsabsatzes in Verbindung. Beispiele sind: Sicherheit, Zuverlässigkeit, Liquidität, Flexibilität, Bequemlichkeit, Geschwindigkeit der Geschäftsabwicklung. Akquisitionsdimensionen beziehen sich auf emotionale Aspekte, wie Ansehen, Prestige, Image [vgl. Büschgen 1995, S. 145].

is communicated through certain channels over time among the members of a social system" [Rogers 1995, S. 35]. **Adoption** steht für die Übernahme, d.h. die Akzeptanz oder Ablehnung einer Innovation durch die Nutzer [vgl. Bullinger 1994, S. 36].

4.6.1.2 Bankmarktleistungsinnovation als eine Basisstrategie des Marketing

Neben der Innovation im engeren Sinne, die sich auf eine konkrete Leistung bezieht, steht der Begriff Bankmarktleistungsinnovation für eine Basisstrategie des Bankmarketing.[121] Gegenstand dieser Strategie ist eine systematische, marktorientierte Innovationspolitik. Hierbei muß sich ein Kreditinstitut zwischen verschiedenen Strategieoptionen entscheiden [vgl. Ansoff/Stewart 1967, S. 71-83]:

- **First-to-Market-Strategie**: Ein Kreditinstitut bietet als erstes eine neue Bankmarktleistung am Markt an. Dadurch wird zumindest vorübergehend eine Monopolstellung erreicht, die häufig Pioniergewinne ermöglicht. Eine solche Strategie erfordert jedoch im Regelfall ein erhebliches Investitionsvolumen in Forschung und Entwicklung.
- **Follow-the-Leader-Strategie**: Ein Kreditinstitut wartet mit der Einführung seiner Bankmarktleistungsinnovation, bis ein Wettbewerber den Vorreiter gespielt hat. Der Vorteil dieser Strategie liegt darin, daß der Innovator die neue Bankmarktleistung im Markt bekannt macht und der „Fast second" die Möglichkeit erlangt, aus den begangenen Fehlern zu lernen.
- **Application-Engineering-Strategie**: Bei dieser Strategie greift ein Kreditinstitut auf vorhandene Bankmarktleistungen zurück und modifiziert diese, um segmentspezifische Anforderungen besser als die Konkurrenz zu erfüllen. Ein Kreditinstitut etabliert sich mit dieser Strategie als Spezialist in einem Segment.
- **Me-too-Strategie**: Bei dieser Strategie konzentriert sich ein Kreditinstitut auf die Nachahmung bestehender Bankmarktleistungen. Hierdurch lassen sich Entwicklungskosten sparen. Wettbewerbsvorteile sind bei dieser Strategie primär über die Kostenführerschaft zu erzielen.

Legt man die Differenzierungsstrategie als strategische Stoßrichtung im elektronischen Firmenkundengeschäft mit dem industriellen Mittelstand zugrunde, so eröffnet insbesondere die First-to-Market-Strategie Ansatzpunkte zur Differenzierung. Mit Einschränkungen gilt dies auch für die Follow-the-Leader-Strategie und die Application-Engineering-Strategie. Demgegenüber ist die Me-too-Strategie am ehesten mit der Kostenführerschaft als strategischer Stoßrichtung zu vereinbaren.

Es wird deutlich, daß vor allem die First-to-Market-Strategie mit hohen Entwicklungskosten verbunden ist. Dies trifft im besonderen Maße auf Bankmarktleistungsinnovationen im elektronischen Firmenkundengeschäft zu. Für die Entwicklung von elektronischen Mehrwertsystemen sind z.T. erhebliche Investitionen

[121] [Nieschlag/Dichtl/Hörschgen 1988, S. 835-847] bezeichnen die Produktinnovation, neben Marktsegmentierung, Diversifizierung, Internationalisierung, Globalisierung, Kooperation und Technologieorientierung als eine Fixpunktstrategie des Marketing.

in Hardware, Software und Netze zu tätigen [vgl. Willi 1993, S. 673]. Neben den eigentlichen Entwicklungskosten fallen nach der Markteinführung nicht selten hohe Folgekosten für die Wartung und das Update der Systeme an. Veränderungen der technischen Normen und Standards verlangen eine permanente Anpassung der Systeme. In der Vergangenheit führten die hohen Folgekosten schon vereinzelt dazu, daß Kreditinstitute ein im eigenen Hause entwickeltes Mehrwertsystem vom Markt nahmen. Auch nicht-systembezogene Bankmarktleistungsinnovationen im elektronischen Firmenkundengeschäft sind mit Investitionen verbunden. Für das Angebot einer neuen entgeltlichen Beratungsleistung, z.B. zum Themenkomplex EDI/EDIFACT, muß die Bank Kompetenz durch die Schulung von Mitarbeitern aufbauen.

Diesen Investitionskosten steht ein ungewisser Ertrag gegenüber, weil nicht bekannt ist, ob und inwieweit die geplante Bankmarktleistungsinnovation von Firmenkunden akzeptiert wird. Die Mißerfolgsrate bei Produktinnovationen allgemein dürfte realistisch zwischen 30 und 50% liegen [vgl. Trumler 1996, S. 253]. Aus diesem Grunde erscheint es notwendig, der Frage nachzugehen, wie die Erfolgswahrscheinlichkeit einer Bankmarktleistungsinnovation bereits im Prozeß ihrer Planung positiv beeinflußt werden kann.

Im folgenden wird zunächst eine neue Systematik der Innovationstypen bei Bankmarktleistungsinnovationen vorgestellt. Anschließend werden Grundsätze zur Verbesserung des Erfolgs von technologieorientierten Bankmarktleistungsinnovationen beschrieben. Es folgt eine Darstellung des Entwicklungspotentials von Bankmarktleistungen im elektronischen Firmenkundengeschäft, das Ansatzpunkte bei der Innovationsgenese und Ideenfindung liefern soll. Schließlich werden auf dieser Grundlage Beispiele für Bankmarktleistungsinnovationen im elektronischen Firmenkundengeschäft mit dem industriellen Mittelstand unter Einsatz der Systematik der Innovationstypen entwickelt.

4.6.2 Eine neue Systematik der Innovationstypen bei Bankmarktleistungsinnovationen

Für die Entwicklung einer Systematik zur Unterstützung des Prozesses der Bankmarktleistungsinnovation und hier insbesondere der Phasen Innovationsgenese, Ideengenerierung und Ideenanreicherung wird auf den Begriff der Bankmarktleistung, wie in Abschnitt 2.1.2 definiert, zurückgegriffen. Eine Bankmarktleistung umfaßt eine Kernleistung sowie optional ein oder mehrere Nebenleistungen, die zur Verbesserung des Problemlösungspotentials beim Kunden obligatorisch oder freiwillig angeboten werden. Eine Bankmarktleistungsinnovation kann somit im Sinne einer **Variation** bei der Kernleistung oder der Nebenleistung ansetzen oder sich im Sinne einer **echten Neuerung** auf die Bankmarktleistung als Ganzes beziehen.

Dieser Sachverhalt findet seinen Niederschlag in der folgenden Systematik der Innovationstypen bei Bankmarktleistungsinnovationen.

Abb. 4-4: Systematik der Innovationstypen bei Bankmarktleistungsinnovationen

Die Systematik unterscheidet folgende Innovationstypen:

- Bei einer **Differenzierung bzw. Diversifikation** bietet eine Bank eine neue Bankmarktleistung innerhalb bestehender Bankmarktleistungsgruppen bzw. in einer neuen Bankmarktleistungsgruppe an. Hierbei stehen drei Ansatzpunkte offen. Bei der **Umwandlung einer Nebenleistung in eine Kernleistung** wird eine bislang ausschließlich als Teil einer Bankmarktleistung offerierte Nebenleistung in eine Kernleistung transformiert. Hierfür eignen sich nur solche Leistungen, die für sich allein genommen dem Kunden einen Nutzen stiften. Eine zweite Möglichkeit zur Differenzierung bzw. Diversifikation ist die **marktliche Verwertung interner Leistungen**. Hierbei werden Leistungen, die von der Bank intern erbracht werden, als Kernleistung aufgefaßt. Beim Angebot von **Bankmarktleistungen ohne konkreten Bezug** bietet ein Kreditinstitut eine Kernleistung an, die bisher nicht als Nebenleistung oder bankintern erbracht wurde.
- **Packaging** erfolgt durch Bündelung von mindestens zwei Kernleistungen und optionalen Nebenleistungen zu einer neuen Bankmarktleistung. Im Sinne einer Systemleistung verschmelzen verschiedene separate Leistungen zu einem Leistungsbündel.
- Bei der **Variation** werden bestehende Bankmarktleistungen variiert, wobei zwei Wege offenstehen: 1) Modifikation der Kernleistung, 2) Modifikation oder Innovation (d.h. erstmaliges Anbieten) einer Nebenleistung.

Der Ansatz liefert bei einer Anwendung in den verschiedenen strategischen Geschäftsfeldern eines Kreditinstituts vielfältige Ansatzpunkte zur Generierung von

Bankmarktleistungsinnovationen.[122] Er ist dazu angelegt, die Phasen der Innovationsgenese, Ideengenerierung und Ideenanreicherung im Innovationsprozeß maßgeblich zu unterstützen.

4.6.3 Ansatzpunkte zur Verbesserung des Erfolgs von technologieorientierten Bankmarktleistungsinnovationen

4.6.3.1 Erfolgsfaktoren technologieorientierter Bankmarktleistungsinnovationen

Im Zuge einer wachsenden Bedeutung von Bankmarktleistungsinnovationen wird die systematische Planung, Gestaltung und Kontrolle von Innovationsprozessen immer wichtiger. Sie ist Gegenstand des Innovationsmanagements, das bislang in Banken wenig systematisch betrieben wird und auch nur in Ansätzen institutionalisiert ist. Innovationen bei Bankmarktleistungen sind erheblich häufiger das Ergebnis inkrementaler Veränderungen als der Umsetzung neuer Erfindungen oder Theorien.

Mit der Institutionalisierung des Innovationsmanagements erlangen Managementmethoden, die bislang hauptsächlich im Industriebereich eingesetzt werden, auch für Kreditinstitute Bedeutung. Die Anwendung des Concurrent Engineering kann z.B. dazu beitragen, die Marktadäquanz einer Bankmarktleistungsinnovation zu verbessern, indem Kunden und Mitarbeiter verschiedener Abteilungen systematisch in den Innovationsprozeß eingebunden werden. Das Konzept des kontinuierlichen Verbesserungsprozesses (Kaizen) kann wichtige Impulse für die Variation von Bankmarktleistungen liefern. Voraussetzung hierfür ist, daß die Verbesserungsideen der Firmenkundenbetreuer die Produktentwickler erreichen und im Innovationsprozeß berücksichtigt werden.

[122] Vgl. hierzu die unter Anwendung der Systematik erzeugten Beispiele für Bankmarktleistungsinnovation im elektronischen Firmenkundengeschäft mit dem industriellen Mittelstand in Abschnitt 4.6.5.1.

Aus einer umfassenden empirischen Untersuchung von Bankmarktleistungsinnovationen wurden folgende Erfolgsfaktoren[123] des Innovationsmanagements abgeleitet [vgl. Trumler 1996, S. 257-262]:[124]

- **Marktkenntnis**: „Erfolgreiche Innovationsprojekte zeichnen sich (..) in signifikantem Ausmaß durch einen *hohen Grad an Wissen* um die Struktur, Kundenmerkmale und Bedarfssituation der Zielmärkte für das entwickelte Bankprodukt aus" [Trumler 1996, S. 257]. Die empirische Erfassung der Kundenbedürfnisse bildet hierfür eine wichtige Grundlage.
- **Marktdynamik**: Bankmarktleistungsinnovationen in großen, dynamisch wachsenden Märkten mit ausgeprägter Bedarfsstruktur sind erfolgreicher als Innovationen, die in gesättigten Märkten oder in Nischenmärkten, häufig als Reaktion auf Wettbewerber, hervorgebracht werden. „Die Sinnhaftigkeit von Produkteinführungen als Reaktion auf Angebote der Mitbewerber aus Gründen des Images ist demnach zu hinterfragen" [Trumler 1996, S. 262].
- **Externes und internes Marketing**: Marketing-Aktivitäten sind wesentlich für den Innovationserfolg einer Bankmarktleistung. Dies betrifft auch das interne Marketing, das Maßnahmen zur Mitarbeitermotivation und Innovationswerbung bei den Produktentwicklern betrifft. Dies verdeutlicht die Notwendigkeit, „*Neuprodukte vor der Markteinführung in der eigenen Unternehmung zu bewerben*" [Trumler 1996, S. 258].
- **Innovationspromotoren**: Innovationen, die bankintern durch Fach- und Machtpromotoren unterstützt werden, sind erfolgreicher.

---

123 Hinter dem Begriff Erfolgsfaktor steht allgemein die Idee, daß es wenige zentrale Einflußgrößen gibt, die den Erfolg in einem Handlungsfeld bestimmen. Dabei können Erfolgsfaktoren in einem Unternehmen oder seiner Umwelt begründet sein [vgl. Steiner 1969, S. 2]. Zu strategischen Erfolgsfaktoren, ihrer Definition in der Literatur, Klassifikationsansätzen sowie dem Stand der Erfolgsfaktorenforschung vgl. [Kube 1991, S. 1-7].

124 Die Ergebnisse von *Trumler* basieren auf einer Analyse von insgesamt 75 Bankmarktleistungsinnovationen bei großen österreichischen Banken mit ausgeprägtem Privatkundengeschäft und hoher Innovationstätigkeit. Die Untersuchung wurde im Rahmen einer Doktorarbeit durchgeführt (Titel: Erfolgsfaktoren des Innovationsmanagements von Bankprodukten, Frankfurt/Main 1996). Ziel der Untersuchung war die Ableitung von Schlüsselfaktoren für den Innovationserfolg von Bankmarktleistungen. Der Datenauswertung liegen 36 Innovationsprojekte zugrunde [vgl. Trumler 1996, S. 256]. In der Analyse wurde zunächst die subjektive Bedeutung ausgewählter Einflußdeterminanten auf den Innovationserfolg aus Sicht der Produktentwickler erfragt. Anschließend wurden die (objektiven) Schlüsselfaktoren anhand einer Korrelationsanalyse ermittelt [vgl. Trumler 1996, S. 256-257]. Der Innovationserfolg wurde anhand des Produkterfolgs (Profit, Break Even, Kostenreduktion, Marktanteil, Absatzziele) und des Prozeßerfolgs (Erfüllungsgrad der Zeit- und Kostenvorgaben) gemessen [vgl. Trumler 1996, S. 255].

Speziell im Hinblick auf technologieorientierte Innovationen, zu denen Bankmarktleistungsinnovationen im elektronischen Firmenkundengeschäft zu zählen sind, gibt es zwei weitere wichtige Erfolgsfaktoren:

- **Kunden- statt Technologieorientierung**: *Bullinger* weist darauf hin, daß die Orientierung am Kundennutzen erfolgversprechender ist als eine reine Technologieorientierung [vgl. Bullinger 1994, S. 63-64].
- **Reduktion der Leistungsmerkmale auf das Wesentliche**: Die Komplexität technologischer Innovationen aus Anwendersicht darf nicht unterschätzt werden. Wichtig ist die konsequente Reduktion der Leistungsmerkmale und der Leistungsvielfalt auf den gewünschten Kundennutzen.

4.6.3.2 Innovationswahrnehmung der Adoptoren

Für eine Stimulation der Adoption von Bankmarktleistungsinnovationen ist ein tiefergehendes Verständnis der Adoptionsmechanismen notwendig. Nach *Rogers* wird die Adoptionsgeschwindigkeit einer Innovation wesentlich von der Wahrnehmung der Innovation durch die Adoptoren bestimmt. Hierbei sind folgende Wahrnehmungsdimensionen zu nennen [vgl. Rogers 1995, S. 212-244]:

- **Relativer Vorteil**: Je größer der relative Vorteil einer Innovation im Vergleich zum Bestehenden, desto höher ist die Adoptionsgeschwindigkeit.
- **Kompatibilität**: Je größer die Kompatibilität einer Innovation zu Werten, Normen und Erfahrungen sowie zu technischen Normen und Standards, desto höher die Adoptionsgeschwindigkeit.
- **Komplexität**: Je einfacher eine Innovation zu verstehen ist, desto geringer ist der Informationsbedarf und desto höher die Adoptionsgeschwindigkeit.
- **Erprobbarkeit**: Je geringer der notwendige Aufwand für einen Test der Innovation, je einfacher also die Erprobbarkeit, desto eher kann die Ungewißheit des Adoptors bei der Adoptionsentscheidung reduziert werden, was sich positiv auf die Adoptionsgeschwindigkeit auswirkt.
- **Beobachtbarkeit**: Je einfacher es für einen Adoptor ist, die Fortentwicklung einer Innovation zu beobachten, desto eher wird er Überlegungen hinsichtlich einer Adoption anstellen, was sich positiv auf die Adoptionsgeschwindigkeit auswirkt.

Die Berücksichtigung der Wahrnehmungsdimensionen im Innovationsprozeß kann die Adoptionsgeschwindigkeit von Bankmarktleistungsinnovationen im elektronischen Firmenkundengeschäft positiv beeinflussen. Einen möglichen Ansatzpunkt hierfür bilden Maßnahmen im Rahmen der Kommunikationspolitik, die den Wissensstand der Finanzverantwortlichen in mittelständischen Unternehmen verbessern, indem sie den relativen Vorteil der Bankmarktleistungsinnovation gegenüber konventionellen Bankmarktleistungen verdeutlichen. So kann durch eine Informationsveranstaltung oder ein Beratungsgespräch die vom Finanzverantwortlichen wahrgenommene Komplexität der Bankmarktleistungsinnovation reduziert werden. Bei elektronischen Mehrwertsystemen ist es z.B. denkbar, Demonstrationsdisketten eines neuen Zugangssystems zu verschicken, die es erlauben, einen

Mehrwertdienst testweise (z.B. zeitbegrenzt) kostenlos oder gegen geringes Entgelt zu nutzen. Die Beobachtbarkeit kann positiv beeinflußt werden, indem das Kreditinstitut Anwendertreffen veranstaltet, zu denen auch Nicht-Anwender eingeladen werden.

4.6.4 Entwicklungspotential von Bankmarktleistungen im elektronischen Firmenkundengeschäft mit dem industriellen Mittelstand

4.6.4.1 Vorbemerkung

Ziel der folgenden Abschnitte ist die Darstellung des Entwicklungspotentials von Bankmarktleistungen im elektronischen Firmenkundengeschäft. Dies umfaßt zum einen das Potential bestehender Bankmarktleistungen im strategischen Geschäftsfeld „Industrieller Mittelstand", zum anderen das Interesse dieser Zielgruppe an bestimmten Bankmarktleistungsinnovationen, die vor dem Hintergrund der zu beobachtenden technologischen Entwicklungen und den Problembereichen des industriellen Mittelstands erfolgversprechend erscheinen.

Zu den Bankmarktleistungen im elektronischen Firmenkundengeschäft werden Hypothesen formuliert, die eine wesentliche Grundlage für die Operationalisierung der Strategie der Bankmarktleistungsinnovation - und m.E. der Strategie der Marktdurchdringung - bilden. Ihre Überprüfung ist Gegenstand des empirischen Teils dieser Untersuchung.

4.6.4.2 Finanzmanagementsysteme

Der Rollenwandel im Finanzmanagement mittelständischer Unternehmen führt zu dem Bestreben, Optimierungsmöglichkeiten im Cash Management sowie der mittel- und langfristigen Finanzplanung zu erkennen und konsequent auszuschöpfen.[125] Der Einsatz von Finanzmanagementsystemen kann hierzu einen wesentlichen Beitrag leisten, weil durch ihn die Steuerung der Kassenhaltung und der Zahlungsströme, das Währungsmanagement sowie die Finanzkontrolle mit entsprechenden Systemfunktionen unterstützt werden können. Durch den zunehmenden Preisverfall im Hardware-Bereich bei gleichzeitig steigender Leistungsfähigkeit sind PCs im industriellen Mittelstand inzwischen weit verbreitet. Damit haben sich die technischen Voraussetzungen für den Einsatz von Finanzmanagementsystemen in dieser Zielgruppe deutlich verbessert. Erhöhte Anforderungen an das Finanzmanagement und die vorhandene technische Infrastruktur lassen grundsätzlich auf ein hohes Entwicklungspotential für den Einsatz von Finanzmanagementsystemen im strategischen Geschäftsfeld „Industrieller Mittelstand" schließen.

Zur Operationalisierung der Strategie der Bankmarktleistungsinnovation, d.h. der Ableitung von Handlungsempfehlungen im Rahmen von Marketing-Programmen, sollen folgende Hypothesen überprüft werden:

---

[125] Vgl. Abschnitt 3.1.3.3.

H 9 „Mittelständische Unternehmen mit der Fähigkeit zum Electronic Funds Transfer sind in der Minderheit"
Im industriellen Mittelstand überwiegt der Anteil der Unternehmen ohne Fähigkeit zum Electronic Funds Transfer (EFT). Ein Zahlungsverkehrssystem, das die elektronische Initiierung von Zahlungsverkehrsaufträgen erlaubt, ist mehrheitlich nicht vorhanden. Der Anteil der Unternehmen mit der Fähigkeit zum EFT ist in der Gruppe der Großunternehmen signifikant höher als im industriellen Mittelstand.

H 10 „Die durchschnittliche Anzahl der Zahlungstransaktionen rechtfertigt im Mittelstand den Electronic Funds Transfer"
Die mittlere Anzahl der Zahlungstransaktionen im In- und Ausland pro Monat rechtfertigt im industriellen Mittelstand den Einsatz eines elektronischen Zahlungsverkehrssystems mit der Möglichkeit zum Electronic Funds Transfer.

H 11 „Mittelständische Unternehmen mit Cash Management-System und/ oder Finanzplanungssystem sind in der Minderheit"
Im industriellen Mittelstand sind Unternehmen, die ein Cash Management-System und/oder Finanzplanungssystem einsetzen, in der Minderheit.

H 12 „Großunternehmen besitzen einen größeren Ausstattungsgrad mit Finanzmanagementsystemen als mittelständische Unternehmen"
Finanzmanagementsysteme (Zahlungsverkehrssysteme, Cash Management-Systeme und Finanzplanungssysteme) werden in der Gruppe der Großunternehmen von einem signifikant höheren Prozentsatz eingesetzt als im industriellen Mittelstand.

H 13 „Im Mittelstand besteht Interesse an einer Funktionserweiterung von Cash Management-Systemen"
In der Gruppe der mittelständischen Unternehmen mit Cash Management-Systemen besteht ein Interesse für weitere Informations- und Transaktionsfunktionen, wobei sich der Grad des Interesses bei einzelnen Funktionen deutlich unterscheidet.

4.6.4.3 EDI/EDIFACT und Netzzugänge

Die Verbreitung von UN/EDIFACT[126] wird seit einiger Zeit vor allem von Großkonzernen aus Industrie und Handel vorangetrieben. Hierbei nehmen einige Groß-

[126] Vgl. Abschnitt 2.4.1.5.

unternehmen Einfluß auf die Verbreitung dieser Technologie im industriellen Mittelstand, indem sie bei ihren mittelständischen Geschäftspartnern mit mehr oder weniger großem Nachdruck auf eine Umstellung der Datenformate auf UN/EDIFACT drängen. Die Fähigkeit zur Verarbeitung von UN/EDIFACT-Nachrichtentypen stellt somit ein Wettbewerbsargument mit wachsender Bedeutung dar. Mit der Verbreitung von UN/EDIFACT bei Großunternehmen wird der Druck auf den industriellen Mittelstand zunehmen. Dabei wird der Einsatz dieser Technologie im Geschäftsverkehr zwischen Unternehmen Folgen für den Informationsaustausch zwischen Bank und Firmenkunde haben.

Bei einer Prognose der künftigen Verbreitung von UN/EDIFACT ist zu berücksichtigen, daß es sich hierbei um eine Systemtechnologie für Systemgüter handelt.[127] Die Verbreitung von UN/EDIFACT wird somit durch die Verbreitung der zugehörigen Systemgüter bestimmt. Nach *Weiber* besitzen Systemgüter „*nur* einen Derivativnutzen, der sich aus dem interaktiven Einsatz eines Systemguts im Rahmen einer Systemtechnologie ergibt" [vgl. Weiber 1992, S. 18]. Damit unterscheiden sich Systemgüter wesentlich von Singulär- und Netzeffektgütern, die dem Adoptor auch einen originären Nutzen verschaffen.[128] Systemgüter sind über das physische Netzwerk der zugehörigen Systemtechnologie miteinander verbunden und bieten deshalb den Adoptoren erst dann einen Nutzen, wenn eine Mindestanzahl von Anwendern erreicht ist. Aus diesem Grunde handelt es sich bei EDI/EDIFACT in der Terminologie von *Weiber* um ein „Kritische Masse-System" [vgl. Weiber 1992, S. 19]. Kennzeichen eines Kritische Masse-Systems ist ein lange Markteinführungsphase; bis zum Erreichen der kritischen Masse ist die Adoptionskurve aufgrund von Marktwiderständen durch einen langsamen Anstieg gekennzeichnet. Einige Kritische Masse-Systeme erreichen die kritische Masse niemals. Wird die kritische Masse erreicht, so kehren sich die diffusionshemmenden Faktoren in diffusionsfördernde Faktoren um, und es tritt eine Kettenreaktion ein, die zu positiven Rückkopplungen führt und insgesamt einen progressiv ansteigenden Verlauf von Adoptions- und Diffusionskurve bewirkt [vgl. Weiber 1992, S. 141-143]. Geht man davon aus, daß sich UN/EDIFACT als internationales Datenformat für den elektronischen Verkehr strukturierter Geschäftsdaten durchsetzen wird, so ist bei Erreichen der kritischen Masse mit einem plötzlich einsetzenden Adoptionsschub zu rechnen.[129] Ab diesem Zeitpunkt wird auch die Nach-

---

[127] „Eine Systemtechnologie ist eine auf der Informationstechnik basierende Kombination von serien- und einzelgefertigten Produkten, die über eine bestimmte Systemarchitektur miteinander verbunden sind" [Weiber 1992, S. 33].

[128] Kennzeichen eines **Singulärguts** ist, daß der Markterfolg des Anbieters ausschließlich durch den Verkauf des Guts und nicht seine Nutzung beeinflußt wird [vgl. Weiber 1992, S. 15]. **Netzeffektgüter** besitzen neben ihrem originären Nutzen einen derivativen Nutzen. Beispiele für Netzeffektgüter sind Computer und Videorekorder, die für sich allein genommen dem Nachfrager einen Nutzen stiften. Der Nutzen nimmt durch die Verbreitung zu, weil sich dadurch die „Tauschmöglichkeiten von Komplementärgütern unter den Nachfragern verbessern" (z.B. Software, Videokassetten) [Weiber 1992, S. 16]. Zu den Unterschieden zwischen diesen Güterarten vgl. auch [Schoder 1995, S. 18-21].

[129] Vgl. hierzu die Hypothesen H 14 und H 15 in diesem Abschnitt.

frage nach Financial-EDI-Lösungen schnell anwachsen, weshalb Kreditinstitute gefordert sind, sich rechtzeitig mit dieser Technologie auseinanderzusetzen und entsprechende Bankmarktleistungen anzubieten. Es liegt nahe, daß Kreditinstitute ihr erworbenes Know-how in Form einer qualifizierten Beratungsleistung zu UN/EDIFACT an den industriellen Mittelstand weitergeben.

Welche besonderen weiteren Chancen die EDI/EDIFACT-Technologie für Kreditinstitute zur Generierung von Bankmarktleistungsinnovationen bietet, läßt sich am Beispiel des EDI/EDIFACT-Service-Centers verdeutlichen. Hierunter wird eine Institution verstanden, welche Mehrwertdienste zum Austausch und zur Bearbeitung von UN/EDIFACT-Nachrichten zwischen DV-Anwendungen angeschlossener EDI-Partner bereitstellt [vgl. Kerscher 1996, S. 20-21]. Das Spektrum denkbarer Mehrwertdienste ist groß und umfaßt die Bereiche Kommunikation (z.B. Verteilung von UN/EDIFACT-Nachrichten), Nachrichtenbearbeitung (z.B. Verschlüsseln von Nachrichten), Nachrichtenveredelung (z.B. Generieren von Auftragsbestätigungen) sowie weitergehende Managementleistungen (z.B. Schlüsselverwaltung, Abrechnungserstellung, Fehlerbehandlung).[130] Durch ein solches EDI/EDIFACT-Service-Center haben Kreditinstitute die Möglichkeit, sich als Knoten in den Informationsströmen ihrer Firmenkunden zu verankern.

Die Überprüfung der folgenden Hypothesen soll Anhaltspunkte zum Diffusionsverlauf von UN/EDIFACT geben und das Interesse des industriellen Mittelstands an Bankmarktleistungsinnovationen zu EDI/EDIFACT ermitteln:

> ***H 14 „Der Mittelstand setzt verstärkt auf EDI über UN/EDIFACT“***
> Der Anteil der Unternehmen aus dem industriellen Mittelstand, die planen, UN/EDIFACT in der Geschäftskommunikation mit Kreditinstituten und Partnern des Warengeschäfts einzusetzen, wird bis zum Jahr 2000 signifikant zunehmen.

> ***H 15 „UN/EDIFACT setzt sich bei Großunternehmen durch“***
> Mehr als die Hälfte der Großunternehmen plant, die EDI/EDIFACT-Technologie bis zum Jahr 2000 sowohl in der Kommunikation mit Partnern des Warengeschäfts als auch im Financial-EDI einzusetzen.

> ***H 16 „UN/EDIFACT wird funktionsübergreifend eingesetzt“***

[130] So ist es denkbar, daß Kreditinstitute im Rahmen eines EDI/EDIFACT-Service-Centers auch als Trust-Center fungieren, indem sie das Schlüsselmanagement zwischen den EDI-Partnern übernehmen. Das Verleihen von Schlüsseln ist Gegenstand der „Certificate-Based Digital Signature“, einem internationalen Standard, der die Beweissicherheit im elektronischen Geschäftsverkehr sicherstellen soll [vgl. Geis 1996, S. 77]. Wegen der langjährigen Erfahrung im Umgang mit vertrauenssensitiven Informationen besitzen Kreditinstitute gute Voraussetzungen, eine solche Rolle mit der entsprechenden Akzeptanz von seiten der EDI-Partner wahrzunehmen.

Die Pläne der Unternehmen zeigen keine signifikanten Unterschiede bzgl. des Einsatzes von UN/EDIFACT im Financial-EDI und der Geschäftskommunikation mit Partnern des Warengeschäfts. Nach den Plänen der Unternehmen ist somit ein auf einzelne Unternehmensfunktionen beschränkter Einsatz von UN/EDIFACT nicht zu erwarten.

H 17 „Mittelstand und Großunternehmen bekunden Interesse an EDI/ EDIFACT-Mehrwertdiensten"
Großunternehmen bekunden mehrheitlich Interesse an weiteren EDI/EDIFACT-Mehrwertdiensten von Kreditinstituten. Auch im industriellen Mittelstand dominieren die Befürworter, wobei ihr Anteil im Vergleich zu Großunternehmen geringer ausfällt.

H 18 „Mittelstand und Großunternehmen bekunden Interesse an der Abwicklung des EDI/EDIFACT-Verkehrs über Banknetze"
Großunternehmen bekunden mehrheitlich Interesse an der Abwicklung ihres EDI/EDIFACT-Verkehrs über Banknetze. Auch im industriellen Mittelstand dominieren die Befürworter, wobei ihr Anteil im Vergleich zu Großunternehmen geringer ausfällt.

Voraussetzung für Financial-EDI und die firmenkundenseitige Nutzung elektronischer Mehrwertdienste über Mehrwertsysteme sind Zugänge der Firmenkunden zu leistungsfähigen Netzinfrastrukturen. In der Praxis wird EDI/EDIFACT häufig über ISDN-Netze mit dem Protokoll X.400 abgewickelt. Auch für Videokonferenzen und datenintensive Interaktionsanwendungen, wie das Online-Retrieval bei Online-Datenbanksystemen, bietet sich ISDN an. Bei der Realisierung von Telebank-Anwendungen ist für Kreditinstitute entscheidend, auf welche Netzzugänge sie bei ihren Firmenkunden heute und künftig bauen können und welches Entwicklungspotential Netze und Protokolle besitzen. Hierzu sollen zwei Hypothesen überprüft werden:

H 19 „X.400 wird bis zum Jahr 2000 im industriellen Mittelstand keine große Verbreitung erfahren"
Der Anteil der Unternehmen mit X.400-Zugang ist in der Gruppe der Großunternehmen signifikant höher als im industriellen Mittelstand. Nach den Plänen der mittelständischen Unternehmen wird X.400 bis zum Jahr 2000 keine große Verbreitung erfahren.

H 20 „ISDN wird zur bevorzugten Netzinfrastruktur im Mittelstand"
Nach den Plänen der mittelständischen Unternehmen wird ISDN bis zum Jahr 2000 zur bevorzugten Netzinfrastruktur im industriellen Mittelstand.

4.6.4.4 Online-Datenbanksysteme

Obwohl ein großer Informationsbedarf in mittelständischen Unternehmen besteht[131], ist die Nachfrage nach Informationen aus Online-Datenbanksystemen in dieser Zielgruppe relativ gering [vgl. Pieper 1990, S. 38]. Der geringen Nachfrage steht ein inhaltlich sehr breites Angebot an Online-Informationen gegenüber.

Ursache	Hindernisse bei der Datenbanknutzung
Mittelständisches Unternehmen	• Unkenntnis über das Datenbankangebot • Unkenntnis über die Vorteile einer Datenbanknutzung • mangelnde Mitarbeiterqualifikation im Hinblick auf die Datenbanknutzung • überzogene Erwartungshaltung • mangelnde Kenntnis vom Preis der Information • wenig ausgeprägtes Informationsbewußtsein • Berührungsängste im Umgang mit dem Computer • keine oder zu geringe Fremdsprachenkenntnisse • Ablehnung durch die Mitarbeiter; Datenbanken werden als Konkurrenz zu traditionellen Informationsquellen angesehen
Datenbankmarkt	• geringe Markttransparenz im Datenbankmarkt • undurchsichtige Preisstellung
Datenbankinhalt	• zu wenige oder keine statistischen Daten mit einem angemessenen Aggregationsgrad (z.B. Kennziffern und Zeitreihen differenziert nach (Mikro-)Branchen oder Regionen) • unvollständige Datenbankinhalte (z.B. Einkaufsführer, die nicht alle Unternehmen enthalten) • nachlässige Abstracts • fehlende Themengebiete • geringer Problem- und Entscheidungsbezug des Datenbankinhalts
Datenbankzugriff	• Komplizierte Installation des Datenbanksystems • Komplexität des Aufbaus der notwendigen technischen Infrastruktur (z.B. Beantragung des Netzzugangs; Anpassung der Komponenten) • keine Standardisierung bei Retrievalsprachen

Tabelle 4-3: Hemmnisse bei der Nutzung von Online-Datenbanksystemen im Mittelstand - Darstellung in Anlehnung an [Pieper 1990, S. 35-36; Gries/Schmidt 1995, S. 68-74]

Offensichtlich besteht eine Diskrepanz zwischen dem Informationsbedarf und der Informationsnachfrage mittelständischer Unternehmen sowie dem Informationsangebot auf Seiten der Anbieter von Online-Datenbanksystemen. Es stellt sich die Frage, welche Ursachen hierfür verantwortlich sind. Tabelle 4-3 stellt unternehmensinterne, marktliche, inhaltliche und zugriffstechnische Hemmnisse übersichtsartig dar. Die genannten Hemmnisse bieten Ansatzpunkte zur Stimulation der Nachfrage nach Online-Datenbanksystemen im industriellen Mittelstand. Die

131 Vgl. Abschnitt 3.1.3.2.

Bedeutung von datenbank- und retrievalbezogenen Qualitätsmerkmalen für die Akzeptanz von Online-Datenbanksystemen wird durch eine Untersuchung zu den Erfolgsfaktoren der Online-Datenbanknutzung bei 357 direkten Nutzern des Hosts FIZ-Technik gestützt [vgl. Herget/Hensler 1995, S. 133-136].[132]

Im Kontext der vorliegenden Untersuchung ist die Überprüfung folgender Hypothesen zu Online-Datenbanksystemen von Interesse:

> ***H 21 „Mittelständische Unternehmen mit Online-Datenbanksystemen sind in der Minderheit"***
> Der weitaus überwiegende Teil der Unternehmen im industriellen Mittelstand setzt kein Online-Datenbanksystem i.e.S. oder Realtime-Datenbanksystem ein und plant auch nicht den Einsatz eines solchen Systems.
>
> ***H 22 „Großunternehmen besitzen einen höheren Ausstattungsgrad mit Online-Datenbanksystemen als mittelständische Unternehmen"***
> Online-Datenbanksysteme i.e.S. und Realtime-Datenbanksysteme werden in der Gruppe der Großunternehmen von einem signifikant höheren Prozentsatz eingesetzt als im industriellen Mittelstand. Auf Grundlage der Pläne der Unternehmen wird dies bis zum Jahr 2000 so bleiben.
>
> ***H 23 „Der Mittelstand hat Interesse an Online-Informationen"***
> Im industriellen Mittelstand besteht ein Interesse für den Bezug von Online-Informationen.
>
> ***H 24 „Es besteht ein Entwicklungspotential für Online-Datenbanksysteme im Mittelstand"***
> Nach den Plänen des industriellen Mittelstands wird bis zum Jahr 2000 der Anteil der Unternehmen, die Online-Datenbanksysteme oder Realtime-Datenbanksysteme einsetzen, signifikant zunehmen.

4.6.4.5 Kommunikationssysteme

In Abschnitt 2.4.3 wurde dargelegt, daß EMail- und ISDN-Videokonferenzsysteme weitere Optionen zur Kommunikation an der Bank-Firmenkunde-Schnittstelle darstellen. Aus Sicht der Kreditinstitute ist von Interesse, inwieweit diese Medien bereits heute eingesetzt werden und welche Pläne mittelständische Unternehmen bzgl. eines künftigen Einsatzes haben. Für eine Prognose ist darüber hinaus von

---

[132] Die Faktoren im einzelnen sind: Qualität von Datenbanken, Aktualität der Datenbanken, übersichtliches Gesamtangebot, gleicher Aufbau von Datenfeldern, Downloading, einheitliche Retrievalsprachen, Crossfile-/Multifile-Searches [vgl. Herget/Hensler 1995, S. 135].

Interesse, inwieweit diese Medien in anderen Anwendungsbereichen - innerbetrieblich und zwischenbetrieblich mit Partnern des Warengeschäfts - eingesetzt werden bzw. ob ein solcher Einsatz geplant ist. Folgende Hypothesen sollen zu Kommunikationssystemen überprüft werden:

H 25 „EMail wird sich als weitere Option an der Bank-Firmenkunde-Schnittstelle etablieren"
Ausstattungsgrad und Pläne des industriellen Mittelstands bzgl. des Einsatzes von EMail-Systemen an der Bank-Firmenkunde-Schnittstelle deuten darauf hin, daß sich dieses Medium bis zum Jahr 2000 als weitere Option in der Geschäftskommunikation zwischen Bank und Firmenkunden etablieren wird.

H 26 „ISDN-Videokonferenzsysteme stellen für den Mittelstand keine weitere Option an der Bank-Firmenkunde-Schnittstelle dar"
Nach den Plänen des industriellen Mittelstands werden ISDN-Videokonferenzsysteme bis zum Jahr 2000 an der Bank-Firmenkunde-Schnittstelle nur geringe Verbreitung erlangen.

H 27 „Der Einsatz neuer Kommunikationsmedien erfolgt an der Bank-Firmenkunde-Schnittstelle zuletzt"
Industrieller Mittelstand und Großunternehmen planen, EMail- und ISDN-Videokonferenzsysteme zunächst unternehmensintern, dann unternehmensübergreifend mit Partnern des Warengeschäfts und zuletzt in der Kommunikation mit ihrer Bank einzusetzen.

H 28 „Großunternehmen besitzen einen höheren Ausstattungsgrad mit Kommunikationssystemen als mittelständische Unternehmen"
Im Vergleich zum industriellen Mittelstand setzt ein signifikant höherer Anteil von Großunternehmen EMail- und ISDN-Videokonferenzsysteme ein bzw. plant ihren Einsatz.

4.6.4.6 Integrierte Online-Systeme

Die rasante Zunahme der Zahl der Internet-Nutzer und eine stark wachsende Präsenz der Kreditinstitute in diesem Medium drängen Kreditinstituten die Frage auf, welche Rolle das Internet / World Wide Web künftig im elektronischen Firmenkundengeschäft spielen kann und wird. Das Internet unterstützt alle drei Interaktionsformen - Information, Transaktion und Kommunikation[133] - und bietet deshalb die konzeptionellen Voraussetzungen für eine Telebanking-Plattform. Die Vorteilhaftigkeit dieses Mediums wird durch weitere Argumente gestützt:[134]

---

[133] Vgl. Abschnitt 2.3.4.
[134] Zu den Eigenschaften des Internet vgl. auch [Dratva 1995, S. 152-154].

- **Integrierte Diensteplattform**: Im Internet ist eine Vielzahl von Mehrwertdiensten, wie Electronic Mail, File-Transfer oder World Wide Web integriert. Das Internet als offene, integrierte Diensteplattform eröffnet eine große Flexibilität bei der Realisierung von Telebank-Anwendungen.[135]
- **Benutzerfreundlichkeit**: Über moderne Browser, die das Zugangssystem zur integrierten Diensteplattform Internet darstellen, kann der Firmenkunde benutzerfreundlich auf die verschiedenen Mehrwertdienste zugreifen. Dabei können Schnittstellenprobleme zwischen unterschiedlichen Anwendungen vermieden werden, wenn sämtliche Telebank-Anwendungen über das Internet bereitgestellt werden. Damit tritt die Schnittstellenproblematik nur noch zwischen Internet und der Unternehmens-DV (vor allem zur Finanzbuchhaltung) auf, wobei sich auch hier Lösungen abzeichnen.[136]
- **Integrationsentwicklung bei Online-Systemen**: Andere integrierte Online-Systeme verfügen heute bereits über Gateways zum Internet. Es ist eine Entwicklung absehbar, bei der sich einerseits die Internet-Standards auch in anderen Online-Systemen durchsetzen und andererseits integrierte Online-Systeme im Internet aufgehen.[137]
- **Bestehendes Angebot**: Im Internet, insbesondere im World Wide Web, existiert bereits eine Vielzahl von Informationsleistungen für Firmenkunden. So bieten Nachrichtenagenturen, Tageszeitungen, Datenbank-Hosts, Wirtschaftsforschungsinstitute und Finanzanalysten ein umfassendes Informationsspektrum.[138]

---

135 Zu den Internet-Mehrwertdiensten vgl. Tabelle 2-6.

136 So stellte SAP auf der CeBIT 1996 eine Internet-Schnittstelle für ihr System R/3 vor, die Unternehmen erlaubt, Kundenbestellungen online über das Internet entgegenzunehmen. Über das Internet ist es Kunden möglich, den aktuellen Stand ihrer Bestellung beim Anbieter zu verfolgen [vgl. auch o.V. 1996f, S. 24].

137 Die Anbieter der integrierten Online-Systeme AT&T, Prodigy, Microsoft und CompuServe planen, ihre proprietären Clients einzustellen und ihren Dienst in das World Wide Web zu integrieren. Bei CompuServe ist der Schritt für spätestens 1997 geplant [vgl. o.V. 1996j, S. 1]. Damit ist America Online das einzige Online-System mit einem proprietären Client, das nicht plant, Teil des Internet zu werden [vgl. o.V. 1996g, S. 21].

138 Hier einige Beispiele für Angebote, die speziell für die Zielgruppe des industriellen Mittelstands von Interesse sind:
Der Datenbank-Host GBI bietet Datenbank-Recherchen im World Wide Web an. Interessenten können einen Benutzer-Antrag über das WWW stellen und das Bezahlverfahren festlegen. Die Benutzerkennung geht auf Wunsch per Electronic Mail zu. Im WWW steht eine komfortable Suchmaske zur Verfügung. Das Datenbankspektrum ist auf 17 Pressedatenbanken, zwei Unternehmensdatenbanken und zehn Literaturdatenbanken beschränkt [vgl. WWW 1996b] (Adresse: http://www.gbi.de).
Auch die Verlagsgruppe Handelsblatt ist mit ihrem Dienst „Wirtschaft-Online" in Kooperation mit vwd Vereinigte Wirtschaftsdienste und dem Hoppenstedt-Verlag mit Online-Datenbanken (Host GENIOS), Wirtschafts-, Finanz- und Börseninformationen im Internet präsent [vgl. o.V. 1996d, S. 25] (Adresse: http://www.wirtschaft-online.de).
Der europäische Geschäftszweig der Gartner Group hat zusammen mit anderen Forschungs- und Analyseunternehmen ein Paket aus Analyse- und Beratungsleistungen geschnürt, das sie im Internet/WWW anbietet. @vantage, so der Name des Dienstes, wurde in Kooperation mit Netscape entwickelt. Das Informationsangebot deckt thematisch das gesamte Spektrum der

Diesen Vorteilen stehen derzeit (noch) einige Hemmnisse bei der Realisierung von Telebank-Anwendungen im Internet / World Wide Web gegenüber:

- **Sicherheitsproblematik**: Die Gewährleistung der Datensicherheit im Internet ist die wichtigste Voraussetzung dafür, daß nicht nur Informationsleistungen sondern auch Transaktionsleistungen in diesem Medium breite Akzeptanz erlangen. Inzwischen sind einige Sicherheitskonzepte auf dem Markt, die ihre Funktionsfähigkeit unter Beweis stellen müssen.[139]
- **Geringe Bandbreiten**: Durch die rasante Zunahme der Internet-Server reichen die Netzkapazitäten häufig nicht aus, um angemessene Übertragungszeiten zu gewährleisten. Der Aufbau einzelner HTML-Seiten ist oft zeitraubend. Bedingt durch die Konstruktion des Internet lassen sich Übertragungszeiten nicht garantieren, denn der Weg der in einzelnen Paketen übermittelten Information von einem Server zu einem Client kann nicht vorherbestimmt werden.
- **Informationsmangel im Informationsüberfluß**: Das gezielte Auffinden von Informationen ist aufgrund der Struktur des World Wide Web problematisch. Suchmaschinen, die zu bestimmten Schlüsselwörtern passende WWW-Seiten suchen, sind vorhanden.[140] Die Recherche in diesen Suchmaschinen ist jedoch insbesondere bei mehrdeutigen Suchbegriffen problematisch, weil oft hunderte von Treffern gefunden werden, deren Überprüfung beträchtliche Zeit in Anspruch nimmt.

Informationstechnologie ab. Abgerufen werden können wöchentlich aktualisierte Forschungsberichte, Meinungen und Positionen führender Experten sowie 56 neue Forschungsberichte pro Monat. Darüber hinaus finden interaktive Foren statt („Ask the analyst"). Die Preise sind bewußt so gestaltet, daß der Dienst nicht nur für Großunternehmen, sondern auch für den Mittelstand attraktiv ist [vgl. Matzer 1996, S. 17] (Adresse: http://www.atvantage.com).

Eine gute Einstiegsseite für den Abruf von Finanzinformationen, den Erfahrungs- und Informationsaustausch zu Finanzthemen und das Auffinden von Finanzanbietern im World Wide Web liefert Cyber Finance, „das Finanzforum für Onlinebörsianer und Cyberbanker im Internet" (Adresse: http://www.cyber-finance.com). Eine vollständige Liste aller deutschen Kreditinstitute im Internet/WWW liefert das Institut für Bankinformatik an der Universität Regensburg gemeinnützige GmbH (Adresse: http://www.ibi.de).

Auch Kreditinstitute erweitern ihr Informationsangebot für mittelständische Firmenkunden im Internet. So plant z.B. die Deutsche Bank, ihre Datenbank euro-select über das Internet/WWW zugänglich zu machen [Schriftliche Auskunft der Deutschen Bank vom 22.07.1996].

[139] Zur Sicherheitsproblematik im Internet / World Wide Web vgl. [Kerscher 1996, S. 46-47] und Fußnote 44 in Abschnitt 2.4.4.3.

[140] Inzwischen existiert eine Vielzahl von deutschen Internet-Suchsystemen. Besonders interessant für den industriellen Mittelstand sind der deutsche Yahoo (http://www.yahoo.de), Web.de (http://www.web.de), das mit über 13.000 Links eine der größten deutschen Internet-Suchsystemen ist, der AOL-Katalog (http://www.germany.aol.com/ katalog), der mit Links zu weiteren Suchmaschinen im Internet aufwartet, Lycos Deutschland (http://www.lycos.de) und das Suchsystem LEO (http://www.leo.org/search-index.html) der Technischen Universität München [vgl. Berberich 1996, S. 61].

Es ist zu erwarten, daß diese Hemmnisse durch Verschlüsselungsalgorithmen, durch einen Ausbau der technischen Infrastruktur und intelligente Suchmaschinen, z.B. in Form elektronischer Agenten, zumindest mittelfristig abgebaut werden können. Dies wird die Akzeptanz dieses Mediums weiter stimulieren.

Im Kontext der vorliegenden Untersuchung sollen folgende Hypothesen zu integrierten Online-Systemen getestet werden:

H 29 „Das Internet / World Wide Web besitzt im Vergleich zu T-Online und CompuServe im Mittelstand das größte relative Potential"
Das Internet / World Wide Web ist auf Grundlage der Pläne des industriellen Mittelstands das integrierte Online-System mit dem größten relativen Entwicklungspotential. Der Anteil der mittelständischen Unternehmen, die dieses Medium nutzen, wird bis zum Jahr 2000 signifikant zunehmen.

H 30 „Großunternehmen besitzen einen höheren Ausstattungsgrad mit integrierten Online-Systemen als mittelständische Unternehmen"
Die integrierten Online-Systeme Internet / World Wide Web, T-Online und CompuServe werden in der Gruppe der Großunternehmen von einem signifikant höheren Prozentsatz eingesetzt als im industriellen Mittelstand. Nach den Plänen der Unternehmen wird dies auch bis zum Jahr 2000 so bleiben.

H 31 „T-Online ist und bleibt bevorzugtes Online-System im Mittelstand"
T-Online ist derzeit das bevorzugte integrierte Online-System im industriellen Mittelstand. Nach den Plänen der mittelständischen Unternehmen wird dies bis zum Jahr 2000 so bleiben.

H 32 „Die Verbreitung von CompuServe wird nur noch geringfügig zunehmen"
Der Anteil der mittelständischen Unternehmen, die einen Zugang zum integrierten Online-System CompuServe besitzen, wird auf niedrigem Niveau verharren und bis zum Jahr 2000 nicht mehr signifikant zunehmen. Gleiches gilt auf etwas höherem Niveau für Großunternehmen.

4.6.4.7 Beratungsleistungen im elektronischen Firmenkundengeschäft

Innovationen bei Beratungsleistungen können zum einen durch die Abdeckung neuer Beratungsthemen, wie EDI/EDIFACT, entstehen; zum anderen steht Kreditinstituten die Umwandlung von Nebenleistungen in Bankmarktleistungen offen, wobei hierfür die grundsätzliche Zahlungsbereitschaft mittelständischer Firmenkunden Voraussetzung ist.

In den Ausführungen zu den Problembereichen mittelständischer Unternehmen wurde dargelegt, daß der industrielle Mittelstand aufgrund des fehlenden Spezialisten-Know-hows auf externe Unterstützung in Form von qualifizierter Beratung angewiesen ist.[141] Im Kontext dieser Untersuchung stellt sich die Frage, ob der industrielle Mittelstand daran interessiert ist, bestimmte Beratungsleistungen von Kreditinstituten in Anspruch zu nehmen.

Im Hinblick auf eine Erweiterung des Themenspektrums von Beratungsleistungen und ihre kostenorientierte Verrechnung sollen folgende Hypothesen überprüft werden:

> ***H 33 „Beim Vergleich verschiedener Qualitätsmerkmale an der Bank-Firmenkunde-Schnittstelle und im elektronischen Firmenkundengeschäft mißt der Mittelstand Beratungsleistungen eine große Bedeutung bei"***

> ***H 34 „Beim Vergleich verschiedener Beratungsthemen zeigt der Mittelstand das größte Interesse für eine Finanzberatung durch Kreditinstitute"***
> Im Vergleich der Beratungsthemen Finanzen (Zahlungsverkehr, Cash Management, Finanzplanung), Systeme und Netze (Hardware, Software und Netze im Finanzbereich) und betriebswirtschaftliche Beratung besteht im industriellen Mittelstand das größte Interesse für Beratungsleistungen rund um den Themenkomplex Finanzen.

> ***H 35 „Der Mittelstand besitzt eine geringe Zahlungsbereitschaft für Beratungsleistungen"***
> Die Aussage „Gute Beratung bei Electronic-Banking-Leistungen lassen wir uns etwas kosten" lehnt die Mehrheit der Unternehmen aus dem industriellen Mittelstand ab.

[141] Vgl. Abschnitt 3.1.3.

H 36 „Die grundsätzliche Zahlungsbereitschaft für Beratungsleistungen ist bei Großunternehmen höher als im Mittelstand"
Im Vergleich zum industriellen Mittelstand wird der Aussage „Gute Beratung bei Electronic-Banking-Leistungen lassen wir uns etwas kosten" bei Großunternehmen in signifikant höherem Maße zugestimmt.

4.6.5 Bankmarktleistungsinnovationen im elektronischen Firmenkundengeschäft mit dem industriellen Mittelstand

4.6.5.1 Entwicklung von Bankmarktleistungsinnovationen unter Einsatz der Systematik der Innovationstypen

Zur Verdeutlichung ihres praktischen Nutzens sollen anhand der Systematik der Innovationstypen aus Abschnitt 4.6.2 Beispiele für Bankmarktleistungsinnovationen im elektronischen Firmenkundengeschäft mit dem industriellen Mittelstand entwickelt werden. Bei der Auswahl der Beispiele wird das Entwicklungspotential von Bankmarktleistungen im elektronischen Firmenkundengeschäft berücksichtigt. In Tabelle 4-4 und Tabelle 4-5 sind zu jedem Innovationstyp jeweils drei Beispiele aufgeführt.

Diversifikation/Differenzierung		
Angebot interner Leistungen als Kernleistung	**Umwandlung von Nebenleist. in Kernleistungen**	**Angebot von Kernleistungen ohne konkreten Bezug**
• Angebot bisher nur für interne Zwecke erzeugter und genutzter Informationen.	• Angebot einer bisher unentgeltlich erbrachten Finanzplanungsberatung als Bankmarktleistung.	• Angebot eines Mehrwertdienstes im Rahmen eines EDI/EDIFACT-Service-Centers.
• Angebot von intern erbrachten und genutzten Datenverkehrsleistungen (z.B. Netzmanagement).	• Angebot von bisher als Nebenleistung erbrachten Datenkonvertierungsleistungen (z.B. DTA in UN/EDIFACT) als Bankmarktleistung.	• Angebot einer nicht unmittelbar bankleistungsbezogenen entgeltlichen Systemberatung.
• Angebot eines bisher nur intern genutzten eigenen Internet-Service-Provider-Dienstes, der Firmenkunden das Einstellen eigener Web-Seiten auf dem WWW-Server der Bank ermöglicht.	• Angebot einer bisher im Rahmen des Absatzes eines Cash Management-Systems erbrachten Mitarbeiterschulung zum Cash Management als Bankmarktleistung.	• Angebot von Datenbankleistungen durch Aufbau eines eigenen Datenbank-Hosts.

Tabelle 4-4: Beispiele für Bankmarktleistungsinnovationen im elektronischen Firmenkundengeschäft I

Packaging	Variation	
	Modifikation der Kernleistung	Modifikation/Innovation einer Nebenleistung
• Angebot eines Finanzmanagementpakets bestehend aus Zahlungsverkehrssystem, Cash Management-System, Finanzplanungssystem, Beratung, Installation, Schulung und einem Jahr Systemsupport inklusive.	• Integration eines bestehenden Zahlungsverkehrssystems als Mehrwertdienst in das Internet/WWW.	• Servicegarantien bei Telebank-Anwendungen (z.B. Laufzeit einer Überweisung, Verfügbarkeit der bankseitigen Systeme, Aktualität der Information) im Rahmen des Absatzes eines elektronischen Mehrwertsystems.
• Angebot eines Informationspaketes bestehend aus einem Internet-Zugang, einem Zugang zu Online-Datenbanken der Bank, Zugang zu Online-Datenbanken von Kooperationspartnern der Bank sowie Beratung, Installation, und Einweisung in die Zugangssoftware.	• Verbesserung der Benutzerfreundlichkeit eines Cash Management-Systems durch eine multimediale Oberfläche.	• Angebot einer 24-Stunden-Hotline mit 0130-Nummer im Rahmen des Absatzes eines Finanzmanagementsystems für den Support der kundenseitig installierten Mehrwertsysteme der Bank.
• Bündelung von EDI/EDIFACT-Service-Center-Leistungen, die separat angeboten werden, zu einem Komplettpaket.	• Integration dedizierter Datenbankdienste mit bisher separaten Zugangssystemen in ein verteiltes Datenbanksystem.	• Angebot einer Vermittlungsleistung zu einem Systemhaus im Rahmen einer EDI/EDIFACT-Beratung.

Tabelle 4-5: Beispiele für Bankmarktleistungsinnovationen im elektronischen Firmenkundengeschäft II

4.6.5.2 Überwindung des Dilemmas zwischen Differenzierung und Standardisierung am Beispiel der Individualisierung von Informationen durch elektronische Mehrwertsysteme

Individuelle Kundenanforderungen einerseits und ein wachsender Kostendruck andererseits führen zu einem Dilemma zwischen Bedürfnis- und Kostenorientierung. Die bekannten Optionen - Differenzierung versus Standardisierung - sind nur geeignet, jeweils eines der beiden Ziele zu verfolgen. Nach *Meffert* stellt die Marketing-Effizienz im Spannungsfeld zwischen standardisierter und differenzierter Marktbearbeitung das Schlüsselproblem der 90er Jahre dar [vgl. Meffert 1986, S. 442].

Dieses Problem besteht im besonderen Maße im elektronischen Firmenkundengeschäft mit dem industriellen Mittelstand. Die Determinanten des Ausstattungsbedarfs mit Bankmarktleistungen des elektronischen Firmenkundengeschäfts - Geschäftsintensität und Internationalität des Geschäfts, Transaktionsvolumen und Geschäftsverbindungen zu Kreditinstituten - machen deutlich, wie unterschiedlich die Unternehmensprofile im industriellen Mittelstand sein können. Das Spektrum reicht von einem regional ausgerichteten Mittelständler mit 50 Mitarbeitern und einer Bankverbindung bis zu einem international ausgerichteten Industrieunternehmen mit einigen Zweigwerken und zahlreichen Bankverbindungen im In- und Ausland. Dementsprechend unterschiedlich fallen auch die Anforderungen aus, die aus dem Geschäftsprofil erwachsen. Diesen differenzierten Firmenkundenanforderungen steht auf der anderen Seite die Notwendigkeit gegenüber, die Kosten der Leistungserstellung zu minimieren. Bedingt durch einen zunehmenden Wettbewerb lassen sich Bankmarktleistungen im elektronischen Firmenkundengeschäft nur selten kostenadäquat verrechnen. Somit stellt sich die Frage, wie eine Kostenminimierung bei gleichzeitiger Befriedigung individueller oder zumindest segmentspezifischer Anforderungen erzielt werden kann.

Durch das Konzept der Modularisierung in Kombination mit dem intelligenten Einsatz der Informations- und Kommunikationstechnologie kann dieses Dilemma zumindest abgeschwächt werden. Es soll am Beispiel der intelligenten Informationsbereitstellung verdeutlicht werden. Im Kontext der vorliegenden Untersuchung ist dieses Beispiel besonders geeignet, da

- im Mittelstand eine deutliche Diskrepanz zwischen hohem Informationsbedarf und geringer Informationsnachfrage besteht, die auf die beschriebenen Hemmnisse zurückzuführen ist;[142]
- Informationsleistungen einen expandierenden, breitgefächerten und relativ neuen Absatzbereich der Banken darstellen [vgl. Gerken 1996, S. 170];
- Informationsleistungen gut für eine Modularisierung geeignet sind;
- Kreditinstitute selbst eine große Menge von Informationen in unterschiedlichen Aggregationsstufen erzeugen und verarbeiten und sich diese Informationen für einen entgeltlichen Verkauf am Markt anbieten [vgl. Gerken 1996, S. 172].

Die Idee der intelligenten Informationsbereitstellung besteht darin, daß nach einer umfassenden Informationsbedarfsanalyse im industriellen Mittelstand in **Schritt 1** zunächst Informationsquellen identifiziert werden, die für eine Deckung des Informationsbedarfs in dieser Zielgruppe geeignet sind. Prinzipiell kommen bankinterne und bankexterne Quellen in Frage. Bei der Sichtung bankinterner Informationsquellen müssen die einzelnen Abteilungen eines Kreditinstituts systematisch nach elektronisch verwertbaren Informationen durchforstet werden. Darüber hinaus ist zu prüfen, inwieweit über Kooperationen mit Datenbank-Hosts, Nachrichtenagenturen und Wirtschaftsforschungsinstituten die Informationsbasis vergrößert werden kann. Im **zweiten Schritt** müssen die elektronisch verfügbaren Informationen in Informationseinheiten zerlegt werden. Beispiele für solche Informationseinheiten sind ein Datum (z.B. Aktienkurs, Zinssatz), ein Zeitungsartikel, eine Agenturmeldung, eine Kursentwicklungsgrafik (Kurschart), eine Zeitreihe oder ein Kommentar. Die Informationseinheiten können multimediale Formen annehmen. In **Schritt 3** werden diese Informationseinheiten in eine dokumentenorientierte Datenbank eingestellt.

---

142 Vgl. Abschnitt 4.6.4.4.

In dieser Ausbaustufe sind bereits die Voraussetzungen für eine segmentspezifische Informationsbereitstellung geschaffen. So ist es denkbar, daß das betreffende Kreditinstitut von sich aus segmentspezifische Angebote schnürt, indem es einzelne Informationseinheiten mit thematischem oder sonstigem Bezug zu Informationsmodulen bündelt, die einzeln oder zu einem Informationspaket kombiniert Firmenkunden angeboten werden. Mit der heutigen Technologie lassen sich die einmal definierten Module automatisch in bestimmten Zeitabständen an ausgewählte Firmenkunden verteilen (z.B. per Fax, online). Auch ein kundenseitiger Abruf ist denkbar.

Die Überwindung des Dilemmas zwischen Bedarfs- und Kostenorientierung wird erreicht, wenn in einem **vierten Schritt** ein benutzerfreundliches Retrieval-System konzipiert und realisiert wird, das den einfachen Zugang zu den Informationseinheiten an beliebigen Drittstandorten ermöglicht. Bei der Konzeption des Systems sind die in Abschnitt 4.6.4.4 genannten Hemmnisse bei der Nutzung von Online-Datenbanken und die in Abschnitt 4.6.3 genannten Grundsätze bei der Gestaltung technologieorientierter Innovationen als restriktive Nebenbedingungen zu berücksichtigen. Das Retrieval System stellt neben den Informationsinhalten einen zweiten kritischen Erfolgsfaktor des Mehrwertsystems dar.

Eine wesentliche Funktion dieses Systems sind sogenannte Informationsfilter, die der Firmenkunde frei definieren kann. Diese Informationsfilter versetzen den Firmenkunden in die Lage, Informationseinheiten nach seinen individuellen Bedürfnissen zu Informationsmodulen zusammenzustellen und automatisch oder per Knopfdruck wiederkehrend abzurufen. So ist denkbar, daß der Finanzmanager eines mittelständischen Unternehmens einen Informationsfilter definiert, der folgende Informationseinheiten beinhaltet: Kurse zu den Aktien im Anlagevermögen, Devisenkurse der relevanten Im- und Exportländerwährungen, Länderinformationen zu Exportländern mit kritischer politischer Lage, Agenturmeldungen und Zeitungsartikel zu den wichtigsten Kunden und Lieferanten, aktuelle Konjunkturprognosen für die (Mikro-)Branche des Unternehmens, die aktuelle Insolvenzstatistik, aktuelle Zinssätze und Konditionen des Kreditinstituts, Informationen über bevorstehende Vorträge, Tagungen und Kongresse zu Themen des Finanzmanagements. Durch die Definition eines solchen Informationsfilters kann der Finanzmanager seinen Informationsmangel im Informationsüberfluß zumindest partiell überwinden.

Auch die bereits genannten segmentspezifischen Module lassen sich über das Konzept der Informationsfilter realisieren. So ist es denkbar, daß das Kreditinstitut weitere Module über spezielle Informationsfilter für bestimmte Branchen, Regionen, Exportländer, Börsendaten, etc. selbst definiert. Die Möglichkeit einer logischen Verknüpfung von Informationsfiltern kann dazu beitragen, daß bei der Inanspruchnahme mehrerer Informationsmodule bestimmte Informationseinheiten nicht doppelt abgerufen werden.

Aus Sicht des Kreditinstituts ist mit diesem elektronischen Mehrwertsystem das Dilemma zwischen Individualisierung und Standardisierung zumindest bei der Bereitstellung von Informationsleistungen überwunden. Durch die Modularisierung erreicht die Bank eine standardisierte Flexibilität, die kundenindividuelle Problemlösungen ermöglicht. Die Flexibilität wird durch die intelligente Kombination der Modularisierung von Informationen mit elektronischen Mehrwertsystemen erreicht.

In einer letzten Ausbaustufe ist in **Schritt 5** denkbar, daß das Kreditinstitut selbst oder über Kooperationspartner als Informationsveredler auftritt, indem es Informationsmodule durch eigene Kommentare mit Bezug zum Problem- und Entscheidungskontext des Firmenkunden aufbereitet. Beispiele hierfür sind kundenindividuelle Reports oder ein Finanz-Benchmarking eines mittelständischen Firmenkunden auf Basis aggregierter Einzelunternehmensdaten der Kundendatenbank des Kreditinstituts.

Die Modularisierung von Informationsleistungen eröffnet zusammen mit dem Einsatz von elektronischen Mehrwertsystemen eine neue Qualität der Informationsbeschaffung für den industriellen Mittelstand und schafft damit ein Differenzierungspotential für Kreditinstitute, das nachhaltig zur Erhöhung der Kundenbindung und damit zur Potentialerschließung beitragen kann.

4.6.5.3 Gewährung von Servicegarantien

Garantieleistungen bei physischen Produkten sind seit vielen Jahren eine Selbstverständlichkeit. Die Idee einer Garantie bei Dienstleistungen (sog. Servicegarantie) ist demgegenüber noch relativ jung. Eine Servicegarantie verspricht Firmenkunden ein bestimmtes Serviceniveau, wobei bei Nichterfüllung eine Kompensation durch die garantierende Bank erfolgt [vgl. Brinkmann/Peill 1996, S. 284].

Mit einer Servicegarantie zeigt ein Kreditinstitut seinen Firmenkunden, daß es von seiner Leistung überzeugt ist. Die Tatsache, daß ein Kreditinstitut im Falle der Nichteinhaltung einer Garantie eine Entschädigung in geeigneter Form gewährt, schafft Vertrauen [vgl. Brinkmann/Peill 1996, S. 285]. Studien zeigen, daß Kunden, deren Problem zufriedenstellend gelöst wurde, eine höhere Kundenbindung aufweisen als Kunden ohne Beanstandungen [vgl. Brinkmann/Peill 1996, S. 287]. Gleichzeitig berichten zufriedene Kunden Dritten von ihrer Erfahrung, wodurch sich die positive Wirkung aus Sicht der Bank verstärkt.

Im Hinblick auf die Gestaltung von Servicegarantien sind folgende Punkte zu beachten [vgl. Brinkmann/Peill 1996, S. 286-287]:

1. **Relevanz für den Firmenkunden**: Die Servicegarantie muß sich auf ein oder mehrere Qualitätsmerkmale beziehen, die für mittelständische Firmenkunden hohe Relevanz besitzen. Der Umfang der Entschädigung hat sich nach dem

Verlust des Firmenkunden in finanzieller, zeitlicher und emotionaler Hinsicht zu orientieren.

2. **Bedingungslosigkeit**: Die Servicegarantie sollte an möglichst wenige Bedingungen geknüpft sein, wobei der Vertragstext einfach und verständlich sein muß.
3. **Einfache Kommunizierbarkeit**: Die Servicegarantie muß klar und eindeutig formulierbar sein.
4. **Leichte Inanspruchnahme**: Der Firmenkunde muß die Entschädigung (Kompensation) leicht in Anspruch nehmen können, ohne daß besondere Formalitäten notwendig sind.
5. **Aktive Kompensation**: Tritt ein Garantiefall ein, ohne daß der Firmenkunde davon Kenntnis erlangt, so empfiehlt es sich für das betreffende Kreditinstitut, aktiv auf den Firmenkunden zuzugehen und ihn zu entschädigen. Dieses Verhalten erzeugt Respekt und Vertrauen.

Die Servicegarantie stellt eine freiwillige Nebenleistung dar und ist in bezug auf eine konkrete Bankmarktleistung als Bankmarktleistungsvariation zu klassifizieren.[143]

4.6.5.4 Realisierung eines Systemangebots über Kooperationen

Beim Angebot der genannten Bankmarktleistungsinnovationen, speziell beim Innovationstyp „Packaging", stehen Kreditinstituten grundsätzlich zwei Wege offen: Eigenerstellung oder Kooperation mit Dritten. Dem steigenden Wunsch mittelständischer Unternehmen zum Bezug von Problemlösungen aus einer Hand können Kreditinstitute Rechnung tragen, indem sie ihr Leistungsspektrum über Kooperationen - z.B. mit Informationsanbietern, Beratungsunternehmen und Softwarehäusern - auch in jenen Bereichen komplettieren, in denen sie keine Kernkompetenz besitzen. Durch die Zusammenführung diverser Leistungen unterschiedlicher Anbieter übernehmen Kreditinstitute eine Integratorfunktion und können zum Full-Service-Finanzpartner des industriellen Mittelstands in finanzwirtschaftlichen und assoziierten Fragestellungen avancieren.

Hierfür besitzen Kreditinstitute eine hervorragende Ausgangsposition, weil sie

- über eine Vielzahl von Informationen über ihre mittelständischen Firmenkunden verfügen (z.B. Geschäftsintensität, Transaktionsvolumen, Bankverbindungen);
- speziell bei Hauptbankverbindungen über die Firmenkundenbetreuer einen fortlaufenden persönlichen Kontakt zum Unternehmen unterhalten und deshalb über besondere Vorkommnisse im Regelfall gut informiert sind und das Interesse für bestimmte banküberreifende Angebote erfragen können;
- im Rahmen ihrer eigenen Leistungserstellung in Geschäftsverbindungen zu zahlreichen Unternehmen stehen, deren Angebot auch für den industriellen Mittelstand von Interesse ist (z.B. Online-Datenbankanbieter, Softwarehäuser);

---

[143] Zu Beispielen für Servicegarantien vgl. Tabelle 4-5 und Abschnitt 7.6.2.

- über umfassendes juristisches Know-how verfügen, um z.B. eine Vielzahl von Einzelverträgen, die ein Unternehmen mit Anbietern separat schließen müßte, durch einen einzigen Rahmenvertrag mit der Bank zu ersetzen.

Auf der anderen Seite ist eine Kooperationsstrategie auch mit gewissen Risiken verbunden. Zu nennen ist ein negativer Imagetransfer, wenn Leistungen der Partnerunternehmen nicht dem Qualitätsniveau der Bank entsprechen. Darüber hinaus können insbesondere in der Kundenbetreuung Abstimmungsprobleme zwischen den Kooperationspartnern auftreten, wenn sich der Kunde an verschiedene Ansprechpartner in unterschiedlichen Unternehmen wenden muß. Durch Maßnahmen der Qualitätssicherung und eine kundenorientierte Organisation lassen sich diese Probleme zumindest eindämmen.

Die Kooperationsstrategie stellt für Kreditinstitute im elektronischen Firmenkundengeschäft mit dem industriellen Mittelstand grundsätzlich eine interessante Option zur Realisierung eines Systemangebots im Sinne einer kundenspezifischen Komplettlösung dar. Kreditinstitute können in Kooperationen mit anderen Anbietern gewichtige Assets einbringen. Die Vorteilhaftigkeit einer Kooperation muß im Einzelfall geprüft werden.

Damit ist die Entwicklung des strategischen Marketing-Konzepts abgeschlossen. Zum Abschluß dieses Kapitels soll nun der Informationsbedarf für eine Operationalisierung des strategischen Marketing-Konzepts spezifiziert werden.

4.7 Feststellung des Informationsbedarfs zur Operationalisierung des strategischen Marketing-Konzepts

4.7.1 Spezifizierung des Informationsbedarfs

Ziel dieses Abschnitts ist die Feststellung des Informationsbedarfs zur Überprüfung der Hypothesen und zur Operationalisierung des strategischen Marketing-Konzepts.

Zur Durchführung einer taxonomischen Marktsegmentierung sind detaillierte Informationen über die Zielgruppe notwendig. Gemäß der Konzeption des potentialorientierten Segmentierungsansatzes umfaßt dies einerseits Kriterien des Ausstattungsbedarfs und andererseits Kriterien des Ausstattungsgrads. Hierfür sind auf Grundlage der Ausführungen in Abschnitt 4.5.4.2 folgende Merkmale zu erheben:

Ausstattungsbedarf: Geschäftsumfang und Internationalität des Geschäfts, Geschäftsverbindungen zu Kreditinstituten, Transaktionsvolumen.

Ausstattungsgrad: Ausstattung mit Finanzmanagementsystemen, Ausstattung und Zukunftspläne bei Online-Datenbanksystemen, Ausstattung und Zukunftspläne bei Kommunikationssystemen, Ausstattung und Zukunftspläne bei integrierten Online-Systemen, Einsatz und Zukunftspläne bzgl. UN/EDIFACT, Zugang und Zukunftspläne bzgl. elektronischen Netzen.

Zur Identifikation von Ansatzpunkten für bedarfsgerechte Bankmarktleistungsinnovationen im elektronischen Firmenkundengeschäft mit dem industriellen Mittelstand sind unter Berücksichtigung der Ausführungen zum Entwicklungspotential der Bankmarktleistungen folgende Informationen von Interesse:

Generierung von bedarfsadäquaten Bankmarktleistungsinnovationen: Funktionalität der installierten Cash Management-Systeme und Interesse an weiteren Funktionen, Bezug von Online-Informationen und Interesse an weiteren Online-Informationen, Interesse und Zahlungsbereitschaft für Beratungsleistungen im elektronischen Firmenkundengeschäft, Interesse an EDI/EDIFACT Mehrwertdiensten, Interesse an der Abwicklung des Datenverkehrs über Banknetze.

Zur detaillierten Beschreibung der Segmente, der Ableitung segmentspezifischer Handlungsempfehlungen sowie der Formulierung operativer Gestaltungsempfehlungen für Bankmarktleistungsinnovationen müssen darüber hinaus die Anforderungen von Finanzverantwortlichen im industriellen Mittelstand an die Gestaltung der Bank-Firmenkunde-Schnittstelle bekannt sein. Diese Informationen erscheinen insbesondere für das Ziel einer Intensivierung der Kundenbindung und die Umsetzung der Differenzierungsstrategie von Bedeutung. Das Defizit besteht bzgl. folgender Informationen:

Anforderungsgerechte Gestaltung der Bank-Firmenkunde-Schnittstelle: Anforderungen an die Bank-Firmenkunde-Schnittstelle, Anforderungen an das elektronische Firmenkundengeschäft, bevorzugtes Betreuungskonzept, erwünschter Leistungsumfang bei elektronischen Mehrwertsystemen.

4.7.2 Notwendigkeit zur Durchführung einer eigenen Primärerhebung im industriellen Mittelstand

Nachdem der Informationsbedarf spezifiziert ist, stellt sich die Frage, wie dieser Bedarf gedeckt werden kann. Die folgenden Gründe sprechen für die Durchführung einer eigenen Primärerhebung.

- **Mangelnde Informationsverfügbarkeit**: Anders als im Privatkundengeschäft der Kreditinstitute ist umfassendes sekundärstatistisches Material zum Firmenkundengeschäft der Kreditinstitute mit dem industriellen Mittelstand nur gegen Entgelt verfügbar. So führt das Marktforschungsinstitut Infratest im Rahmen ihres Firmen-Finanzmarktdatenservice (Firmen-FMDS) seit 1980 regelmäßige Befragungen unter Firmenkunden durch [vgl. Hötzel 1993, S. 364]. Darüber hinaus existieren Exklusivbefragungen von einzelnen Kreditinstituten, die jedoch im Regelfall thematisch stark auf das institutsspezifische Leistungssortiment und die Zufriedenheit der eigenen Firmenkunden ausgerichtet sind und wegen ihrer Wettbewerbssensitivität nicht veröffentlicht werden. Weiterhin gibt es Umfragen von Unternehmensberatungen, welche die Ergebnisse teilweise in Form von Endberichten verkaufen, die Rohdaten jedoch nicht zur Verfügung stellen.

- **Ganzheitlicher Ansatz**: Das elektronische Firmenkundengeschäft der Kreditinstitute aus Sicht industrieller Unternehmen wurde bislang nur sehr selektiv erforscht. So existieren Studien zur Nutzung von integrierten Online-Systemen oder dem Einsatz von Cash Management-Systemen. Ein Ansatz, der das elektronische Firmenkundengeschäft mit dem industriellen Mittelstand ganzheitlich in der hier dargestellten Art und Weise untersucht, ist dem Verfasser nicht bekannt.
- **Single-Source Notwendigkeit**: Zur Durchführung einer potentialorientierten Segmentierung wird eine Single-Source-Datenquelle benötigt. Beim Rückgriff auf eine Sekundärdatenquelle müßten Rohdaten zur Verfügung gestellt werden, wobei sehr unwahrscheinlich ist, daß alle relevanten Merkmale erhoben wurden.
- **Zukunftsorientierung**: In strategische Entscheidungen im elektronischen Firmenkundengeschäft der Kreditinstitute sind die Anschaffungspläne der Unternehmen mit einzubeziehen. Plandaten von Unternehmen aus dem Verarbeitenden Gewerbe zu Aspekten des elektronischen Firmenkundengeschäfts liegen jedoch nicht im erforderlichen Umfang vor.

Die Durchführung einer Primärerhebung, die den speziellen Erfordernissen dieser Untersuchung Rechnung trägt, ist somit angezeigt.

Hiermit ist der konzeptionelle Teil der vorliegenden Untersuchung abgeschlossen. Es schließt sich nun der empirische Teil an, dessen Inhalt die Konzeption und Durchführung der Firmenkundenumfrage sowie die Darstellung der Ergebnisse der Untersuchung mit dem Ziel einer Operationalisierung des strategischen Marketing-Konzepts ist.

5 Deckung des Informationsbedarfs durch eine Primärerhebung: Konzeption und Durchführung der Firmenkundenumfrage

5.1 Einordnung und Vorgehensmodell der Primärerhebung

Die Primärerhebung ist der Absatzmarktforschung zuzurechnen, die eine Aktivität im Rahmen der Marketing-Forschung darstellt, welche die „systematische Anlage und Durchführung von Datenerhebungen sowie die Analyse und Weitergabe von Daten und Befunden, die in bestimmten Marketingsituationen benötigt werden" [Kotler/Bliemel 1992, S. 143], umfaßt. Nach Böhler schließt die Marketing-Forschung neben der Absatzmarktforschung die Erforschung innerbetrieblicher Sachverhalte mit ein [vgl. Böhler 1992, S. 18]. Die Marketing-Forschung wiederum ist dem Marketing-Forschungssystem zuzuordnen, das zusammen mit dem innerbetrieblichen Informations- und Berichtssystem, dem Marketing-Nachrichtensystem sowie dem Entscheidungsunterstützungssystem das Marketing-Informationssystem der Bank bildet [vgl. Kotler/Bliemel 1992, S. 168].

Der Prozeß der Marketing-Forschung kann in mehrere Phasen untergliedert werden: 1) Definition des Marketing-Problems; 2) Konzeption des Forschungsplans; 3) Datenerhebung; 4) Analyse der Daten und Ergebnisdarstellung [vgl. Nieschlag/Dichtl/Hörschgen 1988, S. 639; Kotler/Bliemel 1992, S. 147]. Für die durchzuführende Firmenkundenumfrage ist dieses Phasenschema zu detaillieren.

Grundlage für die Primärerhebung ist das folgende achtstufige Phasenschema:

Grobphasen	Detailphasen
Definition	1. Definition des Forschungsziels
Konzeption	2. Konzeption des Erhebungsmodells
	3. Auswahl der Erhebungsmethode und des Erhebungsinstruments
	4. Fragebogenkonzeption: Operationalisierung der Zieldimensionen;[144] Umsetzung in einen Fragebogen
	5. Stichprobenkonzeption und Auswahl der Unternehmen
Datenerhebung	6. Durchführung der Datenerhebung
Analyse und Ergebnisdarstellung	7. Datenanalyse
	8. Ergebnisdarstellung

Tabelle 5-1: Phasenschema der Primärerhebung

[144] Unter einer Zieldimension wird eine theoretisch-begrifflich formulierte Forschungsfrage verstanden. Da Zieldimensionen häufig nicht direkt gemessen werden können, müssen sie über geeignete Indikatoren operationalisiert werden.

5.2 Definition des Forschungsziels

Mit den Ergebnissen der Primärerhebung soll das in Kapitel 4 erarbeitete strategische Marketing-Konzept operationalisiert, d.h. in konkrete Marketing-Mix-Maßnahmen umgesetzt werden. Hierzu ist der in Abschnitt 4.7.1 formulierte Informationsbedarf im elektronischen Firmenkundengeschäft mit dem industriellen Mittelstand zu decken.

Forschungsziel ist die Beantwortung der folgenden Forschungsfragen (Forschungssubziele) aus Firmenkundensicht:

- Wie sind Status quo und Pläne im industriellen Mittelstand bzgl. des Ausstattungsgrads mit elektronischen Mehrwertsystemen? (Forschungssubziel „Ausstattungsgrad")
- Welche Ausprägungen haben die Determinanten des Ausstattungsbedarfs im industriellen Mittelstand bzgl. der Inanspruchnahme von Bankmarktleistungen im elektronischen Firmenkundengeschäft und hier speziell elektronischer Mehrwertsysteme? (Forschungssubziel „Ausstattungsbedarf")
- Wo finden sich Ansatzpunkte für bedarfsgerechte Bankmarktleistungsinnovationen im elektronischen Firmenkundengeschäft mit dem industriellen Mittelstand? (Forschungssubziel „Generierung von bedarfsadäquaten Bankmarktleistungsinnovation")
- Wie soll die Schnittstelle zwischen Bank und industriellem Mittelstand gestaltet werden? (Forschungssubziel „Anforderungsgerechte Gestaltung der Bank-Firmenkunde-Schnittstelle")

Die Primärerhebung soll als deskriptive Marktstudie angelegt werden. Ziel ist somit nicht die Identifikation von Ursache-Wirkungs-Zusammenhängen im Sinne einer Kausalanalyse, sondern das Aufdecken von Ausstattungs- und Anforderungsstrukturen von mittelständischen Firmenkunden bzgl. des elektronischen Firmenkundengeschäfts der Kreditinstitute.

5.3 Konzeption des Erhebungsmodells

Zur Beantwortung der Forschungsfragen ist ein Erhebungsmodell zu entwerfen, das alle relevanten Zieldimensionen enthält. Das Erhebungsmodell bildet die Grundlage für die Konzeption des Fragebogens. Abb. 5-1 zeigt das Erhebungsmodell der Primärerhebung.

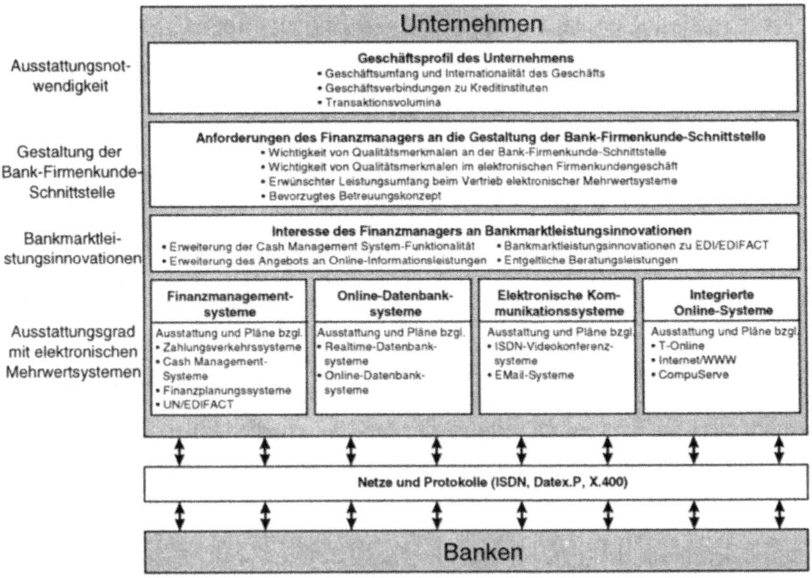

Abb. 5-1: Erhebungsmodell der Primärerhebung

Das Erhebungsmodell ist ein im Hinblick auf das Forschungsziel vereinfachtes Abbild der elektronischen Bank-Firmenkunde-Schnittstelle. Ein Unternehmen (oben) ist durch sein Geschäftsprofil, seinen Ausstattungsgrad mit elektronischen Mehrwertsystemen, die Anforderungen des Finanzmanagers an die Gestaltung der Bank-Firmenkunde-Schnittstelle und das Interesse des Finanzmanagers an Bankmarktleistungsinnovationen charakterisiert. Die Zugangssysteme versetzen das Unternehmen zusammen mit den Netzzugängen und Protokollen (Mitte) in die Lage, Bankmarktleistungen der Banken (unten) auf elektronischem Wege in Anspruch zu nehmen.

5.4 Auswahl der Erhebungsmethode und des Erhebungsinstruments

Als Erhebungsmethoden für die Primärerhebung kommen die Beobachtung, Fokus-Gruppen-Interviews, die Befragung und das Experiment in Betracht [vgl. Böhler 1992, S. 76-96; Kotler/Bliemel 1992, S. 152-154]. Beobachtung und Fokus-Gruppen-Interviews eignen sich besonders für eine explorative Themenerforschung und sind für ein deskriptives Forschungsziel nur sehr eingeschränkt geeignet. Gleiches gilt für das Experiment, das als wissenschaftliche Methode die höchste Validität besitzt und seine Stärken vor allem in der Offenlegung von Kausalzusammenhängen hat [vgl. Kotler/Bliemel 1992, S. 153]. Die Befragung eignet sich besonders für deskriptive Forschungsziele und ist als solches für die Ermittlung von repräsentativen Ausstattungsquoten am besten von diesen vier Methoden geeignet. Deshalb soll sie in der vorliegenden Untersuchung zum Einsatz kommen.

Bei der Befragung stehen das telefonische Interview, die persönliche Befragung und die schriftliche Befragung als mögliche Befragungsformen zur Auswahl. Das Telefoninterview eignet sich besonders für eine schnelle Informationsgewinnung, wobei das Interview jedoch kurz gefaßt sein muß, damit sich der Adressat darauf einläßt. Die persönliche Befragung ist die flexibelste der drei Arten, gleichzeitig aber auch die aufwendigste und teuerste. Durch die Anwesenheit des Interviewers besteht die Gefahr von Suggestivwirkungen, die zu systematischen Verzerrungen führen können [vgl. Kotler/Bliemel 1992, S. 160; Böhler 1992, S. 86]. Für eine Studie, die Repräsentativität anstrebt und aus diesem Grunde eine Mindestanzahl von Unternehmen einbeziehen muß, scheidet die persönliche Befragung für die quantitative Hauptstudie nicht zuletzt aus Kostengründen aus. Die große Anzahl der zu erhebenden Merkmale und die daraus resultierende Interviewdauer lassen auch das Telefoninterview wenig sinnvoll erscheinen.

Aus diesen Gründen wird die Primärerhebung in Form einer schriftlichen Befragung durchgeführt. Bei der durchzuführenden Primärerhebung handelt es sich um eine **Firmenkundenumfrage**.

5.5 Fragebogenkonzeption

5.5.1 Vorbemerkung

Die Fragebogenkonzeption hat die Umsetzung des Forschungsziels in einen Fragebogen zur Aufgabe. Hierzu müssen die Zieldimensionen des Erhebungsmodells zunächst operationalisiert werden.

Die Operationalisierung der theoretisch-begrifflich formulierten Forschungsfragen (Zieldimensionen) wird erreicht, indem sogenannte Indikatoren bestimmt werden, welche die Zieldimensionen repräsentieren [vgl. Böhler 1992, S. 97]. Mit Hilfe der Indikatoren können die Zieldimensionen gemessen werden. Die Heranziehung von Indikatoren ist besonders bei Zieldimensionen notwendig, die keinen unmittelbaren empirischen Bezug aufweisen (z.B. affektive Qualitätswahrnehmung).

Die Messung von Eigenschaften kann auf verschiedenen Skalenniveaus erfolgen, die einen unterschiedlichen Informationsgrad besitzen. Man unterscheidet nominale (nominal dichotome mit zwei Ausprägungen, z.B. Ja/Nein oder 0/1; nominal polytome mit mehr als zwei Ausprägungen), ordinale und metrische Merkmale. Im Unterschied zu nominalen und ordinalen Merkmalen lassen sich bei metrischen Merkmalen Aussagen zu den Abständen zwischen zwei Ausprägungen machen, weshalb auch nur bei diesem Skalenniveau mathematische Operationen zur Berechnung von Statistiken, wie Mittelwert und Standardabweichung, angewandt werden dürfen. Zulässige Statistiken bei nominalen Merkmalen sind absolute und relative Häufigkeiten sowie Abhängigkeitsmaße für nominale Skalenniveaus. Bei einem ordinalen Skalenniveau dürfen darüber hinaus c.p. Median und Rangkorrelationen berechnet werden.

Im folgenden werden die Zieldimensionen des Erhebungsmodells durch Heranziehung geeigneter Indikatoren operationalisiert. Im zweiten Schritt müssen die Indikatoren dann in konkrete Fragen umgesetzt werden.

5.5.2 Richtlinien zur Gestaltung des Fragebogens

Gegenstand der Fragebogengestaltung ist die Formulierung von Fragestellungen zur Erfassung der Indikatoren für die Zieldimensionen. Zur Gestaltung eines Fragebogens hat die Marktforschungspraxis eine Reihe von Richtlinien entwickelt, die die Validität[145] und Reliablität[146] der Messung positiv beeinflussen sollen [vgl. Böhler 1992, S. 89-91]:

- die sprachliche Form soll einfach, klar und verständlich sein;
- Wörter mit Doppelbedeutung sowie suggestive, wertende und hypothetische Fragen sind zu vermeiden (Ausnahme: projektive Fragen);
- der Untersuchungsgegenstand der Fragen sowie der Ort und die Zeit, auf die sie sich beziehen, müssen genau abgegrenzt sein;
- es ist zu prüfen, ob die Auskunftsperson über das notwendige Wissen verfügt;
- die zur Beantwortung des Fragebogens notwendige Zeitdauer sollte 30 bis 45 Minuten nicht übersteigen.

Bei der Umsetzung der Indikatoren in Fragen ist darauf zu achten, daß die Wortwahl der Sprache der Finanzverantwortlichen im industriellen Mittelstand entspricht. Dieser Aspekt ist um so wichtiger, als in der Firmenkundenumfrage der Ausstattungsgrad mit elektronischen Mehrwertsystemen sowie das Interesse für Bankmarktleistungsinnovationen im elektronischen Firmenkundengeschäft erfragt werden und diese Leistungen noch keine flächendeckende Verbreitung im industriellen Mittelstand aufweisen. Somit ist zu erwarten, daß bestimmte Begriffe (z.B. UN/EDIFACT) noch nicht hinreichend bekannt sind. Um diesem Problem zu

---

[145] Eine Messung ist valide (gültig), wenn mit dem Meßinstrument genau das gemessen wurde, was zu messen beansprucht wurde [vgl. Böhler 1992, S. 102]. Die Validität läßt sich unterscheiden nach der Inhaltsvalidität (Ausmaß, mit der die herangezogenen Indikatoren das zugrunde liegende hypothetische Konstrukt repräsentieren), der Übereinstimmungsvalidität, der Prognosevalidität (anhand des Meßergebnisses wird das zukünftig zu erwartende Außenkriterium prognostiziert) und der Konstruktvalidität (Rückschluß von den Meßergebnissen auf das zugrunde liegende hypothetische Konstrukt) [vgl. Böhler 1992, S. 105].

[146] Ein Indikator für die Reliabilität einer Messung ist die Reproduzierbarkeit der Meßwerte bei wiederholten Messungen [vgl. Böhler 1992, S. 103]. Man unterscheidet zwei Formen der Reliabilität [vgl. Nieschlag/Dichtl/Hörschgen 1988, S. 682]:

- Retest-Reliabilität, d.h. Übereinstimmung der Meßergebnisse bei einer zeitverschobenen Messung und
- Konsistenz, d.h. Übereinstimmung der Meßergebnisse bei zwei parallel vorgenommenen Messungen.

begegnen, soll der Fragebogen um ein Begriffsglossar ergänzt werden, das den Finanzverantwortlichen mit übersandt wird.[147]

5.5.3 Operationalisierung des Forschungssubziels „Ausstattungsbedarf"

Die Zieldimensionen des Ausstattungsbedarfs - Geschäftsumfang und Internationalität des Geschäfts, Geschäftsverbindungen zu Kreditinstituten und Transaktionsvolumen - wurden in Abschnitt 4.5.4.2 eingeführt. Für diese Zieldimensionen sind nun geeignete Indikatoren zu finden.

Zieldimensionen	Indikatoren
Geschäftsumfang und Internationalität des Geschäfts	• Erwirtschafteter Umsatz des Unternehmens in 1994 • Anzahl der Auslandstöchter • Exportanteil am Umsatz • Export in die EU • Export in Länder außerhalb der EU
Geschäftsverbindungen zu Kreditinstituten	• Anzahl der Bankverbindungen im Inland, in der EU und außerhalb der EU • Anzahl der Banken, mit denen der Zahlungsverkehr abgewickelt wird, im Inland, in der EU und außerhalb der EU
Transaktionsvolumen	• Anzahl der Überweisungen, Lastschriften und Schecks pro Monat im Inlandszahlungsverkehr • Anzahl der Überweisungen und Schecks pro Monat im Auslandszahlungsverkehr

Tabelle 5-2: Zieldimensionen und Indikatoren des Forschungssubziels „Ausstattungsbedarf"

Die Geschäftsverbindungen zu Kreditinstituten lassen sich anhand der Anzahl der Konto- und Bankverbindungen messen. Für das Transaktionsvolumen ist die Anzahl der In- und Auslandstransaktionen pro Monat ein geeigneter Indikator. Für die Zieldimension Geschäftsumfang und Internationalität des Geschäfts müssen geeignete Indikatoren gefunden werden. Ein wichtiger Indikator für den Geschäftsumfang ist der Umsatz. Darüber hinaus wird der Geschäftsumfang maßgeblich durch die Anzahl der Töchter des Unternehmens bestimmt, denn es ist zu erwarten, daß mit der Existenz von Auslandstöchtern die Komplexität des Finanz-, Informations- und Systemmanagements zunimmt. Ein wesentlicher Indikator für die Internationalität des Geschäfts ist darüber hinaus der Exportanteil am Umsatz in Prozent. Weiterhin ist davon auszugehen, daß die Internationalität des Geschäfts

---

[147] Im Fragebogen wird der den Firmenkunden geläufigere Begriff Electronic Banking verwendet. Dies erscheint vertretbar, weil die genannten Mißverständnisse und Unschärfen nicht auftreten, wenn mittelständische Firmenkunden zu elektronischen Mehrwertsystemen und dem Angebot von Telebank-Anwendungen befragt werden. Die Notwendigkeit der Einführung des Begriffs „elektronisches Firmenkundengeschäft" aus den in Abschnitt 2.2.2 genannten Gründen bleibt davon unberührt. Aus demselben Grund wird der Begriff Online-Dienst statt integriertes Online-System verwendet.

mit den bedienten Exportregionen (Länder in der EU, Länder außerhalb der EU) zunimmt.[148] Tabelle 5-2 zeigt zusammenfassend die Indikatoren zu den drei Zieldimensionen des Ausstattungsbedarfs.

5.5.4 Operationalisierung des Forschungssubziels „Ausstattungsgrad"

Wie in Abschnitt 4.5.4.2 dargelegt, umfaßt der Ausstattungsgrad im wesentlichen die Ausstattung des industriellen Mittelstands mit elektronischen Mehrwertsystemen (Finanzmanagementsysteme, Online-Datenbanksysteme, Kommunikationssysteme und integrierte Online-Systeme). Aufgrund der großen Entwicklungsdynamik bei den drei letztgenannten Mehrwertsystemen, sollen für diese Systeme auch die Pläne der Unternehmen erhoben werden. Mit Bezug zu Finanzmanagementsystemen wird die Zieldimension „Status quo und Pläne im elektronischen Zahlungsverkehr" aufgenommen. Wegen der strategischen Bedeutung des UN/EDIFACT-Nachrichtenstandards bei der Vernetzung des Firmenkunden mit seinen Banken erscheint als weitere Zieldimension des Ausstattungsgrads „Einsatz und Zukunftspläne bzgl. UN/EDIFACT" sinnvoll. Als letzte Zieldimension wird „Zugang und Zugangspläne bei elektronischen Netzen" ausgewählt. Damit sind die relevanten Zieldimensionen des Ausstattungsgrads festgelegt.

Tabelle 5-3 zeigt neben den sieben Zieldimensionen die Indikatoren zur Messung des Ausstattungsgrads. Wegen der Notwendigkeit einer zunehmenden innerbetrieblichen Systemintegration von Finanzmanagement- und Finanzbuchhaltungssystemen wird in der Zieldimension „Ausstattung mit Finanzmanagementsystemen" zusätzlich der Indikator „Finanzbuchhaltungssystem" aufgenommen.[149]

Bei der Erfragung der Unternehmenspläne ist der Zeithorizont festzulegen. Für einen Zeithorizont von 12 bzw. 24 Monaten bestehen häufig konkrete Pläne in den Unternehmen. Deshalb sollen die Unternehmenspläne für diesen Planungszeitraum erfragt werden. Um auch noch weitergehende Anschaffungspläne der Unternehmen bzgl. elektronischer Mehrwertsysteme, Einsatzvorhaben bzgl. des UN/EDIFACT-Datenformats und Zugangspläne bei elektronischen Netzen zu identifizieren, wird darüber hinaus ein langfristiger Planungszeitraum erfragt. Gemäß den Hypothesen aus Kapitel 4 wird dieser auf das Jahr 2000 (Jahresende) festgelegt.

---

[148] Auch wenn es prinzipiell denkbar ist, daß ein Unternehmen, das einen hohen Exportanteil aufweist und viele Regionen mit seinen Produkten bedient, alle Transaktionen in seiner Landeswährung abwickelt, nimmt die Wahrscheinlichkeit einer solchen Konstellation mit zunehmendem Exportanteil am Umsatz und zunehmender Anzahl der belieferten Länder ab.

[149] Wegen des funktionalen Bezugs der Finanzbuchhaltung zum Finanzmanagement wird das Finanzbuchhaltungssystem der Systemkategorie der Finanzmanagementsysteme zugeordnet, obwohl es nach der Abgrenzung der Finanzmanagementsysteme in Abschnitt 2.4.1.1 kein solches darstellt.

Zieldimensionen	Indikatoren
Ausstattung mit Finanzmanagementsystemen	• Einsatz eines Zahlungsverkehrssystems • Typ des eingesetzten Zahlungsverkehrssystems • Einsatz eines Cash Management-Systems • Typ des eingesetzten Cash Management-Systems • Einsatz eines Finanzplanungssystems • Typ des eingesetzten Finanzplanungssystems • Einsatz eines Finanzbuchhaltungssystems • Typ des eingesetzten Finanzbuchhaltungssystems
Status quo und Pläne im elektronischen Zahlungsverkehr	• Status quo und Pläne bei beleghaft, beleglos per DTA und beleglos per DFÜ übermittelten Zahlungstransaktionen
Ausstattung und Zukunftspläne bei Online-Datenbanksystemen	• Einsatz heute und Einsatzpläne bzgl. Realtime-Datenbanksystemen im Finanzbereich • Einsatz heute und Einsatzpläne bzgl. Online-Datenbanksystemen i.e.S. im Unternehmen
Ausstattung und Zukunftspläne bei Kommunikationssystemen	• Einsatz heute und Einsatzpläne bzgl. EMail-Systemen zur Kommunikation mit anderen Unternehmen und mit Banken • Einsatz und Pläne bzgl. ISDN-Videokonferenzsystemen zur Kommunikation innerhalb des Unternehmens, mit anderen Unternehmen und mit Banken
Ausstattung und Zukunftspläne bei integrierten Online-Systemen	• Einsatz und Einsatzpläne bzgl. T-Online im Unternehmen • Einsatz und Einsatzpläne bzgl. CompuServe im Unternehmen • Einsatz und Einsatzpläne bzgl. Internet/WWW im Unternehmen • Einsatz und Einsatzpläne bzgl. Internet/WWW im Finanzbereich
Einsatz und Zukunftspläne bzgl. UN/EDIFACT	• Einsatz heute und Einsatzpläne bzgl. UN/EDIFACT im elektronischen Geschäftsverkehr mit Unternehmen • Einsatz heute und Einsatzpläne bzgl. UN/EDIFACT im elektronischen Geschäftsverkehr mit Banken im Inlandszahlungsverkehr, im Auslandszahlungsverkehr und im Dokumentengeschäft
Zugang und Zukunftspläne bzgl. elektronischen Netzen	• Zugang heute und Zugangspläne bzgl. Datex-P • Zugang heute und Zugangspläne bzgl. ISDN • Zugang heute und Zugangspläne bzgl. X.400

Tabelle 5-3: Zieldimensionen und Indikatoren des Forschungssubziels „Ausstattungsgrad“

Es ist offensichtlich, daß mit einem wachsenden Planungshorizont die Planungsunsicherheit zunimmt. Auch wenn gerade bei den sich z.T. sehr dynamisch verbreitenden elektronischen Mehrwertsystemen keine allzu große Zuverlässigkeit langfristiger Pläne zu erwarten ist und zahlreiche andere Einflußfaktoren die Adoptionsgeschwindigkeit mit beeinflussen, geben die Anschaffungspläne der Unternehmen Anhaltspunkte für das langfristige Entwicklungspotential auf Basis der *heutigen* Informationslage und Verbreitung.

5.5.5 Operationalisierung des Forschungssubziels „Generierung von bedarfsadäquaten Bankmarktleistungsinnovationen"

Ausgehend von den Hypothesen in Abschnitt 4.6.4 soll das firmenkundenseitige Interesse für folgende Bankmarktleistungsinnovationen empirisch ermittelt werden: Erweiterung der Funktionalität von Cash Management-Systemen, Online-Informationsbezug, Beratungsleistungen im elektronischen Firmenkundengeschäft sowie EDI/EDIFACT-Mehrwertdienste. Die Indikatoren zur Messung der Zieldimensionen sind in Tabelle 5-4 aufgeführt.

Zieldimensionen	Indikatoren
Funktionalität der installierten Cash Management-Systeme und Interesse an weiteren Funktionen	• Verfügbarkeit der Funktionen: Inlandszahlungstransaktionen, Auslandszahlungstransaktionen, Übersicht Buchungssalden, Übersicht valutarische Salden, Geld- und Deviseninformationen, Wertpapierinformationen, Akkreditivabwicklung, Wertpapierabwicklung, Abwicklung von Termingeschäften, Pooling • Interesse an diesen Funktionen, falls nicht vorhanden
Aktueller Informationsbezug und Interesse an (weiteren) Online-Informationen	• Status quo des Bezugs folgender Informationen: Historische Aktien- und Rentenkurse, Geld- und Devisenkurse, volkswirtschaftliche Daten, Preise und Gebühren der Bank, Unternehmensprofile, tagesaktuelle Nachrichten, Länderanalysen, Realtime-Informationen (z.B. Börsenkurse), Entwicklungen im Electronic Banking, Brancheninformationen, Förderprogramme • Interesse am Online-Bezug dieser Informationen
Interesse und Zahlungsbereitschaft für Beratungsleistungen im elektronischen Firmenkundengeschäft	• Interesse an einer Beratung durch Kreditinstitute zur Softwareauswahl, Hardwareauswahl und Netzwerkauswahl im Finanzbereich, Interesse an einer betriebswirtschaftlichen Beratung sowie Beratung zu den Themen Zahlungsverkehr, Cash Management und Finanzplanung, falls Beratung kostenlos • Interesse an einer Beratung durch Kreditinstitute zur Softwareauswahl, Hardwareauswahl und Netzwerkauswahl im Finanzbereich, Interesse an einer betriebswirtschaftlichen Beratung sowie Beratung zu den Themen Zahlungsverkehr, Cash Management und Finanzplanung, falls Beratung zu marktüblichen Beratungspreisen • Grad der Zustimmung zur Aussage „Beratung hat ihren Preis"
Interesse an EDI/EDIFACT-Mehrwertdiensten	• Grad des Interesses an EDI/EDIFACT-Mehrwertdiensten der Bank • Grad des Interesses an der Abwicklung des Datenverkehrs über Banknetze

Tabelle 5-4: Zieldimensionen und Indikatoren des Forschungssubziels „Generierung von bedarfsadäquaten Bankmarktleistungsinnovationen"

5.5.6 Operationalisierung des Forschungssubziels „Anforderungsgerechte Gestaltung der Bank-Firmenkunde-Schnittstelle“

Für die Gestaltung der Bank-Firmenkunde-Schnittstelle ist die Qualitätswahrnehmung des Finanzverantwortlichen als Entscheidungsträger bei der Inanspruchnahme von Bankmarktleistungen im elektronischen Firmenkundengeschäft von zentraler Bedeutung. Dem Konzept der Kundenorientierung folgend, ist von der subjektiven Qualitätswahrnehmung des Finanzverantwortlichen auszugehen.

Während die Messung der kognitiven und konativen Qualitätswahrnehmung vor allem mit Bezug zu einer konkreten Bankmarktleistung sinnvoll erscheint, kann die affektive Qualitätswahrnehmung auch ohne diesen Bezug erfaßt werden. Die vorliegende Untersuchung ist als Strukturanalyse ohne Institutsbezug angelegt. Deshalb soll die affektive Qualitätswahrnehmung von Finanzverantwortlichen und hier speziell die Wichtigkeit einzelner Qualitätsmerkmale gemessen werden. Die Messung soll sich einerseits auf die Qualitätswahrnehmung des Finanzverantwortlichen an der Bank-Firmenkunde-Schnittstelle und zum anderen auf die Qualitätswahrnehmung im elektronischen Firmenkundengeschäft beziehen.

Die Messung der Qualitätswahrnehmung kann unter Einsatz verschiedener Methoden erfolgen.[150] Im vorliegenden Fall wird davon ausgegangen, daß der Finanzverantwortliche eine mehrdimensionale Qualitätswahrnehmung besitzt. Die Messung der Wichtigkeit einzelner Qualitätsmerkmale wird auf einer fünfstufigen Likert-Skala („sehr unwichtig“ bis „sehr wichtig“) durchgeführt [vgl. Böhler 1992, S. 112].

Voraussetzung für die Messung der affektiven Qualitätswahrnehmung ist die Kenntnis relevanter Qualitätsmerkmale. Hierzu wurden Experten zu wichtigen Qualitätsmerkmalen an der Bank-Firmenkunde-Schnittstelle und im elektronischen Firmenkundengeschäft befragt.[151] Die genannten Qualitätsmerkmale sind in Tabelle 5-5 aufgeführt. Da nicht davon auszugehen ist, daß die aufgeführten Merkmale unabhängig voneinander sind, empfiehlt sich zur Identifikation orthogonaler Qualitätsdimensionen im Rahmen der Datenanalyse der Einsatz der Hauptkomponentenanalyse.[152]

Neben der Qualitätswahrnehmung des Finanzverantwortlichen sind im Hinblick auf die Gestaltung der Bank-Firmenkunde-Schnittstelle die Präferenzen bzgl. des Betreuungskonzepts bedeutsam. Idealtypischerweise können das Firmenkundenbetreuerkonzept und das Produktbetreuerkonzept unterschieden werden. Beim Produktbetreuerkonzept gibt es einen Produktverantwortlichen für jede Pro-

---

150 Zu den alternativen Methoden vgl. [Böhler 1992, S. 106-125].

151 Alternativen zu Experteninterviews zur Ermittlung relevanter Qualitätsmerkmale sind Tiefeninterviews/Gruppeninterviews, projektive Tests (z.B. Wortassoziationstests), Ähnlichkeitsvergleiche von Qualitätsobjekten und das Repertory Grid [vgl. Böhler 1992, S. 120].

152 Vgl. hierzu Abschnitt 7.4.1.

duktsparte. Der Firmenkunde wendet sich direkt an die jeweiligen Spezialisten. Beim Firmenkundenbetreuerkonzept fungiert der Firmenkundenbetreuer als zentraler Ansprechpartner. Erst bei Bedarf, d.h. wenn sein Generalisten-Know-how nicht ausreicht, leitet er den Firmenkunden an Spezialisten weiter. In der Firmenkundenumfrage soll der Grad der Zustimmung zum Firmenkundenbetreuerkonzept auf einer fünfstufigen Likert-Skala („trifft nicht zu" bis „trifft zu") erfragt werden.

Ein dritter wichtiger Aspekt bei der Gestaltung der Bank-Firmenkunde-Schnittstelle betrifft den Leistungsumfang beim Absatz von elektronischen Mehrwertsystemen durch die Bank. Im Rahmen der Firmenkundenumfrage soll der Grad der Zustimmung zu den beiden Extremen (Minimallösung, Maximallösung) sowie zu einer Mischlösung erfragt werden. Bei der Minimallösung stellt das Kreditinstitut lediglich Schnittstellen bereit. Der Firmenkunde übernimmt die Beschaffung der Software und die Installation des Systems selbst. Bei der Maximallösung tritt das Kreditinstitut als Full-Service-Bank auf und bietet eine Komplettlösung aus einer Hand. Bei der Hybridlösung kooperiert das Kreditinstitut mit einem Software-Haus. Die Bank berät das Unternehmen und vermittelt den Kontakt zum Software-Haus, wobei das Software-Haus Systemverkauf, -installation und -schulung übernimmt. Damit sich die befragten Finanzverantwortlichen nicht für genau ein Konzept entscheiden müssen, soll der Grad der Zustimmung für jedes der drei Konzepte separat erfragt werden.

Zieldimensionen	Indikatoren
Affektive Qualitätswahrnehmung des Finanzmanagers an der Bank-Firmenkunde-Schnittstelle	• Grad der Wichtigkeit der Qualitätsmerkmale: persönliche Betreuung, genau ein Ansprechpartner, Branchenkenntnisse, räumliche Nähe zur Bank, Schnelligkeit in der Ausführung, Flexibilität in der Abwicklung, Preistransparenz (klare Preisstruktur), fachkundige und zuverlässige Beratung, Erreichbarkeit der Mitarbeiter, Beistand auch in „schwierigen Zeiten", entscheidungskompetente Ansprechpartner, Informationsangebot der Bank, Präsenz der Bank in für das Unternehmen wichtigen Ländern
Affektive Qualitätswahrnehmung des Finanzmanagers im elektronischen Firmenkundengeschäft	• Grad der Wichtigkeit der Qualitätsmerkmale: breites Electronic Banking-Spektrum, neueste Software, Support (z.B. Telefon-Hotline) verfügbar, Installation der EB-Systeme durch die Bank, Anpassung der EB-Systeme an die eigene DV, kompetente Beratung vor und während der Einführung von EB-Systemen, kompetente Beratung/Wartung nach Einführung von EB-Systemen (fortlaufend), Einweisung und Schulung bzgl. EB-Software, technische Erreichbarkeit (Schnittstellen etc.), Software Dokumentation in gedruckter Form
Bevorzugtes Betreuungskonzept	• Grad der Zustimmung für das Firmenkundenbetreuerkonzept in Abgrenzung zum Produktbetreuerkonzept
Erwünschter Leistungsumfang bei elektronischen Mehrwertsystemen	• Grad der Zustimmung für die Komplettlösung • Grad der Zustimmung für die Hybridlösung • Grad der Zustimmung für die Minimallösung

Tabelle 5-5: Zieldimensionen und Indikatoren des Forschungssubziels „Anforderungsgerechte Gestaltung der Bank-Firmenkunde-Schnittstelle"

5.6 Stichprobenkonzeption und Auswahl der Unternehmen

5.6.1 Konzeption der Stichprobe

Die Konzeption der Stichprobe hat sich in erster Linie am Forschungsziel der Untersuchung auszurichten. Ein Forschungssubziel ist die Identifikation des Ausstattungsgrads mit elektronischen Mehrwertsystemen. Hierbei werden auch die zukünftigen Pläne der Unternehmen berücksichtigt. In Abschnitt 2.5.3 wurde ausgeführt, daß der Verbreitungsgrad mit wachsender Unternehmensgröße zunimmt und sich die Adoption neuer Technologien von größeren zu kleineren Unternehmen vollzieht. Für eine Prognose der Adoptionsentwicklung elektronischer Mehrwertsysteme im industriellen Mittelstand erscheint aus diesem Grunde ein Vergleich von Ausstattungsgrad und Plänen des industriellen Mittelstands mit denen von Großunternehmen bedeutsam. Hierzu wurden in Kapitel 4 bereits Hypothesen formuliert. Für den Einbezug von Großunternehmen in die Firmenkundenumfrage spricht auch die Erkenntnis aus Abschnitt 4.6.4.3, daß die UN/EDIFACT-Verbreitung im industriellen Mittelstand maßgeblich von der Verbreitung dieser Technologie in Großunternehmen beeinflußt wird. Die Verbreitungsquoten und Pläne der Großunternehmen geben somit Anhaltspunkte für die zukünftige Adoptionsentwicklung im industriellen Mittelstand.

Damit mit Methoden der induktiven Statistik im Rahmen einer vorgegebenen Genauigkeit Rückschlüsse von der Stichprobe auf den industriellen Mittelstand und das Segment der Großunternehmen gezogen werden können, ist eine Mindestanzahl von Unternehmen in der Stichprobe notwendig. Die Stichprobenstruktur muß dabei auch die tatsächliche Verteilung der Unternehmen in der Grundgesamtheit berücksichtigen. Tabelle 5-6 zeigt die relative Verteilung der in Deutschland ansässigen Unternehmen im Verarbeitenden Gewerbe mit mehr als 10 Mio. DM Umsatz nach Umsatzklassen.

Umsatzklasse	10-100 Mio.	100-500 Mio.	>500 Mio.
Prozentuale Verteilung	88,0%	9,9%	2,1%

Tabelle 5-6: Verteilung der Unternehmen aus dem Verarbeitenden Gewerbe mit mehr als 10 Mio. DM Umsatz nach Umsatzklassen [MARKUS 1995; Datenbankrecherche]

Aus Tabelle 5-6 ist ersichtlich, daß bei einer Zufallsauswahl von Unternehmen aus dem Verarbeitenden Gewerbe mit mehr als 10 Mio. DM Umsatz zu erwarten ist, daß lediglich 2,1% über einen Umsatz von mehr als 500 Mio. DM verfügen. Um 40 Großunternehmen zu befragen, müßte bei einer Zufallsauswahl in der Grundgesamtheit der Stichprobenumfang ca. 2.000 Unternehmen umfassen, wobei hierbei eine unrealistische Rücklaufquote von 100% angenommen wird. Eine ähnliche Problematik tritt auch in der Umsatzklasse zwischen 100 und 500 Mio. DM auf.

Zur Lösung dieses Problems bietet sich die Ziehung einer nach Umsatzklassen disproportional geschichteten Stichprobe an. In Abgrenzung zu einer einfachen Wahrscheinlichkeitsauswahl werden bei einer geschichteten Stichprobe die Elemente der Grundgesamtheit auf Teilgesamtheiten (Schichten) aufgeteilt, die sich gegenseitig ausschließen und sich zur Grundgesamtheit ergänzen [vgl. Cochran 1972, S. 111]. Bei einer disproportionalen Schichtung sind die Schichtanteile in der Stichprobe von denen in der Grundgesamtheit verschieden.

Unter bestimmten Bedingungen läßt sich mit der Schichtung ein Genauigkeitsgewinn erzielen. Bezogen auf das Schichtungsmerkmal „Umsatz" müssen folgende Voraussetzungen erfüllt sein [vgl. Cochran 1972, S. 125]:

1. Die Grundgesamtheit setzt sich aus Untersuchungsobjekten zusammen, deren Umsatz weit streut. Bei einer Betrachtung von mittelständischen Unternehmen und Großunternehmen ist diese Bedingung erfüllt.
2. Die interessierenden Merkmale, die gemessen werden, hängen eng mit dem Umsatz zusammen. Wie Ergebnisse anderer Studien zeigen, besteht zwischen dem Ausstattungsgrad bei elektronischen Mehrwertsystemen und der Unternehmensgröße ein meßbarer Zusammenhang.
3. Eine genaue Umsatzangabe ist erfragbar, damit Schichten gebildet werden können. Der Umsatz kann für jedes Unternehmen über die Angaben des Finanzmanagers ermittelt werden.

Durch die Schichtung ist somit ein Genauigkeitsgewinn zu erwarten.

Zur Auswahl der Unternehmen in der Grundgesamtheit bieten sich die Wahrscheinlichkeitsauswahl und das Quota-Verfahren an [vgl. Böhler 1992, S. 131-155; Rogge 1981, S. 162-171; Kotler/Bliemel 1992, S. 160; zu den Vor- und Nachteilen des Quota-Verfahrens Böltken 1976, S. 374-391]. Beim Quota-Verfahren muß die Verteilung der als relevant erachteten Merkmale in der Grundgesamtheit bekannt sein. Ziel ist die Ziehung einer Stichprobe durch bewußte Auswahl der Untersuchungsobjekte, so daß die Verteilung der relevanten Merkmale in der Stichprobe der in der Grundgesamtheit möglichst genau entspricht. Der Nachteil der Quota-Verfahrens besteht darin, daß genau genommen alle statistischen Methoden, die eine Zufallsauswahl voraussetzen, nicht eingesetzt werden können. Aus diesem Grunde soll für die vorliegende Untersuchung die Zufallsauswahl zum Einsatz kommen.

Die Konzeption der Stichprobe hat sich neben dem Forschungsziel auch an der praktischen Durchführbarkeit der Ziehung zu orientieren. Gleichzeitig muß bei einer disproportional geschichteten Stichprobe die Verteilung des Schichtmerkmals in der Grundgesamtheit bekannt sein. Für den industriellen Mittelstand nach der Definition dieser Untersuchung liegen die notwendigen Zahlen nicht vor. Gleichzeitig bereitet die Selektion nach Unternehmen, die nicht in der Rechtsform einer Aktiengesellschaft oder Kommanditgesellschaft auf Aktien geführt werden und nicht Teil eines Konzerns sind, Schwierigkeiten. Deshalb erscheint es sinnvoll, zunächst beliebige Unternehmen aus dem Verarbeitenden Gewerbe mit mehr als 10 Mio. DM Umsatz disproportional geschichtet auszuwählen und anschließend nach den Angaben der Befragten diejenigen Unternehmen zur Gruppe „Industrieller Mittelstand" zusammenzufassen, die den Abgrenzungskriterien entsprechen. Diese Vorgehensweise hat neben der Praktikabilität den Vorteil, daß bei Analyse der Gesamtstichprobe über die Daten zum industriellen Mittelstand und zur Gruppe der Großunternehmen hinaus Aussagen zur Gesamtheit aller Industrieunternehmen mit mehr als 10 Mio. DM Umsatz gewonnen werden können.

Grundgesamtheit für die vorliegende Untersuchung sind somit alle in Deutschland ansässigen Unternehmen aus dem Verarbeitenden Gewerbe mit mehr als 10 Mio. DM Jahresumsatz. Für die Firmenkundenumfrage wird eine disproportional nach Umsatzklassen geschichtete Zufallsstichprobe gezogen.

5.6.2 Festlegung des Stichprobenumfangs und Auswahl der Unternehmen

Zur Minimierung des Stichprobenfehlers ist der Stichprobenumfang möglichst groß zu wählen. Auf der anderen Seite begrenzen das verfügbare Zeit- und Kostenbudget die Anzahl der kontaktierten Unternehmen. Für die vorliegende Untersuchung sollen 550 Unternehmen ausgewählt werden. Die Unternehmen sind geeignet auf die einzelnen Schichten zu verteilen. Hierbei soll aufgrund des Forschungsziels ein möglichst großer Anteil der Unternehmen aus den Umsatzschichten 10 bis 100 Mio. DM und 100 bis 500 Mio. DM Umsatz gezogen werden.

Umsatzklasse	Anzahl
10-100 Mio. DM	250
100-500 Mio. DM	180
>500 Mio. DM	120
Gesamt	**550**

Tabelle 5-7: Stichprobenplan für die disproportional geschichtete Stichprobe

Bei einer geschätzten Rücklaufquote von 30% beträgt die Anzahl der Großunternehmen genau 40. Die Zahl der Unternehmen in den anderen beiden Umsatzklassen beläuft sich auf ca. 130. Hiermit lassen sich in der Umsatzklasse 10 bis 500 Mio. DM im schlechtesten Fall (Quote in der Stichprobe 50%) bei einem Sicherheitsgrad von 95% Anteilswerte bis auf 8,6 Prozentpunkte genau ermitteln.[153]

[153] Zugrunde gelegt wird die Formel für den homograden Fall: $e^2 = z^2 * p * (1-p) / n$ [vgl. Böhler 1992, S. 144-146]. Für den Sicherheitsgrad von 95% ist z=1,96, im Worst-Case ist p=0.5 anzunehmen Für n=130 ergibt sich e=0.086=8,6%. Für p=0,1 beträgt der Fehler e=0,052=5,2%.

Für die Auswahl der Unternehmen bietet sich die Datenbank MARKUS - Marketing Untersuchungen - von Creditreform in Neuss an. In ihr können Unternehmen nach Merkmalen wie Umsatz oder Branche selektiert werden. Die Zufallsauswahl der Unternehmen kann wie folgt geschehen: 1) Datenbankabfrage zur Ermittlung der Anzahl der Unternehmen N_i , $i \in [1,2,3]$ aus dem Verarbeitenden Gewerbe in den drei Umsatzschichten. 2) Generieren von n_i Zufallszahlen aus der Menge $[1..N_i]$, wobei n_i die Anzahl der zu selektierenden Unternehmensadressen in Schicht i ist. 3) Recherchieren der vollständigen Unternehmensadressen in jeder Schicht, wobei diejenigen Unternehmensadressen selektiert werden, deren laufende Nummer mit der generierten Zufallszahl übereinstimmt.

5.7 Durchführung der Datenerhebung

5.7.1 Vorgehensweise

Nach Auswahl der 550 Unternehmensadressen aus der MARKUS-Datenbank ist im nächsten Schritt die Kontaktperson im Unternehmen zu ermitteln. Im Hinblick auf eine möglichst hohe Rücklaufquote ist eine telefonische Kontaktaufnahme mit den Unternehmen angeraten. Auf diese Weise kann festgestellt werden, wer der Entscheidungsträger im Finanzmanagement (Finanzverantwortliche) ist und ob es sich bei der vermittelten Kontaktperson um den richtigen Ansprechpartner handelt. Darüber hinaus kann der Finanzverantwortliche in einem persönlichen Gespräch von der Notwendigkeit und der Seriosität der Untersuchung überzeugt werden. Außerdem lassen sich auf diese Weise überflüssige Zusendungen des Fragebogens vermeiden, wenn von vornherein feststeht, daß der Finanzverantwortliche kein Interesse an einer Teilnahme besitzt.

Im Falle des Interesses für die Firmenkundenumfrage wird der Fragebogen dem Finanzmanager per Telefax übermittelt. Eine Nachfaßaktion nach Ablauf der Rücksendefrist soll zu einer Erhöhung der Rücklaufquote beitragen.

5.7.2 Kontaktverlauf

5.7.2.1 Kontaktverlauf nach Umsatzschichten

Die Durchführung der Firmenkundenumfrage ergab folgenden Kontaktverlauf nach Umsatzschichten.

Umsatzklasse	Angerufen	Angefaxt	Rücklauf	Rücklauf-quote
10-100 Mio. DM	250	155	76	30,4%
100-500 Mio. DM	180	144	62	34,4%
>500 Mio. DM	120	98	43	35,8%
Gesamt	**550**	**397**	**181**	**32,9%**

Tabelle 5-8: Kontaktverlauf und Rücklaufquoten der Firmenkundenumfrage nach Umsatzschichten

Insgesamt wurde der Fragebogen an 397 Unternehmen versendet, 45,6% schickten den Fragebogen ausgefüllt zurück. Bezogen auf die 550 selektierten Adressen beträgt die Rücklaufquote 32,9%. Sie erreicht damit einen mit anderen Studien vergleichbaren Wert.[154] Tabelle 5-8 zeigt nur geringe Verzerrungen der Stichprobe nach Umsatzschichten. In der telefonischen Nachfaßaktionen waren die am häufigsten genannten Gründe für eine Verweigerung der Teilnahme zu wenig Zeit, eine Überhäufung mit Umfragen, ein zu umfangreicher Fragebogen und die generelle Ablehnung einer Teilnahme an Umfragen.

5.7.2.2 Kontaktverlauf nach Branchen

In Tabelle 5-9 ist der Kontaktverlauf nach Branchen aufgeführt.[155] Aus der Tabelle sind die branchenspezifischen Antwortquoten zu ersehen.

Es zeigen sich gewisse Unterschiede im Rücklauf nach Branchen, wobei die Mindestrücklaufquote 20% beträgt und somit jede Branche in der Stichprobe repräsentiert ist.

Branche	**Angerufen**	**Angefaxt**	**Rücklauf**	**Rücklauf-quote**
Metallverarbeitende Industrie	88	63	31	35,2%
Chemische Industrie	49	39	22	44,9%
Fahrzeugbau	35	31	13	37,1%
Maschinenbau	98	71	31	31,6%
Elektro-/Elektronikindustrie	68	50	24	35,3%
Sonstige Verarbeitungsindustrie	114	77	38	33,3%
Nahrungs- und Genußmittelindustrie	51	34	11	21,6%
Textilindustrie	47	32	11	23,4%
Gesamt	**550**	**397**	**181**	**32,9%**

Tabelle 5-9: Kontaktverlauf und Rücklaufquoten der Firmenkundenumfrage nach Branchen

[154] In einer Untersuchung zum Cash Management internationaler Unternehmen in Deutschland wurden 72 Fragebögen an internationale Unternehmen verschickt, wobei der Rücklauf 51% betrug [vgl. Pausenberger/Glaum/Johansson 1995, S. 1369]. Diese Quote wurde als erfreulich für derartige Untersuchungen bewertet, so daß davon auszugehen ist, daß die üblichen Rücklaufquoten unter diesem Wert liegen. Eine Umfrage bei 950 direkten Nutzern des Datenbank-Hosts FIZ-Technik erbrachte eine Rücklaufquote von 37,3% [vgl. Herget/Hensler 1995, S. 130], die als „respektabel" eingestuft wurde.

[155] Die Branchenbildung geht auf frühere Untersuchungen des Verfassers zurück, in denen einzelne SYPRO-Mikrobranchen (SYPRO = Systematik des Produzierenden Gewerbes des Statistischen Bundesamtes) zu Branchen zusammengefaßt wurden [vgl. Grebe 1994, S. XXI-XXII].

5.7.3 Ermittlung der Schichtgewichte

Aufgrund der disproportionalen Schichtung der Stichprobe müssen bei der Ergebnisermittlung für den industriellen Mittelstand und die Gesamtstichprobe Schichtgewichte berücksichtigt werden, die die Verteilung in der Stichprobe an die tatsächliche Verteilung in der Grundgesamtheit angleichen. Hierzu werden im folgenden für die drei Umsatzklassen die Schichtgewichte berechnet.

Grundlage hierfür sind Daten zur Verteilung der Unternehmen in der Grundgesamtheit nach Umsatzklassen. Da Zahlen über die Anzahl der Unternehmen nach Umsatzklassen beim Statistischen Bundesamt für die Klassen 100 bis 500 Mio. DM Umsatz und über 500 Mio. DM Umsatz nicht verfügbar sind, werden die Zahlen aus der MARKUS-Datenbank bei der Berechnung der Schichtgewichte zugrunde gelegt.[156]

Umsatzklasse	10-100 Mio.	100-500 Mio.	>500 Mio.
Quote Grundgesamtheit	88,0%	9,9%	2,1%
Quote Stichprobe	41,1%	35,0%	23,9%
Schichtgewicht	**2,1412**	**0,2825**	**0,0883**

Tabelle 5-10: Schichtgewichte der Firmenkundenumfrage [MARKUS 1995; Datenbankrecherche]

Tabelle 5-10 zeigt die Verteilung das Unternehmen nach Umsatzklassen in der Grundgesamtheit gemäß den Zahlen aus der MARKUS-Datenbank (Quote Grundgesamtheit), die Verteilung der Unternehmen in der Stichprobe (Quote Stichprobe) und das Schichtgewicht für jede Umsatzklasse, das sich aus dem Quotienten der Quote in der Grundgesamtheit und in der Stichprobe errechnet.

Es ist zu beachten, daß Unternehmen mit 100 bis 500 Mio. DM Umsatz die Ergebnisse für den industriellen Mittelstand deutlich weniger beeinflussen als Unternehmen zwischen 10 und 100 Mio. DM Umsatz. In der Gesamtstichprobe besitzen die Großunternehmen - analog der Grundgesamtheit - anzahlmäßig nur ein kleines Gewicht.

5.7.4 Selektion unbrauchbarer Fragebögen

Bevor die eigentliche Datenanalyse beginnt, müssen unbrauchbare Fragebögen aussortiert werden.

---

[156] Der Vergleich der MARKUS-Quoten mit den vom Statistischen Bundesamt verfügbaren Zahlen für die Umsatzklassen 10-50 Mio., 50-100 Mio., 100-250 Mio. und über 250 Mio. ergibt eine Übereinstimmung der Verteilungsquoten bis auf 0,1 Prozentpunkte.

Umsatzschicht	Kontaktiert	Rücklauf	Rücklauf-quote	Stichprobe	Verwertungs quote
10-100 Mio. DM	250	76	30,4%	67	26,8%
100-500 Mio. DM	180	62	34,4%	57	31,7%
>500 Mio. DM	120	43	35,8%	39	32,5%
Gesamt	**550**	**181**	**32,9%**	**163**	**29,6%**

Tabelle 5-11: Selektion unbrauchbarer Fragebögen in der Firmenkundenumfrage nach Umsatzschichten

Insgesamt erfüllen 18 Fragebögen die Anforderungen unternehmensbedingt (Unterschreiten des Mindestumsatzes von 10 Mio. DM, falsche Branche) oder antwortbedingt (unvollständiger Fragebogen) nicht. Tabelle 5-11 zeigt die Veränderung der Stichprobenstruktur sowie die letztendliche Verwertungsquote nach Umsatzschichten.

5.7.5 Stichprobenstruktur: Industrieller Mittelstand und Großunternehmen

Von den 124 Unternehmen in den Umsatzschichten 10 bis 100 Mio. DM und 100 bis 500 Mio. DM sind 75 Unternehmen dem industriellen Mittelstand zuzurechnen, der damit - gewichtet und ungewichtet - die mit Abstand größte Gruppe in der Stichprobe bildet. Die Restgruppe - Unternehmen mit einem Umsatz zwischen 10 und 500 Mio. DM, die in der Rechtsform einer AG oder KGaA geführt werden und/oder Teil eines Konzerns sind - umfaßt gewichtet etwa ein Drittel der Stichprobe.

	Stichprobe Ist ungewichtet absolut	Stichprobe Ist gewichtet absolut	Stichprobe Ist ungewichtet relativ	Stichprobe Ist gewichtet relativ
Industrieller Mittelstand	75	107	46,0%	65,5%
Großunternehmen	39	3	23,9%	2,1%
Restgruppe	49	53	30,1%	32,4%
Gesamt	**163**	**163**	**100,0%**	**100,0%**

Tabelle 5-12: Stichprobenstruktur - Industrieller Mittelstand und Großunternehmen

Unter der Annahme eines verzerrungsfreien Rücklaufs sind knapp 67% der Unternehmen in der Umsatzklasse 10 bis 500 Mio. DM dem industriellen Mittelstand zuzurechnen.[157] Daraus errechnet sich eine Gesamtzahl von rund 13.200 Unter-

[157] 95%-Konfidenzintervall (p=0,67, n=160): *CI(95%)* = [60%..74%].

nehmen im industriellen Mittelstand.[158] Auf Großunternehmen entfallen ungewichtet knapp ein Viertel und gewichtet, wie in der Grundgesamtheit, 2,1% des Stichprobenumfangs.

5.8 Datenanalyse

5.8.1 PC-gestützte Datenerfassung und -analyse

Die dialoggestützte Erfassung und Auswertung der Fragebögen der Firmenkundenumfrage erfolgt mit einer vom Verfasser unter Microsoft Access 2.0 programmierten Datenbank. Diese Datenbank wurde als Kontaktdatenbank zur Verwaltung der Anfragen und Reaktionen der ausgewählten Unternehmen angelegt und eingesetzt. Hierzu wurden die aus der MARKUS-Datenbank recherchierten Unternehmensadressen mit Hilfe einer eigens programmierten Konvertierungssoftware in ein Access 2.0 lesbares Format konvertiert und anschließend in die Umfragedatenbank importiert.

Die weitergehende Analyse der Daten erfolgt mit SPSS für Windows, Version 6.1.3. Hierzu werden die Rohdaten aus der Access-Umfragedatenbank in ein SPSS-File konvertiert. Wegen der sehr einfachen Handhabung insbesondere beim Aufbau von Distanzmatrizen für die Clusteranalyse wird darüber hinaus die Software MSTAT, die am Lehrstuhl für Statistik von Prof. Opitz an der Universität Augsburg entwickelt wurde, in der Version 2.41 eingesetzt.

Zur Anwendung der CART-Methode - Classification and Regression Trees - zur Identifikation diskriminierender Merkmale zwischen den identifizierten Segmenten und zum Auffinden geeigneter Klassifikationsregeln wird darüber hinaus das Statistikpaket S-Plus für Windows in der Version 3.3 eingesetzt, das dem Verfasser freundlicherweise von Prof. Fahrmeir, Inhaber des Lehrstuhls für Statistik an der Universität München, für diese Analyse überlassen wurde.

Die graphische Aufbereitung der Ergebnisse in Charts erfolgt mit Microsoft Excel 5.0.

5.8.2 Statistische Methoden

Zur explorativen Datenanalyse werden Verfahren der deskriptiven Statistik angewendet. Übliche Statistiken, wie Häufigkeitsverteilung, Mittelwert, Standardabweichung und Spannweite, werden tabellarisch und graphisch aufbereitet.

[158] Tabelle 2-8 weist 20.116 steuerpflichtige Unternehmen im Verarbeitenden Gewerbe in Deutschland nach. Hiervon besitzen 97,9% einen Umsatz von weniger als 500 Mio. DM (vgl. Tabelle 5-6). Nimmt man an, daß 67% der Unternehmen dem industriellen Mittelstand zuzurechnen sind, dann entspricht dies einer Zahl von rund 13.200 Unternehmen.

Zur Überprüfung der Hypothesen werden eine Reihe von statistischen Testverfahren angewendet. Für Rückschlüsse von der Stichprobe auf die Grundgesamtheit bedient sich die vorliegende Untersuchung der induktiven Statistik. Der **Repräsentationsschluß** erlaubt den Rückschluß von den Stichprobenergebnissen auf statistische Kennzahlen in der Grundgesamtheit. Hierbei werden Mittelwerte und Anteilswerte in der Grundgesamtheit auf Basis der Stichprobenstatistiken geschätzt. Dabei erlaubt der Repräsentationsschluß die Angabe eines Konfidenzintervalls für den Schätzwert in der Grundgesamtheit.

Zur **Schätzung des Mittelwerts** eines metrischen Merkmals in der Grundgesamtheit wird folgende Formel zugrunde gelegt [vgl. Böhler 1992, S. 140-142 und S. 147]:

$$CI(1-\alpha): \bar{x} - z \cdot s_{\bar{x}} \leq \mu \leq \bar{x} + z \cdot s_{\bar{x}} \, .$$ [159]

z errechnet sich in Abhängigkeit des gewählten Sicherheitsgrads als entsprechendes Quantil der Standardnormalverteilung (für $\alpha = 5\%$ ist $z = 1{,}96$). $\bar{x}$ bezeichnet das Stichprobenmittel, μ den tatsächlichen Mittelwert in der Grundgesamtheit. $s_{\bar{x}}$ bezeichnet den Standardfehler in der Stichprobe, wobei gilt

$$s_{\bar{x}} = \frac{s}{\sqrt{n}} \, .$$ [160]

Bei kleinen Stichproben muß das Merkmal in der Grundgesamtheit annähernd normalverteilt sein. Je schiefer die Verteilung, um so größer sollte der Stichprobenumfang sein. Der Merkmalsmittelwert in der Grundgesamtheit liegt mit der Wahrscheinlichkeit in Höhe des Sicherheitsgrads im errechneten Konfidenzintervall $CI(1-\alpha)$.[161]

Zur **Schätzung eines Anteilswertes** bei einem nominal dichotomen Merkmal in der Grundgesamtheit wird folgende Formel zugrunde gelegt [vgl. Böhler 1992, S. 142-147]:

$$CI(1-\alpha): p - z \cdot s_p \leq P \leq p + z \cdot s_p \, .$$ [162]

---

159 Diese Formel gilt für n>30. Mit geringeren Fallzahlen werden in dieser Untersuchung Konfidenzintervalle für den Mittelwert nicht berechnet.

160 Wegen eines Auswahlanteils von n/N < 5% in den drei Schichten wird auf den Korrekturfaktor verzichtet.

161 Genauer: Die Wahrscheinlichkeit dafür, daß man den Stichprobenmittelwert bzw. -anteilswert erhält, wenn der Mittelwert bzw. Anteilswert in der Grundgesamtheit außerhalb des Konfidenzintervalls liegt, ist kleiner als α.

162 Nach *Böltken* wird die Binomialverteilung in etwa durch die Normalverteilung beschrieben, wenn gilt: $n > 30$, $p,q \geq 10\%$; darüber hinaus soll die kleinere der beiden Häufigkeiten mindestens fünf Objekte umfassen [vgl. Böltken 1976, S. 112]. Ein Unterschreiten dieser Anforderungen im konkreten Fall wird in Kapitel 6 durch eine Fußnote und den Hinweis „Mindestbedingungen für den Repräsentationsschluß nicht erfüllt“ kenntlich gemacht.

z errechnet sich je nach gewähltem Sicherheitsgrad als entsprechendes Quantil der Standardnormalverteilung (für $\alpha = 5\%$ ist $z = 1{,}96$), p bezeichnet den Ausstattungsgrad in der Stichprobe, P den tatsächlichen Ausstattungsgrad in der Grundgesamtheit. s_p bezeichnet den Standardfehler in der Stichprobe, wobei gilt

$$s_p = \sqrt{\frac{p \cdot q}{n-1}}\,.$$

Zur Identifikation signifikanter Unterschiede der Merkmalsmittelwerte zwischen industriellem Mittelstand und Großunternehmen wird bei metrischen Merkmalen der **t-Test** für unabhängige Stichproben eingesetzt. Auch hier wird die unbekannte Varianz in der Grundgesamtheit anhand der Stichprobenvarianz geschätzt. Ausgangspunkt für den Test ist die Nullhypothese, daß die Mittelwerte bzw. Anteilswerte in den zu den Stichproben gehörenden Grundgesamtheiten identisch sind. Die Hypothese wird anhand einer t-verteilten Statistik (Prüfgröße) getestet und bei hinreichend kleinem beobachteten Signifikanzniveau[163] verworfen, womit die Unterschiedlichkeit der Mittelwerte mit einer Irrtumswahrscheinlichkeit in Höhe des beobachteten Signifikanzniveaus nachgewiesen ist [vgl. Norusis 1994, S. 257-259]. Der t-Test kann unter der Annahme unterschiedlicher und identischer Varianzen (Test bei gepoolter Varianzschätzung) in der Grundgesamtheit angewendet werden. Als Entscheidungskriterium dafür, welche Prüfgröße zum Einsatz kommt, dient der **Levene-Test**, der die Nullhypothese gleicher Varianzen testet [vgl. Norusis 1994, S. 268].[164]

Zum Nachweis unterschiedlicher Anteilswerte werden die auf Basis der Stichprobe errechneten Konfidenzintervalle auf Überdeckung geprüft. Liegt keine Überdekkung vor, so wird dies als Nachweis einer signifikanten Anteilsdifferenz interpretiert.

Zur Durchführung der potentialorientierten Segmentierung werden darüber hinaus multivariate Verfahren eingesetzt. Um größtmögliche Zuverlässigkeit der Analyseergebnisse sicherzustellen, beschränkt sich die Untersuchung auf die Anwendung multivariater Verfahren ohne Verteilungsannahmen. Zum Einsatz kommen die **Hauptkomponentenanalyse** zur Aggregation der Merkmale der affektiven Qualitätswahrnehmung zu orthogonalen Qualitätsdimensionen, Verfahren der **Clusteranalyse** zur Bildung homogener Segmente im industriellen Mittelstand sowie **Klassifikationsbäume** zur Identifikation von Klassifikationsregeln und der am besten trennenden Merkmale zwischen den Segmenten.

---

[163] Das beobachtete Signifikanzniveau ist die Wahrscheinlichkeit dafür, daß sich eine Mittelwertdifferenz mindestens so groß wie die beobachtete im Falle tatsächlich identischer Mittelwerte einstellen würde [vgl. Norusis 1994, S. 259].

[164] Der Test setzt einen normalverteilten Stichprobenmittelwert voraus [vgl. Norusis 1994, S. 254]. Diese Voraussetzung ist nicht immer erfüllt, so daß die Testergebnisse nur als *Hinweis*, nicht aber als statistischer *Beweis* interpretiert werden können.

5.9 Ergebnisdarstellung

5.9.1 Gruppierung der Unternehmen

Um das Profil des industriellen Mittelstands abzugrenzen, werden in Kapitel 6 die Ergebnisse des industriellen Mittelstands den Ergebnissen für die Gesamtstichprobe und die Gruppe der Großunternehmen gegenüber gestellt. Hierbei ist zu beachten, daß sich die Stichprobe in drei Segmente aufteilt: Industrieller Mittelstand, Großunternehmen sowie eine Restgruppe im Segment 10 bis 500 Mio. DM Umsatz (Konzerntöchter bzw. Gesellschaften mit direktem Zugang zum Kapitalmarkt). Industrieller Mittelstand und Großunternehmen bilden den größten Teil der Stichprobe (ungewichtet 114/163 = 70%, gewichtet 110/163 = 67%), die Ergebnisse für die Gesamtstichprobe werden jedoch auch von der Restgruppe beeinflußt.

Bei der Ermittlung der Ergebnisse für den industriellen Mittelstand und die Gesamtstichprobe werden die Ausgangsdaten bei der Anwendung statistischer Methoden wegen der schichtübergreifenden Betrachtung stets gewichtet. Ausnahmen von dieser Regel werden explizit erwähnt.

5.9.2 Interpretation der Abbildungen

Die Ergebnisse der Firmenkundenumfrage werden in Kapitel 6 in verschiedenen Abbildungen graphisch aufbereitet. Folgende Abbildungstypen sind zu unterscheiden:

- Vertikale und horizontale Balkendiagramme, z.B. Abb. 6-1, Abb. 6-3, Abb. 6-11, Abb. 6-12.
- Liniencharts, z.B. Abb. 6-2, Abb. 6-17, Abb. 6-21.
- Horizontale Balkendiagramme, die den Grad der Zustimmung oder Ablehnung des Finanzmanagers wiedergeben, z.B. Abb. 6-13, Abb. 6-14. Bei diesen Abbildungen sind die Ablehner den Befürwortern links bzw. rechts der Vertikalen in der Diagrammitte gegenübergestellt. Die Differenz der Prozentsumme der Ablehner und Befürworter zu 100% ergibt den Anteil der Indifferenten. Sie werden in den Balkendiagrammen bewußt nicht dargestellt. Diese Art der Abbildung hat den Vorteil, daß die unmittelbare Gegenüberstellung der Ablehner und Befürworter sehr schnell das Meinungsbild erkennen läßt und darüber hinaus die Länge des Balkens Auskunft über den Anteil der Nicht-Indifferenten, d.h. diejenigen Befragten mit einer klaren Position zur betreffenden Frage, gibt.

6 Ergebnisse der Firmenkundenumfrage

6.1 Determinanten des Ausstattungsbedarfs mit Bankmarktleistungen im elektronischen Firmenkundengeschäft

6.1.1 Geschäftsumfang und Internationalität des Geschäfts

Indikatoren des Geschäftsumfangs und der Internationalität des Geschäfts sind der Umsatz des Unternehmens, der Exportanteil am Umsatz in Prozent, die Anzahl der Auslandstöchter, Export in Länder der EU sowie Export in Länder außerhalb der EU.

Tabelle 6-1 zeigt die Ergebnisse der Firmenkundenumfrage bzgl. dieser Merkmale jeweils getrennt für den industriellen Mittelstand, die Gesamtstichprobe und die Gruppe der Großunternehmen. Neben der Anzahl der validen Unternehmen im jeweiligen Segment - *n(valide)* - sind für jedes Merkmal Mittelwert, Standardabweichung und Spannweite angegeben.[165] Mit der Stichprobenziehung wird das Ziel verfolgt, möglichst zuverlässige Informationen über die Grundgesamtheit zu gewinnen. Die induktive Statistik bietet mit dem Repräsentationsschluß eine Methode, die den Rückschluß vom Stichprobenmittelwert auf den Mittelwert in der Grundgesamtheit erlaubt [vgl. Böltken 1976, S. 106-115; Böhler 1992, S. 140-142].[166] Über den Repräsentationsschluß wird eine Aussage möglich, nach der der Merkmalsmittelwert in der Grundgesamtheit mit einer hohen Wahrscheinlichkeit (z.B. 95%) in einem bestimmten Intervall um den Stichprobenmittelwert liegt. Tabelle 6-1 zeigt in der Spalte *CI(95%)* die 95%-Konfidenzintervalle für die Merkmale von Geschäftsumfang und Internationalität des Geschäfts.

Im Stichprobenmittel erwirtschaftet der industrielle Mittelstand rund ein Viertel seines Umsatzes im Exportgeschäft und besitzt drei Auslandstöchter. Vier von fünf mittelständischen Unternehmen exportieren in Länder der EU, zwei von drei in Länder außerhalb der EU.

Der Vergleich der Stichprobenmittelwerte und Konfidenzintervalle macht deutlich, daß zwischen industriellem Mittelstand und Großunternehmen relativ geringe Unterschiede bzgl. des Exportanteils am Umsatz (24% gegenüber 38%) und dem Anteil der Unternehmen, die in die EU exportieren (79% gegenüber 82%) bzw. in Länder außerhalb der EU exportieren (66% gegenüber 85%), bestehen. Dies kann als Indiz dafür interpretiert werden, daß Auslandsmärkte für den industriellen

---

165 „Ja/Nein“ bei der Spannweite deutet an, daß es sich um ein nominal dichotomes Merkmal handelt.

166 Zu den Voraussetzungen vgl. Abschnitt 5.8.2.

Mittelstand inzwischen eine ähnlich hohe Bedeutung besitzen wie für Großunternehmen.

	n (valide)	Mittelwert	Standard-abweichung	Spannweite	CI(95%)
Exportanteil am Umsatz (%)					
• **Industrieller Mittelstand**	**105**	**24**	**21**	**[0..85]**	**[19..28]**
• Gesamtstichprobe	161	27	23	[0..95]	[23..31]
• Großunternehmen	38	38	23	[0..95]	[31..46]
Anzahl Auslandstöchter					
• **Industrieller Mittelstand**	**105**	**3**	**10**	**[0..70]**	**[1..5]**
• Gesamtstichprobe	161	7	32	[0..450]	[1..12]
• Großunternehmen	39	38	89	[0..450]	[9..67]
Export in Länder der EU (Anteil %)					
• **Industrieller Mittelstand**	**107**	**79**	**41**	**[Ja/Nein]**	**[71..87]**
• Gesamtstichprobe	163	84	36	[Ja/Nein]	[78..90]
• Großunternehmen	39	82	39	[Ja/Nein]	[69..95]
Export in Länder außerhalb der EU (Anteil %)					
• **Industrieller Mittelstand**	**107**	**66**	**48**	**[Ja/Nein]**	**[55..74]**
• Gesamtstichprobe	163	74	44	[Ja/Nein]	[66..80]
• Großunternehmen	39	85	37	[Ja/Nein]	[73..96]

Tabelle 6-1: Geschäftsumfang und Internationalität des Geschäfts - Industrieller Mittelstand im Vergleich zu Gesamtstichprobe und Großunternehmen

Der t-Test zeigt signifikante Unterschiede zwischen industriellem Mittelstand und Großunternehmen bzgl. des Exportanteils am Umsatz, der Anzahl der Auslandstöchter und dem Anteil der Unternehmen, die in Länder außerhalb der EU exportieren. Hinsichtlich des Anteils der Unternehmen, die in die EU exportieren, kann ein Mittelwertunterschied nicht nachgewiesen werden.

6.1.2 Geschäftsverbindungen zu Kreditinstituten

6.1.2.1 Anzahl der Bankverbindungen im In- und Ausland

Die Ergebnisse der Firmenkundenumfrage belegen, daß Mehrfachbankverbindungen im industriellen Mittelstand die Regel sind. Im Stichprobenmittel unterhalten Unternehmen Bankverbindungen zu vier Kreditinstituten im Inland. Darüber hinaus bestehen Geschäftsverbindungen zu einem Kreditinstitut in der EU. Zu Banken außerhalb der EU wird im Stichprobenmittel keine Bankverbindung unterhalten.

Lediglich 8% der befragten Unternehmen aus dem industriellen Mittelstand besitzen genau eine Bankverbindung im Inland gegenüber 27%, die fünf und mehr Bankverbindungen unterhalten. Knapp jedes vierte mittelständische Unternehmen unterhält zumindest eine Bankverbindung mit einem Kreditinstitut in der EU, jedes fünfte zu einem Kreditinstitut außerhalb der EU.

	n (valide)	Mittelwert	Standard-abweichung	Spannweite	CI(95%)
Anzahl der Bankverbindungen im Inland					
• **Industrieller Mittelstand**	**107**	**4**	**2**	**[1..12]**	**[4..5]**
• Gesamtstichprobe	163	5	4	[1..50]	[4..5]
• Großunternehmen	39	15	13	[2..50]	[11..19]
Anzahl der Bankverbindungen in der EU					
• **Industrieller Mittelstand**	**107**	**1**	**2**	**[0..10]**	**[0..1]**
• Gesamtstichprobe	163	1	2	[0..40]	[0..1]
• Großunternehmen	39	4	8	[0..40]	[1..6]
Anzahl der Bankverbindungen außerhalb der EU					
• **Industrieller Mittelstand**	**107**	**0**	**1**	**[0..4]**	**[0..0]**
• Gesamtstichprobe	163	0	3	[0..50]	[0..1]
• Großunternehmen	39	5	12	[1..50]	[1..9]

Tabelle 6-2: Anzahl der Bankverbindungen im In- und Ausland - Industrieller Mittelstand im Vergleich zu Gesamtstichprobe und Großunternehmen

Wie aus Tabelle 6-2 zu ersehen ist, bestehen deutliche Unterschiede zwischen industriellem Mittelstand und Großunternehmen, insbesondere bei Bankverbindungen im Inland (Mittelwertdifferenz elf Banken) sowie außerhalb der EU (Mittelwertdifferenz fünf Kreditinstitute). Signifikante Unterschiede bestehen zwischen industriellem Mittelstand und Großunternehmen bzgl. der Anzahl der Bankverbindungen im Inland, in der EU und außerhalb der EU.

6.1.2.2 Anzahl der Banken für den Zahlungsverkehr im In- und Ausland

Der industrielle Mittelstand wickelt nur mit einem Teil der Kreditinstitute, zu denen eine Bankverbindung besteht, seinen Zahlungsverkehr ab. Dieses Ergebnis gilt für Großunternehmen in noch stärkerem Maße.

Mehr als 80% der befragten mittelständischen Unternehmen wickeln mit mehr als einem Kreditinstitut ihren Zahlungsverkehr ab. 15% wickeln ihren Zahlungsverkehr mit einem oder mehreren Kreditinstituten in der EU ab, 7,5% auch mit Kreditinstituten außerhalb der EU.

Auf Grundlage der Stichprobe können signifikante Unterschiede zwischen industriellem Mittelstand und Großunternehmen bei der Anzahl der Banken für den Zahlungsverkehr im Inland und außerhalb der EU festgestellt werden.

	n (valide)	Mittelwert	Standard-abweichung	Spannweite	CI(95%)
Anzahl der Banken für den ZV im Inland					
• **Industrieller Mittelstand**	**107**	**3**	**2**	**[0..12]**	**[3..4]**
• Gesamtstichprobe	163	3	2	[0..35]	[3..4]
• Großunternehmen	39	6	6	[0..35]	[4..8]
Anzahl der Banken für den ZV in der EU					
• **Industrieller Mittelstand**	**107**	**0**	**2**	**[0..10]**	**[0..1]**
• Gesamtstichprobe	163	0	2	[0..40]	[0..1]
• Großunternehmen	39	3	7	[0..40]	[0..5]
Anzahl der Banken für den ZV außerhalb der EU					
• **Industrieller Mittelstand**	**107**	**0**	**1**	**[0..4]**	**[0..0]**
• Gesamtstichprobe	163	0	1	[0..22]	[0..0]
• Großunternehmen	39	2	4	[0..22]	[1..3]

Tabelle 6-3: Anzahl der Banken für den Zahlungsverkehr im In- und Ausland - Industrieller Mittelstand im Vergleich zu Gesamtstichprobe und Großunternehmen

6.1.3 Anzahl der durchschnittlichen monatlichen In- und Auslandszahlungstransaktionen

Unter Inlandszahlungstransaktionen werden ausgehende Überweisungen, Lastschriften und Schecks subsumiert. Auslandszahlungstransaktionen umfassen Überweisungen und Schecks im Rahmen des Auslandszahlungsverkehrs. Die Anzahl der Transaktionen ist von der Anzahl der Buchungsposten zu unterscheiden; ein Buchungsposten kann bei einer Sammelüberweisung oder Sammellastschrift hunderte von Einzeltransaktionen beinhalten.

Aus Tabelle 6-4 geht hervor, daß sehr große Unterschiede bzgl. der Anzahl der In- und Auslandszahlungstransaktionen pro Monat zwischen industriellem Mittelstand und der Gruppe der Großunternehmen bestehen. In der Stichprobe befinden sich sowohl kleine Mittelständler aus dem Verarbeitenden Gewerbe mit ca. 50 Mitarbeitern und nationalem Geschäft als auch multinationale Konzerne, die das Finanzmanagement für den Konzern in einer eigenen Inhouse-Bank betreiben. Auch innerhalb der Segmente sind die Spannweiten groß.

Signifikante Unterschiede zwischen industriellem Mittelstand und Großunternehmen bestehen bzgl. der Anzahl der Auslandstransaktionen pro Monat. Zwischen der Anzahl der Inlandstransaktionen ist trotz einer sehr großen Mittelwertdifferenz kein signifikanter Unterschied festzustellen, weil die Standardabweichung dieses Merkmals bei Großunternehmen sehr hoch ausfällt.

Im Durchschnitt werden in Unternehmen des industriellen Mittelstands 852 In- und 67 Auslandszahlungstransaktionen pro Monat initiiert, das entspricht rund 46 Transaktionen pro Tag (*CI(95%)* = [36..57]). Diese Anzahl von Transaktionen rechtfertigt im industriellen Mittelstand grundsätzlich den Einsatz eines elektronischen Zahlungsverkehrssystems mit der Möglichkeit zum Electronic Funds Transfer (Verifikation von **H 10**). Die großen Spannweiten zeigen erhebliche Unterschiede zwischen den Unternehmen an, so daß eine differenzierte Marktbearbeitung notwendig ist.

	n (valide)	Mittelwert	Standard-abweichung	Spannweite	CI(95%)
Anzahl der Zahlungstransaktionen im Inland pro Monat					
• **Industrieller Mittelstand**	**100**	**852**	**960**	**[55..8050]**	**[662..1042]**
• Gesamtstichprobe	147	1850	25476	[45..1 Mio.]	[0..6005]
• Großunternehmen	30	54538	184300	[1170..1 Mio.]	[0..123357]
Anzahl der Zahlungstransaktionen im Ausland pro Monat					
• **Industrieller Mittelstand**	**102**	**67**	**156**	**[0..2000]**	**[36..98]**
• Gesamtstichprobe	147	76	349	[0..12000]	[20..133]
• Großunternehmen	30	931	2272	[5..12000]	[83..1780]

Tabelle 6-4: Anzahl der durchschnittlichen monatlichen In- und Auslandszahlungstransaktionen - Industrieller Mittelstand im Vergleich zu Gesamtstichprobe und Großunternehmen

Auch die Spannweiten der in Tabelle 6-1 bis Tabelle 6-3 dargestellten Determinanten des Ausstattungsbedarfs zeigen deutliche Unterschiede an. Somit kann der erste Teil von **H 6** verifiziert werden.

6.2 Ausstattungsgrad mit elektronischen Mehrwertsystemen

6.2.1 Finanzmanagementsysteme

6.2.1.1 Ausstattung mit Finanzmanagementsystemen und Finanzbuchhaltungssystemen

Grundlage zur Ermittlung des Absatzpotentials bei Finanzmanagementsystemen im industriellen Mittelstand ist der derzeitige Ausstattungsgrad der Unternehmen. Abb. 6-1 zeigt den Ausstattungsgrad bei Finanzmanagementsystemen (Zahlungsverkehrssystemen, Cash Management-Systemen, Finanzplanungssystemen) und Finanzbuchhaltungssystemen.

82% der Unternehmen aus dem industriellen Mittelstand verfügen über ein Zahlungsverkehrssystem, 84% über ein Finanzbuchhaltungssystem. Ein Cash Management-System setzen 31% der Unternehmen ein, ein Finanzplanungssystem 37%.

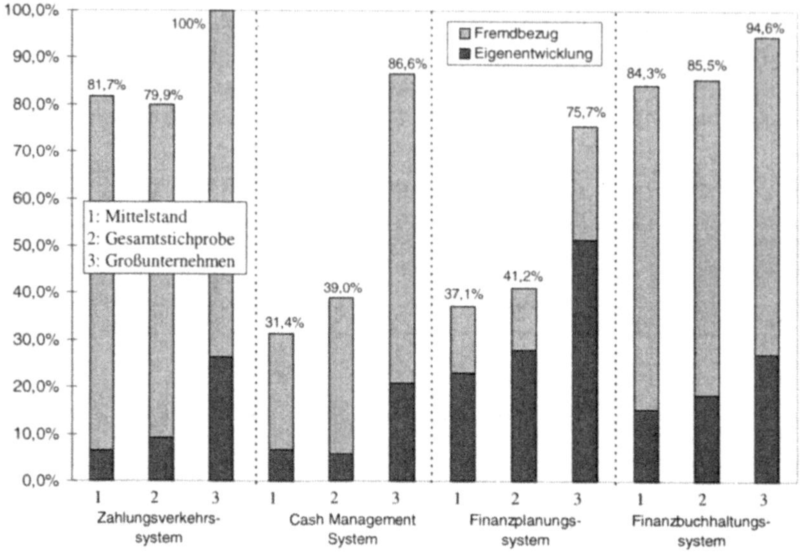

Abb. 6-1: Ausstattung mit Finanzmanagementsystemen und Finanzbuchhaltungssystemen - Industrieller Mittelstand im Vergleich zu Gesamtstichprobe und Großunternehmen

Bei den Systemarten ist der Anteil der selbst erstellten Systeme sehr unterschiedlich. Während bei Zahlungsverkehrssystemen, Cash Management-Systemen und Finanzbuchhaltungssystemen fremdbezogene Lösungen dominieren, überwiegt bei den Finanzplanungssystemen der Anteil der selbst erstellten Systeme. Wie die Experteninterviews ergaben, setzen die Finanzverantwortlichen häufig selbst programmierte Spreadsheets für ihre Finanzplanung ein, was die anwendungsübergreifende Datenintegration z.T. erheblich erschwert.

Für die Potentialabschätzung ist weniger der Ausstattungsgrad in der Stichprobe als vielmehr der in der Grundgesamtheit von Interesse. Mit dem Repräsentationsschluß lassen sich Konfidenzintervalle für die Anteilswerte in der Grundgesamtheit auf Grundlage der Stichprobenergebnisse angeben. Tabelle 6-5 zeigt die 95%-Konfidenzintervalle des Ausstattungsgrads für Mittelstand, Gesamtstichprobe und Großunternehmen.[167]

Der Ausstattungsgrad mit Finanzmanagementsystemen steigt erwartungsgemäß mit dem Unternehmensumsatz. Die deutlichsten Unterschiede im Ausstattungsgrad

[167] Zu den Voraussetzungen vgl. Abschnitt 5.8.2.

zwischen industriellem Mittelstand und Großunternehmen zeigen sich bei Cash Management-Systemen und Finanzplanungssystemen. Die Konfidenzintervalle zeigen signifikante Unterschiede beim Einsatz aller drei Finanzmanagementsysteme an. Somit kann **H 12** bestätigt werden.

Finanzmanagementsystem	**Industrieller Mittelstand**	**Gesamtstichprobe**	**Großunternehmen**
Zahlungsverkehrssystem	**[75%..89%]**	[74%..86%]	Berechnung nicht möglich
Cash Management System	**[22%..40%]**	[31%..47%]	[76%..98%]
Finanzplanungssystem	**[28%..46%]**	[33%..49%]	[62%..90%]
Finanzbuchhaltungssystem	**[77%..91%]**	[80%..92%]	[88%..100%]

Tabelle 6-5: 95%-Konfidenzintervalle für den Ausstattungsgrad mit Finanzmanagementsystemen - Industrieller Mittelstand im Vergleich zu Gesamtstichprobe und Großunternehmen

Wie aus den Konfidenzintervallen ersichtlich ist, sind im industriellen Mittelstand Unternehmen mit Cash Management-System und/oder Finanzplanungssystem in der Minderheit. **H 11** kann somit bestätigt werden.

6.2.1.2 Elektronischer Zahlungsverkehr

Ende 1995 wickelte der industrielle Mittelstand 85% seiner Zahlungstransaktionen konventionell, d.h. nicht per Datenfernübertragung (DFÜ) ab. Wie Abb. 6-2 zeigt, ist der Trend zur beleglosen Abwicklung des Zahlungsverkehrs über elektronische Netze jedoch eindeutig. Bis zum Jahr 2000 wollen die befragten mittelständischen Unternehmen im Stichprobenmittel etwa die Hälfte ihres Transaktionsvolumens per DFÜ an ihre Kreditinstitute übermitteln.

Nach den Plänen der Unternehmen wird dieser Wert für die Gesamtstichprobe Ende 2000 bei knapp 60% und für die Gruppe der Großunternehmen bei 65% liegen. Der Unterschied zwischen industriellem Mittelstand und Großunternehmen bleibt im Zeitablauf weitgehend konstant und beträgt etwa 18 Prozentpunkte.

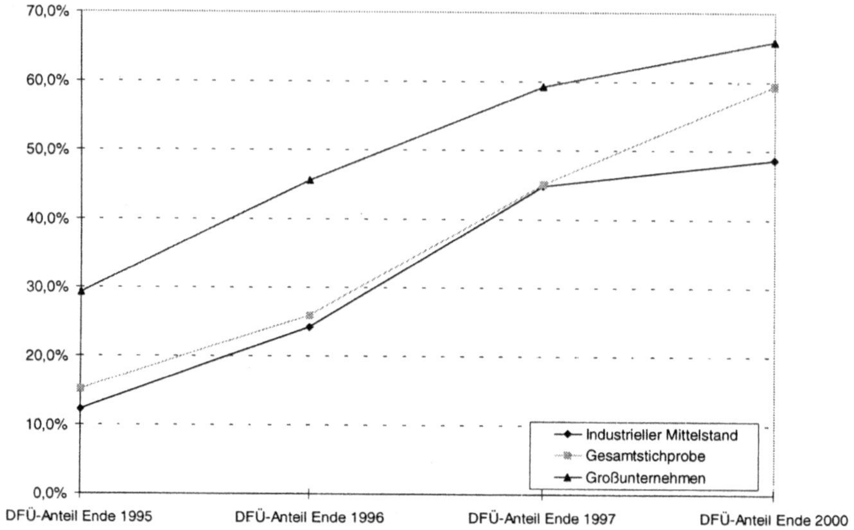

Abb. 6-2: Status quo und Pläne bzgl. des DFÜ-Anteils bei Überweisungen und Lastschriften - Industrieller Mittelstand im Vergleich zu Gesamtstichprobe und Großunternehmen

Neben dem Anteil der beleglos übermittelten Zahlungstransaktionen ist von Interesse, inwieweit der industrielle Mittelstand bereits heute über die technischen Voraussetzungen für eine DFÜ-gestützte Auftragserteilung verfügt.[168] Hierfür ist ein DFÜ-fähiges Zahlungsverkehrssystem, das die bankseitig angebotenen Protokolle unterstützt (z.B. ZVDFÜ, FTAM/EU, RVS) und ein Netzzugang (z.B. Datex-P, ISDN) notwendig. Wie Tabelle 6-6 zeigt, war Ende 1995 jedes vierte mittelständische Unternehmen in der Lage, Zahlungsaufträge beleglos an seine Kreditinstitute zu übermitteln. Bei Großunternehmen betrug die Quote 67%.

Unternehmen mit DFÜ-Möglichkeit Ende 1995	n (valide)	Mittelwert	Standard-abweichung	Spannweite	CI(95%)
• **Industrieller Mittelstand**	**107**	**24**	**43**	**[Ja/Nein]**	**[16..32]**
• Gesamtstichprobe	163	29	45	[Ja/Nein]	[22..36]
• Großunternehmen	39	67	48	[Ja/Nein]	[51..82]

Tabelle 6-6: 95%-Konfidenzintervalle für den Anteil der Unternehmen mit der Möglichkeit zur DFÜ-Übermittlung von Zahlungstransaktionen - Industrieller Mittelstand im Vergleich zu Gesamtstichprobe und Großunternehmen

Das 95%-Konfidenzintervall für die mittelständischen Unternehmen mit der Fähigkeit zum Electronic Funds Transfer zeigt an, daß diese Unternehmen im industriellen Mittelstand in der Minderheit sind. Darüber hinaus wird deutlich, daß in der Gruppe der Großunternehmen ein signifikant höherer Anteil über diese Fähigkeit verfügt. **H 9** ist damit verifiziert.

Es bleibt festzuhalten, daß Kreditinstitute Maßnahmen ergreifen müssen, wenn sie den Anteil der DFÜ-Transaktionen im industriellen Mittelstand bis Ende 2000 deutlich über 50% heben wollen. Hierzu können Kreditinstitute eine stärkere Preisdifferenzierung zwischen konventioneller und DFÜ-gestützter Auftragserteilung vornehmen.

6.2.1.3 UN/EDIFACT im Zahlungsverkehr und Dokumentengeschäft

Die Ergebnisse der Firmenkundenumfrage zeigen bis zum Jahr 2000 einerseits einen deutlich zunehmenden Einsatz von UN/EDIFACT im Zahlungs- und Dokumentenverkehr bei Großunternehmen. Andererseits offenbaren sie eine große Unsicherheit bzgl. dieser Thematik im industriellen Mittelstand, die durch einen sehr hohen Anteil fehlender Antworten zum Ausdruck kommt.

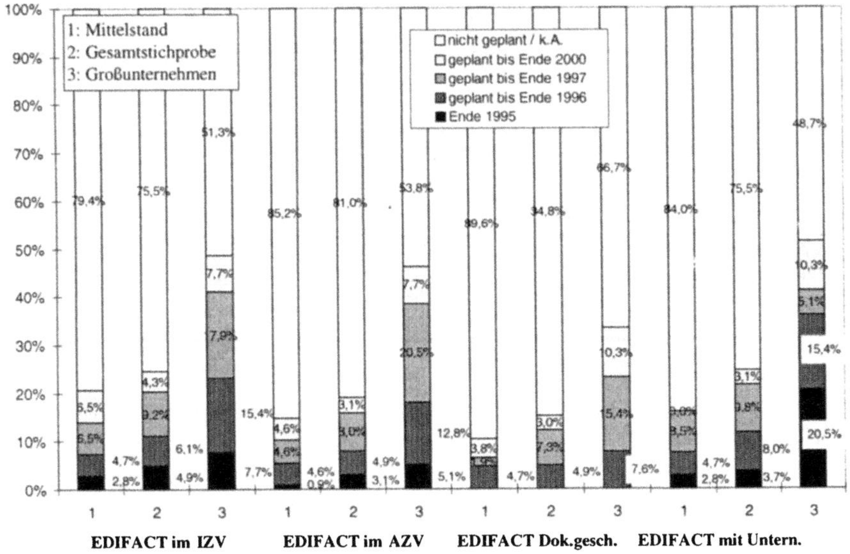

Abb. 6-3: Ausstattung und Pläne bzgl. UN/EDIFACT im In- und Auslandszahlungsverkehr, im Dokumentengeschäft sowie im Geschäftsverkehr mit anderen Unternehmen - Industrieller Mittelstand im Vergleich zu Gesamtstichprobe und Großunternehmen

[168] Dieses Merkmal wurde nicht direkt erfragt, sondern indirekt aus dem Anteil der per DFÜ übermittelten Zahlungstransaktionen und den installierten Zahlungsverkehrssystemen ge-

Abb. 6-3 zeigt Einsatz und Pläne bzgl. UN/EDIFACT im industriellen Mittelstand, in der Gesamtstichprobe und in der Gruppe der Großunternehmen.

Jedes fünfte Großunternehmen setzte Ende 1995 UN/EDIFACT im Geschäftsverkehr mit anderen Unternehmen ein. Bis zum Jahr 2000 plant nahezu jedes zweite Großunternehmen, UN/EDIFACT im In- und Auslandszahlungsverkehr sowie im Geschäftsverkehr mit Unternehmen zu verwenden. Im Dokumentengeschäft wird die Verbreitung etwas langsamer voranschreiten.

	Industrieller Mittelstand	**Gesamtstichprobe**	**Großunternehmen**
UNI/EDIFACT im IZV Ende 1996	**[3%..12%]***	[6%..16%]	[10%..36%]
UN/EDIFACT im IZV Ende 2000	**[13%..28%]**	[18%..31%]	[33%..64%]
UN/EDIFACT im AZV Ende 1996	**[1%..10%]***	[4%..12%]*	[6%..30%]
UN/EDIFACT im AZV Ende 2000	**[8%..21%]**	[13%..25%]	[31%..62%]
UN/EDIFACT im Dokumentengeschäft Ende 1996	**[1%..9%]***	[2%..8%]*	[0%..16%]*
UN/EDIFACT im Dokumentengeschäft Ende 2000	**[5%..17%]**	[10%..21%]	[19%..48%]
UN/EDIFACT im Geschäftsverkehr mit anderen Unternehmen Ende 1996	**[2%..13%]***	[7%..17%]	[20%..51%]
UN/EDIFACT im Geschäftsverkehr mit anderen Unternehmen Ende 2000	**[9%..23%]**	[18%..31%]	[36%..67%]

Tabelle 6-7: 95%-Konfidenzintervalle für die UN/EDIFACT-Verbreitung Ende 1996, Ende 2000 - Industrieller Mittelstand im Vergleich zu Gesamtstichprobe und Großunternehmen[169]

Im industriellen Mittelstand plant bis zum Jahr 2000 jedes fünfte Unternehmen, UN/EDIFACT im Inlandszahlungsverkehr einzusetzen. Etwa 15% beabsichtigen, UN/EDIFACT bis dahin im Auslandszahlungsverkehr und im Geschäftsverkehr mit anderen Unternehmen einzusetzen. Auffällig ist die Gruppe der mittelständischen Unternehmen ohne konkrete Angaben; ihr Anteil bewegt sich zwischen 80 und 90%.

schlossen.

169 *: Mindestbedingungen für Repräsentationsschluß nicht erfüllt. Vgl. Abschnitt 5.8.2 und hier speziell Fußnote 162.

Tabelle 6-7 zeigt die 95%-Konfidenzintervalle für die Unternehmen, die planen, UN/EDIFACT bis Ende 1996 bzw. Ende 2000 in der Geschäftskommunikation einzusetzen. Im industriellen Mittelstand besteht offensichtlich ein großer Informations- und Aufklärungsbedarf zur EDI/EDIFACT-Thematik. Dies wird um so deutlicher, wenn man berücksichtigt, daß es sich bei der EDI/EDIFACT-Technologie um ein Systemgut handelt und die zunehmende Verbreitung bei Großunternehmen nicht ohne Einfluß auf den industriellen Mittelstand bleiben wird.[170] Mit dem bankseitigen Angebot einer kompetenten EDI/EDIFACT-Beratung, die über den reinen Zahlungsverkehr hinausgeht, besteht die Chance, die Position als innovativer und kompetenter Full-Service-Finanzpartner unter Beweis zu stellen und sich hierdurch gegenüber dem Wettbewerb zu differenzieren. Wegen der Querschnittsfunktion von EDI/EDIFACT im Unternehmen bietet gerade eine Beratung zu dieser Thematik Ansatzpunkte für Cross-Selling-Geschäfte.

Nach den Ergebnissen der Firmenkundenumfrage plant bis Ende 2000 etwa jedes zweite Großunternehmen, UN/EDIFACT im Financial-EDI oder im Dokumentenverkehr mit Partnern des Warengeschäfts einzusetzen. Die mit dem relativ geringen Stichprobenumfang bei Großunternehmen verbundenen breiten Konfidenzintervalle lassen die Bestätigung von **H 15** nicht zu.

Im industriellen Mittelstand zeigen die Konfidenzintervalle eine signifikante Zunahme der UN/EDIFACT-Verbreitung im Inlandszahlungsverkehr an. Wegen der Überschneidung der Intervalle beim Auslandszahlungsverkehr, dem Akkreditivgeschäft sowie der Kommunikation mit Partnern des Warengeschäfts kann **H 14** jedoch nur partiell verifiziert werden.

Die Ergebnisse der Firmenkundenumfrage bestätigen die Hypothese, daß UN/EDIFACT funktionsübergreifend, d.h. nicht auf das Warengeschäft oder den Finanzbereich beschränkt, eingesetzt wird (Verifikation von **H 16**). Stichprobenmittelwerte und Konfidenzintervalle für den Einsatz von UN/EDIFACT im Inlandszahlungsverkehr und im Geschäftsverkehr mit Partnern des Warengeschäfts sind sehr ähnlich bzw. zeigen deutliche Überschneidungen.

---

[170] Zur Systemguteigenschaft der EDI/EDIFACT-Technologie vgl. Abschnitt 4.6.4.3.

6.2.1.4 EDI-Netzzugänge

Abb. 6-4 zeigt Zugang und Pläne bzgl. EDI-Netzen und Protokollen im industriellen Mittelstand, in der Gesamtstichprobe und in der Gruppe der Großunternehmen.

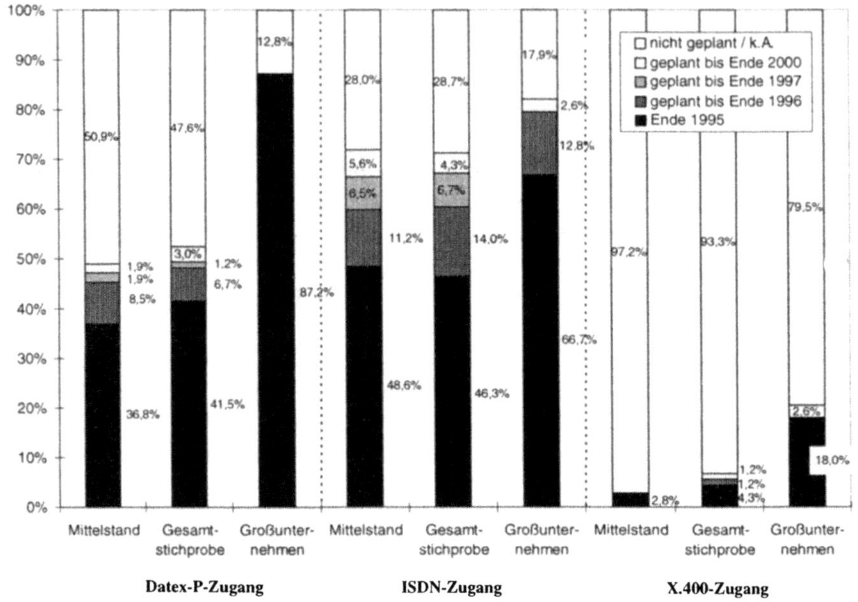

Abb. 6-4: Netzzugänge und Pläne bzgl. Datex-P, ISDN und X.400 - Industrieller Mittelstand im Vergleich zu Gesamtstichprobe und Großunternehmen

Bei Großunternehmen hat die Verbreitung von Datex-P offensichtlich ihren Zenit überschritten. Keines der befragten Großunternehmen plant für die nächsten Jahre einen neuen Datex-P-Anschluß. Im industriellen Mittelstand ist zu erwarten, daß Unternehmen, die heute noch nicht über einen EDI-Netzzugang verfügen, direkt auf ISDN setzen werden. Diese Entwicklung dürfte durch die erwarteten Preissenkungen im Zuge der Liberalisierung im Telekommunikationsmarkt verstärkt werden.

Tabelle 6-8 zeigt die 95%-Konfidenzintervalle für die Unternehmen, die planen, bis Ende 1996 bzw. Ende 2000 über entsprechende EDI-Netzzugänge zu verfügen.

X.400 besitzt lediglich bei Großunternehmen eine nennenswerte Verbreitung. Die Ergebnisse der Firmenkundenumfrage zeigen an, daß dies auch künftig so bleiben wird. Der Vergleich der Konfidenzintervalle ergibt signifikante Unterschiede bei X.400-Zugängen zwischen Großunternehmen und dem industriellen Mittelstand. **H 19** ist damit verifiziert.

	Industrieller Mittelstand	Gesamtstichprobe	Großunternehmen
Datex-P Ende 1996	**[36%..55%]**	[40%..56%]	[77%..98%]
Datex-P Ende 2000	**[39%..58%]**	[45%..60%]	[77%..98%]
ISDN Ende 1996	**[51%..69%]**	[53%..68%]	[67%..92%]
ISDN Ende 2000	**[63%..81%]**	[64%..78%]	[70%..94%]
X.400 Ende 1996	**[0%..6%]***	[2%..9%]*	[6%..30%]
X.400 Ende 2000	**[0%..6%]***	[3%..11%]*	[8%..33%]

Tabelle 6-8: 95%-Konfidenzintervalle für Ausstattung und Pläne bei EDI-Netzzugängen Ende 1996, Ende 2000 - Industrieller Mittelstand im Vergleich zu Gesamtstichprobe und Großunternehmen[171]

Nach den Ergebnissen der Firmenkundenumfrage besitzen im industriellen Mittelstand inzwischen mehr Unternehmen einen ISDN- als einen Datex-P-Anschluß. Die nur geringe Überschneidung der Konfidenzintervalle im industriellen Mittelstand Ende 1996 und die deutlich getrennten Konfidenzintervalle Ende 2000 deuten darauf hin, daß sich diese Entwicklung weiter fortsetzen wird. Damit stellt ISDN die bevorzugte technische Infrastruktur für die Realisierung von Telebank-Anwendungen in dieser Zielgruppe dar (Verifikation von **H 20**).

6.2.2 Online-Datenbanksysteme

In der Firmenkundenumfrage wurden Ausstattung und Pläne bei Online-Datenbanksystemen mit Echtzeit-Informationen (Realtime-Datenbanksysteme auch Online-Informationssysteme, z.B. Reuters, Bloomberg) und historischen Informationen (Online-Datenbanksysteme i.e.S., z.B. GENIOS, GBI) separat erfragt. Abb. 6-5 zeigt Ausstattung und Pläne der Unternehmen bzgl. dieser Systeme.

Laut den Ergebnissen der Firmenkundenumfrage setzten 17% der mittelständischen Unternehmen Ende 1995 ein Online-Datenbanksystem i.e.S. ein. Die Pläne zeigen ein eben solches Potential bis zum Jahr 2000, so daß die Verbreitung bis dahin auf gut ein Drittel ansteigen wird. Demgegenüber ist der Einsatz dieser Systeme in Großunternehmen mit 41% deutlich höher. Bis Ende 2000 wollen 71,8% der Großunternehmen ein Online-Datenbanksystem i.e.S. einsetzen.

Bei Realtime-Datenbanksystemen zeigt sich ein ähnliches Bild. Einem Nutzeranteil von 12,1% im industriellen Mittelstand Ende 1995 stehen 46,2% bei den Großunternehmen gegenüber. Das Potential bis zum Jahr 2000 beträgt im industriellen Mittelstand und bei Großunternehmen jeweils weitere 20%.

[171] *: Mindestbedingungen für Repräsentationsschluß nicht erfüllt.

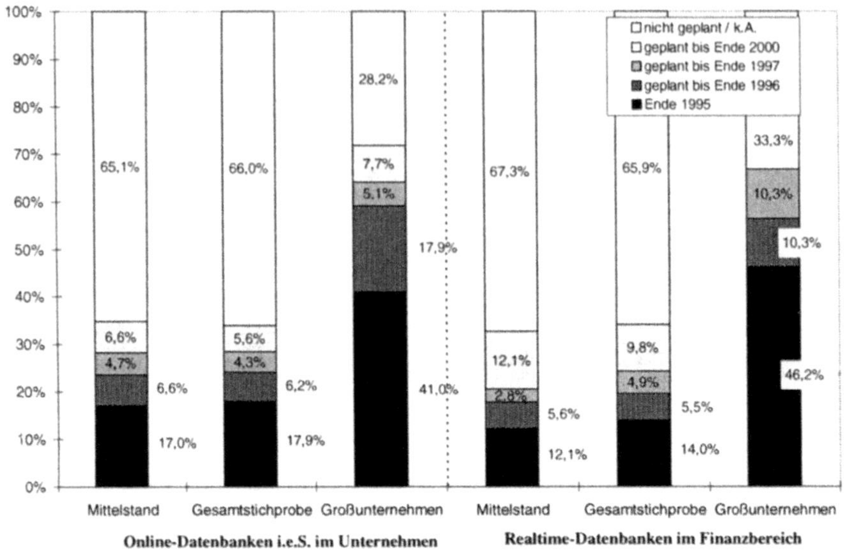

Abb. 6-5: Ausstattung und Pläne bei Online-Datenbanksystemen i.e.S. und Realtime-Datenbanksystemen - Industrieller Mittelstand im Vergleich zu Gesamtstichprobe und Großunternehmen

Tabelle 6-9 zeigt die 95%-Konfidenzintervalle für den Anteil der Unternehmen, die planen, Online-Datenbanksysteme Ende 1996 bzw. Ende 2000 einzusetzen.

	Industrieller Mittelstand	**Gesamtstichprobe**	**Großunternehmen**
Online-Datenbanksysteme i.e.S. Ende 1996	**[15%..32%]**	[18%..31%]	[43%..74%]
Online-Datenbanksysteme i.e.S. Ende 2000	**[26%..44%]**	[27%..41%]	[59%..87%]
Realtime-Datenbanksysteme Ende 1996	**[10%..25%]**	[13%..26%]	[41%..72%]
Realtime-Datenbanksysteme Ende 2000	**[25%..43%]**	[27%..41%]	[52%..81%]

Tabelle 6-9: 95%-Konfidenzintervalle für Ausstattung und Pläne bei Online-Datenbanksystemen Ende 1996, Ende 2000 - Industrieller Mittelstand im Vergleich zu Gesamtstichprobe und Großunternehmen

Der Vergleich der Konfidenzintervalle zeigt zum einen hoch-signifikante Unterschiede zwischen industriellem Mittelstand und Großunternehmen an (Verifikation von **H 22**). Zum anderen ist festzustellen, daß nach den Plänen des industriellen Mittelstands zwischen Ende 1996 und Ende 2000 der Einsatz von Realtime-

Datenbanksystemen signifikant zunehmen wird. Damit ist der zweite Teil von **H 24** verifiziert. Aufgrund der Überschneidung der Konfidenzintervalle ist bei Online-Datenbanksystemen i.e.S. keine solche Aussage möglich, wenngleich die Stichprobe eine Zunahme von rund 18% indiziert. Die Pläne des industriellen Mittelstands bzgl. des Einsatzes von Online-Datenbanksystemen zeigen an, daß auch in Zukunft mittelständische Unternehmen, die ein solches System einsetzen, in der Minderheit sein werden (Verifikation von **H 21**).

6.2.3 Kommunikationssysteme

6.2.3.1 Ausstattung und Pläne bei Electronic Mail-Systemen

Zur Kommunikation mit Kreditinstituten und industriellen Geschäftspartnern wird EMail im industriellen Mittelstand derzeit nur vereinzelt eingesetzt. Bis zum Jahr 2000 planen etwa 30% der befragten mittelständischen Unternehmen, via EMail mit ihrer Bank zu kommunizieren. Damit wird sich EMail neben Telefon und Fax zu einem wichtigen elektronischen Kommunikationsmedium entwickeln. Abb. 6-6 zeigt Ausstattung und Pläne des industriellen Mittelstands, der Gesamtstichprobe und der Großunternehmen bei Electronic Mail-Systemen.

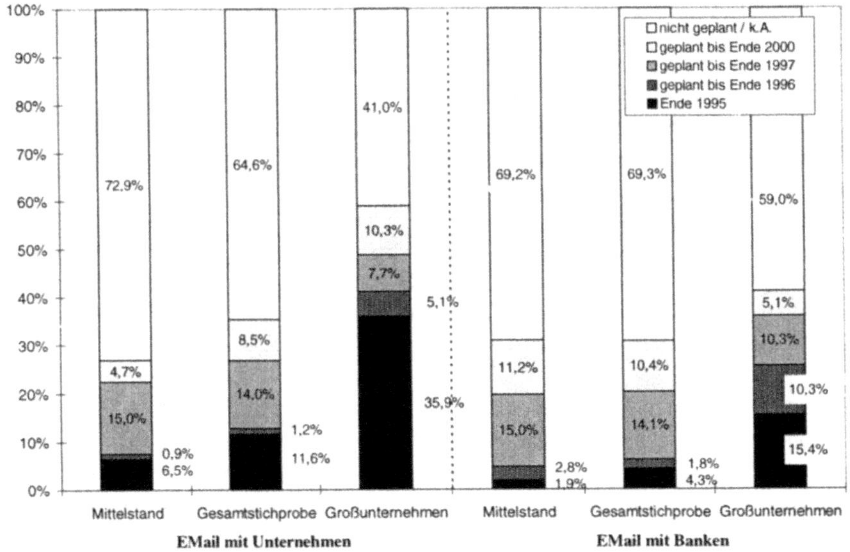

Abb. 6-6: Ausstattung und Pläne bzgl. EMail-Systemen - Industrieller Mittelstand im Vergleich zu Gesamtstichprobe und Großunternehmen

Vorreiter im Einsatz von EMail sind die Großunternehmen. Ende 1995 setzte gut jedes dritte Großunternehmen EMail für die Kommunikation mit industriellen Geschäftspartnern ein; für die Kommunikation mit Banken waren es 15,4%. Die

Pläne der Großunternehmen machen deutlich, daß Ende 2000 rund 60% mit industriellen Geschäftspartnern und etwa 40% mit Kreditinstituten auch per EMail kommunizieren wollen.

Tabelle 6-10 zeigt die 95%-Konfidenzintervalle bzgl. der Unternehmen, die planen, EMail Ende 1996 bzw. Ende 2000 in der Geschäftskommunikation einzusetzen.

	Industrieller Mittelstand	**Gesamtstichprobe**	**Großunternehmen**
EMail mit Unternehmen Ende 1996	**[2%..13%]***	[8%..18%]	[26%..56%]
EMail mit Unternehmen Ende 2000	**[19%..36%]**	[28%..43%]	[44%..74%]
EMail mit Banken Ende 1996	**[1%..9%]***	[3%..11%]*	[12%..39%]
EMail mit Banken Ende 2000	**[23%..41%]**	[24%..38%]	[26%..56%]

Tabelle 6-10: 95%-Konfidenzintervalle für Ausstattung und Pläne bei EMail-Systemen Ende 1996, Ende 2000 - Industrieller Mittelstand im Vergleich zu Gesamtstichprobe und Großunternehmen[172]

Nach den Ergebnissen der Firmenkundenumfrage plant rund jedes dritte mittelständische Unternehmen, EMail in der Kommunikation mit Kreditinstituten bis Ende 2000 einzusetzen. Damit besteht in dieser Zielgruppe ein Entwicklungspotential für dieses Medium (Verifikation von **H 25**).

Die Hypothese, daß zwischen industriellem Mittelstand und Großunternehmen signifikante Unterschiede bestehen, kann bis auf den Einsatz von EMail zur Kommunikation mit Kreditinstituten Ende 2000 bestätigt werden (partielle Verifikation von **H 28**).

Die Hypothese, daß Unternehmen EMail in größerem Umfang für die Kommunikation mit Geschäftspartnern und in geringerem Umfang an der Bank-Firmenkunde-Schnittstelle einsetzen, kann nicht bestätigt werden, wenngleich die Stichprobenergebnisse für die Gruppe der Großunternehmen eine solche Tendenz erkennen lassen (keine Verifikation von **H 27** für EMail-Systeme möglich).

6.2.3.2 Ausstattung und Pläne bei ISDN-Videokonferenzsystemen

Die Ergebnisse der Firmenkundenumfrage deuten darauf hin, daß ISDN-Videokonferenzsysteme bis zum Jahr 2000 an der Bank-Firmenkunde-Schnittstelle

172 *: Mindestbedingungen für Repräsentationsschluß nicht erfüllt.

keine große Bedeutung erlangen werden. Abb. 6-7 zeigt Ausstattung und Pläne der befragten Unternehmen bzgl. ISDN-Videokonferenzsystemen.

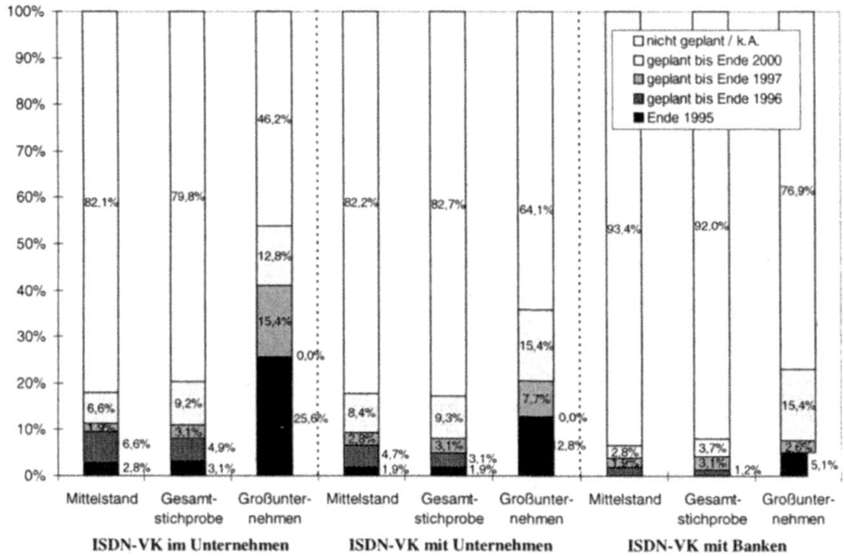

Abb. 6-7: Ausstattung und Pläne bzgl. ISDN-Videokonferenzen - Industrieller Mittelstand im Vergleich zu Gesamtstichprobe und Großunternehmen

Jedes vierte Großunternehmen setzte Ende 1995 ISDN-Videokonferenzsysteme innerbetrieblich ein, wobei nach den Plänen der befragten Unternehmen die Quote bis Ende 2000 auf 53,8% ansteigen wird. Im industriellen Mittelstand planen bis dahin jeweils ca. 20% einen innerbetrieblichen bzw. überbetrieblichen Einsatz; der Anteil derer, die bis Ende 2000 planen, dieses Medium zur Kommunikation mit ihrer Bank einzusetzen, liegt deutlich niedriger. Damit ist **H 26** verifiziert.

Tabelle 6-11 zeigt die 95%-Konfidenzintervalle für den Anteil der Unternehmen, die planen, ISDN-Videokonferenzsysteme Ende 1996 bzw. Ende 2000 einzusetzen. Die Überschneidung der Konfidenzintervalle von industriellem Mittelstand und Großunternehmen führt dazu, daß **H 28** für ISDN-Videokonferenzsysteme nur bzgl. des Einsatzes im Unternehmen Ende 2000 verifiziert werden kann.

Auch für ISDN-Videokonferenzsysteme kann die Hypothese, daß ein Einsatz zunächst innerbetrieblich, dann überbetrieblich mit Partnern des Warengeschäfts und zuletzt mit Finanzpartnern erfolgt, nicht verifiziert werden (keine Verifikation des zweiten Teils von **H 27** möglich), wenngleich die Stichprobenergebnisse für Großunternehmen tendenziell eine Gültigkeit dieser Hypothese indizieren.

	Industrieller Mittelstand	Gesamtstichprobe	Großunternehmen
ISDN-Videokonferenz im Unternehmen Ende 1996	**[4%..15%]***	[4%..12%]*	[12%..39%]
ISDN-Videokonferenz im Unternehmen Ende 2000	**[10%..25%]**	[14%..26%]	[38%..69%]
ISDN-Videokonferenz mit Unternehmen Ende 1996	**[2%..11%]***	[2%..8%]*	[2%..23%]
ISDN-Videokonferenz mit Unternehmen Ende 2000	**[10%..25%]**	[11%..23%]	[21%..51%]
ISDN-Videokonferenz mit Banken Ende 1996	**[0%..5%]***	[0%..3%]*	[0%..12%]*
ISDN-Videokonferenz mit Banken Ende 2000	**[2%..11%]***	[4%..12%]*	[10%..36%]

Tabelle 6-11: 95%-Konfidenzintervalle für Ausstattung und Pläne bei ISDN-Videokonferenzsystemen Ende 1996, Ende 2000 - Industrieller Mittelstand im Vergleich zu Gesamtstichprobe und Großunternehmen[173]

6.2.4 Integrierte Online-Systeme

Im industriellen Mittelstand setzte Ende 1995 jedes vierte Unternehmen T-Online und jedes zehnte Unternehmen CompuServe ein. Ein Zugang zum Internet / World Wide Web bestand nur vereinzelt. Bis zum Jahr 2000 plant jedes siebte mittelständische Unternehmen und fast jedes zweite Großunternehmen das World Wide Web im Finanzbereich zu nutzen. Damit besitzt dieses Medium die Voraussetzungen, sich zu einer bedeutenden Telebanking-Plattform für Firmenkunden zu entwickeln.

Tabelle 6-12 zeigt die 95%-Konfidenzintervalle für Ausstattung und Pläne bei integrierten Online-Systemen.

	Industrieller Mittelstand	Gesamtstichprobe	Großunternehmen
Internet/WWW im Finanzbereich Ende 1996	**[0%..7%]***	[2%..10%]*	[8%..33%]
Internet/WWW im Finanzbereich Ende 2000	**[7%..21%]**	[13%..26%]	[31%..62%]
Internet/WWW im Unternehmen Ende 1996	**[2%..11%]***	[5%..14%]	[16%..45%]
Internet/WWW im Unternehmen Ende 2000	**[5%..17%]**	[11%..23%]	[19%..48%]

173 *: Mindestbedingungen für Repräsentationsschluß nicht erfüllt.

	Industrieller Mittelstand	Gesamtstichprobe	Großunternehmen
T-Online im Unternehmen Ende 1996	**[21%..39%]**	[27%..41%]	[33%..64%]
T-Online im Unternehmen Ende 2000	**[34%..53%]**	[35%..50%]	[33%..64%]
CompuServe im Unternehmen Ende 1996	**[5%..17%]**	[5%..14%]*	[16%..45%]
CompuServe im Unternehmen Ende 2000	**[7%..20%]**	[6%..15%]	[16%..45%]

Tabelle 6-12: 95%-Konfidenzintervalle für Ausstattung und Pläne bei integrierten Online-Systemen Ende 1996, Ende 2000 - Industrieller Mittelstand im Vergleich zu Gesamtstichprobe und Großunternehmen[174]

Abb. 6-8 zeigt Ausstattung und Pläne der Unternehmen bei integrierten Online-Systemen.

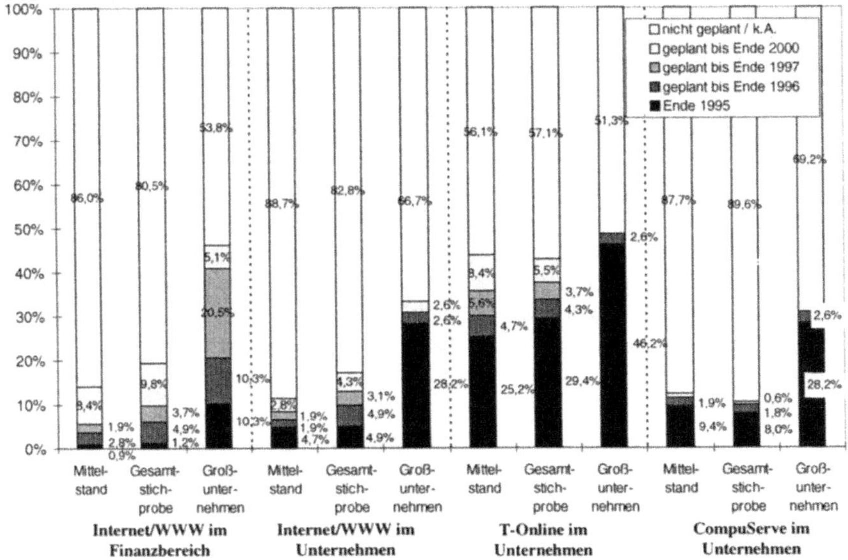

Abb. 6-8: Ausstattung und Pläne bzgl. integrierten Online-Systemen - Industrieller Mittelstand im Vergleich zu Gesamtstichprobe und Großunternehmen

Die Pläne der Unternehmen zeigen an, daß das Internet / World Wide Web in der Gruppe der Großunternehmen von einem signifikant höheren Anteil eingesetzt wird als im industriellem Mittelstand. Auf Grundlage der Unternehmenspläne behält diese Aussage auch künftig ihre Gültigkeit. Für die anderen integrierten

[174] *: Mindestbedingungen für Repräsentationsschluß nicht erfüllt.

Online-Systeme kann diese Hypothese nicht bestätigt werden (partielle Verifikation von **H 30**). Bzgl. des Einsatzes des Internet / World Wide Web im Finanzbereich zeigen die Pläne des industriellen Mittelstands eine Verdopplung der Nutzer bis Ende 2000 an (Verifikation von **H 29**). Wenngleich das relative Nutzerpotential bei diesem Medium am größten ist, wird T-Online Ende 1996 und auch Ende 2000 in dieser Zielgruppe noch das bevorzugte integrierte Online-System sein (Verifikation von **H 31**). Die Unternehmenspläne deuten an, daß sich die Nutzerquoten von Großunternehmen und industriellem Mittelstand bei T-Online bis Ende 2000 in etwa angeglichen haben werden.

Sowohl im industriellen Mittelstand als auch in der Gruppe der Großunternehmen bestehen nur bei wenigen Unternehmen Pläne bzgl. der Einrichtung eines CompuServe-Zugangs. **H 32** ist damit verifiziert.

Die Ausführungen in Abschnitt 6.2 haben deutlich gemacht, daß im industriellen Mittelstand Unterschiede bzgl. des Ausstattungsgrads mit elektronischen Mehrwertsystemen bestehen. Damit ist auch der zweite Teil von **H 6** verifiziert.

6.3 Interesse an Bankmarktleistungsinnovationen

6.3.1 Erweiterung der Funktionalität von Finanzmanagementsystemen

Für eine bedarfadäquate Funktionserweiterung von Finanzmanagementsystemen sind diejenigen Funktionen von Interesse, die in den Systemen der Unternehmen derzeit nicht vorhanden sind, aber gewünscht werden. Für die vorliegende Untersuchung sind in erster Linie Funktionen relevant, die eine Erweiterung der Telebank-Anwendungen darstellen. Beispiele hierfür sind Transaktionsleistungen, wie die Abwicklung von Akkreditivgeschäften, Wertpapiergeschäften oder Geld- und Termingeschäften.

Abb. 6-9 zeigt vorhandene sowie nicht vorhandene, aber erwünschte Funktionen von Cash Management-Systemen im industriellen Mittelstand, wobei die Funktionen absteigend nach dem Grad ihrer Erwünschtheit geordnet sind. Von den *n*=33 (gewichtet) mittelständischen Unternehmen in der Stichprobe mit Cash Management-System antworteten *n*=26 (gewichtet) auf die betreffende Frage (Frage 15) im Fragebogen. Wegen der geringen Fallzahl wird auf eine quantitative Analyse und die Angabe von Konfidenzintervallen verzichtet.

Wie die Ergebnisse der Firmenkundenumfrage zeigen, verfügt die überwiegende Mehrzahl der im industriellen Mittelstand installierten Cash Management-Systeme über ein Kommunikationsmodul zur Unterstützung des Electronic Funds Transfer sowie ein Modul zur Visualisierung der Umsätze. Von den anderen abgefragten Funktionen ist lediglich die Geld- und Deviseninformation in nennenswertem Umfang vorhanden. Die Diskrepanz zwischen dem Wunsch nach weiteren Transaktionsfunktionen (Abwicklung von Akkreditivgeschäften bzw. Termingeschäften) und Informationsfunktionen (Geld- und Deviseninformationen, Wertpapierinformationen) und der Verfügbarkeit dieser Funktionen in der installierten Basis läßt auf ein vorhandenes Potential schließen.

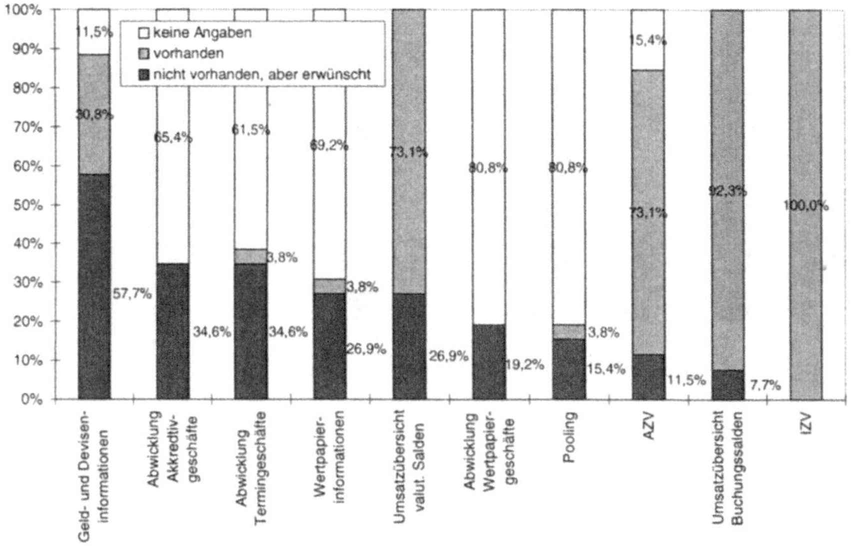

Abb. 6-9: Vorhandene sowie nicht vorhandene, aber erwünschte Cash Management-System-Funktionen - Basis: n=26 (gewichtet) Unternehmen aus dem industriellen Mittelstand mit Cash Management-System, die auf Frage 15 antworteten

Abb. 6-10 zeigt einen Vergleich zwischen industriellem Mittelstand, Gesamtstichprobe und Großunternehmen bzgl. der vier am häufigsten gewünschten Funktionen. Basis ist die Menge der Unternehmen mit Cash Management-System, die auf die betreffende Frage (Frage 15) antworteten. Die Darstellung der Funktionen erfolgt absteigend nach ihrer Erwünschtheit im industriellen Mittelstand.

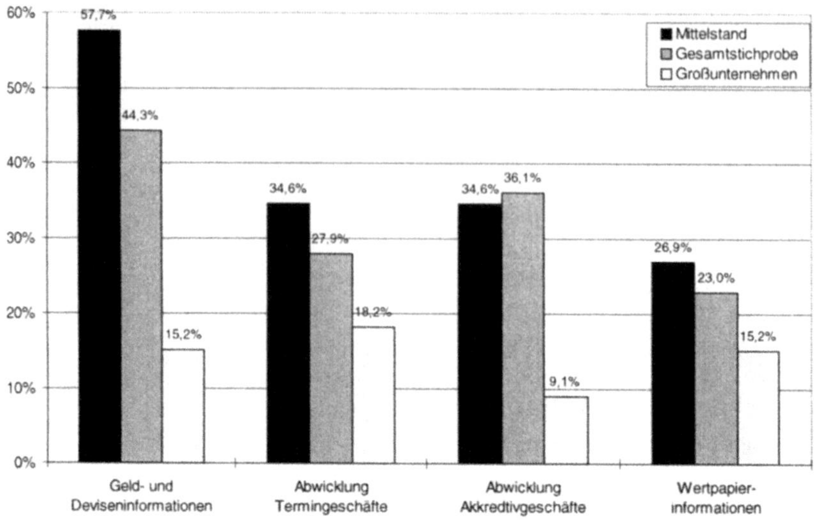

Abb. 6-10: Nicht vorhandene, aber erwünschte Cash Management-System-Funktionen - Industrieller Mittelstand im Vergleich zu Gesamtstichprobe und Großunternehmen - Basis: Unternehmen mit Cash Management-System, die auf Frage 15 antworteten

Grundsätzlich besteht ein Interesse an einer Erweiterung der Funktionen von Cash Management-Systemen, wobei sich der Grad des Interesses an den Informations- und Transaktionsfunktionen unterscheidet (Verifikation von **H 13**). Eine Erweiterung der Funktionalität von Cash Management-Systemen sollte bei Geld- und Deviseninformationen, der Abwicklung von Termin- und Akkreditivgeschäften sowie bei Wertpapierinformationen ansetzen. Dies sind übereinstimmend auch in der Gesamtstichprobe und der Gruppe der Großunternehmen die am häufigsten gewünschten Funktionen. Insgesamt zeigt der industrielle Mittelstand ein größeres Interesse an den genannten Funktionen als Großunternehmen, was auf die deutlich bessere Funktionalität der Cash Management-Systeme in Großunternehmen zurückzuführen ist.

Zur Quantifizierung des Potentials zeigt Tabelle 6-13 die 95%-Konfidenzintervalle für die Gesamtstichprobe.[175]

[175] Aufgrund einer geringen Fallzahl von Unternehmen aus dem industriellen Mittelstand mit Cash Management-System, die die betreffende Frage beantworteten (n=26 gewichtet), wird auf eine Berechnung der Konfidenzintervalle für den industriellen Mittelstand verzichtet.

Wunsch nach Systemerweiterung	Gesamtstichprobe
Geld- und Deviseninformationen	[32%..57%]
Abwicklung Akkreditivgeschäfte	[24%..48%]
Abwicklung Termingeschäfte	[17%..39%]
Wertpapierinformationen	[12%..34%]

Tabelle 6-13: 95%-Konfidenzintervalle für den Anteil der Unternehmen in der Gesamtstichprobe mit Wunsch nach weiteren Cash Management-System-Funktionen - Basis: Unternehmen mit Cash Management-System, die auf Frage 15 antworteten

6.3.2 Erweiterung des Angebots an Online-Informationen

Ein zielgruppenadäquates Informationsangebot ist eine wesentliche Voraussetzung für die Akzeptanz von Online-Datenbanksystemen. Deshalb wurden die Finanzverantwortlichen zu den Informationsarten, die von Kreditinstituten bezogen werden bzw. für die Interesse besteht, detailliert befragt. Darüber hinaus konnten die Finanzverantwortlichen das bevorzugte Trägermedium (Papier, Online) angeben.

Abb. 6-11 zeigt die Umfrageergebnisse getrennt für Mittelstand, Gesamtstichprobe und Großunternehmen. Die Informationsarten sind absteigend nach ihrem Bezugsgrad und dem Interesse der Unternehmen im industriellen Mittelstand sortiert.

Mittelständische Unternehmen beziehen am häufigsten Geld- und Devisenkurse sowie volkswirtschaftliche Informationen von ihren Kreditinstituten. Etwa jedes zweite Unternehmen nutzt dieses Angebot. Bei allen erfragten Informationsleistungen (bis auf Realtime-Informationen) dominiert derzeit Papier als Trägermedium. Das größte Interesse von Nicht-Beziehern besteht bei Übersichten zu Bankpreisen und -gebühren (9,3%), Realtime-Informationen (8,4%) sowie Geld- und Devisenkursen (6,5%). Das Spektrum der bezogenen Informationen zeigt, daß Kreditinstitute ein wichtiger Informationslieferant für mittelständische Unternehmen sind.

Im Vergleich zum industriellen Mittelstand bezieht ein deutlich größerer Anteil der Großunternehmen Informationen von seinen Kreditinstituten. In diesem Segment besteht das größte Potential bei Realtime-Informationen (z.B. Aktienkurse) (17,9%) und tagesaktuellen Nachrichten (10,3%).

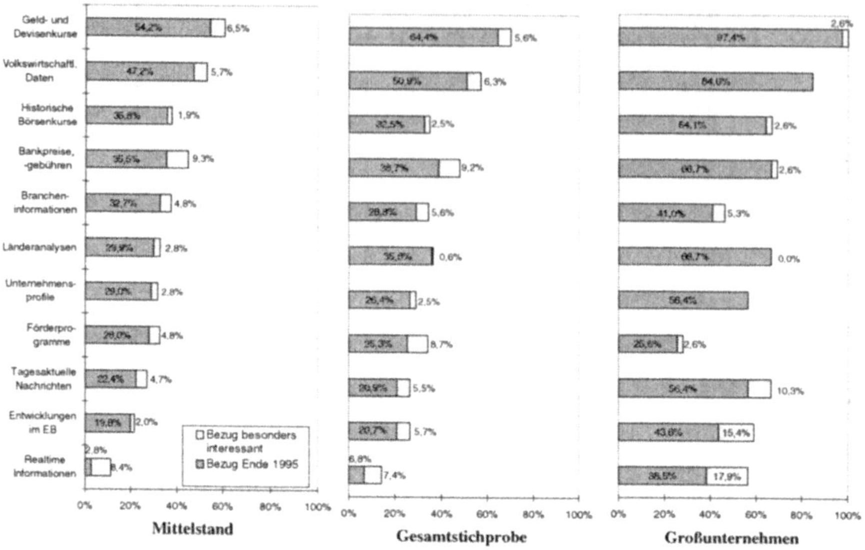

Abb. 6-11: Bezogene und besonders interessante Informationen - Industrieller Mittelstand im Vergleich zu Gesamtstichprobe und Großunternehmen

Die hoch-signifikanten Unterschiede zwischen Mittelstand und Großunternehmen werden auch deutlich, wenn man Status quo und Interesse für den Online-Bezug von Informationen vergleicht. Laut den Ergebnissen der Firmenkundenumfrage bezogen 7,8% der mittelständischen Unternehmen Ende 1995 Informationen online. Interesse besteht bei weiteren 13,6%. In Großunternehmen liegen die Quoten mit 59,0% und 14,1% deutlich darüber. Tabelle 6-14 zeigt die 95%-Konfidenzintervalle bzgl. Bezugsgrad und Gesamtpotential bei Online-Informationen. Der Vergleich des Gesamtpotentials mit dem Status quo zeigt im industriellen Mittelstand ein signifikantes Potential für Online-Informationen an (Verifikation von **H 23**).

Da nicht zu erwarten ist, daß mit Überschreiten der Umsatzgrenze zu den Großunternehmen das Interesse an Online-Informationen sprunghaft ansteigt, liegt die Vermutung nahe, daß größere Unternehmen aus dem industriellen Mittelstand ein deutlich höheres Interesse an einem Online-Bezug aufweisen als kleine. Die Ergebnisse der Firmenkundenumfrage erhärten diese Vermutung, denn 20,7% der größeren Mittelständler (100 bis 500 Mio. DM Umsatz) beziehen Informationen heute online und weitere 31% bekunden Interesse. Wegen des kleinen Gewichtungsfaktors der größeren mittelständischen Unternehmen von 0,28 gegenüber

2,14 bei den kleinen Mittelständlern ist der Einfluß dieser Gruppe auf das Gesamtergebnis im industriellen Mittelstand relativ gering.[176]

	Industrieller Mittelstand	Gesamtstichprobe	Großunternehmen
Online-Bezug heute	**[3%..13%]***	[6%..15%]	[44%..74%]
Gesamtpotential (Online-Bezug + Interesse)	**[13%..29%]**	[18%..31%]	[60%..88%]

Tabelle 6-14: 95%-Konfidenzintervalle für Bezugsgrad und Gesamtpotential bei Online-Informationen - Industrieller Mittelstand im Vergleich zu Gesamtstichprobe und Großunternehmen[177]

Im Zusammenhang mit Online-Datenbanksystemen ist von Bedeutung, welche dieser Informationen der industrielle Mittelstand online beziehen möchte. Abb. 6-12 zeigt den Status quo und das Interesse für einen Online-Bezug nach Informationsthemen.

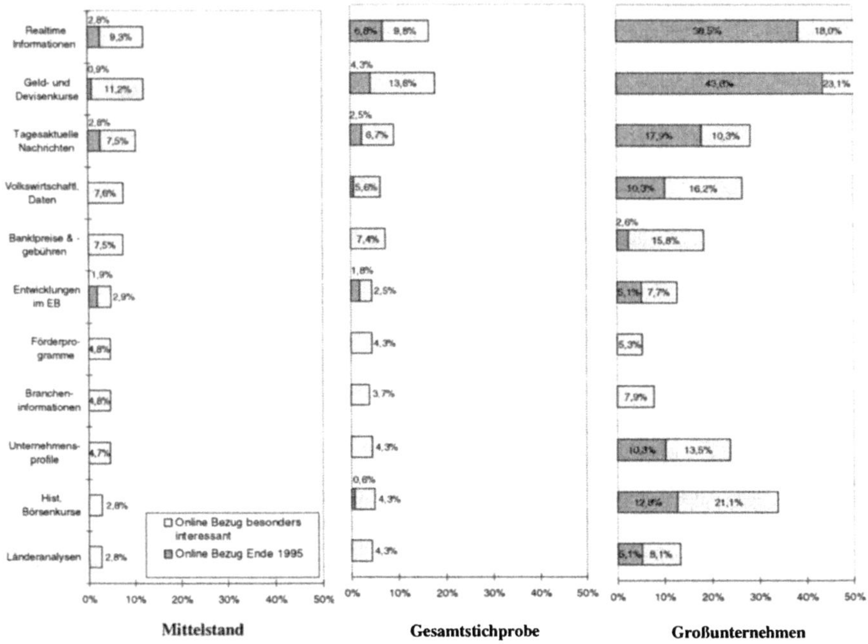

Abb. 6-12: Besonders interessante Informationen für den Online-Bezug - Industrieller Mittelstand im Vergleich zu Gesamtstichprobe und Großunternehmen

---

[176] Die Unterschiede im Makrosegment „Industrieller Mittelstand" werden im Zusammenhang mit der Konkretisierung des Segmentierungsansatzes durch die Ergebnisse der Firmenkun-

Im industriellen Mittelstand besteht bei etwa jedem neunten Unternehmen Interesse für einen Online-Bezug von Geld- und Devisenkursen; jedes elfte Unternehmen wünscht sich Realtime Informationen und jeweils jedes 13. Unternehmen tagesaktuelle Nachrichten, volkswirtschaftliche Daten sowie Preise und Gebühren der Bank online. Großunternehmen zeigen besonderes Interesse für einen Online-Bezug von Geld- und Devisenkursen, historischen Aktien- und Rentenkursen, Realtime-Informationen sowie volkswirtschaftlichen Daten.

6.3.3 Bankmarktleistungsinnovationen zu EDI/EDIFACT

Die Verbreitung der EDI/EDIFACT-Technologie eröffnet für Kreditinstitute eine Vielzahl von Möglichkeiten zur Hervorbringung von Bankmarktleistungsinnovationen.

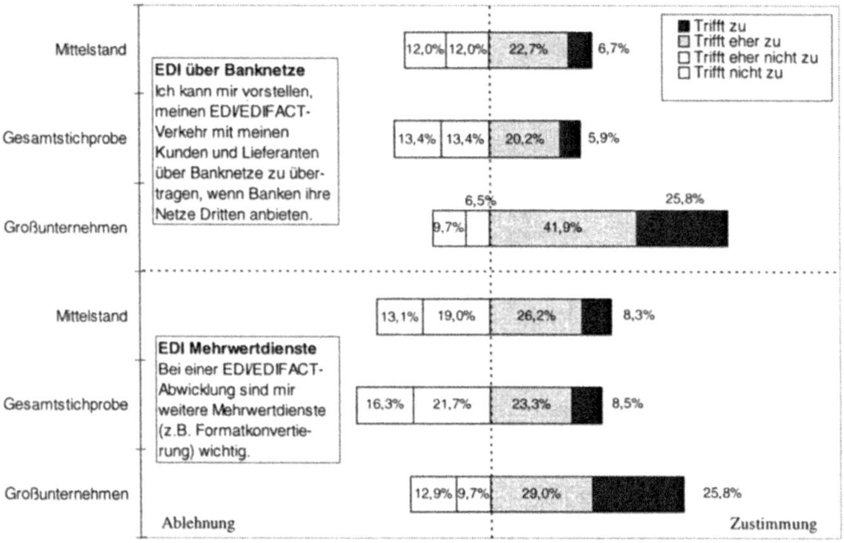

Abb. 6-13: Interesse an der Abwicklung des EDI/EDIFACT-Verkehrs über Banknetze sowie Interesse an weiteren EDI/EDIFACT-Mehrwertdiensten - Industrieller Mittelstand im Vergleich zu Gesamtstichprobe und Großunternehmen[178]

So ist es denkbar, daß Kreditinstitute ihre Netze Unternehmen zur Abwicklung ihres EDI/EDIFACT-Verkehrs zur Verfügung stellen oder EDI/EDIFACT-Mehrwertdienste zur Nachrichtenverteilung, -verschlüsselung oder -veredelung

denumfrage in Kapitel 7 noch ausführlich untersucht.

177 *: Mindestbedingungen für Repräsentationsschluß nicht erfüllt.

178 Zur Interpretation dieses Charttyps vgl. Abschnitt 5.9.2.

anbieten.[179] Wie die Ergebnisse der Firmenkundenumfrage zeigen, können sich 29,4% der befragten Unternehmen aus dem industriellen Mittelstand vorstellen, ihren EDI/EDIFACT-Verkehr über Banknetze abzuwickeln. 24% können sich dies eher nicht oder gar nicht vorstellen. Der weitaus größte Teil der mittelständischen Unternehmen steht dieser Frage indifferent gegenüber. Bei den Großunternehmen haben 67,7% gegen die Abwicklung ihres EDI/EDIFACT-Datenverkehrs über Banknetze prinzipiell nichts einzuwenden.

34,5% des industriellen Mittelstands wünschen sich im Zusammenhang mit EDI/EDIFACT weitere Mehrwertdienste von ihrer Bank. Jedes dritte befragte mittelständische Unternehmen lehnt weitere Dienste eher oder vollständig ab. Auch bei dieser Frage überwiegen im Segment der Großunternehmen die Befürworter mit 54,8% deutlich. Der Anteil der Indifferenten in den Großunternehmen liegt bei 22,6%.

Die Konfidenzintervalle von Befürwortern und Ablehnern zeigen bei Großunternehmen sowohl bzgl. einer Abwicklung des EDI-Verkehrs über Banknetze als auch bzgl. des Wunschs nach weiteren EDI/EDIFACT-Mehrwertdiensten eine signifikante Dominanz der Befürworter an. Im industriellen Mittelstand überschneiden sich die Konfidenzintervalle für den Anteil der Ablehner und Befürworter deutlich, weshalb ein Überwiegen der Befürworter nicht nachgewiesen werden kann. Die Hypothesen **H 17** und **H 18** können somit nur partiell für die Gruppe der Großunternehmen verifiziert werden.

6.3.4 Beratungsleistungen im elektronischen Firmenkundengeschäft

6.3.4.1 Grundsätzliche Zahlungsbereitschaft für Beratungsleistungen im elektronischen Firmenkundengeschäft

Im Hinblick auf eine verursachungsgerechte Preisstellung besteht in Kreditinstituten das Bestreben, Beratungsleistungen kostenorientiert zu verrechnen. Diese Entwicklung betrifft auch Beratungsleistungen im elektronischen Firmenkundengeschäft. In der Firmenkundenumfrage wurde deshalb erfragt, inwieweit Unternehmen der Aussage „Gute Beratung bei Electronic Banking-Leistungen lassen wir uns etwas kosten“ zustimmen. Den Grad der Zustimmung resp. Ablehnung konnten die befragten Unternehmen auf einer Skala von 1 (trifft nicht zu) bis 5 (trifft zu) artikulieren.

[179] Zu EDI/EDIFACT vgl. die Abschnitte 2.4.1.5 und 4.6.4.3.

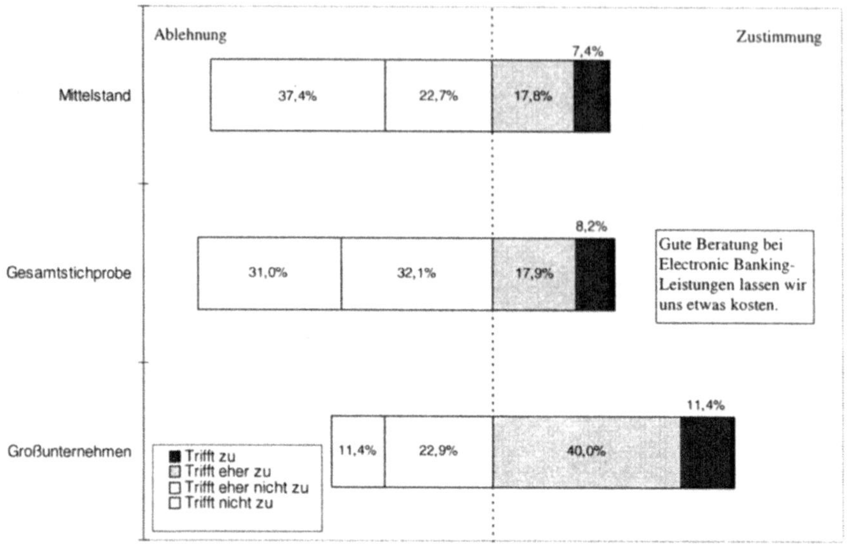

Abb. 6-14: Grundsätzliche Zahlungsbereitschaft für Beratungsleistungen im elektronischen Firmenkundengeschäft

Die Umfrageergebnisse in Abb. 6-14 zeigen ein polarisiertes Bild. Nur wenige Unternehmen (14,7%) stehen dieser Aussage indifferent gegenüber. Im industriellen Mittelstand stimmen 60% dieser Aussage eher nicht zu oder gar nicht zu, wobei der Anteil der klaren Ablehner dominiert. Demgegenüber kann sich jedes vierte mittelständische Unternehmen mit der Aussage anfreunden. Der Anteil der ablehnenden Unternehmen ist signifikant höher als der Anteil der zustimmenden Unternehmen. **H 35** ist damit durch die Ergebnisse der Firmenkundenumfrage bestätigt. Bei Großunternehmen überwiegt hingegen der Anteil der zustimmenden Meinungen. 51,4% Befürwortern stehen 34,3% Ablehner gegenüber.

	Industrieller Mittelstand	**Rang**	**Gesamtstichprobe**	**Rang**	**Großunternehmen**	**Rang**
Gute Beratung bei Electronic Banking-Leistungen lassen wir uns etwas kosten	**2,35**	-	2,40	-	3,17	-

Tabelle 6-15: Zahlungsbereitschaft für Beratungsleistungen - Mittelwerte für industriellen Mittelstand, Gesamtstichprobe und Großunternehmen auf einer Skala von 1 (trifft nicht zu) bis 5 (trifft zu)

Tabelle 6-15 zeigt den Stichprobenmittelwert für den industriellen Mittelstand, die Gesamtstichprobe und die Gruppe der Großunternehmen. Der t-Test zeigt eine signifikante Mittelwertdifferenz zwischen industriellem Mittelstand und Großunternehmen an. Diese Differenz kann als Indiz dafür gewertet werden, daß die grundsätzliche Zahlungsbereitschaft für Beratungsleistungen im elektronischen Firmenkundengeschäft bei Großunternehmen höher ist als im industriellen Mittelstand (Verifikation von **H 36**).

6.3.4.2 Interesse und Zahlungsbereitschaft für Beratungsleistungen nach Beratungsthemen

Neben der grundsätzlichen Zahlungsbereitschaft für Beratungsleistungen im elektronischen Firmenkundengeschäft ist von Bedeutung, ob und inwieweit Unterschiede in der Zahlungsbereitschaft nach Themengebieten bestehen. Hierzu wurden in der Firmenkundenumfrage das Interesse an und die Zahlungsbereitschaft für Bankberatungsleistungen zu folgenden Beratungsthemen erfragt:

- Beratungsleistungen im elektronischen Firmenkundengeschäft: EDI/EDIFACT, Software-, Hardware- und Netzwerkauswahl im Finanzbereich;
- Beratungsleistungen im traditionellen Firmenkundengeschäft mit Bezug zum elektronischen Firmenkundengeschäft: Zahlungsverkehr, Cash Management und Finanzplanung (Finanzberatung) sowie betriebswirtschaftliche Unternehmensberatung.

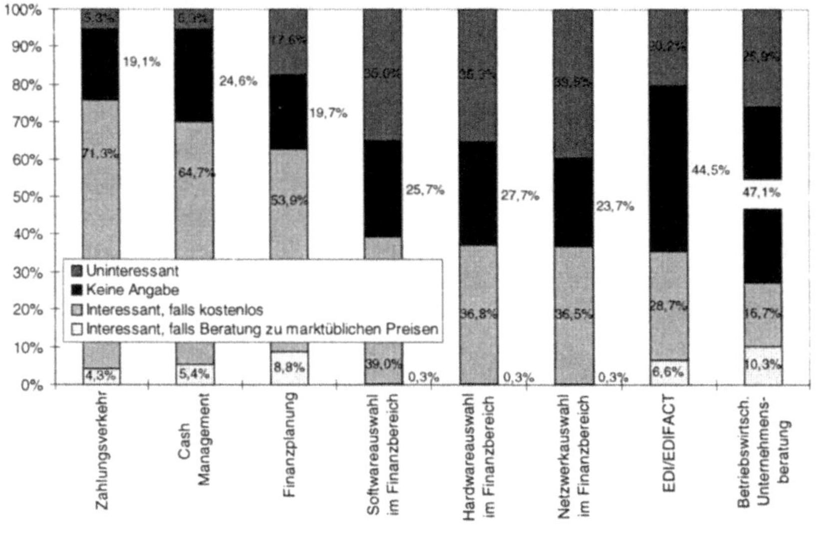

Abb. 6-15: Interesse und Zahlungsbereitschaft im industriellen Mittelstand für Beratungsleistungen absteigend nach dem Grad des Interesses sortiert

Die Antworten zu dieser Frage lassen neben einer Einschätzung des Beratungsinteresses auf Seiten des industriellen Mittelstands auch Rückschlüsse auf die vermutete Kompetenz bei Kreditinstituten zu. Abb. 6-15 zeigt die Antwortverteilung zu dieser Frage im industriellen Mittelstand.

Das größte Beratungsinteresse im industriellen Mittelstand besteht zu den Themen Zahlungsverkehr, Cash Management und Finanzplanung. 39% der mittelständischen Unternehmen interessieren sich für Beratungsleistungen zur Softwareauswahl im Finanzbereich. Gut jedes dritte Unternehmen möchte zur Hardware- bzw. Netzwerkauswahl von seiner Bank beraten werden. An einer EDI/EDIFACT-Beratung ist jedes vierte Unternehmen interessiert, und an einer betriebswirtschaftlichen Unternehmensberatung durch die Bank zeigt jedes sechste Unternehmen Interesse. Ein Vergleich der Konfidenzintervalle für die Anteile der Interessenten im industriellen Mittelstand nach Beratungsthemen zeigt ein signifikant höheres Interesse für Themen der Finanzberatung an, womit **H 34** verifiziert ist.

Der große Anteil von Unternehmen, die zum Beratungsthema EDI/EDIFACT und der betriebswirtschaftlichen Unternehmensberatung keine Antwort gaben (44,5% bzw. 47,1%), deutet auf eine bestehende Unsicherheit auf Seiten des industriellen Mittelstands hin. Offensichtlich sind sich die Unternehmen nicht sicher, welche Beratungsleistungen zu diesen Themen bankenseitig angeboten werden und welchen Nutzen sie sich von diesen Beratungsleistungen erhoffen können. Bei UN/EDIFACT kommt hinzu, daß viele mittelständische Unternehmen diesen Begriff nicht einordnen können. Es erscheint nicht unwahrscheinlich, daß ein großer Teil der Unsicheren durch geeignete Informationsmaßnahmen zu Interessenten gemacht werden kann.

Jedes dritte mittelständische Unternehmen hält Beratungsleistungen der Bank zur Hardware-, Software- und Netzwerkauswahl im Finanzbereich - auch wenn sie kostenlos erbracht werden - für uninteressant. Diese Unternehmen vermuten offensichtlich wenig Kompetenz auf Bankenseite bei technischen Beratungsthemen. Auf der anderen Seite zeigt ein etwa gleich hoher Prozentsatz Interesse für eine Bankberatung zu diesen Themen.

Wie Abb. 6-15 deutlich macht, sind zwischen 0,3% und 10,3% der befragten mittelständischen Unternehmen bereit, marktübliche Beratungspreise für Beratungsleistungen zu entrichten. Abb. 6-16 zeigt den Anteil der zahlungsbereiten Unternehmen im industriellen Mittelstand, in der Gesamtstichprobe und der Gruppe der Großunternehmen absteigend nach Beratungsthemen geordnet.

Die größte Zahlungsbereitschaft für Beratungsleistungen der Bank besteht im industriellen Mittelstand bzgl. einer betriebswirtschaftlichen Unternehmensberatung (10,3%). Darüber hinaus zeigen 8,8% der mittelständischen Unternehmen eine Zahlungsbereitschaft für Finanzplanungsberatung und 6,6% für eine EDI/EDIFACT-Beratung. Ca. 5% der mittelständischen Unternehmen sind bereit, für Beratungsleistungen zum Cash Management und zum Zahlungsverkehr marktübliche Beratungspreise zu entrichten. Für sonstige technische Beratungsleistungen besteht keine nennenswerte Zahlungsbereitschaft.

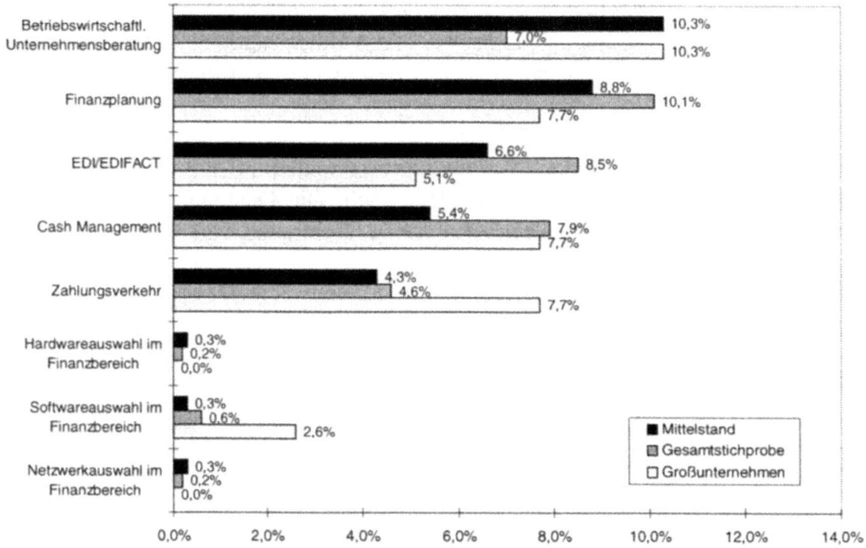

Abb. 6-16: Zahlungsbereitschaft für Bankberatung nach Themengebieten absteigend sortiert - Industrieller Mittelstand im Vergleich zu Großunternehmen und Gesamtstichprobe

Aufgrund der relativ geringen Fallzahl und der niedrigen Quoten ist ein Repräsentationsschluß bei Großunternehmen unter Einhaltung der Mindestanforderungen nicht möglich. Die geringen Anteilswerte lassen auch für den industriellen Mittelstand die Darstellung von Konfidenzintervallen nicht sinnvoll erscheinen. Die Ergebnisse unterstreichen die Gültigkeit von **H 35**.

6.4 Anforderungen an die Gestaltung der Bank-Firmenkunde-Schnittstelle

6.4.1 Wichtigkeit von Qualitätsmerkmalen an der Bank-Firmenkunde-Schnittstelle

Schnelligkeit in der Ausführung, fachkundige und zuverlässige Beratung sowie Beistand auch in „schwierigen Zeiten" sind aus Sicht des industriellen Mittelstands die wichtigsten Qualitätsmerkmale an der Bank-Firmenkunde-Schnittstelle. Auf einer Skala von 1 bis 5 erzielen diese Merkmale Mittelwerte zwischen 4,5 und 4,6. Am unteren Ende der Rangliste und damit relativ weniger wichtig werden das Informationsangebot der Bank, die räumliche Nähe zur Bank und mit einigem

Abstand die Präsenz der Bank in für das Unternehmen wichtigen Ländern beurteilt. Insgesamt erreichen die erfragten Qualitätsmerkmale im Mittelstand eine durchschnittliche Bewertung von 4,2 - was dem Beurteilungsmaß „Wichtig" entspricht. Die Spannweite liegt in einem engen Band von 1,2. Dieses Ergebnis deutet darauf hin, daß alle erfragten Qualitätsmerkmale kundenseitig von Bedeutung sind. Die Ergebnisse der Firmenkundenumfrage bestätigen damit die Gültigkeit von **H 3**.

Abb. 6-17 zeigt die Wichtigkeit der Qualitätsmerkmale im Urteil von industriellem Mittelstand und Großunternehmen im Vergleich. Die Qualitätsmerkmale sind in ihrer Wichtigkeit im industriellen Mittelstand absteigend von links nach rechts angeordnet.

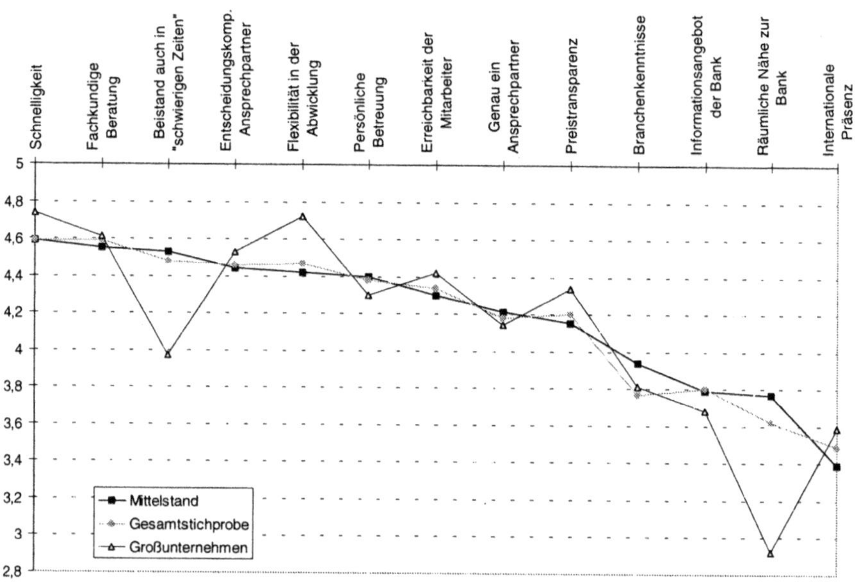

Abb. 6-17: Durchschnittliche Wichtigkeit ausgewählter Qualitätsmerkmale an der Bank-Firmenkunde-Schnittstelle - Industrieller Mittelstand im Vergleich zu Gesamtstichprobe und Großunternehmen - 1: sehr unwichtig bis 5: sehr wichtig

Bei zehn der 13 erfragten Qualitätsmerkmale beträgt die Abweichung zwischen industriellem Mittelstand und Großunternehmen weniger als 0,25 Skalenpunkte, was darauf hindeutet, daß die affektive Qualitätswahrnehmung an der Bank-Firmenkunde-Schnittstelle zwischen industriellem Mittelstand und Großunternehmen relativ ähnlich ist. Die Anwendung des t-Tests ergibt signifikante Abweichungen bei den Merkmalen Beistand auch in „schwierigen Zeiten", Flexibilität in der Abwicklung und räumliche Nähe zur Bank. Die Unterschiede werden auch in Tabelle 6-16 anhand der Rangdifferenzen deutlich.

Nr.	Qualitätsmerkmal	Industrieller Mittelstand	Rang	Gesamtstichprobe	Rang	Großunternehmen	Rang
1	Schnelligkeit in der Ausführung	**4,59**	**1**	4,59	1	4,74	1
2	Fachkundige, zuverlässige Beratung	**4,55**	**2**	4,59	1	4,61	3
3	Beistand auch in „schwierigen Zeiten"	**4,53**	**3**	4,48	3	3,97	9
4	Entscheidungskompetente Ansprechpartner	**4,44**	**4**	4,46	5	4,53	4
5	Flexibilität in der Abwicklung	**4,42**	**5**	4,47	4	4,72	2
6	Persönliche Betreuung	**4,40**	**6**	4,38	6	4,30	7
7	Erreichbarkeit der Mitarbeiter	**4,30**	**7**	4,34	7	4,42	5
8	Genau ein Ansprechpartner	**4,21**	**8**	4,18	9	4,14	8
9	Preistransparenz (klare Preisstruktur)	**4,15**	**9**	4,20	8	4,34	6
10	Branchenkenntnisse	**3,94**	**10**	3,77	11	3,81	10
11	Informationsangebot der Bank	**3,79**	**11**	3,80	10	3,68	11
12	Räumliche Nähe zur Bank	**3,77**	**12**	3,62	12	2,92	13
13	Präsenz der Bank in für Sie wichtigen Ländern	**3,39**	**13**	3,49	13	3,59	12

Tabelle 6-16: Durchschnittliche Wichtigkeit ausgewählter Qualitätsmerkmale an der Bank-Firmenkunde-Schnittstelle - Industrieller Mittelstand im Vergleich zu Gesamtstichprobe und Großunternehmen - 1: sehr unwichtig bis 5: sehr wichtig

Ein Erklärungsansatz für die größere Bedeutung des Beistands auch in „schwierigen Zeiten" im industriellen Mittelstand ist die im Durchschnitt deutlich geringere Eigenkapitalausstattung, die eine höhere Krisenanfälligkeit impliziert.[180] Wie die Experteninterviews mit den Finanzverantwortlichen deutlich gemacht haben, stellt der Beistand auch in „schwierigen Zeiten" eine besondere Chance für Kreditinstitute zur Erhöhung der Kundenbindung zu mittelständischen Unternehmen dar. Zeigt ein Kreditinstitut auch im Krisenfall loyales, partnerschaftliches Verhalten, kann hierdurch Vertrauen erworben werden, das der Firmenkunde nach Überwindung der Krise durch eine höhere Kundenloyalität mit den damit verbundenen Vorteilen belohnt.[181] Den Chancen einer erhöhten Kundenbindung müssen die Risiken einer Insolvenz gegenübergestellt werden.

Die signifikant niedrigere Bedeutung des Qualitätsmerkmals Flexibilität in der Abwicklung im industriellen Mittelstand läßt sich durch das häufigere Auftreten von Nicht-Routine-Geschäftsfällen bei Großunternehmen begründen. Wie auch die

[180] Zur Problematik der geringen Eigenkapitalausstattung des Mittelstands vgl. Abschnitt 3.1.1.
[181] Zu den Vorteilen einer hohen Kundenbindung vgl. Abschnitt 4.3.2.

Experteninterviews ergaben, ist besonders dann Flexibilität von seiten der Bank gefragt, wenn aufgrund äußerer Umstände (z.B. Termindruck, Wünsche der Geschäftspartner der Firmenkunden) Geschäfte nicht in den üblichen Schemata ablaufen sollen oder können.

Eine Ursache für die relativ hohe Bedeutung der räumlichen Nähe zur Bank im industriellen Mittelstand könnte darin liegen, daß Firmenkundenbetreuer im Rahmen ihrer Außendiensttätigkeit Großunternehmen häufig persönlich aufsuchen. Mittelständische Unternehmen erfahren eine solch intensive Betreuung seltener und sind deshalb gezwungen, von sich aus die Bank aufzusuchen, wobei kurze Wege von Vorteil sind. Darüber hinaus sind Großunternehmen wegen einer größeren Verbreitung elektronischer Medien eher in der Lage, räumliche Distanzen zur Bank durch den Einsatz dieser Medien zu überwinden.

Die signifikanten Unterschiede zwischen industriellem Mittelstand und Großunternehmen unterstreichen eine eigenständige Qualitätswahrnehmung dieser Zielgruppen an der Bank-Firmenkunde-Schnittstelle. Somit kann **H 5** durch die Firmenkundenumfrage verifiziert werden.

6.4.2 Wichtigkeit von Qualitätsmerkmalen im elektronischen Firmenkundengeschäft

Beratung vor und während sowie fortlaufend nach der Einführung von elektronischen Mehrwertsystemen sind aus Sicht des industriellen Mittelstands die wichtigsten Qualitätsmerkmale im elektronischen Firmenkundengeschäft. Darüber hinaus sind die Einweisung und Schulung bzgl. elektronischer Mehrwertsysteme sowie die Systemanpassung an die firmenspezifische DV-Landschaft besonders bedeutsam. Für den industriellen Mittelstand besitzen im elektronischen Firmenkundengeschäft Beratungs- und Unterstützungsleistungen somit eine zentrale Bedeutung.

Am unteren Ende der Rangfolge und damit relativ weniger bedeutsam sind ein breites Leistungsspektrum im elektronischen Firmenkundengeschäft, die Lieferung einer gedruckten SW-Dokumentation zu den verkauften Systemen sowie die Installation der Systeme durch die Bank.

Insgesamt erreichen die erfragten Qualitätsmerkmale auf einer Skala von 1 (sehr unwichtig) bis 5 (sehr wichtig) eine durchschnittliche Bewertung von 3,7 - was dem Beurteilungsmaß „Wichtig" entspricht. Die Spannweite liegt in einem sehr engen Band von 0,7. Dieses Ergebnis deutet darauf hin, daß alle erfragten Qualitätsmerkmale kundenseitig von Bedeutung sind, wenngleich die Qualitätsmerkmale im elektronischen Firmenkundengeschäft im Vergleich zu denen an der Bank-Firmenkunde-Schnittstelle als weniger wichtig eingestuft werden.[182] Die Ergebnisse der Firmenkundenumfrage bestätigen damit die Gültigkeit von **H 4**.

[182] Zur affektiven Qualitätswahrnehmung an der Bank-Kunde-Schnittstelle vgl. Abschnitt 6.4.1.

Abb. 6-18 zeigt die Wahrnehmungsprofile von Mittelstand und Großunternehmen im Vergleich.

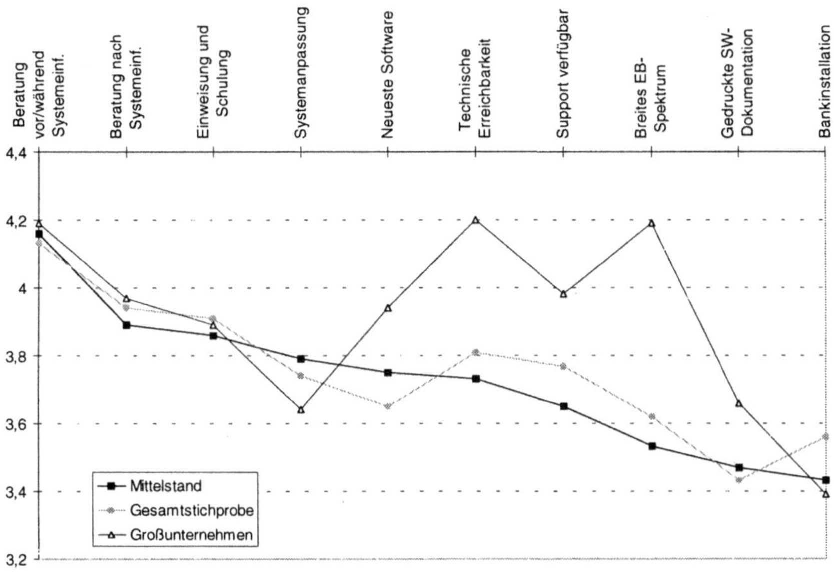

Abb. 6-18: Durchschnittliche Wichtigkeit ausgewählter Qualitätsmerkmale im elektronischen Firmenkundengeschäft - Industrieller Mittelstand im Vergleich zu Gesamtstichprobe und Großunternehmen - 1: sehr unwichtig bis 5: sehr wichtig

Auffällig ist, daß der industrielle Mittelstand und die Gruppe der Großunternehmen die Wichtigkeit der ersten vier Qualitätsmerkmale sehr ähnlich einstufen, während die folgenden Merkmale deutliche Unterschiede offenbaren. Signifikante Mittelwertunterschiede sind bei den Merkmalen Sortimentsbreite im elektronischen Firmenkundengeschäft, verfügbarer Support sowie technische Erreichbarkeit (Schnittstellen) festzustellen. In der Beurteilung des Mittelstands erhält das relativ unwichtigste Merkmal die Note 3,4, womit es immer noch als „eher wichtig" einzustufen ist. Die signifikanten Unterschiede zwischen industriellem Mittelstand und Großunternehmen unterstreichen eine eigenständige Qualitätswahrnehmung dieser Zielgruppen im elektronischen Firmenkundengeschäft. Somit kann **H 5** auch für die Qualitätswahrnehmung im elektronischen Firmenkundengeschäft verifiziert werden.

Tabelle 6-17 zeigt die Rangfolge der Qualitätsmerkmale für den Mittelstand, die Gesamtstichprobe und die Gruppe der Großunternehmen.

Nr.	Qualitätsmerkmal	Industrieller Mittelstand	Rang	Gesamtstichprobe	Rang	Großunternehmen	Rang
1	Kompetente Beratung vor/während der Einführung von EB-Systemen	**4,16**	**1**	4,13	1	4,19	2
2	Kompetente Beratung/Wartung nach Einführung von EB-Systemen (fortlaufend)	**3,89**	**2**	3,94	2	3,97	5
3	Einweisung und Schulung bzgl. EB-Software	**3,86**	**3**	3,91	3	3,89	7
4	Anpassung der EB-Systeme an die eigene DV	**3,79**	**4**	3,74	6	3,64	9
5	Neueste Software (z.B. letzter Releasestand)	**3,75**	**5**	3,65	7	3,94	6
6	Technische Erreichbarkeit (Schnittstellen etc.)	**3,73**	**6**	3,81	4	4,20	1
7	Support (z.B. Telefon-Hotline) verfügbar	**3,65**	**7**	3,77	5	3,98	4
8	Breites Electronic Banking-Leistungsspektrum	**3,53**	**8**	3,62	8	4,19	2
9	Software-Dokumentation in gedruckter Form trotz umfangreicher Online-Hilfe	**3,47**	**9**	3,43	10	3,66	8
10	Installation der EB-Systeme durch die Bank	**3,43**	**10**	3,56	9	3,39	10

Tabelle 6-17: Durchschnittliche Wichtigkeit ausgewählter Qualitätsmerkmale im elektronischen Firmenkundengeschäft - Industrieller Mittelstand im Vergleich zu Gesamtstichprobe und Großunternehmen - 1: sehr unwichtig bis 5: sehr wichtig

Für Großunternehmen rangieren die technische Erreichbarkeit in Form von bankseitig vorgehaltenen Schnittstellen (Netzanbindungen, Protokolle), die Breite des Leistungsspektrums im elektronischen Firmenkundengeschäft und die Beratung vor und während der Systemeinführung auf den vordersten Plätzen.

Das Wichtigkeitsprofil des Mittelstands zeigt den Wunsch nach einer bankseitigen Systemleistung im Sinne einer kompletten Problemlösung an. Die Bank soll beim Vertrieb ihrer elektronischen Mehrwertsysteme das Unternehmen zunächst beraten, nach erfolgten Verkauf die Systeme an die DV-Landschaft des mittelständischen Unternehmens anpassen, Mitarbeiter schulen und schließlich fortlaufend bei der Wartung zur Verfügung stehen. Die Firmenkundenumfrage bestätigt somit die These, daß der industrielle Mittelstand im elektronischen Firmenkundengeschäft die Full-Service-Bank wünscht (Verifikation von **H 2**).

Die große Bedeutung einer fachkundigen, zuverlässigen Beratung als Qualitätsmerkmal an der Bank-Firmenkunde-Schnittstelle sowie der Beratung vor, während und nach der Einführung von elektronischen Mehrwertsystemen unterstreicht den zentralen Stellenwert, der Beratungsleistungen im elektronischen Firmenkundengeschäft aus Sicht des industriellen Mittelstands zukommt, und bestätigt die Gültigkeit von **H 33**.

6.4.3 Erwünschter Leistungsumfang beim Vertrieb elektronischer Mehrwertsysteme

Bzgl. des Leistungsumfangs von Kreditinstituten beim Vertrieb von Mehrwertsystemen im elektronischen Firmenkundengeschäft lassen sich drei idealtypische Konzepte unterscheiden: Minimallösung, Hybridlösung und Komplettlösung.[183]

Abb. 6-19 zeigt den Grad der Zustimmung bzw. Ablehnung zu den drei Konzepten.

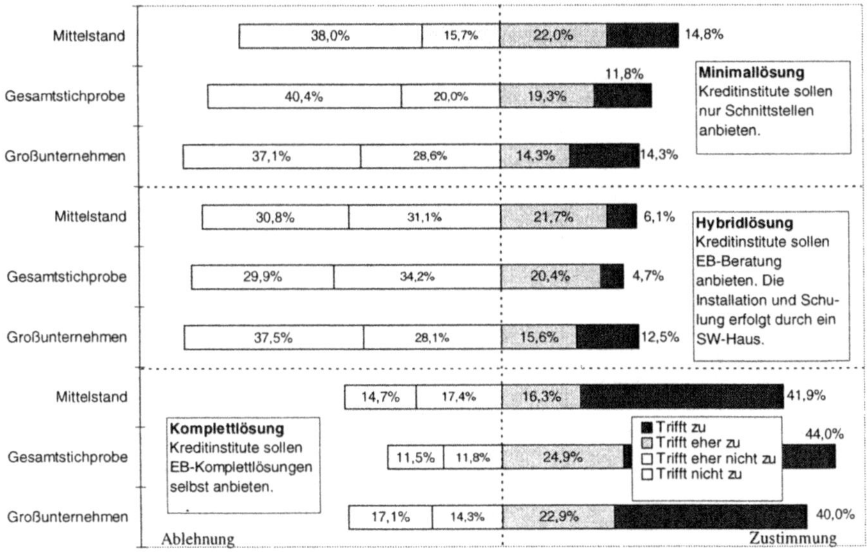

Abb. 6-19: Erwünschter Leistungsumfang bei elektronischen Mehrwertsystemen - Industrieller Mittelstand im Vergleich zu Gesamtstichprobe und Großunternehmen

Der industrielle Mittelstand votiert im elektronischen Firmenkundengeschäft mehrheitlich für eine Komplettlösung durch die Bank. Knapp 60% Befürwortern stehen etwa ein Drittel Ablehner gegenüber. Der Anteil der Ablehner ist bei der Hybridlösung mit 61,9% und der Minimallösung mit 53,7% deutlich höher. Dieses Ergebnis unterstreicht noch einmal die Gültigkeit der Hypothese, daß der industrielle Mittelstand im elektronischen Firmenkundengeschäft eine Full-Service-Bank wünscht (Verifikation von **H 2**).

[183] Zur Beschreibung der Konzepte vgl. auch Abschnitt 5.5.6.

Auffällig ist die überwiegende Ablehnung der Hybridlösung. Dieses Konzept vereinigt in den drei untersuchten Segmenten jeweils die meisten Ablehner auf sich. In den Experteninterviews kam zum Ausdruck, daß mittelständische Firmenkunden bei einer Kooperation der Bank mit einem Softwarehaus Schwierigkeiten durch unterschiedliche Ansprechpartner befürchten. So wurde die Befürchtung geäußert, daß bei Softwareproblemen der Firmenkundenbetreuer den Firmenkunden an das Softwarehaus weiterleitet, das Softwarehaus jedoch die Ursache des Problems bei der Bank sieht und sich letztendlich keiner zuständig fühlt.

Der t-Test zeigt keine signifikanten Unterschiede zwischen industriellem Mittelstand und Großunternehmen. Bzgl. des Leistungsumfangs beim Vertrieb elektronischer Mehrwertsysteme fällt das Votum in allen drei Segmenten mehrheitlich für die Komplettlösung aus.

Konzept	**Industrieller Mittelstand**	**Rang**	**Gesamtstichprobe**	**Rang**	**Großunternehmen**	**Rang**
Kreditinstitute sollen Electronic Banking-Komplettlösungen selbst anbieten.	**3,53**	**1**	3,78	1	3,54	1
Kreditinstitute sollen im Electronic Banking lediglich Schnittstellen bereitstellen. Software und Installation übernehmen wir als Unternehmen selbst.	**2,60**	**2**	2,42	2	2,40	2
Kreditinstitute sollen Electronic Banking-Beratung anbieten. Installation, Service etc. soll von einem Software-Haus übernommen werden, das das Kreditinstitut vermittelt.	**2,41**	**3**	2,36	3	2,38	3

Tabelle 6-18: Erwünschter Leistungsumfang bei elektronischen Mehrwertsystemen - Mittelwerte und Rangfolge - Industrieller Mittelstand im Vergleich zu Gesamtstichprobe und Großunternehmen

6.4.4 Bevorzugtes Betreuungskonzept

Bei der Firmenkundenbetreuung existieren zwei idealtypische Betreuungskonzepte: Firmenkundenbetreuerkonzept versus Produktbetreuerkonzept.[184]

Wie Abb. 6-20 zeigt, votieren 73,0% des industriellen Mittelstands für das Firmenkundenbetreuerkonzept gegenüber 15,3%, die das Firmenkundenbetreuerkonzept ablehnen und damit das Produktbetreuerkonzept präferieren. Die Präferenzen

[184] Zur Beschreibung des Konzepts vgl. auch Abschnitt 5.5.6.

stimmen zwischen Mittelstand und der Gruppe der Großunternehmen fast vollständig überein. Signifikante Unterschiede zwischen den Mittelwerten bestehen nicht.

Abb. 6-20 zeigt die Präferenzen bzgl. dieser beiden Betreuungskonzepte.

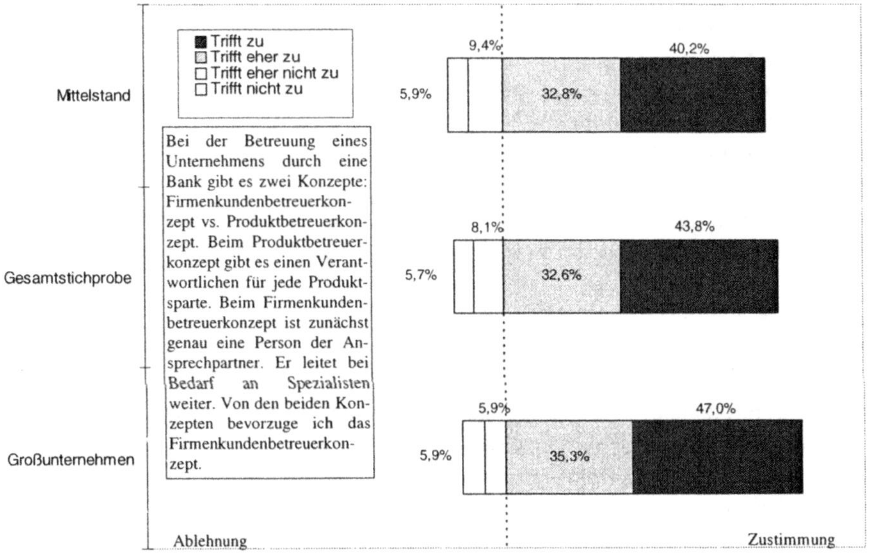

Abb. 6-20: Firmenkunden- vs. Produktbetreuerkonzept - Industrieller Mittelstand im Vergleich zu Gesamtstichprobe und Großunternehmen

Das Votum fällt somit segmentübergreifend klar pro Firmenkundenbetreuerkonzept aus.

	Industrieller Mittelstand	**Rang**	**Gesamtstichprobe**	**Rang**	**Großunternehmen**	**Rang**
Firmenkundenbetreuerkonzept vs. Produktbetreuerkonzept	**3,92**	-	4,01	-	4,12	-

Tabelle 6-19: Firmenkundenbetreuer- versus Produktbetreuerkonzept - Mittelwerte nach Firmenkundensegmenten

Damit ist die Darstellung der Ergebnisse der Firmenkundenumfrage für den industriellen Mittelstand als Ganzes und der Vergleich mit der Gesamtstichprobe und der Gruppe der Großunternehmen abgeschlossen.

6.5 Zusammenfassung der Umfrageergebnisse und Implikationen für den Diffusionsstand der elektronischen Mehrwertsysteme

6.5.1 Ergebnisse der Hypothesentests

Zum Abschluß von Kapitel 6 werden die Ergebnisse der Hypothesentests in Tabelle 6-20 zusammenfassend dargestellt. Die Gültigkeit der Hypothesen **H 7** und **H 8** wird in Kapitel 7 überprüft. Hypothese **H 1** kann nicht direkt verifiziert werden. Ihre Gültigkeit folgt aus

- der Bedeutung der Qualität und dem Wunsch des industriellen Mittelstands nach einer Full-Service-Bank (**H 2** bis **H 4**);
- einer zunehmenden Verbreitung von ISDN, das als leistungsfähige Netzinfrastruktur eine wesentliche Voraussetzung für die Realisierung von Telebank-Anwendungen ist (**H 20**);
- der Notwendigkeit, aber nur partiell vorhandenen Fähigkeit zum Electronic Funds Transfer (**H 9** und **H 10**);
- der signifikanten Zunahme der mittelständischen Unternehmen, die planen bis Ende 2000 UN/EDIFACT im Inlandszahlungsverkehr einzusetzen (**H 14**);
- dem Bestreben zur Optimierung des Finanzmanagements, das nur von einer Minderheit der mittelständischen Unternehmen durch den Einsatz von Cash Management-Systemen und/oder Finanzplanungssystemen unterlegt ist (**H 11**);
- dem Interesse an einer Erweiterung der Funktionalität von Cash Management-Systemen (**H 13**);
- der Minderheit von mittelständischen Unternehmen, die ein Online-Datenbanksystem einsetzen (**H 21**);
- dem Entwicklungspotential von Realtime-Datenbanksystemen (**H 24**) und dem Interesse an Online-Informationen (**H 23**);
- der zunehmenden Verbreitung von integrierten Online-Systemen, die als Telebanking-Plattform genutzt werden können (**H 29** und **H 31**) und
- der großen Bedeutung, die der Beratung durch die Bank an der Bank-Firmenkunde-Schnittstelle allgemein und im elektronischen Firmenkundengeschäft im speziellen zukommt (**H 33**).

Bez.	Hypothese (Kurzform)	Testergebnis
H 1	„Im industriellen Mittelstand besteht ein Potential für den Absatz von Bankmarktleistungen des elektronischen Firmenkundengeschäfts"	verifiziert
H 2	„Der Mittelstand bevorzugt die Full-Service-Bank"	verifiziert
H 3	„Die Qualität an der Bank-Firmenkunde-Schnittstelle besitzt im Mittelstand eine hohe Bedeutung"	verifiziert
H 4	„Die Qualität im elektronischen Firmenkundengeschäft besitzt im Mittelstand eine hohe Bedeutung"	verifiziert

Bez.	Hypothese (Kurzform)	Testergebnis
H 5	„Der Mittelstand besitzt im Vergleich zu Großunternehmen eine eigenständige Qualitätswahrnehmung"	verifiziert
H 6	„Unternehmen im industriellen Mittelstand unterscheiden sich in bezug auf ihren Ausstattungsbedarf und ihren Ausstattungsgrad und besitzen deshalb ein unterschiedliches Potential für den Absatz von Bankmarktleistungen im elektronischen Firmenkundengeschäft"	verifiziert
H 7	„Der industrielle Mittelstand läßt sich potentialorientiert segmentieren"	vgl. Kapitel 7
H 8	„Es lassen sich Regeln zur Klassifikation neuer mittelständischer Unternehmen finden"	vgl. Kapitel 7
H 9	„Mittelständische Unternehmen mit der Fähigkeit zum Electronic Funds Transfer sind in der Minderheit"	verifiziert
H 10	„Die durchschnittliche Anzahl der Zahlungstransaktionen rechtfertigt im Mittelstand den Electronic Funds Transfer"	verifiziert
H 11	„Mittelständische Unternehmen mit Cash Management-System und/oder Finanzplanungssystem sind in der Minderheit"	verifiziert
H 12	„Großunternehmen besitzen einen größeren Ausstattungsgrad mit Finanzmanagementsystemen als mittelständische Unternehmen"	verifiziert
H 13	„Im Mittelstand besteht Interesse an einer Funktionserweiterung von Cash Management-Systemen"	verifiziert
H 14	„Der Mittelstand setzt verstärkt auf EDI über UN/EDIFACT"	partiell verifiziert (für IZV)
H 15	„UN/EDIFACT setzt sich bei Großunternehmen durch"	nicht verifiziert
H 16	„UN/EDIFACT wird funktionsübergreifend eingesetzt"	verifiziert
H 17	„Mittelstand und Großunternehmen bekunden Interesse an EDI/EDIFACT-Mehrwertdiensten"	partiell verifiziert (für Großunternehmen)
H 18	„Mittelstand und Großunternehmen bekunden Interesse an der Abwicklung des EDI/EDIFACT-Verkehrs über Banknetze"	partiell verifiziert (für Großunternehmen)
H 19	„X.400 wird bis zum Jahr 2000 im industriellen Mittelstand keine große Verbreitung erfahren"	verifiziert
H 20	„ISDN wird zur bevorzugten Netzinfrastruktur im Mittelstand"	verifiziert
H 21	„Mittelständische Unternehmen mit Online-Datenbanksystemen sind in der Minderheit"	verifiziert
H 22	„Großunternehmen besitzen einen höheren Ausstattungsgrad mit Online-Datenbanksystemen als mittelständische Unternehmen"	verifiziert
H 23	„Der Mittelstand hat Interesse an Online-Informationen"	verifiziert
H 24	„Es besteht ein Entwicklungspotential für Online-Datenbanksysteme im Mittelstand"	partiell verifiziert (für Realtime-DB-Syst.)
H 25	„EMail wird sich als weitere Option an der Bank-Firmenkunde-Schnittstelle etablieren"	verifiziert
H 26	„ISDN-Videokonferenzsysteme stellen für den Mittelstand keine weitere Option an der Bank-Firmenkunde-Schnittstelle dar"	verifiziert
H 27	„Der Einsatz neuer Kommunikationsmedien erfolgt an der Bank-Firmenkunde-Schnittstelle zuletzt"	nicht verifiziert
H 28	„Großunternehmen besitzen einen höheren Ausstattungsgrad mit Kommunikationssystemen als mittelständische Unternehmen"	partiell verifiziert
H 29	„Das Internet / World Wide Web besitzt im Vergleich zu T-Online und CompuServe im Mittelstand das größte relative Potential"	verifiziert

Bez.	Hypothese (Kurzform)	Testergebnis
H 30	„Großunternehmen besitzen einen höheren Ausstattungsgrad mit integrierten Online-Systemen als mittelständische Unternehmen"	partiell verifiziert (für Internet/ WWW)
H 31	„T-Online ist und bleibt bevorzugtes Online-System im Mittelstand"	verifiziert
H 32	„Die Verbreitung von CompuServe wird nur noch geringfügig zunehmen"	verifiziert
H 33	„Beim Vergleich verschiedener Qualitätsmerkmale an der Bank-Firmenkunde-Schnittstelle und im elektronischen Firmenkundengeschäft mißt der Mittelstand Beratungsleistungen eine große Bedeutung bei"	verifiziert
H 34	„Beim Vergleich verschiedener Beratungsthemen zeigt der Mittelstand das größte Interesse für eine Finanzberatung durch Kreditinstitute"	verifiziert
H 35	„Der Mittelstand besitzt eine geringe Zahlungsbereitschaft für Beratungsleistungen"	verifiziert
H 36	„Die grundsätzliche Zahlungsbereitschaft für Beratungsleistungen ist bei Großunternehmen höher als im Mittelstand"	verifiziert

Tabelle 6-20: Ergebnisse der Hypothesentests im Überblick

6.5.2 Pläne bzgl. des Einsatzes elektronischer Mehrwertsysteme

In Abb. 6-21 sind Status quo und Pläne der befragten mittelständischen Unternehmen bzgl. elektronischer Mehrwertsysteme zusammenfassend dargestellt.[185] Die einzelnen Mehrwertsysteme bzw. Kommunikationstechnologien sind absteigend nach ihrer geplanten Verbreitung Ende 2000 angeordnet.

Es wird deutlich, daß der Einsatz von EMail an der Bank-Firmenkunde-Schnittstelle absolut gesehen das größte Verbreitungspotential besitzt.[186] Auch ISDN, Realtime-Datenbanksysteme, T-Online und Online-Datenbanksysteme i.e.S. besitzen absolut gesehen ein hohes Potential. Demgegenüber ist das Verbreitungspotential von X.400 und CompuServe am geringsten. Nach den Plänen der befragten mittelständischen Unternehmen werden acht der 18 Mehrwertsysteme bzw. Kommunikationstechnologien im industriellen Mittelstand bis Ende 2000 eine Verbreitung von mehr als 20% erfahren. Hierzu gehört auch UN/EDIFACT als Nachrichtenformat zur Übermittlung von Inlandszahlungstransaktionen.

---

185 Finanzmanagementsysteme sind in Abb. 6-21 nicht dargestellt, weil bei diesen Systemen lediglich der Status quo erfragt wurde. Sie besitzen im Vergleich zu den anderen elektronischen Mehrwertsystemen bzw. Kommunikationstechnologien eine relativ hohe Verbreitung (vgl. Abschnitt 6.2.1).

186 Unter dem Verbreitungspotential wird die Differenz aus der Verbreitungsquote gemäß den Plänen der Finanzverantwortlichen bis Ende 2000 und der Verbreitungsquote Ende 1995 verstanden.

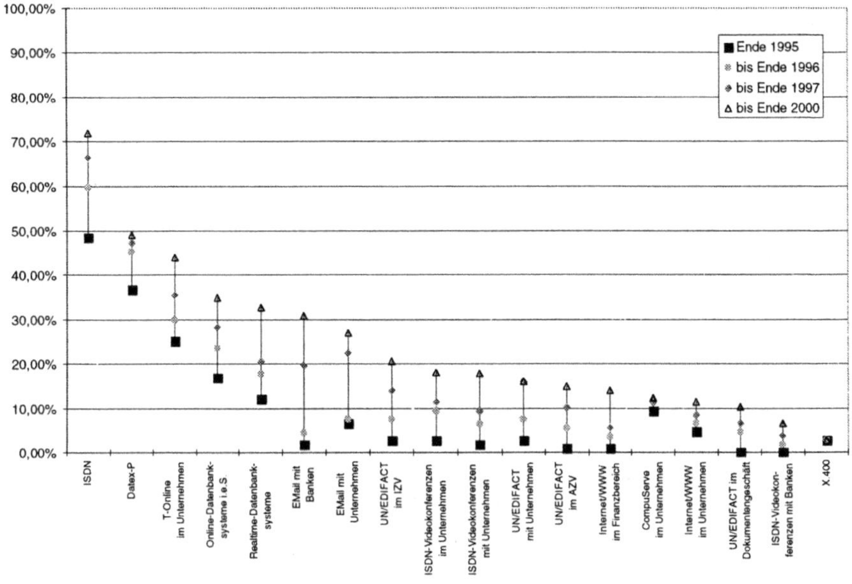

Abb. 6-21: Verbreitungspotential von elektronischen Mehrwertsystemen und Kommunikationstechnologien im industriellen Mittelstand - Ende 1995 bis Ende 2000

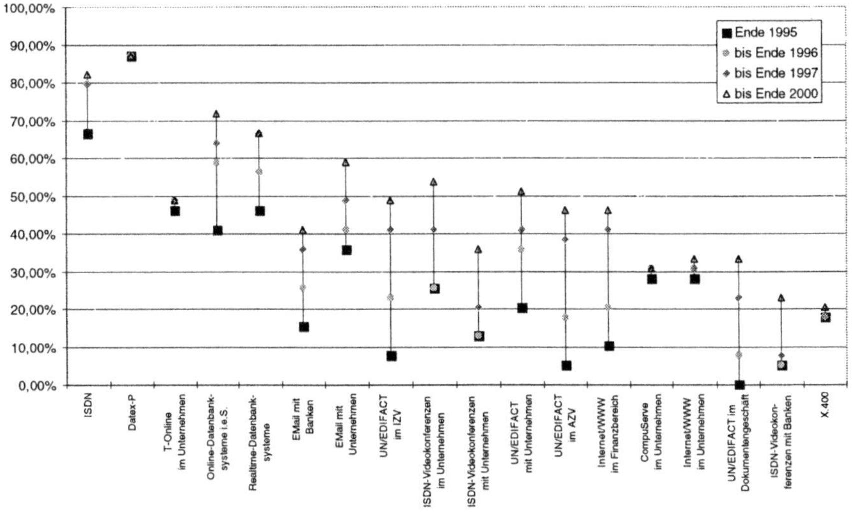

Abb. 6-22: Verbreitungspotential von elektronischen Mehrwertsystemen und Kommunikationstechnologien bei Großunternehmen - Ende 1995 bis Ende 2000

Abb. 6-22 zeigt Status quo und Pläne der Großunternehmen bei den untersuchten elektronischen Mehrwertsystemen und Kommunikationstechnologien.

Folgende Ergebnisse lassen sich festhalten:

- Das durchschnittliche Verbreitungspotential der erfragten Mehrwertsysteme und Kommunikationstechnologien ist im industriellen Mittelstand (14,3%) signifikant niedriger als in der Gruppe der Großunternehmen (21,1%).
- Bei einigen Mehrwertsystemen und Kommunikationstechnologien deuten relativ geringe Verbreitungspotentiale im industriellen Mittelstand bei gleichzeitig deutlich höheren Verbreitungspotentialen in der Gruppe der Großunternehmen darauf hin, daß ein Zusammenhang zwischen Verbreitungspotential und Unternehmensgröße besteht. Es ist Gegenstand von Kapitel 7, diese Unterschiede auch *innerhalb* des Makrosegments „Industrieller Mittelstand" in einer potentialorientierten Segmentierung geeignet zu berücksichtigen.
- Ein Vergleich der Verbreitungspotentiale bei elektronischen Mehrwertsystemen und Kommunikationstechnologien zwischen industriellem Mittelstand und Großunternehmen ergibt keine eindeutige Abhängigkeitsregel. Niedrige und hohe Verbreitungspotentiale treten in beiden Segmenten in beliebiger Kombination auf.

6.5.3 Diffusionsstand der elektronischen Mehrwertsysteme

Zum Abschluß dieses Kapitels sollen auf Grundlage der Verbreitungspotentiale im industriellen Mittelstand und bei Großunternehmen sowie von idealtypischen Diffusionskurven Aussagen zum Diffusionsstand der untersuchten elektronischen Mehrwertsysteme und Kommunikationstechnologien getroffen werden.

Mittelstand **Großunternehmen**	**Potential niedrig (<14,3%)**	**Potential hoch (>14,3%)**
Potential niedrig (<21,1%)	• Datex-P • CompuServe • Internet/WWW im Unternehmen • ISDN-Videokonferenzen mit Banken • X.400	• T-Online • ISDN
Potential hoch (>21,1%)	• UN/EDIFACT mit Unternehmen • UN/EDIFACT im AZV • UN/EDIFACT im Dokumentengeschäft • Internet/WWW im Finanzbereich	• Online-Datenbanksysteme i.e.S. • Realtime-Datenbanksysteme im Finanzbereich • EMail mit Banken • EMail mit Unternehmen • UN/EDIFACT im IZV • ISDN-Videokonferenzen im Unternehmen • ISDN-Videokonferenzen mit Unternehmen

Tabelle 6-21: Verbreitungspotentiale (Ende 1995 bis Ende 2000) im industriellen Mittelstand und bei Großunternehmen im Vergleich

Tabelle 6-21 zeigt den Zusammenhang der Verbreitungspotentiale bei den erfragten Mehrwertsystemen und Kommunikationstechnologien im industriellen Mittelstand und der Gruppe der Großunternehmen. Zur Klassifikation der Systeme und Technologien werden jeweils zwei Klassen gebildet, wobei als Grenze der Mittelwert des Verbreitungspotentials in der jeweiligen Gruppe gewählt wird.

Den in Abb. 6-23 dargestellten Diffusionskurven liegt die Annahme zugrunde, daß sich neue Technologien in Großunternehmen früher verbreiten als im industriellen Mittelstand. Diese Annahme erscheint grundsätzlich plausibel, weil Großunternehmen tendenziell stärker als mittelständische Unternehmen

- über die notwendigen Personalressourcen und das notwendige Know-how verfügen, um den Nutzen neuer Technologien frühzeitig zu prüfen und zu beurteilen und
- über die notwendigen Finanzmittel verfügen, um in neue Technologien zu investieren.[187]

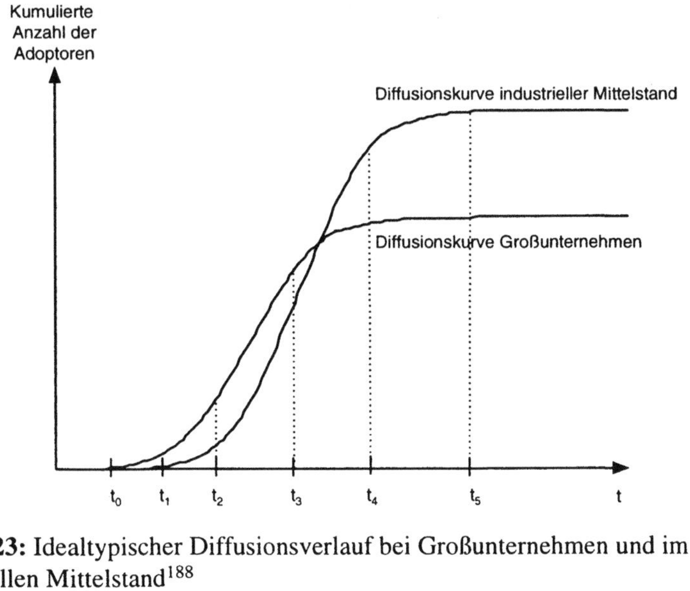

Abb. 6-23: Idealtypischer Diffusionsverlauf bei Großunternehmen und im industriellen Mittelstand[188]

[187] Zu empirischen Belegen zu dieser Hypothese vgl. Abschnitt 2.5.3. Zu den Gründen für ein unterschiedliches Adoptionsverhalten vgl. Fußnote 115 in Abschnitt 4.5.4.2. Empirische Befunde zu Unterschieden in der Adoption elektronischer Mehrwertdienste nach der Unternehmensgröße liefern [Witte/Dowling 1991, S. 451-452].

[188] Vgl. hierzu die idealtypischen Adoptionskurven bei [Weiber 1992, S. 63 und S. 143]. [Rogers 1995, S. 268-270] führt aus, daß Adoptionskurven idealtypischerweise einer Normalverteilung folgen und Diffusionskurven damit die Gestalt einer normalverteilten Verteilungsfunktion annehmen.

Es sei an dieser Stelle explizit darauf hingewiesen, daß die getroffene Annahme auf Plausibilitätsüberlegungen beruht und demzufolge keine Gesetzmäßigkeit darstellt. Selbstverständlich können und werden im konkreten Fall die Diffusionskurven für die Gruppe der Großunternehmen und den industriellen Mittelstand von diesem idealtypischen Verlauf mehr oder weniger stark abweichen, z.B. in bezug auf ihr Maximum (Marktsättigung), ihren zeitlichen Abstand und ihre Steigung. Darüber hinaus ist es denkbar, daß die kritische Masse niemals erreicht wird, die betreffende Diffusionskurve dementsprechend keinen exponentiellen Anstieg erfährt und früh ihre Sättigungsgrenze erreicht.[189]

Legt man die Diffusionskurven aus Abb. 6-23 zugrunde, so lassen sich die in Tabelle 6-21 klassifizierten Mehrwertsysteme und Kommunikationstechnologien unter Berücksichtigung ihres Verbreitungspotentials zwischen Ende 1995 und Ende 2000 bei Großunternehmen und im industriellen Mittelstand jeweils einem Zeitintervall $[t_x, t_{x+1}]$ auf der Abszisse zuordnen, aus dem ihr gegenwärtiges Stadium im Diffusionsprozeß zu erkennen ist. So erfahren Systeme und Technologien

- im Zeitintervall $[t_1, t_2]$ bei Großunternehmen einen hohen Verbreitungszuwachs und im industriellem Mittelstand einen geringen Verbreitungszuwachs;
- im Zeitintervall $[t_2, t_3]$ bei Großunternehmen und im industriellem Mittelstand einen hohen Verbreitungszuwachs;
- im Zeitintervall $[t_3, t_4]$ bei Großunternehmen einen geringen Verbreitungszuwachs und im industriellem Mittelstand einen hohen Verbreitungszuwachs;
- im Zeitintervall $[t_0, t_1]$ bzw. $[t_4, t_5]$ bei Großunternehmen und im industriellen Mittelstand einen niedrigen Verbreitungszuwachs.

Tabelle 6-22 ordnet den untersuchten elektronischen Mehrwertsystemen und Kommunikationstechnologien jeweils eine Diffusionsphase auf Grundlage der Ergebnisse der Firmenkundenumfrage zu.

[189] Vgl. Abschnitt 4.6.4.3.

Diffusionsphase Bezeichnung	$[t_0, t_1]$	$[t_1, t_2]$	$[t_2, t_3]$	$[t_3, t_4]$	$[t_4, t_5]$
Verbreitungspotential in Großunternehmen	niedrig Frühadoptoren	hoch Frühe Mehrheit	hoch Späte Mehrheit	niedrig Nachzügler	niedrig (nahe Null)
Verbreitungspotential im industriellen Mittelstand	niedrig (nahe Null)	niedrig Frühadoptoren	hoch Frühe Mehrheit	hoch Späte Mehrheit	niedrig Nachzügler
Elektronisches Mehrwertsystem bzw. Kommunikationstechnologie	• Internet/WWW im Unternehmen • ISDN-Videokonferenzen mit Banken • X.400	• UN/EDIFACT mit Unternehmen • UN/EDIFACT im AZV • UN/EDIFACT im Dokumentengeschäft • Internet/WWW im Finanzbereich	• Online-Datenbanksysteme i.e.S. • Realtime-Datenbanksysteme • EMail mit Banken • EMail mit Unternehmen • UN/EDIFACT im IZV • ISDN-Videokonferenzen im Unternehmen • ISDN-Videokonferenzen mit Unternehmen	• T-Online • ISDN	• Datex-P • CompuServe

Tabelle 6-22: Diffusionsstatus der elektronischen Mehrwertsysteme und Kommunikationstechnologien auf Grundlage idealtypischer Diffusionskurven

Aus der Tabelle ist zu ersehen, welche Adoptorengruppen die einzelnen Mehrwertsysteme und Kommunikationstechnologien inzwischen erreicht haben. Bei den Zeitintervallen $[t_0, t_1]$ und $[t_4, t_5]$ ist die Zuordnung nicht eindeutig. Sie wurde in Abhängigkeit des Zeitraums vorgenommen, für den das betreffende Mehrwertsystem bzw. die betreffende Kommunikationstechnologie schon auf dem Markt ist. So handelt es sich bei X.400 und Internet/WWW um recht junge Technologien, während Datex-P und CompuServe bereits sehr lange Zeit am Markt verfügbar sind und somit davon auszugehen ist, daß sie in ihrem Diffusionsverlauf eher am Ende als am Anfang stehen.

Einen hohen Verbreitungsschub werden elektronische Mehrwertsysteme und Kommunikationstechnologien erfahren, die sich bis Ende 2000 auf ihrer individuellen Diffusionskurve im Zeitintervall $[t_2, t_3]$ bewegen und im industriellen Mittelstand die frühe Mehrheit erreichen. Hierzu zählen u.a. Online-Datenbanksysteme und UN/EDIFACT im Inlandszahlungsverkehr. Auch bei T-Online und ISDN, die die späte mittelständische Mehrheit erreichen, ist das Verbreitungspotential hoch. Demgegenüber verfügen UN/EDIFACT im Auslandszahlungsverkehr, im Akkreditivgeschäft und im Geschäftsverkehr mit Partnern des Warengeschäfts sowie das Internet/WWW im Finanzbereich bis Ende 2000 nur über ein geringes Verbreitungspotential. Sie werden von Unternehmen eingesetzt, die als mittelständische Frühadoptoren im Diffusionsprozeß zu bezeichnen sind.

Mit diesen Ausführungen endet Kapitel 6. Ziel von Kapitel 7 ist die weitergehende Operationalisierung des strategischen Marketing-Konzepts auf Grundlage des potentialorientierten Segmentierungsansatzes. Am Ende dieses Kapitels stehen operative Handlungsempfehlungen zur Gestaltung des Marketing-Mix im elektronischen Firmenkundengeschäft gegenüber den identifizierten mittelständischen Firmenkundensegmenten.

7 Operationalisierung des strategischen Marketing-Konzepts durch die Firmenkundenumfrage

7.1 Vorbemerkung

Gegenstand dieses Kapitels ist die Operationalisierung des in Kapitel 4 entwickelten strategischen Marketing-Konzepts für das elektronische Firmenkundengeschäft mit dem industriellen Mittelstand. Hierzu erfolgt eine Einschränkung auf die Daten der Firmenkundenumfrage zum industriellen Mittelstand. Die Umsetzung des Konzepts in konkrete Marketing-Mix-Maßnahmen geschieht in fünf Schritten:

1. Anwendung des potentialorientierten Segmentierungsansatzes aus Abschnitt 4.5.4.
2. Feststellung des segmentspezifischen Interesses an Bankmarktleistungsinnovationen.
3. Feststellung der segmentspezifischen Anforderungen an die Gestaltung der Bank-Firmenkunde-Schnittstelle.
4. Identifikation von Regeln zur Klassifikation neuer (stichprobenfremder) Unternehmen.
5. Ableitung segmentspezifischer Handlungsempfehlungen auf Grundlage der Schritte
   1 bis 4.

Der Stichprobenumfang der Firmenkundenumfrage kann nicht den Anspruch erheben, segmentspezifisch repräsentative Ergebnisse zu erzeugen. Die Darstellungen in Kapitel 7 konzentrieren sich deshalb schwerpunktmäßig auf die Beschreibung der Methodik zur Operationalisierung des strategischen Marketing-Konzepts und die Überprüfung der Hypothesen **H 7** und **H 8**. Die Beschreibung der Vorgehensweise ist als Leitfaden für die Bankpraxis angelegt. Anhand der Ergebnisse der Firmenkundenumfrage wird gezeigt, daß der in Kapitel 4 entwickelte potentialorientierte Segmentierungsansatz anwendbar ist und zu interpretierbaren Resultaten führt.

Für die Datenanalyse werden ausschließlich verteilungsfreie multivariate Verfahren angewendet. Hierdurch können Artefakte vermieden werden, die durch Verletzung von Verteilungsannahmen und durch einen zu geringen Stichprobenumfang entstehen.

7.2 Potentialorientierte Segmentierung

7.2.1 Generierung homogener Segmente mit Verfahren der Clusteranalyse

Ziel dieses Abschnitts ist die potentialorientierte Segmentierung des industriellen Mittelstands im Hinblick auf den Absatz von Bankmarktleistungen im elektronischen Firmenkundengeschäft der Kreditinstitute. Hierzu sollen mittelständische Unternehmen mit ähnlichem Ausstattungsgrad und ähnlichem Ausstattungsbedarf zu homogenen Gruppen (Segmenten) zusammengefaßt werden, um dann Handlungsempfehlungen für das Marketing gegenüber diesen Zielgruppen abzuleiten. Ausgangspunkt hierfür ist der in Abschnitt 4.5.4.2 dargestellte Segmentierungsansatz, der durch die empirischen Ergebnisse der Firmenkundenumfrage konkretisiert wird.

Zur Generierung homogener Segmente auf Grundlage empirischer Daten wird häufig die Clusteranalyse eingesetzt [vgl. Kotler/Bliemel 1992, S.171-172; Büschgen 1995, S. 31]. Die Clusteranalyse gehört zu den Struktur-entdeckenden Verfahren [vgl. Backhaus et al. 1994, S. XX]. Ziel der Clusteranalyse ist die Einteilung von Objekten in kleinere Teilmengen [vgl. Kaufmann/Pape 1996, S. 437]. Objekte innerhalb eines Clusters sollen sich möglichst ähnlich sein, Objekte in unterschiedlichen Clustern sollen möglichst verschieden sein. Mit der Clusteranalyse wird eine Komplexitätsreduktion des Datenmaterials angestrebt [vgl. Kaufmann/Pape 1996, S. 438; Gordon 1981, S. 6].

Voraussetzung für die Durchführung einer Clusteranalyse ist die Festlegung eines Ähnlichkeits- bzw. Distanzmaßes zur Quantifizierung der Gleichheit bzw. Unterschiedlichkeit zweier Untersuchungsobjekte.[190] Dies geschieht über sogenannte Proximitätsmaße. Die Statistik hält eine Vielzahl von Proximitätsmaßen für die verschiedenen Skalenniveaus bereit, wobei in Abhängigkeit des Datenmaterials und des Untersuchungskontexts geeignete Maße auszuwählen sind. Unter Anwendung der Proximitätsmaße lassen sich die Ähnlichkeiten bzw. Distanzen zwischen allen Untersuchungsobjekten ermitteln; die Werte werden in einer Ähnlichkeits- bzw. Distanzmatrix zusammengefaßt. Ausgehend von der Distanzmatrix ist im zweiten Schritt ein geeigneter Fusionsalgorithmus auszuwählen, der die Gruppierung (Clusterung) der Untersuchungsobjekte vornimmt.[191]

---

190 Werden Ähnlichkeiten oder Distanzen paarweise direkt erhoben, kann bei bestimmten Clusteralgorithmen auf die Erstellung einer Ähnlichkeits- bzw. Distanzmatrix verzichtet werden [vgl. Kaufmann/Pape 1996, S. 438].

191 [Kaufmann/Pape 1996, S. 453-535] unterscheiden hierarchische Verfahren, optimale Partitionen, Mischverteilungsverfahren, stochastische Partitionsverfahren und verteilungsfreie Verfahren. [Backhaus et al. 1994, S. 281] unterscheidet nach der Vorgehensweise im Fusionierungsprozeß graphentheoretische Verfahren, hierarchische Verfahren, partitionierende Verfahren und Optimierungsverfahren.

Für die vorliegende Untersuchung sind zum einen hierarchische und zum anderen partitionierende Verfahren von Bedeutung. Hierarchische Verfahren sind geeignet, um Verbindungen zwischen den Clustern offenzulegen; die Anwendung von partitionierenden Verfahren empfiehlt sich, wenn man eine Klassifikation im Hinblick auf ein Homogenitätskriterium optimieren möchte [vgl. Kaufmann/Pape 1996, S. 535-536].

Bei den hierarchischen Verfahren unterscheidet man agglomerative und divisive Methoden. Bei ersteren geht man von der Maximalanzahl von Clustern aus (jedes Objekt bildet genau ein Cluster) und faßt die Cluster schrittweise nach bestimmten Kriterien (Ähnlichkeit bzw. Distanz zwischen zwei Clustern) zusammen bis man genau ein Cluster mit allen Objekten erhält. Vertreter dieses Klassentyps sind Single-Linkage, Average-Linkage, Complete-Linkage, das Zentroid-Verfahren und das Ward-Verfahren [vgl. Kaufmann/Pape 1996, S. 460-468]. Demgegenüber gehen die divisiven Verfahren von einem Cluster aus, das alle Objekte enthält, und zerlegen dieses Cluster nach bestimmten Kriterien sukzessive in kleinere Cluster bis am Schluß jedes Objekt genau ein Cluster bildet.

Ausgangspunkt der partitionierenden Verfahren ist eine Klassifikation der Objekte, die unter Anwendung eines Austauschalgorithmus so lange umsortiert werden, bis eine Zielfunktion ihr Optimum erreicht. Als Startklassifikationen können die Ergebnisse der hierarchischen Verfahren dienen. Im Unterschied zu den hierarchischen Verfahren besteht bei den partitionierenden Verfahren die Möglichkeit, daß während des Fusionsprozesses Objekte zwischen den Gruppen getauscht werden können [vgl. Backhaus et al. 1994, S. 281]. Vertreter dieser Kategorie sind das Austauschverfahren auf Distanzen nach *Späth* (CLUDIA), das Austauschverfahren mit Varianzkriterium (KMEANS) und das modifizierte Austauschverfahren auf Distanzen (HMEANS) [vgl. Bausch/Opitz 1993, S. 57-58].[192]

Neben der Wahl der Proximitätsmaße und der Fusionsalgorithmen sind bei der Durchführung einer Clusteranalyse weitere Entscheidungen zu treffen, die wesentlich von den Forschungszielen und nicht zuletzt auch von der subjektiven Beurteilung des Forschers abhängen.[193] Zu nennen sind hier die Wahl der Clusteranzahl und die Interpretation der Klassifikationsergebnisse, welche auch die Entscheidung für oder gegen eine Klassifikation beinhaltet. *Kaufmann* und *Pape* weisen darauf hin, daß es keine „richtigen“ und „falschen“, sondern nur „brauchbare“ und „unbrauchbare“ Klassifikationen gibt [vgl. Kaufmann/Pape 1996, S. 438]. Zur Unterstützung dieser Entscheidungen hält die Statistik eine Reihe von Kriterien bereit, wie z.B. das Elbow-Kriterium zur Wahl einer geeigneten Clusteranzahl.

---

192 Diese Algorithmen sind im Statistikpaket MSTAT von *Bausch* und *Opitz* implementiert.

193 Dies ist auf das Fehlen einer Theorie der Klassifikation zurückzuführen [vgl. Gordon 1981, S. 123].

Darüber hinaus finden sich in den Lehrbüchern Heuristiken, die schrittweise zum Auffinden einer geeigneten Klassifikation führen sollen.[194]

7.2.2 Auswahl der Merkmale für die Clusteranalyse

7.2.2.1 Kriterien für die Merkmalsauswahl

Grundsätzlich lassen sich bei einer Clusteranalyse aktive und passive Merkmale unterscheiden. Während die aktiven Merkmale zur Bildung der Cluster herangezogen werden, dienen die passiven Merkmale - neben den aktiven Merkmalen - zur Beschreibung der Cluster. *Backhaus* gibt eine Reihe von Kriterien an, die bei der Auswahl von aktiven Merkmalen für die Clusteranalyse beachtet werden sollen [vgl. Backhaus et al. 1994, S. 313-314]:

- Die Merkmale müssen aus theoretischen Überlegungen heraus relevant für das Forschungsziel sein.
- Hoch korrelierte Merkmale führen zu einer impliziten Übergewichtung und sollten daher, wenn eine Übergewichtung nicht explizit angestrebt wird, ausgeschlossen werden.
- Konstante Merkmale tragen zu einer Nivellierung der Unterschiede bei und sollten deshalb ebenfalls ausgeschlossen werden.
- Bei Merkmalen, die einen großen Anteil fehlender Ausprägungen aufweisen (sog. „Missing Values"), muß der Ausschluß der Merkmale in Erwägung gezogen werden. Bei nominalen oder ordinalen Merkmalen ist es möglich, „keine Antwort" als eigenständige Ausprägung mit aufzunehmen.

Diese Kriterien werden im folgenden bei der Auswahl der aktiven Merkmale des Ausstattungsbedarfs und des Ausstattungsgrads zugrunde gelegt.

7.2.2.2 Merkmale des Ausstattungsbedarfs

Die drei Zieldimensionen des Ausstattungsbedarfs - Merkmale in Klammern - sind Geschäftsumfang (UMSATZ, INLTOCH) und Internationalität des Geschäfts (EXPANT, AUSLTOCH, EXPEU, EXPNEU), Anzahl der Geschäftsverbindungen zu Kreditinstituten (BVINL, BVEU, BVNEU, ZVINL, ZVEU, ZVNEU) und Anzahl der Zahlungstransaktionen pro Monat (TAIZV, TAAZV).[195] Merkmale des Ausstattungsbedarfs liegen auf allen drei Skalenniveaus vor. Das Merkmal Umsatz ist ordinal, die Merkmale Anzahl der Transaktionen im In- und Auslandszahlungsverkehr, Anzahl der Geschäftsverbindungen zu Kreditinstituten sowie die Anzahl der In- und Auslandstöchter und der Exportanteil sind metrisch. Die Merkmale Export in die EU bzw. Export in Länder außerhalb der EU sind nominal dichotom.

Eine Korrelationsanalyse für die Merkmale des Ausstattungsbedarfs zeigt für die Stichprobe signifikant von Null verschiedene Korrelationen zwischen der Anzahl

---

194 Ein Beispiel ist das Ablaufschema für Clusteranalysen bei [Bausch/Opitz 1993, S. 63].

195 Die Beschreibung dieser Merkmale ist im Codeplan für die Firmenkundenumfrage im Anhang abgedruckt.

der Banken für den Zahlungsverkehr und der Anzahl der Bankverbindungen (Koeffizienten zwischen 0,77 und 0,95). Wegen der hohen Korrelation werden die Merkmale BVINL, BVEU und BVNEU als passive Merkmale behandelt und nicht in die Clusteranalyse einbezogen.

Auch die Merkmale Export in EU-Länder (EXPEU) und Export in Länder außerhalb der EU (EXPNEU) sind hoch signifikant miteinander korreliert (Koeffizient 0,46). Darüber hinaus ist das Merkmal Exportanteil am Umsatz mit diesen beiden Merkmalen ebenfalls hoch signifikant korreliert. Aus diesem Grunde sollen auch die Merkmale EXPEU und EXPNEU als passive Merkmale zur Beschreibung der Segmente herangezogen werden. Die Internationalität des Geschäfts wird somit über die Indikatoren Anzahl der Auslandstöchter und Exportanteil am Umsatz in Prozent in der Clusteranalyse berücksichtigt.

Somit gehen als Merkmale des Ausstattungsbedarfs UMSATZ, AUSLTOCH, EXPANT, ZVINL, ZVEU, ZVNEU sowie TAIZV und TAAZV in die Clusteranalyse ein.

7.2.2.3 Merkmale des Ausstattungsgrads

Im folgenden wird dargelegt, welche Merkmale des Ausstattungsgrads den in Abschnitt 7.2.2.1 dargelegten Kriterien nicht entsprechen und deshalb ausgeschlossen werden.

Der Ausstattungsgrad bezieht sich auf Mehrwertsysteme und Kommunikationstechnologien (Datenformate und Netzinfrastrukturen) an der elektronischen Bank-Firmenkunde-Schnittstelle. Deshalb sollen Merkmale, die sich auf den inner- oder zwischenbetrieblichen Einsatz beziehen, nicht als aktive Merkmale in die Clusteranalyse eingehen. Dies betrifft die Merkmale EDIMU, EMMU, ISDNVKIU und ISDNVKMU.

Voraussetzung für den Electronic Funds Transfer ist firmenkundenseitig ein Finanzmanagementsystem mit entsprechender Funktionalität sowie ein Netzzugang (z.B. Datex-P, ISDN). Das Merkmal DFUMOEGL (Möglichkeit zum Electronic Funds Transfer; nominal dichotomes Merkmal) wurde nicht direkt erfragt. Es kann jedoch aus dem eingesetzten System (z.B. verfügt das System db-connect/BCS über ein Kommunikationsmodul) und dem Anteil der heute beleglos per DFÜ abgewickelten Zahlungen abgeleitet werden. Liegt der DFÜ-Anteil über 0%, so ist davon auszugehen, daß das betreffende Unternehmen zum Electronic Funds Transfer in der Lage ist.

Datex-P ist aufgrund seiner beschränkten Bandbreite für Anwendungen mit hohem Datenvolumen (Videokonferenzen, Recherchen in Multimedia-Datenbanken) nicht geeignet. Deshalb wird DTXP nicht als aktives Merkmal in die Clusteranalyse einbezogen. Der Informationsverlust durch Ausschluß dieses Merkmals ist gering, da die Möglichkeit des Electronic Funds Transfers über Datex-P im Merkmal DFUMOEGL bereits berücksichtigt ist.

Die Durchsicht der Rohdatenmatrix[196] zeigt, daß rund ein Drittel des industriellen Mittelstands keine Angaben zu seinen Plänen bzgl. des beleglosen Zahlungsverkehrs für die nächsten ein, zwei bzw. fünf Jahre gemacht hat. Da die Clusteranalyse eine vollständige Datenmatrix erfordert und das Ersetzen fehlender Daten durch den Merkmalsmittelwert in diesem Umfang nicht sinnvoll erscheint, werden die Merkmale BELL1, BELL2 und BELL5 aus der Clusteranalyse ausgeschlossen. Die Quote der fehlenden Daten liegt beim Merkmal BELL0 bei lediglich 10%, so daß hier der Ersatz der fehlenden Daten durch den Mittelwert vertretbar erscheint.

Als Merkmale des Ausstattungsgrads gehen somit ZVS, CMS, FPS, DFUMOEGL, EDIMBIZ, EDIMBAZ, EDIMBAK, X400, BELL0, EMMB, ISDN, ISDNVKMB, ONLDBU, ONLISFB, WWWFB, WWWU, TONLINE und COMPS in die Clusteranalyse ein.[197]

7.2.3 Aufbau der Distanzmatrix

7.2.3.1 Festlegung der Proximitätsmaße für die drei Skalenniveaus

Wie die vorherigen Abschnitte deutlich gemacht haben, wird die Clusteranalyse mit einem gemischtskalierten Datensatz durchgeführt, in dem alle drei Skalenniveaus vertreten sind. Für die Berechnung einer Ähnlichkeits- bzw. Distanzmatrix muß deshalb für jedes Skalenniveau ein Proximitätsmaß bestimmt werden.[198] Für die weiteren Überlegungen wird von Distanzmaßen ausgegangen.

Bei nominalen Merkmalen kann eine Übereinstimmung je Objektpaar lediglich anhand der Übereinstimmung bzw. Nicht-Übereinstimmung zweier Merkmalsausprägungen festgestellt werden. Im einfachsten Fall wählt man als Distanz bei Übereinstimmung 0, bei Nicht-Übereinstimmung 1.[199]

Ordinalen Merkmalen liegt eine Rangfolge zugrunde, die die Bestimmung einer Rangdifferenz ermöglicht. Identische Ränge implizieren eine Distanz von 0. Bei

---

196 Die Rohdatenmatrix enthält die Merkmalsausprägungen für die erhobenen Merkmale für jedes Unternehmen in der Stichprobe.

197 Die Korrelationsanalyse bei den Finanzmanagementsystemen ergibt Koeffizienten zwischen 0,14 und 0,38. Signifikante Korrelationen bestehen zwischen dem Einsatz eines Zahlungsverkehrs- und eines Cash Management-Systems sowie dem Einsatz eines Cash Management-Systems und eines Finanzplanungssystems. Vor dem Hintergrund des Forschungsziels werden bewußt alle Merkmale zu den Finanzmanagementsystemen als aktive Merkmale in die Clusteranalyse einbezogen.

198 Eine Systematik der Proximitätsmaße findet sich bei [Backhaus et al. 1994, S. 264].

199 Für alternative Proximitätsmaße bei nominalen Merkmalen (z.B. M-Koeffizient, S-Koeffizient) vgl. [Kaufmann/Pape 1996, S. 444-447; Backhaus et al. 1994, S. 264-271; Bausch/Opitz 1993, S. 46].

unterschiedlichen Rängen errechnet sich die Distanz aus dem Absolutwert der Rangdifferenz.[200]

Die einfachste Metrik zur Bestimmung der Distanz zwischen zwei Objekten mit metrischen Merkmalsausprägungen ist die City-Block-Metrik (entspricht der Minkowski-Metrik mit $r=1$) [vgl. Backhaus et al. 1994, S. 273]). Für $r=2$ erhält man die L_2-Norm, auch Euklidische Distanz genannt.[201] Durch die Quadrierung bei der L_2-Norm werden bei der Berechnung der Distanzen große Unterschiede in den Merkmalsausprägungen stärker berücksichtigt. Es wird deutlich, daß die Wahl des Distanzmaßes die Ähnlichkeitsrangfolge zwischen den Objekten beeinflußt. Im Zwei-Merkmalsfall gibt die City-Block Metrik die Entfernung zwischen zwei Objekten an, wenn man sich parallel zu den Koordinatenachsen bewegt. In diesem Fall kann die Euklidische Distanz graphisch als die Distanz zwischen zwei Punkten in der Ebene interpretiert werden. Sie ist eines der am häufigsten eingesetzten Distanzmaße [vgl. Norusis 1993, S. 127] und soll auch in dieser Untersuchung als Proximitätsmaß bei den metrischen Merkmalen eingesetzt werden.

7.2.3.2 Probleme bei der Berechnung einer Distanzmatrix und Lösung im konkreten Fall

Über die Wahl der Proximitätsmaße hinaus treten bei der Berechnung einer Distanzmatrix grundsätzlich eine Reihe weiterer Probleme auf, für die geeignete Lösungen im Kontext des Forschungsziels und der erhobenen Daten zu finden sind [vgl. Gordon 1981, S. 24-27]:

- **Inkompatible Meßeinheiten**: Die Merkmale der vorliegenden Untersuchung wurden in unterschiedlichen Meßeinheiten erhoben. Bspw. hat das Merkmal EXPANT die Meßeinheit Prozent, während das Merkmal TAIZV die Meßeinheit Transaktion besitzt. Dementsprechend unterschiedlich sind die Spannweiten der Merkmalsausprägungen. Um eine Standardisierung der Meßeinheiten zu erreichen, werden die metrischen Merkmale transformiert, indem von den Merkmalsausprägungen der Mittelwert subtrahiert und das Ergebnis anschließend durch die Standardabweichung dividiert wird. Nach dieser Operation besitzen die transformierten Merkmale den Mittelwert 0 und die Standardabweichung 1.
- **Gemischtskalierte Rohdatenmatrix**: Im Falle einer gemischtskalierten Rohdatenmatrix stellt sich die Frage, wie Merkmale mit unterschiedlichem Skalenniveau gemeinsam in der Distanzmatrix berücksichtigt werden können. Im vorliegenden Fall werden die Distanzmatrizen für Merkmale mit gleichem Skalen-

[200] Für alternative Proximitätsmaße bei ordinalen Merkmalen vgl. [Kaufmann/Pape 1996, S. 447-448; Bausch/Opitz 1993, S. 47].

[201] Für alternative Proximitätsmaße bei metrischen Merkmalen vgl. [Kaufmann/Pape 1996, S. 448-452; Backhaus et al. 1994, S. 272-277; Bausch/Opitz 1993, S. 47-48].

niveau zunächst separat berechnet. Anschließend werden diese partiellen Distanzmatrizen zur Distanzmatrix addiert.[202]

- **Fehlende Daten**: Dieses Problem wurde bereits in Abschnitt 7.2.2.1 thematisiert. Das Problem fehlender Daten wird durch explizite Aufnahme der Ausprägung „keine Antwort" gelöst. Die Merkmalsausprägungen und die Codierung der Merkmalsausprägungen sind im Codeplan der Firmenkundenumfrage im Anhang dargestellt.
- **Ausreißer**: Unter Ausreißern werden Erhebungsobjekte verstanden, die relativ zu den anderen Erhebungsobjekten extreme Merkmalsausprägungen aufweisen. Univariate Ausreißer stellen beim Aufbau einer Distanzmatrix ein Problem dar, weil sie - je nach der Wahl des Proximitätsmaßes - eine Nivellierung der Unterschiede zwischen Nicht-Ausreißern bewirken können. In dieser Untersuchung werden Ausreißer als solche Unternehmen definiert, die mindestens eine Merkmalsausprägung aufweisen, die mehr als drei Standardabweichungen vom Mittelwert des industriellen Mittelstands entfernt liegt. Die Analyse für die aktiven metrischen Merkmale der Clusteranalyse ergibt zehn Unternehmen, die Ausreißer sind. Um den nivellierenden Effekt zu vermeiden, werden die Ausreißer in den betreffenden Merkmalen auf den Maximalwert von drei Standardabweichungen festgesetzt.
- **Strukturbedingte Ungleichgewichtung der Merkmale**: Unterschiedliche Skalenniveaus einerseits und unterschiedliche Verteilungen der Merkmale andererseits führen zu einer strukturbedingten Ungleichgewichtung [vgl. Wördenweber 1985, S. 24-29]. Eine Gleichgewichtung kann durch eine geeignete Transformation der Merkmale erreicht werden. Für die vorliegende Untersuchung werden die ordinalen und metrischen Merkmale des Ausstattungsgrads und des Ausstattungsbedarfs derart transformiert, daß die größte merkmalsweise berechnete Distanz genau 1 beträgt.[203] Hierzu werden die einzelnen Merkmalsausprägungen durch die maximale Ausprägungsdistanz zwischen zwei Unternehmen dividiert. Bei nominalen Merkmalen ist wegen der Maximaldistanz von 1 eine derartige Transformation nicht notwendig.

7.2.3.3 Anwenderbezogene Gewichtung der Merkmale

Die oben dargelegten Transformationen der Merkmale hatten zum Ziel, struktur- und dimensionsbedingte Ungleichgewichtungen der Merkmale zu eliminieren. Würde man eine Clusteranalyse mit der transformierten Rohdatenmatrix durchführen, so hätte jedes Merkmal (annähernd) gleiches Gewicht. Es ist nun die Frage zu stellen, ob eine Gleichgewichtung aller Merkmale im Sinne des Forschungsziels

---

[202] Alternative Verfahren sind die Transformation der Merkmale auf das niedrigste Skalenniveau unter Inkaufnahme eines Informationsverlusts und die Durchführung getrennter Clusteranalysen für die unterschiedlichen Skalenniveaus mit anschließendem Vergleich der Ergebnisse [vgl. Gordon 1981, S. 27].

[203] [Bausch/Opitz 1993, S. 53] nennen als Alternativen: Normierung auf eine einheitliche Standardabweichung von 1, Gewichtung mit dem Quotienten 1/(90%-Quantil - 10%-Quantil), Gewichtung mit dem Quotienten 1/Quartilsabstand.

einer potentialorientierten Segmentierung ist. Ein Vergleich der Merkmale DFUMOEGL und X400 macht deutlich, daß einige Merkmale für den Ausstattungsgrad subjektiv wichtiger erscheinen als andere.[204] Eine anwenderbezogene Gewichtung von Merkmalen ist stets zu rechtfertigen. Extremauffassungen gehen davon aus, daß ausschließlich eine Gleichgewichtung akzeptabel ist [vgl. Gordon 1981, S. 30].

Um eine willkürliche Gewichtung zu vermeiden, haben *Bausch* und *Opitz* ein Ablaufschema zur Distanzaggregation entwickelt, das als Heuristik aufgefaßt werden kann [vgl. Bausch/Opitz 1993, S. 54]. Sie schlagen vor, die aktiven Merkmale der Clusteranalyse zunächst in thematischen Gruppen zusammenzufassen, wobei für die einzelnen Gruppen im Sinne der Ausführungen im vorherigen Absatz eine Gleichgewichtung zugrunde gelegt wird.

In der vorliegenden Untersuchung liegen zwei thematische Gruppen vor - Ausstattungsbedarf einerseits, Ausstattungsgrad andererseits. Auch innerhalb dieser Gruppen lassen sich Themenblöcke bilden:[205]

- Ausstattungsbedarf: 1) Geschäftsumfang und Internationalität des Geschäfts; 2) Anzahl der Banken für den Zahlungsverkehr; 3) Anzahl der Zahlungstransaktionen pro Monat.
- Ausstattungsgrad: 1) Finanzmanagementsysteme; 2) Elektronischer Zahlungsverkehr und UN/EDIFACT; 3) Andere Mehrwertsysteme und Kommunikationstechnologien.

Im vorliegenden Fall sollen Ausstattungsgrad und Ausstattungsbedarf gleiches Gewicht erhalten. Auch innerhalb dieser beiden Gruppen sollen die gebildeten Blöcke das gleiche Blockgewicht (g_b) erhalten. Unter Berücksichtigung der Transformation zum Ausgleich einer strukturbedingten Ungleichgewichtung (g_m) ergeben sich für die einzelnen Merkmale die in Tabelle 7-1 genannten Gewichte (g).

Innerhalb des Blocks „Elektronischer Zahlungsverkehr" würde eine Gleichgewichtung zu einem Blockgewicht der Merkmale DFUMOEGL und BELLO von jeweils 1/6 führen. Aufgrund der zentralen Bedeutung dieser beiden Merkmale für den Ausstattungsgrad werden auch in diesem Block wiederum drei Themenunterblöcke gebildet (DFUMOEGL, BELLO und UN/EDIFACT), woraus sich für die einzelnen UN/EDIFACT-Merkmale ein Blockgewicht von 1/3*1/4=1/12 ableitet.

---

204 Aus Sicht der Bank ist die Fähigkeit eines Unternehmens zur Abwicklung von Zahlungstransaktionen per DFÜ eine wesentliche Determinante des Ausstattungsgrads, während ein X.400-Zugang nur eine von mehreren alternativen Netzzugängen ist.

205 Vgl. hierzu die Abschnitte 5.5.3 und 5.5.4.

Nr.	Merkmal	Merkmals-typ	Gruppe	Merkmals-gewicht g_m	Block-gewicht g_b	Gesamt-gewicht g
Ausstattungsbedarf						
1	UMSATZ	ordinal	1	0,3333333	1/3	0,1111111
2	AUSLTOCH	metrisch	1	0,3071253	1/3	0,1023751
3	EXPANT	metrisch	1	0,2476921	1/3	0,0825640
4	ZVINL	metrisch	2	0,2133242	1/3	0,0711080
5	ZVEU	metrisch	2	0,3042380	1/3	0,1014126
6	ZVNEU	metrisch	2	0,2951071	1/3	0,0983690
7	TAIZV	metrisch	3	0,2592420	1/2	0,1296210
8	TAAZV	metrisch	3	0,2918600	1/2	0,1459300
Ausstattungsgrad						
1	ZVS	dichotom	1	0,6666666	1/3	0,2222222
2	CMS	dichotom	1	0,6666666	1/3	0,2222222
3	FPS	dichotom	1	0,6666666	1/3	0,2222222
4	DFUMOEGL	dichotom	2	0,6666666	1/3	0,2222222
5	EDIMBIZ	ordinal	2	0,1666666	1/12	0,0138888
6	EDIMBAZ	ordinal	2	0,1666666	1/12	0,0138888
7	EDIMBAK	ordinal	2	0,2	1/12	0,0166666
8	X400	ordinal	2	0,1666666	1/12	0,0138888
9	BELLO	metrisch	2	0,2698298	1/3	0,0899432
10	EMMB	ordinal	3	0,1666666	1/9	0,0185185
11	ISDNVKMB	ordinal	3	0,2	1/9	0,0222222
12	ONLDBU	ordinal	3	0,1666666	1/9	0,0185185
13	ONLISFB	ordinal	3	0,1666666	1/9	0,0185185
14	WWWFB	ordinal	3	0,1666666	1/9	0,0185185
15	WWWU	ordinal	3	0,1666666	1/9	0,0185185
16	TONLINE	ordinal	3	0,1666666	1/9	0,0185185
17	ISDN	ordinal	3	0,1666666	1/9	0,0185185
18	COMPS	ordinal	3	0,1666666	1/9	0,0185185

Tabelle 7-1: Gewichtung der Merkmale des Ausstattungsbedarfs und des Ausstattungsgrads

Für nominale Merkmale empfehlen *Bausch* und *Opitz* eine Merkmalsgewichtung mit einem Gewichtungsfaktor aus dem Intervall [1/3,1]. Durch ein Merkmalsgewicht unter 1 soll einer Übergewichtung nominaler Merkmale entgegengewirkt werden, denn liegt ein Unterschied vor, so erreicht die Merkmalsdistanz stets den Maximalwert, während bei Merkmalen höherer Skalenniveaus häufig Distanzen aus dem Intervall (0,1) auftreten. Als Merkmalsgewicht für nominale Merkmale wird der Wert 2/3 gewählt, der den Mittelpunkt des angegebenen Intervalls darstellt.

Nach Eingabe der Gewichte für die ausgewählten Merkmale kann die Distanzmatrix mit Hilfe der Statistiksoftware MSTAT berechnet werden.

7.2.4 Anwendung von Verfahren zur Clusteranalyse und Ergebnisse

7.2.4.1 Vorgehensweise

Ausgangspunkt der Anwendung von Verfahren der Clusteranalyse zur potentialorientierten Segmentierung des industriellen Mittelstands ist eine Distanzmatrix, die auf 26 Merkmalen metrischen, ordinalen und nominal dichotomen Skalenniveaus basiert.

Da keine Theorie der Klassifikation existiert, empfiehlt sich die Anwendung von praxiserprobten Heuristiken zum Auffinden einer „brauchbaren" Klassifikation. Das Ablaufschema von *Bausch* und *Opitz* kann als eine solche Heuristik aufgefaßt werden. Es ist in Tabelle 7-2 dargestellt.

Nr.		Analyseschritt / Ergebnis
1		Analyse mittels der hierarchischen Verfahren Single-Linkage (SL), Average-Linkage (AL) und Complete-Linkage (CL)
2		Vergleich der Klassifikationsergebnisse
	a	Identische Klassifikationsergebnisse bei SL, AL und CL => Übergang zu Nr. 5.
	B	Identische Klassenkerne bei SL, AL und CL mit mindestens der Hälfte der Objekte (besser zwei Drittel) => Übergang zu Nr. 5 mit Interpretation auf Klassenkernen.
	C	Unterschiedliche Ergebnisse bei SL, AL und CL. Klassenstruktur nicht erkennbar. => Übergang zu Nr. 3.
3		Analyse des SL-Dendrogramms
	a	Gut getrennte Klassen (Ellenbogenkriterium) mit Verkettungseffekten innerhalb der Klassen => Übergang zu Nr. 5 unter besonderer Berücksichtigung von Streuungen und Spannweiten.
	B	Ausgeprägte Verkettungseffekte im gesamten Fusionsprozeß => Übergang zu Nr. 4.
4		Analyse mit partitionierenden Verfahren CLUDIA, KMEANS und HMEANS. Start mit Ergebnissen aus Nr. 1 und/oder zufällig. Übergang zu Nr. 2 oder Abbruch.
5		Interpretation der gefundenen Klassen
	a	Vergleich der Klassenzentroide bzw. -modalwerte. Beobachtung auffälliger Unterschiede für Interpretation.
	B	Analyse von Streuungsgrößen von Merkmalen mit ähnlichen Zentroiden. Beobachtung auffälliger Variabilitätsunterschiede für Interpretation.

Tabelle 7-2: Ablaufschema für Clusteranalysen [vgl. Bausch/Opitz 1993, S. 63]

In diesem Ablaufschema kommen zwei Typen von Clusteralgorithmen zum Einsatz: hierarchisch agglomerative einerseits und partitionierende andererseits. Beide Typen wurden bereits in Abschnitt 7.2.1 kurz beschrieben. Das weitere Vorgehen folgt diesem Ablaufschema.

Die in diesem Ablaufschema genannten hierarchischen Clusteralgorithmen stellen lediglich eine Auswahl verfügbarer Verfahren dar. Neben dem Single-Linkage-, Complete-Linkage- und Average-Linkage-Verfahren sind die Methode von Ward und das Zentroid-Verfahren in der Praxis häufig verwendete Algorithmen. Aus einer Reihe von Gründen ist ihre Anwendung im vorliegenden Fall jedoch nicht sinnvoll.[206]

7.2.4.2 Ergebnisse der hierarchisch agglomerativen Verfahren

Die wichtigste Entscheidung in Schritt 1 des Ablaufschemas ist die Wahl der Segmentanzahl. Bei der Wahl der Segmentanzahl sind neben statistischen Kriterien vor allem praktische Anforderungen an die Marktsegmentierung von Bedeutung. Diese wurden bereits in Abschnitt 4.5.1 ausführlich behandelt. Aus diesen Anforderungen leitet sich eine Maximalanzahl von Segmenten ab. Überschreitet die Segmentanzahl eine kritische Grenze, so ist die Formulierung spezifischer Marketing-Programme für die einzelnen Segmente nicht mehr wirtschaftlich.

Abb. 7-1 zeigt das Klassifikationsdiagramm des Single-Linkage-Verfahrens. In diesem Diagramm ist die Klassenanzahl gegen ein Beurteilungskriterium (Segmentverschiedenheit beim Übergang von n auf n-1 Segmente) abgetragen [vgl. Bausch/Opitz 1993, S. 56].[207] Je größer die Zunahme des Beurteilungskriteriums beim Übergang von n auf n-1 Segmente, desto unähnlicher sind sich die fusionierten Segmente. Der vordere Teil des Diagramms (Segmentanzahl < 10) macht deutlich, daß sich beim Übergang von einem auf zwei Segmente und von vier auf fünf Segmente eine deutliche Verbesserung des Beurteilungskriteriums erzielen läßt. Demgegenüber ist die Verbesserung beim Übergang zwei auf drei bzw. fünf auf sechs Segmente sehr gering. Die Knickstellen geben somit Anhaltspunkte für die Wahl der Segmentanzahl (sog. Elbow-Kriterium) [vgl. Kaufmann/Pape 1996, S. 472-473; Bausch/Opitz 1993, S. 56; Backhaus et al. 1994, S. 308]. Im vorliegenden Fall ist nach diesem Kriterium eine Zahl von zwei oder fünf Segmenten angeraten.

---

206 Nach *Backhaus* kann das **Verfahren von Ward** dann als besonders geeignet angesehen werden, wenn [vgl. Backhaus et al. 1994, S. 298-299]: die Verwendung eines Distanzmaßes inhaltlich sinnvoll ist; alle Variablen auf metrischem Niveau gemessen wurden; keine Ausreißer in der Objektmenge enthalten sind (vorherige Elimination); die Variablen unkorreliert sind; zu erwarten ist, daß die Elementanzahl in jeder Gruppe etwa gleich groß ist; die Gruppen in etwa die gleichen Ausdehnungen besitzen. Da nicht alle Merkmale metrisches Skalenniveau besitzen, die Distanz zwischen zwei Unternehmen aufgrund der unterschiedlichen Bedeutung der Einzeldistanzen zu jedem Merkmal nicht inhaltlich interpretiert werden kann und auch nicht zu erwarten ist, daß die Cluster in etwa gleich groß sind, erscheint die Anwendung des Ward-Verfahrens nicht sinnvoll.
Das **Zentroid-Verfahren** ist nur anwendbar, wenn sämtliche Merkmale mindestens intervallskaliert sind [vgl. Kaufmann/Pape 1996, S. 464-465]. Diese Anforderung ist nicht erfüllt. Somit kommt auch dieses Verfahren hier nicht in Betracht.

207 Ein alternatives Maß ist bspw. die Fehlerquadratsumme [vgl. Backhaus et al. 1994, S. 307].

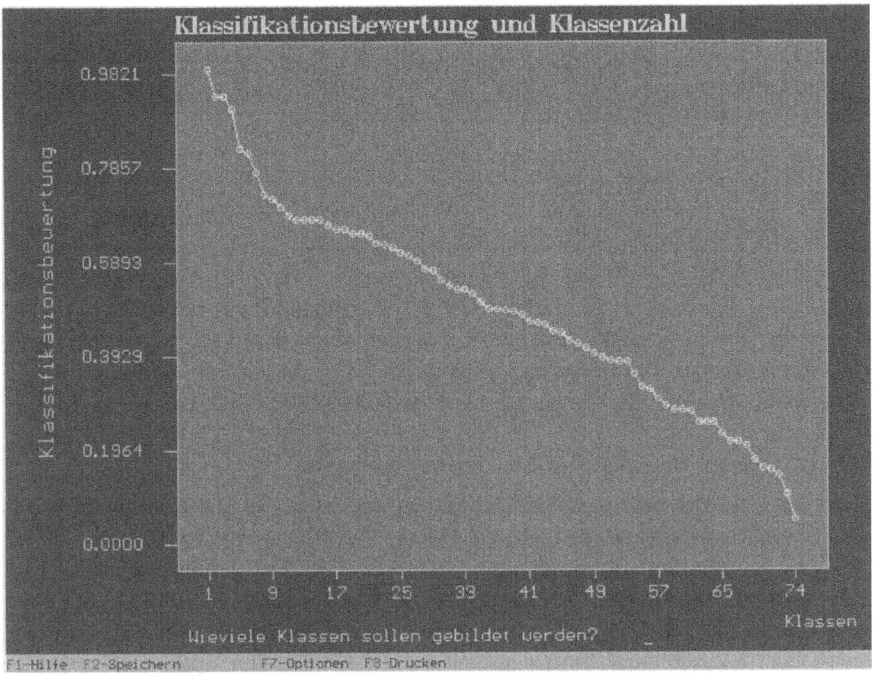

Abb. 7-1: Klassifikationsdiagramm für das Single-Linkage-Verfahren

Zur Wahl der Segmentanzahl sollen auch die Klassifikationsdiagramme der anderen agglomerativen Verfahren herangezogen werden. Das Average-Linkage-Diagramm zeigt deutliche Knicke bei drei und fünf Segmenten. Im Complete-Linkage-Diagramm existiert ein Knick bei sechs Segmenten. Eine Übereinstimmung der Segmentanzahl in zwei Fällen wird somit bei fünf Segmenten erzielt. Auch unter Berücksichtigung der praktischen Segmentierungsanforderungen erscheinen fünf Segmente akzeptabel. Wenngleich die endgültige Entscheidung für eine Segmentierung erst nach eingehender Analyse der Klassifikationsergebnisse erfolgen soll, muß an dieser Stelle eine Segmentanzahl festgelegt werden. Später werden zum Vergleich Klassifikationen mit anderer Segmentanzahl generiert und diskutiert.

Verfahren	Single-Linkage	Average-Linkage	Complete-Linkage
Segment 1	71 (40,65)	48 (21,77)	30 (10,76)
Segment 2	1 (0,00)	22 (11,51)	12 (4,96)
Segment 3	1 (0,00)	3 (1,03)	12 (5,07)
Segment 4	1 (0,00)	1 (0,00)	13 (6,08)
Segment 5	1 (0,00)	1 (0,00)	8 (4,12)

Tabelle 7-3: Ergebnisse der agglomerativen Verfahren im Fünf-Segmentfall - Anzahl der Unternehmen und Innerklassendistanz pro Segment im Vergleich

Der Vergleich der Ergebnisse der Clusteralgorithmen (Ablaufschema, Schritt 2) zeigt eine Übereinstimmungsquote zwischen den Klassifikationen von 40%, die ausschließlich auf die Übereinstimmung der Ergebnisse bzgl. Segment 1 zurückzuführen ist. Eine Klassenstruktur ist nicht erkennbar.

Im Ablaufschema liegt somit Fall 2c. vor. Deshalb ist im nächsten Schritt das Single-Linkage-Dendrogramm näher zu analysieren. Ein Dendrogramm ist die graphische Darstellung einer hierarchischen Klassifikation. Es zeigt den Fusionsverlauf in Abhängigkeit der Klassenhomogenität, wobei zu jeder Klassenanzahl genau eine Klassifikation ablesbar ist [vgl. Kaufmann/Pape 1996, S. 454]. Das Dendrogramm des Single-Linkage-Verfahrens zeigt ausgeprägte Verkettungseffekte im gesamten Fusionsprozeß (Schritt 3b.). Für diesen Fall sieht das Ablaufschema die Anwendung von partitionierenden Clusterverfahren vor.

7.2.4.3 Ergebnisse der partitionierenden Verfahren

Von denen in der Software MSTAT implementierten Verfahren kommen wegen des gemischten Skalenniveaus der Merkmale die Verfahren CLUDIA und HMEANS in Betracht [vgl. Bausch/Opitz 1993, S. 57-59]. Beide Methoden setzen auf den Innerklassendistanzen auf. Die Anwendung des Austauschverfahrens mit Varianzkriterium (KMEANS) erscheint problematisch, da bei diesem Verfahren ein metrisches Skalenniveau vorausgesetzt wird. Im folgenden werden diese beiden Austauschverfahren zur Optimierung der Klassifikationen angewendet, wobei die Klassifikation der drei angewandten agglomerativen Verfahren (Single-Linkage - SL, Average-Linkage - AL und Complete-Linkage - CL) als Ausgangspartitionen gewählt werden. Auf diese Weise ergeben sich sechs Klassifikationen, die in Tabelle 7-4 dargestellt sind:

Verfahren	Cludia / SL	Cludia / AL	Cludia / CL	HMeans / SL	HMeans / AL	HMeans / CL
Segment 1	24 (6,60)	24 (6,60)	24 (6,60)	24 (6,60)	24 (6,60)	24 (6,60)
Segment 2	15 (7,39)	17 (8,44)	17 (8,44)	15 (7,39)	15 (7,39)	16 (7,29)
Segment 3	12 (5,28)	12 (5,28)	12 (5,28)	12 (5,28)	12 (5,28)	12 (5,28)
Segment 4	10 (3,75)	8 (2,70)	8 (2,70)	10 (3,75)	10 (3,75)	9 (3,24)
Segment 5	14 (6,67)	14 (6,67)	14 (6,67)	14 (6,67)	14 (6,67)	14 (6,67)

Tabelle 7-4: Ergebnisse der partitionierenden Verfahren im Fünf-Segmentfall - Anzahl der Unternehmen und Innerklassendistanz für die Segmente im Vergleich

Die Anwendung der beiden Austauschverfahren führt zu einer nahezu vollständigen Übereinstimmung der erzeugten Klassifikationen. Die Verteilung der Unternehmen auf die Segmente zeigt, daß lediglich zwei Unternehmen von den Verfahren unterschiedlich klassifiziert werden. Dementsprechend liegen die Pearson'schen Korrelationskoeffizienten zwischen den Klassifikationen sehr nahe bei 1 (zwischen 0,978 und 1).

Es ist festzustellen, daß die Anwendung der beiden Partitionsverfahren bei unterschiedlichen Startkonfigurationen (SL, AL, CL) zu nahezu identischen Ergebnissen führt. Die Literatur sieht hierin eine (statistische) Bestätigung der gefundenen Lösung und ein Indiz für eine deutliche Trennung zwischen den Segmenten [vgl. Kaufmann/Pape 1996, S. 536].[208]

Aufgrund der hohen Übereinstimmung der Klassifikationen wird auf eine Interpretation auf Basis der Klassenkerne verzichtet und statt dessen von der Klassifikation ausgegangen, die am häufigsten erzeugt wird (Übereinstimmung bei Cludia / SL, HMeans / SL und HMeans / AL).

7.2.5 Charakterisierung der Segmente

Die Interpretierbarkeit einer Partition ist gegeben, wenn die Gruppenmittelwerte bzgl. der Merkmale zumindest teilweise signifikante Unterschiede aufweisen und die Ausprägungsmuster in den Segmenten eine im Kontext der Untersuchungsthematik sinnvoll erscheinende Einteilung erkennen lassen. Im folgenden soll untersucht werden, inwieweit die gefundene Klassifikation interpretierbar ist. Hierzu werden zunächst die Ausprägungen der aktiven Merkmale herangezogen.

Tabelle 7-5 zeigt für die Merkmale des Ausstattungsbedarfs die relative Abweichung der Segmentmittelwerte vom Gesamtstichprobenmittelwert im industriellen Mittelstand. Liegt der Segmentmittelwert im Intervall einer halben Standardabweichung um den Stichprobenmittelwert, so ist dies durch eine „o" gekennzeichnet. Eine Abweichung zwischen -0,5 und -1,5 Standardabweichungen ist mit einem „-" gekennzeichnet; analog ist eine positive Abweichung zwischen 0,5 und 1,5 Standardabweichungen mit einem „+" und eine Abweichung zwischen 1,5 und 2,5 Standardabweichungen durch ein „++" markiert. Sofern signifikante Unterschiede zwischen den Segmentmittelwerten bestehen, sind die dominierten Segmente hinter dem Symbol in Klammern vermerkt.[209] Darüber hinaus ist in Tabelle 7-5 zu jedem Merkmal der Segmentmittelwert bzw. -median angegeben.

---

[208] „Ergeben sachspezifische Überlegungen nicht eindeutig ein bestimmtes Klassifikationsverfahren, so kann man daher mehrere Verfahren anwenden und die Ergebnisse vergleichen. Sind die Ergebnisse ähnlich, dann zeigt dies deutlich getrennte Klassen an" [Kaufmann/Pape 1996, S. 536]. Auch bei anderen Autoren finden sich derartige Schlußfolgerungen [vgl. Gordon 1981, S. 132; Backhaus et al. 1994, S. 315; Bausch/Opitz 1993, S. 63].

[209] Zur Identifikation signifikanter Unterschiede wurde für sämtliche Segmentpaare jeweils über alle metrischen Merkmale ein zweiseitiger t-Test für unabhängige Stichproben durchgeführt. Zeigte der Levene-Test mit einer Irrtumswahrscheinlichkeit unter 5% unterschiedliche Standardabweichungen zwischen den Segmenten an, so wurde der t-Test für unterschiedliche Varianzen durchgeführt. Im anderen Fall wurde der t-Test für gepoolte Varianzen angewendet [vgl. Norusis 1994, S. 257-258].

	Segment 1	Segment 2	Segment 3	Segment 4	Segment 5
Anzahl ungewichtet	24	15	12	10	14
Anzahl gewichtet	48	6	24	20	10
UMSATZ	o Median=1	++ Median=3	o Median=1	o Median=1	+ Median=2
AUSLTOCH	o 0,2	++ 28,0	o 1,3	o (1) 1,6	o (1) 3,5
EXPANT	o 22,9%	o 24,9%	o 27,1%	o 23,4%	o 16,5%
EXPEU	o 64%	o 95%	o 91%	o 89%	o 97%
EXPNEU	o 50%	o 86%	o 82%	o 67%	o 88%
ZVINL	o 3,4	o 3,5	o 3,1	o 3,0	+ 4,3
ZVEU	o 0,0	o 0,5	o 0,3	o 0,6	+ 2,8
ZVNEU	o 0,0	o 0,2	o (1) 0,5	o 0,6	o (1) 0,6
TAIZV	o 526	+ 1437	o 693	o 564	++ (1,3,4) 2771
TAAZV	o 24	+ 181	o (1,4) 110	o 18	+ (1,4) 169

Tabelle 7-5: Segmentspezifische Unterschiede bzgl. der Determinanten des Ausstattungsbedarfs

Aus Tabelle 7-5 geht hervor, daß sich die Segmente im Hinblick auf die Determinanten des Ausstattungsbedarfs deutlich voneinander unterscheiden, wobei die größten Unterschiede in den Merkmalen UMSATZ, AUSLTOCH, ZVEU, TAIZV und TAAZV bestehen. In Segment 2 befinden sich hauptsächlich größere Unternehmen (Umsatzmedian: 100 bis 250 Mio. DM) mit internationaler Ausrichtung (viele Auslandstöchter, höchste Anzahl von Auslandszahlungstransaktionen). Segment 1 faßt Unternehmen mit geringem Umsatz und nationaler Ausrichtung zusammen. Segment 5 weist nach Segment 2 die stärkste internationale Ausrichtung und höchste durchschnittliche Unternehmensgröße (Umsatzmedian: 50 bis 100 Mio. DM) auf. Unternehmen dieses Segments weisen auch die größte durchschnittliche Anzahl von Banken für den Zahlungsverkehr auf. Die Anzahl der Inlandstransaktionen liegt in diesem Segment signifikant höher als in Segment 1, 3 und 4, die Anzahl der Auslandstransaktionen liegt signifikant über der in Segment 1 und 4. Im Vergleich der Segmente 1, 3 und 4 verfügt Segment 3 über eine signifikant größere Anzahl von Auslandszahlungstransaktionen pro Monat als die anderen beiden Segmente.

Tabelle 7-6 zeigt für die Merkmale des Ausstattungsgrads den Segmentmittelwert und die relative Abweichung vom Gesamtstichprobenmittelwert im industriellen Mittelstand ausgedrückt in Standardabweichungen.

	Segment 1	Segment 2	Segment 3	Segment 4	Segment 5
Anzahl ungewichtet	24	15	12	10	14
Anzahl gewichtet	48	6	24	20	10
ZVS	o 68%	o 100%	o 82%	o 100%	o 100%
CMS	o 9%	+ 95%	o 36%	+ 67%	o 18%
FPS	- 0%	+ 91%	+ 100%	o 33%	o 40%
DFUMOEGL	- 0%	++ 100%	- 0%	++ 100%	- 0%
BELLO	o 0%	++ (1,3,5) 54%	o 0%	++ (1,3,5) 45%	o 0%

Tabelle 7-6: Segmentspezifische Unterschiede bzgl. des Ausstattungsgrads mit Finanzmanagementsystemen und dem elektronischen Zahlungsverkehr

Segment 2 weist im Vergleich die beste Ausstattung mit Finanzmanagementsystemen auf, während Segment 1 über die geringsten durchschnittlichen Ausstattungsquoten verfügt. Die größte Trennschärfe besitzt das Merkmal DFUMOEGL (Möglichkeit zum Electronic Funds Transfer). Alle Unternehmen in Segment 2 und 4 besitzen diese Fähigkeit, aber keines der Unternehmen aus den Segmenten 1, 3 und 5. Ähnlich verhält es sich mit dem Anteil der Ende 1995 beleglos per DFÜ initiierten Transaktionen (BELLO). Auffällig sind darüber hinaus in Segment 3 ein Ausstattungsgrad mit Finanzmanagementsystemen von 100% und in Segment 5 ein mit 18% sehr geringer Anteil von Unternehmen mit Cash Management-System.

Zum Abschluß des Segmentvergleichs sind in Tabelle 7-7 die Quoten der Unternehmen aufgeführt, die zum Zeitpunkt der Befragung Ende 1995 UN/EDIFACT, Kommunikationssysteme, Online-Datenbanksysteme sowie integrierte Online-Systeme nicht einsetzten und auch keine Pläne diesbezüglich äußerten.

	Segment 1	Segment 2	Segment 3	Segment 4	Segment 5
Anzahl ungewichtet	24	15	12	10	14
Anzahl gewichtet	48	6	24	20	10
EDIMBIZ	87%	77%	73%	78%	63%
EDIMBAZ	91%	82%	73%	100%	66%
EDIMBAK	96%	86%	73%	89%	100%
EMMB	82%	32%	64%	67%	46%
ISDNVKMB	96%	86%	82%	100%	94%
ONLDBU	82%	14%	45%	77%	40%
ONLISFB	78%	23%	64%	77%	57%
WWWFB	96%	77%	72%	89%	91%
WWWU	96%	51%	69%	100%	94%
TONLINE	68%	54%	7%	78%	97%
ISDN	37%	9%	27%	23%	6%
COMPS	96%	42%	81%	100%	69%
DTXP	69%	5%	64%	11%	40%
X400	96%	100%	100%	100%	97%

Tabelle 7-7: Segmentspezifische Unterschiede bzgl. Ausstattungsgrad und Plänen bei elektronischen Mehrwertsystemen ohne Finanzmanagementsysteme

Den größten durchschnittlichen Ausstattungsgrad mit diesen Technologien besitzt Segment 2 (EMMB, ONLDBU, ONLISFB, WWWU, ISDN, DTXP). Den geringsten Ausstattungsgrad weist Segment 1 auf. Relativ gut bzgl. der aktuellen Ausstattung bzw. Ausstattungsplanung schneidet Segment 3 ab, während die Segmente 4 und 5 über einen mäßigen Ausstattungsgrad verfügen.

Mit diesen Ergebnissen lassen sich die fünf Segmente wie folgt charakterisieren:

- **Segment 1 „Reaktiver Mittelstand mit primär nationalem Geschäft“**: 45% der befragten Unternehmen in der Stichprobe sind diesem Segment zuzurechnen. Die Mehrzahl der Unternehmen in diesem Segment erwirtschaftet einen Jahresumsatz zwischen 10 und 50 Mio. DM. Der Anteil exportierender Unternehmen ist unterdurchschnittlich, Auslandstöchter sind die Ausnahme. Dementsprechend gering fällt auch die Anzahl der Zahlungstransaktionen im Auslandszahlungsverkehr aus. Bei Finanzmanagementsystemen beschränkt sich die Unternehmen dieses Segments auf den Einsatz von Zahlungsverkehrssystemen zur Erstellung von Datenträgern für das DTA-Verfahren. Cash Management-Systeme werden fast nicht, Finanzplanungssysteme gar nicht eingesetzt. Eine Möglichkeit zum Electronic Funds Transfer besteht nicht (Anteil DFÜ-Transaktionen 0%). Auch andere elektronische Mehrwertsysteme werden kaum eingesetzt. 13% der Unternehmen besitzen einen Zugang zu T-Online. Pläne bzgl. des künftigen Einsatzes elektronischer Mehrwertsysteme gibt es nur vereinzelt. Die Bezeichnung „reaktiver Mittelstand“ deutet an, daß es sich um Unternehmen handelt, die neuen Technologien an der Bank-Firmenkunde-

Schnittstelle abwartend gegenüber stehen und im Diffusionsprozeß eher zur späten Mehrheit oder zu den Nachzüglern zu zählen sind.

- **Segment 2 „Proaktiver, international ausgerichteter Mittelstand"**: 6% der befragten Unternehmen fallen in dieses Segment. Die Unternehmen sind durch einen überdurchschnittlichen Umsatz sowie eine überdurchschnittliche Anzahl von Auslandstöchtern gekennzeichnet. Fast jedes Unternehmen exportiert in Länder der EU, 86% auch in Länder außerhalb der EU. Dementsprechend überdurchschnittlich ist auch die mittlere Anzahl der Transaktionen im In- und Auslandszahlungsverkehr. Unternehmen dieses Segments zeichnen sich durch den relativ höchsten Ausstattungsgrad mit Finanzmanagementsystemen aus. Alle Unternehmen in diesem Segment besitzen die Fähigkeit zum Electronic Funds Transfer, der Anteil der per DFÜ-übermittelten Transaktionen beträgt mehr als 50%. Auch bzgl. anderer elektronischer Mehrwertsysteme sind Ausstattungsgrad und Pläne überdurchschnittlich hoch, insbesondere bei Electronic Mail in der Kommunikation mit der Bank, bei Online-Datenbanksystemen und dem Internet / World Wide Web.
- **Segment 3 „Semiaktiver Mittelstand mit partiell internationalem Geschäft"**: 22% der befragten Unternehmen gehören diesem Segment an. Unternehmen dieses Segments stammen ausschließlich aus der Umsatzklasse 10 bis 100 Mio. DM. Die Anzahl der Transaktionen im Auslandszahlungsverkehr ist überdurchschnittlich hoch und signifikant höher als in den Segmenten 1 und 4. Finanzmanagementsysteme werden eingesetzt; jedes befragte Unternehmen in diesem Segment verfügt über ein Finanzplanungssystem, gut jedes dritte über ein Cash Management-System. Wie in Segment 1 verfügt auch in diesem Segment kein Unternehmen über die Fähigkeit zum Electronic Funds Transfer. Ausstattungsgrad und Pläne bzgl. anderer elektronischer Mehrwertsysteme sind jedoch leicht überdurchschnittlich, wobei Segment 3 im Vergleich zu den anderen Segmenten am besten bzgl. des Internet / World Wide Web im Finanzbereich und T-Online abschneidet.
- **Segment 4 „Proaktiver Mittelstand mit primär nationalem Geschäft"**: Diesem Segment gehören 18% der Unternehmen der Stichprobe an. Alle Unternehmen in diesem Segment stammen aus der Umsatzschicht 10 bis 100 Mio. DM. Sie verfügen im Durchschnitt über ein Geschäftsprofil ähnlich dem von Segment 1, wobei die Anzahl der Auslandstöchter und der Anteil der Unternehmen, die in die EU bzw. in Länder außerhalb der EU exportieren, deutlich höher ausfällt. Signifikante Unterschiede zeigen sich auch bzgl. des Einsatzes von Finanzmanagementsystemen und der Fähigkeit aller Unternehmen in diesem Segment zum Electronic Funds Transfer. Der Anteil der beleglos übermittelten Transaktionen beträgt 45%. Aus diesem Grunde wird das Segment als proaktiv bezeichnet. Ähnlich wie in Segment 1 bestehen nur vereinzelt Pläne zum Einsatz anderer elektronischer Mehrwertsysteme.
- **Segment 5 „Reaktiver, international ausgerichteter Mittelstand"**: Gut 9% der Unternehmen sind diesem Segment zuzurechnen, in dem sich die Unternehmen durch einen überdurchschnittlichen Umsatz, überdurchschnittlich viele Bankverbindungen im Inland und in der EU, die höchste durchschnittliche An-

zahl von Transaktionen im Inlandszahlungsverkehr und überdurchschnittlich viele Transaktionen im Auslandszahlungsverkehr auszeichnen. Die Quote der Unternehmen, die in Länder der EU und außerhalb der EU exportieren, bewegt sich auf ähnlich hohem Niveau wie in Segment 2. Trotz des hohen Geschäftsvolumens werden Finanzmanagementsysteme, insbesondere Cash Management-Systeme und Finanzplanungssysteme, nur sehr zurückhaltend eingesetzt. Keines der befragten Unternehmen in diesem Segment besitzt die Fähigkeit zum Electronic Funds Transfer. Bzgl. anderer elektronischer Mehrwertsysteme ist insgesamt eine leicht überdurchschnittliche Ausstattungsquote bzw. Planung festzustellen. Dies gilt im besonderen für EMail zur Kommunikation mit der Bank und Online-Datenbanksystemen. Wegen der Diskrepanz zwischen Ausstattungsbedarf und Ausstattungsgrad besitzt dieses Segment relativ zu den anderen Segmenten das größte Potential für den Absatz von Bankmarktleistungen des elektronischen Firmenkundengeschäfts.

Die Segmentbeschreibungen machen deutlich, daß die Segmentierung insgesamt gut interpretiert werden kann und somit als „brauchbar" zu bewerten ist. Die Überprüfung der Anforderungen an die Segmentierung ergibt meßbare Unterschiede in Ausstattungsgrad und Ausstattungsbedarf, die auf ein unterschiedliches Potential für den Absatz von Bankmarktleistungen im elektronischen Firmenkundengeschäft schließen lassen. Für die Forderung nach Substantialität ist die Segmentgröße entscheidend. Geht man von 13.200 Unternehmen im industriellen Mittelstand aus[210], so befinden sich - auf Basis der mit Unsicherheit behafteten Stichprobenquoten - im kleinsten Segment rund 800 Unternehmen und im größten Segment („Reaktiver Mittelstand mit primär nationalem Geschäft") etwa 5.950 Unternehmen. Dem Segment „Reaktiver, international ausgerichteter Mittelstand" sind etwa 1.200 Unternehmen zuzurechnen; unter Berücksichtigung der durchschnittlichen Anzahl von vier Bankverbindungen im Inland ergeben sich 4.800 Bankverbindungen dieser Unternehmen bei in Deutschland ansässigen Kreditinstituten. Diese Zahl legt die Vermutung nahe, daß in jeder großen Universalbank ein gewisser Bestand dieses Kundentyps vorhanden ist, der die Formulierung eines eigenen Marketing-Programms für diese Kundengruppe rechtfertigt. Aus den Abweichungen der Segmentmittelwerte vom Gesamtstichprobendurchschnitt im industriellen Mittelstand ist ersichtlich, daß einige aktive Merkmale eine große diskriminatorische Kraft besitzen. Es bleibt festzuhalten, daß sich der industrielle Mittelstand auf Grundlage der Daten der Firmenkundenumfrage potentialorientiert segmentieren läßt und die Hypothese **H 7** damit verifiziert wird.

7.2.6 Ergebnisse der Clusteranalyse mit alternativer Segmentanzahl

Zum Vergleich soll die Clusteranalyse mit einer alternativen Anzahl von Segmenten durchgeführt werden. Die Berechnungen führen zu folgenden Resultaten:

---

[210] Vgl. Fußnote 158 in Abschnitt 5.7.5.

- Der Clusterverlauf im Drei-Segmentfall ist dem Clusterverlauf im Fünf-Segmentfall sehr ähnlich. Die Anwendung der hierarchisch agglomerativen Verfahren führt zu keiner hinreichend übereinstimmenden Segmentierung, so daß Austauschverfahren eingesetzt werden. Im Ergebnis stimmen drei der sechs Segmentierungen vollständig überein. Eine weitere Segmentierung ist diesen drei sehr ähnlich. Die drei erzeugten Segmente sind unterschiedlich groß (Segment 1: 57%, Segment 2: 16% und Segment 3: 27%). Ausstattungsgrad und Ausstattungsbedarf halten sich den Segmenten im Segmentmittel die Waage (Segment 1: geringer Ausstattungsbedarf / geringer Ausstattungsgrad, Segment 2: mittel / mittel, Segment 3: hoch / hoch). Insgesamt erscheint die Dreier-Segmentierung im Hinblick auf das Forschungsziel zu undifferenziert, weshalb auf eine weitere Betrachtung verzichtet wird.
- Bei der Wahl von vier Segmenten wird auch nach Anwendung der Austauschverfahren nur eine geringe Übereinstimmung der Segmentierungen erzielt. Dies kann als Indiz dafür gewertet werden, daß die identifizierten Klassen nicht deutlich getrennt sind. Auch hier wird auf eine weitere Betrachtung verzichtet.

Für die weiteren Ausführungen wird von der Fünf-Segmentlösung ausgegangen. Im folgenden werden für die fünf Segmente jeweils das Interesse an Bankmarktleistungsinnovationen und die Anforderungen an die Gestaltung der Bank-Firmenkunde-Schnittstelle auf Grundlage der Daten der Firmenkundenumfrage untersucht.

7.3 Segmentspezifisches Interesse an Bankmarktleistungsinnovationen

7.3.1 Erweiterung der Funktionalität von Finanzmanagementsystemen

Wie die Ergebnisse der Firmenkundenumfrage zeigen, besteht ein besonderes Interesse für eine Erweiterung der Systemfunktionalität von Finanzmanagementsystemen - speziell Cash Management-Systemen - in den Segmenten 2, 3 und 4. Am häufigsten wünschen Unternehmen in diesen Segmenten eine Erweiterung des beziehbaren Informationsspektrums, wobei Geld- und Devisenkurse sowie Wertpapierdaten im Vordergrund stehen. Bei den Abwicklungsfunktionen ist in Segment 2 das Interesse für die Abwicklung von Wertpapiergeschäften besonders groß, während die Segmente 3 und 4 in erster Linie Akkreditivgeschäfte DV-gestützt abwickeln möchten.

7.3.2 Erweiterung des Angebots an Online-Informationen

In den fünf Segmenten zeigen sich deutliche Unterschiede bzgl. des derzeitigen Online-Informationsbezugs und des Interesses für den künftigen Online-Bezug von Informationen.

Während in Segment 1 heute kein einziges Unternehmen Informationen online bezieht und auch für den zukünftigen Online-Informationsbezug kein Interesse besteht, nutzt in Segment 2 heute bereits mehr als jedes zweite Unternehmen Online-Informationen, Tendenz weiter steigend.

Das größte relative Potential für den Online-Vertrieb von Informationen besteht offensichtlich in Segment 3 („Semiaktiver Mittelstand mit partiell internationalem Geschäft"). Derzeit bezieht kein Unternehmen in diesem Segment Informationen online, jedoch wünscht sich beinahe jedes zweite Unternehmen eine Online-Übermittlung bestimmter Informationen. Ein Grund für das wachsende Interesse könnte in der besonderen Bedeutung des internationalen Geschäfts in diesem Segment liegen, welche die Notwendigkeit zur schnellen Verfügbarkeit relevanter Informationen erhöht.

	Segment 1 Reaktiver Mittelstand mit primär nationalem Geschäft	**Segment 2 Proaktiver, international ausgericht. Mittelstand**	**Segment 3 Semiaktiver Mittelstand mit partiell internationa-lem Geschäft**	**Segment 4 Proaktiver Mittelstand mit primär nationalem Geschäft**	**Segment 5 Reaktiver, international ausgericht. Mittelstand**
INFHONL	0%	54%	0%	23%	3%
INFMONL	0%	77%	45%	23%	21%

Tabelle 7-8: Bezug von Online-Informationen - Status quo und Interesse nach Segmenten

Die Ergebnisse der Firmenkundenumfrage deuten darauf hin, daß auch im Segment „Reaktiver, international ausgerichteter Mittelstand" ein Potential für den Absatz von Online-Informationen besteht. Einer derzeit sehr geringen Nutzungsquote von 3% stehen weitere 18% gegenüber, die für einen Online-Informationsbezug Interesse bekunden.

Demgegenüber haben Unternehmen in Segment 4 offensichtlich bereits ihren Bedarf gedeckt. Jedes vierte Unternehmen in diesem Segment bezieht Informationen online, Tendenz stagnierend.

Hinsichtlich konkreter Informationsinhalte zeigt die Firmenkundenumfrage, daß im industriellen Mittelstand segmentübergreifend das größte Interesse für einen Online-Bezug von Realtime Informationen, Geld- und Devisenkursen, tagesaktuellen Nachrichten und volkswirtschaftlichen Daten besteht.[211]

[211] Vgl. Abschnitt 6.3.2.

7.3.3 Bankmarktleistungsinnovationen zu EDI/EDIFACT

Die Analyse der Umfrageergebnisse hinsichtlich des Interesses an einer Bereitstellung der Banknetze für den Datenverkehr Dritter und eines Angebots von EDI/EDIFACT-Mehrwertdiensten offenbart keine signifikanten Segmentunterschiede. Ordnet man die Segmente nach dem durchschnittlichen Grad ihrer Zustimmung zu diesen beiden Bankmarktleistungsinnovationen (absteigend), so ergibt sich folgende Reihenfolge: „Proaktiver, international ausgerichteter Mittelstand“, „Proaktiver Mittelstand mit primär nationalem Geschäft“, „Semiaktiver Mittelstand mit partiell internationalem Geschäft“, „Reaktiver Mittelstand mit primär nationalem Geschäft“ und „Reaktiver, international ausgerichteter Mittelstand“. Im Hinblick auf die Akzeptanz neuer Netz- und EDI/EDIFACT-Leistungen erweist sich Segment 5 somit als wenig und Segment 2 als besonders erfolgversprechend.

7.3.4 Beratungsleistungen im elektronischen Firmenkundengeschäft

Zwischen den Firmenkundensegmenten bestehen in bezug auf die Aussage „Gute Beratung bei Electronic Banking Leistungen lassen wir uns etwas kosten“ keine signifikanten Unterschiede. Segment 4 weist den höchsten durchschnittlichen Zustimmungsgrad auf, Segment 5 den niedrigsten.

Die Analyse der Segmente nach ihrer Zahlungsbereitschaft für bestimmte Beratungsthemen zeigt:[212]

- in Segment 1 („Reaktiver Mittelstand mit primär nationalem Geschäft“) ausschließlich eine Zahlungsbereitschaft für Beratungsleistungen zu traditionellen finanzwirtschaftlichen Themen (Zahlungsverkehr (1%), Cash Management (7%), Finanzplanung (12%)) und für eine betriebswirtschaftliche Beratung (18% sind bereit, marktübliche Preise hierfür zu bezahlen);
- in Segment 3 („Semiaktiver Mittelstand mit partiell internationalem Geschäft“) eine auffallend hohe Zahlungsbereitschaft für betriebswirtschaftliche Beratungsleistungen sowie Beratungsleistungen zum Thema EDI/EDIFACT;
- in Segment 4 („Proaktiver Mittelstand mit primär nationalem Geschäft“) eine Zahlungsbereitschaft ausschließlich bei traditionellen finanzwirtschaftlichen Themen sowie zum Thema EDI/EDIFACT;
- in Segment 5 („Reaktiver, international ausgerichteter Mittelstand“) eine insgesamt geringe Zahlungsbereitschaft.

Bzgl. des grundsätzlichen Interesses an den erfragten Beratungsleistungen zeigen sich keine auffälligen Unterschiede zwischen den Segmenten.

212 Aufgrund der geringen Fallzahl und der hohen Nicht-Antwortquote auf die zugrunde liegende Frage wird auf eine Darstellung der Ergebnisse für Segment 2 verzichtet.

7.4 Segmentspezifische Anforderungen an die Gestaltung der Bank-Firmenkunde-Schnittstelle

7.4.1 Qualitätsdimensionen und ihre Wichtigkeit

7.4.1.1 Generierung orthogonaler Qualitätsdimensionen mit der Hauptkomponentenanalyse

Die Gestaltung der Beziehung zwischen Kreditinstituten und dem industriellen Mittelstand muß sich an der Qualitätswahrnehmung der Finanzverantwortlichen ausrichten. In der Firmenkundenumfrage wurde die Wichtigkeit von 23 Qualitätsmerkmalen an der Bank-Firmenkunde-Schnittstelle und im elektronischen Firmenkundengeschäft erfragt. Aus der Vielzahl der Merkmale ergibt sich das Problem der Umsetzung der Umfrageergebnisse in konkrete Handlungsempfehlungen. Deshalb sollen im folgenden diese Qualitätsmerkmale zunächst zu voneinander unabhängigen Qualitätsdimensionen verdichtet werden. Anhand segmentspezifischer Unterschiede bzgl. der Beurteilung der identifizierten Qualitätsdimensionen lassen sich dann in einem zweiten Schritt segmentspezifische Handlungsempfehlungen für die Gestaltung der Bank-Firmenkunde-Schnittstelle ableiten.

Die Zurückführung einer größeren Menge von Merkmalen auf möglichst wenige hypothetische Merkmale, die Faktoren, kann mit Hilfe der Faktorenanalyse gelöst werden [vgl. Brachinger/Ost 1996, S. 639]. Ziel ist es, mit möglichst wenigen Faktoren einen möglichst großen Anteil der Varianz der Ausgangsdaten zu erklären [vgl. Brachinger/Ost 1996, S. 639]. Der Begriff Faktorenanalyse steht hierbei für eine Vielzahl von Verfahren.[213] Für die vorliegende Problemstellung ist deshalb zunächst ein geeignetes Verfahren auszuwählen.

Ziel der Anwendung der Faktorenanalyse im vorliegenden Fall ist die möglichst umfassende Reproduktion der 23 Qualitätsmerkmale durch möglichst wenige Qualitätsdimensionen (Faktoren). Zur Lösung dieses Problems bietet sich die Hauptkomponentenanalyse an [vgl. Backhaus et al. 1994, S. 221]. Ihr liegt folgende Fragestellung zugrunde: „Wie lassen sich die auf einen Faktor hoch ladenden Variablen durch einen Sammelbegriff (Komponente) zusammenfassen?" [Backhaus et al. 1994, S. 222].[214] Ziel der Hauptkomponentenmethode ist die Zerlegung der Datenmatrix in eine Linearkombination von Faktoren und Restgrö-

---

213 Als wichtigste zu nennen sind die Hauptkomponentenanalyse und die Hauptachsenanalyse [vgl. Backhaus et al. 1994, S. 222]. Im Unterschied zu diesen beiden Methoden behandelt die ML-Faktorenanalyse die Faktorenanalyse als statistisches Modell [vgl. Brachinger/Ost 1996, S. 640]. Die Terminologie ist in der Literatur unterschiedlich: Die Hauptkomponentenanalyse nach *Backhaus* entspricht der Hauptkomponentenmethode bei *Ost*, wobei Ost unter Hauptkomponentenanalyse die Hauptachsentransformation, die Hauptkomponentenmethode und Hauptfaktoranalyse subsumiert.

214 Es geht explizit nicht um die Identifikation von Ursache-Wirkungs-Zusammenhängen und auch nicht um eine kausale Interpretation der Faktoren. Hierzu böte sich die Anwendung der Hauptachsenanalyse an [vgl. Backhaus et al. 1994, S. 221-222].

ßen, wobei die Restgrößen möglichst klein sein sollen [vgl. Brachinger/Ost 1996, S. 639]. Dabei operiert die Hauptkomponentenanalyse direkt auf den Daten und arbeitet ohne Verteilungsannahmen [vgl. Brachinger/Ost 1996, S. 662; Backhaus et al. 1994, S. 202]. Dennoch werden in der Literatur einige Anforderungen an die Ausgangsdaten genannt [vgl. Backhaus et al. 1994, S. 198; Brachinger/Ost 1996, S. 662]:

- Die ausgewählten Merkmale müssen für das Forschungsziel als relevant erachtet werden.
- Die Ausgangsdaten sollen mindestens intervallskaliert sein.
- Die Befragtenurteile sollen unabhängig voneinander sein.
- Die empirischen Varianzen sollen von Null verschieden sein.

Die Relevanz der Qualitätsmerkmale wurde in den Experteninterviews sichergestellt. Auch die anderen Anforderungen sind erfüllt. Da die Ergebnisse der Hauptkomponentenanalyse gegenüber einer Skalierung der Daten nicht invariant sind, empfehlen *Brachinger/Ost* eine Standardisierung der Daten vor Durchführung der Hauptkomponentenanalyse [vgl. Brachinger/Ost 1996, S. 662]. Im vorliegenden Fall erfolgt die Standardisierung durch Subtraktion des Mittelwerts und Division durch die Standardabweichung.

7.4.1.2 Eignung der Ausgangsdaten für die Hauptkomponentenanalyse

Ausgangspunkt für die Hauptkomponentenanalyse ist die Korrelationsmatrix der Qualitätsmerkmale. Die Eignung der Ausgangsdaten für faktoranalytische Zwecke spiegelt sich in der Korrelationsmatrix wieder [vgl. Backhaus et al. 1994, S. 201]. In der Statistik wurden eine Reihe von Kriterien entwickelt, die auf die Eignung der Ausgangsdaten für faktoranalytische Zwecke schließen lassen [vgl. Backhaus et al. 1994, S. 201-206]:

- **Korrelation zwischen den Merkmalen**: Eine große Anzahl hoher Korrelationen (> 0,7) zwischen einzelnen Merkmalen kann als Indiz für eine gute Eignung interpretiert werden. Im vorliegenden Fall treten insbesondere bei den Qualitätsmerkmalen im elektronischen Firmenkundengeschäft hohe Korrelationen auf (höchster Wert 0,85).
- **Kriterium von Dziuban und Shirkey**: Ausgehend von der Anti-Image-Kovarianz-Matrix[215] schlagen Dziuban und Shirkey vor, eine Korrelationsmatrix dann als geeignet anzusehen, wenn in der Anti-Image-Kovarianz-Matrix der Anteil der Nicht-Diagonal-Elemente, die von Null verschieden sind (Absolutbetrag größer 0,9), 25% nicht übersteigt. Im vorliegenden Fall beträgt die Quote 7,1%, womit dieses Kriterium erfüllt ist.

---

[215] Die Anti-Image-Kovarianz-Matrix geht zurück auf *Guttmann*, der davon ausgeht, daß sich die Varianz eines Merkmals in zwei Teile, das Image und das Anti-Image, zerlegen läßt. Das Anti-Image stellt dabei jenen Varianzanteil eines Merkmals dar, der von den anderen Merkmalen unabhängig ist. Merkmale sind dann für eine Faktoranalyse besonders geeignet, wenn ihr Anti-Image-Anteil möglichst gering ausfällt [vgl. Backhaus et al. 1994, S. 204].

- **Kaiser-Meyer-Olkin-Kriterium**: Die Prüfgröße MSA (Measure of Sampling Adequacy) ist ein Maß für den Grad der Zusammengehörigkeit von Merkmalen. Sein Wertebereich liegt zwischen 0 und 1, wobei der Grad der Eignung der Daten mit steigendem MSA-Wert zunimmt. Im vorliegenden Fall beträgt für Datenmatrix der MSA-Wert 0,77, womit die Eignung der Ausgangsdaten als „ziemlich gut" eingestuft wird [Backhaus et al. 1994, S. 205]. Der Aussagegehalt dieses Kriteriums wird in der Literatur als hoch eingeschätzt.

Die drei Kriterien deuten auf eine gute Eignung der Ausgangsdaten für faktoranalytische Zwecke hin.

7.4.1.3 Schrittweise Elimination ungeeigneter Merkmale

Das MSA-Kriterium erlaubt neben einer Gesamtbeurteilung der Datenmatrix auch die Beurteilung der Eignung jedes einzelnen Merkmals. *Backhaus* weist darauf hin, daß Merkmale mit einem MSA-Wert unter 0,5 schrittweise eliminiert werden sollten [vgl. Backhaus et al. 1994, S. 206].

Die Durchführung der Hauptkomponentenanalyse mit allen 23 Merkmalen führt unter Anwendung des Kaiser-Kriteriums zu einer 7-Faktorenlösung, die 75,5% der Ausgangsvarianz erklärt. Das Kaiser-Kriterium wird angewendet, um eine geeignete Anzahl von Hauptkomponenten zu identifizieren. Es werden diejenigen Komponenten ausgewählt, deren Erklärungsgehalt mindestens so groß ist wie der jedes einzelnen Merkmals (Eigenwert ≥ 1) [vgl. Brachinger/Ost 1996, S. 668-669].[216] Bei dieser Lösung weisen zwei Merkmale einen MSA-Wert unter 0,5 auf: BRANCHKE (0,41) und PERSBET (0,47). Im folgenden wird zunächst das Merkmal BRANCHKE aus der Hauptkomponentenanalyse ausgeschlossen.

Die erneute Berechnung ohne das Merkmal BRANCHKE führt zu einer leichten Verbesserung des MSA-Wertes für die Datenmatrix auf 0,80. *Kaiser* sieht diesen Wert als wünschenswert an [vgl. Backhaus et al. 1994, S. 205]. Die Hauptkomponentenanalyse führt zu einer 6-Faktorenlösung, die 72,4% der Ausgangsvarianz erklärt. Lediglich das Kriterium ZUVBER liegt mit einem MSA-Wert von 0,48 unter der Grenze, weshalb in einem weiteren Schritt auch dieses Merkmal aus der Analyse ausgeschlossen wird.

Die Durchführung der Hauptkomponentenanalyse ohne die Merkmale BRANCHKE und ZUVBER führt wiederum zu einer 6-Faktorenlösung, wobei der Erklärungsgrad auf 74,5% leicht angestiegen ist. Der MSA-Wert für die Datenmatrix beträgt unverändert 0,80. Sämtliche Merkmale liegen nun über der MSA-

[216] Alternative Kriterien zur Bestimmung der Hauptkomponentenanzahl sind die Extraktion bis zu einem vorgegebenen Erklärungsgrad der Gesamtvarianz, der Scree-Test sowie die Prüfung der Signifikanz der Hauptkomponenten nach Bartlett [vgl. Brachinger/Ost 1996, S. 668-669].

Grenze von 0,5. Für die weiteren Ausführungen wird diese Lösung zugrunde gelegt.

Ein Indikator für die Güte der gefundenen Lösung ist die Kommunalität der einzelnen Merkmale. Die Kommunalität ist definiert als der durch die Faktoren erklärte Anteil der Varianz eines Merkmals. Sie errechnet sich aus der Summe der quadrierten Faktorladungen eines Merkmals über alle Faktoren und liegt im Intervall [0,1]. Höhere Werte zeigen einen größeren erklärten Anteil an. Tabelle 7-9 zeigt neben den Kommunalitäten die Eigenwerte der sechs extrahierten Faktoren sowie den erklärten Anteil an der Gesamtvarianz.

Merkmal	Kommunalität	*	Faktor	Eigenwert	Anteil d. Var.	Kum. Anteil
		*				
ZAANPDV	,83774	*	1	7,24357	34,5	34,5
ZABEISTA	,79675	*	2	2,88941	13,8	48,3
ZABERN	,83706	*	3	1,62236	7,7	56,0
ZABERVW	,86759	*	4	1,53469	7,3	63,3
ZAEBSPEK	,68822	*	5	1,22467	5,8	69,1
ZAENTSCH	,68671	*	6	1,13513	5,4	74,5
ZAERRMA	,61920	*				
ZAFLEXIB	,79877	*				
ZAINFANG	,80375	*				
ZAINSTBK	,69682	*				
ZANEUESW	,75728	*				
ZAPRAESE	,84707	*				
ZAPREIST	,59080	*				
ZASCHNEL	,64402	*				
ZASCHUL	,83160	*				
ZASUPPOR	,63189	*				
ZASWDOK	,67991	*				
ZATECHER	,77092	*				
ZA1ANSPR	,78280	*				
ZARAUMLN	,75321	*				
ZAPERSBE	,72771	*				

Tabelle 7-9: Kommunalitäten und durch die Hauptkomponenten (Faktoren) erklärter Anteil an der Gesamtvarianz

Die Kommunalitäten liegen zwischen 0,59 und 0,87, was bedeutet, daß mindestens 59% und maximal 87% der Gesamtvarianz der Merkmale durch die sechs Faktoren erklärt werden. Legt man die Mindestanforderungen an die Kommunalitäten von *Bausch* und *Opitz* zugrunde, sind dies sehr gute Werte [vgl. Bausch/Opitz 1993, S. 85].

Zur besseren Interpretierbarkeit der Ergebnisse kann das ermittelte Faktorenmuster rotiert werden. Hierzu wählt man aus den unendlich vielen Möglichkeiten der Positionierung eines Koordinatenkreuzes die interpretationsfähigste aus [vgl. Backhaus et al. 1994, S. 243]. Die am häufigsten eingesetzte Methode ist die VARIMAX-Rotation [vgl. Brachinger/Ost 1996, S. 679-680]. Hierbei handelt es sich um eine orthogonale Rotation (im Gegensatz zu schiefwinkeligen Rotationen), die versucht, die Anzahl der Merkmale, welche hoch auf einen Faktor laden, zu minimieren [vgl. Norusis 1993, S. 65]. Ziel der Anwendung der VARIMAX-Rotation ist, daß möglichst viele Faktorladungsvektoren in die Richtung der Hauptkomponenten weisen, d.h. der Absolutbetrag der Faktorladungen der Ausgangsmerkmale für eine der Hauptkomponenten nahe bei 1 und für alle anderen nahe bei 0 liegt [vgl. Bausch/Opitz 1993, S. 83].

7.4.1.4 Ergebnisse der Hauptkomponentenanalyse: Sechs orthogonale Qualitätsdimensionen

Tabelle 7-10 zeigt die rotierte Faktorladungsmatrix für die sechs extrahierten Hauptkomponenten (Faktoren). Zur Interpretation der Lösung ist eine Faktorladungsgrenze zu bestimmen, ab der ein Merkmal einem Faktor zugeordnet wird. In der Praxis wird dieser Grenzwert häufig betragsmäßig auf 0,5 festgelegt [vgl. Brachinger/Ost 1996, S. 682; Backhaus et al. 1994, S. 228].

Die Hochladungen deuten darauf hin, welche Merkmale mit welchen Faktoren verwandt sind und durch welche Merkmale ein Faktor am besten zu beschreiben ist; zur Benennung der Faktoren wird ein „gemeinsamer Tenor" der auf den Faktor hoch ladenden Merkmale gesucht [Brachinger/Ost 1996, S. 682]. In Tabelle 7-10 sind die Hochladungen fett markiert und unterstrichen. Vernachlässigt man die Hochladung des Merkmal EBSPEKT auf die Faktoren 1 und 3 - die Ladungsgrenze wird bei Faktor 3 nur knapp überschritten - so liegt eine Einfachstruktur vor, d.h. kein Merkmal weist eine Hochladung bei mehr als einem Faktor auf [vgl. Backhaus et al. 1994, S. 228]. Erfreulich im Hinblick auf die Interpretation ist, daß keines der Merkmale eine negative Hochladung auf einen oder mehrere Faktoren aufweist.

	Faktor 1	Faktor 2	Faktor 3	Faktor 4	Faktor 5	Faktor 6
ZANPDV	**,81339**	,26644	,01032	,03387	-,22994	,22587
ZBEISTAND	,09327	,19277	,15066	-,11513	,00440	**,84553**
ZBERN	**,76893**	,13643	,23004	-,34528	-,14674	,18310
ZBERVW	**,90492**	,11216	,09024	-,12524	-,09949	,04896
ZEBSPEKT	**,55431**	,28906	**,50254**	,04929	-,14622	-,14506
ZENTKAP	-,04332	,46639	,28548	**,60524**	,13296	-,04265
ZERRMA	-,07706	,13462	,17160	,40109	,22709	**,59435**
ZFLEXIBI	,16053	**,77213**	,14087	-,09643	,11755	,36587
ZINFANG	,04610	,21767	**,81154**	,19878	-,17684	,15770
ZINSTEBS	**,80826**	-,01324	-,05674	,01783	,17052	-,10362
ZNEUESW	**,82422**	,21651	,01137	,12738	-,03187	-,11705
ZINTPRAES	,09595	-,01091	**,87120**	-,06272	,21281	,17182
ZPREISTRA	,24676	**,61041**	,21020	-,27338	-,19587	,00491
ZSCHNELL	,16868	**,74130**	-,01830	,19749	,14023	,08383
ZSCHUL	**,84089**	,09242	,07981	-,31152	,03264	,10719
ZSUPPORT	**,74832**	-,03918	,16384	,08546	,07514	-,17490
ZSWDOK	**,80145**	,00962	-,10035	,04644	-,11654	,10810
ZTECHERR	**,83656**	,16737	,13008	,01052	-,13689	,08551
ZEINANSPR	-,16834	,23535	,06419	-,03628	**,82331**	-,12570
ZRAUMLNAE	-,00274	-,12053	-,00307	**,85806**	-,02895	,03954
ZPERSBET	-,01493	-,10135	-,05434	,11671	**,76609**	,33726

Tabelle 7-10: Faktorladungsmatrix der Hauptkomponentenmethode für die Merkmale der affektiven Qualitätswahrnehmung[217]

Aus der rotierten Faktorladungsmatrix lassen sich folgende orthogonale Qualitätsdimensionen (Faktoren) ablesen:

- **Qualitätsdimension 1** (ANPDV, BERN, BERVW, EBSPEKT, INSTEBS, NEUESW, SUPPORT, SWDOK, TECHERR): Hierbei handelt es sich ausnahmslos um Merkmale, die sich auf den **Leistungsumfang im elektronischen Firmenkundengeschäft** beziehen. Diese Dimension erklärt 34,5% der Varianz der Ausgangsdaten und weist damit relativ zu den anderen Dimensionen den mit Abstand höchsten Erklärungsgrad auf.
- **Qualitätsdimension 2** (FLEXIBI, PREISTRA, SCHNELL): In dieser Dimension sind die Merkmale „Flexibilität in der Abwicklung", „Schnelligkeit in der Ausführung" und „Preistransparenz (klare Preisstruktur)" zusammengefaßt. Sie erklärt 13,8% der Gesamtvarianz. Diese Merkmale lassen sich zur **Leistungsfähigkeit und Transparenz in der Geschäftsabwicklung** zusammenfassen.
- **Qualitätsdimension 3** (INTPRAES, INFANG, EBSPEKT): Auf diese Dimension laden die Merkmale „Präsenz der Bank in für Sie wichtigen Ländern", „Informationsangebot der Bank" und „Breites Electronic Banking Leistungs-

217 Das „z" im Namen der Merkmale deutet an, daß es sich um z-transformierte Werte handelt.

spektrum“ besonders hoch. Die Dimension erklärt 7,7% der Ausgangsvarianz. Die Merkmale lassen sich unter dem Terminus die **Bank als Informationslieferant und Partner im In- und Ausland** zusammenfassen. Der Bezug zum Merkmal EBSPEKT ergibt sich durch die elektronische Bereitstellung von Informationen. Die Interpretation erscheint vertretbar, da die Faktorladung des Merkmals EBSPEKT relativ zu den beiden anderen Merkmalen gering ist.

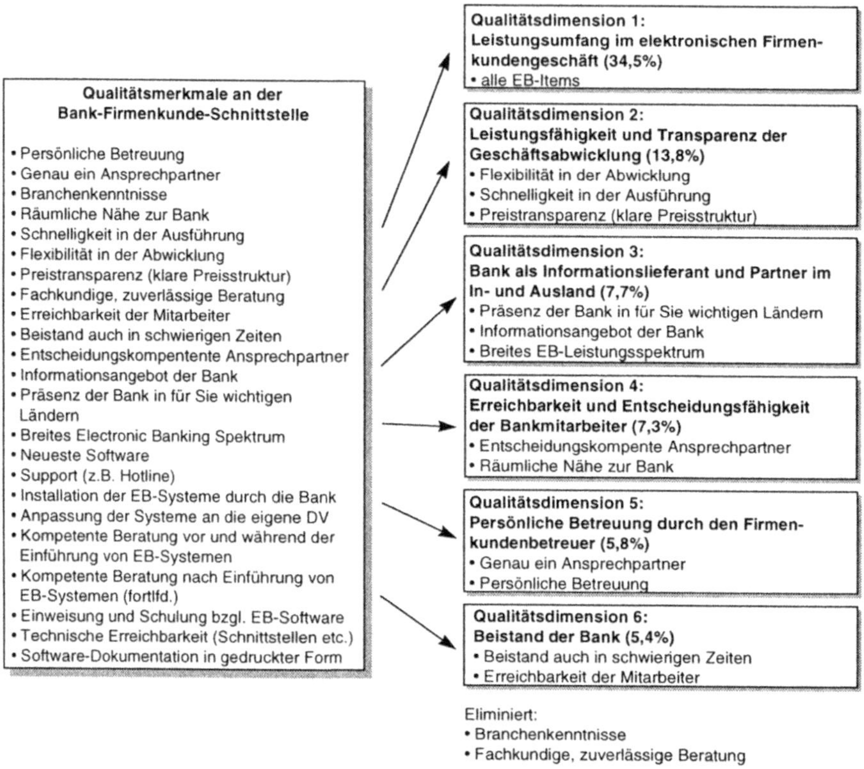

Abb. 7-2: Qualitätsdimensionen an der Bank-Firmenkunde-Schnittstelle

- **Qualitätsdimension 4** (ENTKAP, RAUMLNAE): Qualitätsdimension 4 ist charakterisiert durch die Merkmale „Entscheidungskompetente Ansprechpartner“ und „Räumliche Nähe zur Bank“. Diese Merkmale kennzeichnen die **Erreichbarkeit und Entscheidungsfähigkeit der Bankmitarbeiter**. Diese Interpretation wird durch die Tatsache gestützt, daß die Faktorladung des Merkmals „Erreichbarkeit der Mitarbeiter“ auf die Qualitätsdimension 4 0,4 beträgt. Die Dimension erklärt 7,3% der Gesamtvarianz.
- **Qualitätsdimension 5** (EINANSPR, PERSBET): Diese Dimension erklärt 5,8% der Gesamtvarianz. Besonders hoch auf diese Qualitätsdimension laden die Merkmale „Genau ein Ansprechpartner“ und „Persönliche Betreuung“. Der

gemeinsame Tenor dieser Merkmale ist die **persönliche Betreuung durch den Firmenkundenbetreuer**.

- **Qualitätsdimension 6** (BEISTAND, ERRMA): Auf die sechste Qualitätsdimension laden die Merkmale „Beistand auch in 'schwierigen Zeiten' " und - etwas schwächer -„Erreichbarkeit der Mitarbeiter" besonders hoch. Sie erklärt 5,4% der Ausgangsvarianz. Der gemeinsame Tenor dieser Merkmale ist der **Beistand der Bank**.

7.4.1.5 Segmentspezifische Unterschiede in den sechs Qualitätsdimensionen

Nachdem die sechs Qualitätsdimensionen näher beschrieben sind, ist von Interesse, inwieweit sich die in Abschnitt 7.2.5 charakterisierten Segmente in ihrer Beurteilung bzgl. der Wichtigkeit dieser Qualitätsdimensionen unterscheiden.

	Segment 1 Reaktiver Mittelstand mit primär nationalem Geschäft	**Segment 2 Proaktiver, international ausgericht. Mittelstand**	**Segment 3 Semiaktiver Mittelstand mit partiell internationalem Geschäft**	**Segment 4 Proaktiver Mittelstand mit primär nationalem Geschäft**	**Segment 5 Reaktiver, international ausgericht. Mittelstand**
Leistungsumfang im EB	o	o (1)	o (1)	o (1)	-
Leistungsfähigkeit und Transparenz der Geschäftsabwickl.	o	o	o	o	-
Bank als Informationslieferant und Partner im In- und Ausland	o	+ (1,4,5)	o (1)	o	o
Erreichbarkeit und Entscheidungsfähigkeit der Bankmitarb.	o	o	o	o	o
Persönliche Betreuung durch den Firmenkundenbetreuer	o	o	o	o	o
Beistand der Bank	o (2,4)	-	o (4)	-	+ (2,4)

Tabelle 7-11: Affektive Qualitätswahrnehmung in den fünf Firmenkundensegmenten

Tabelle 7-11 zeigt für jedes Merkmal die relative Abweichung der Segmentzentroide vom Stichprobenzentroid. Liegt der Segmentzentroid im Intervall einer halben Standardabweichung um den Stichprobenzentroid, so ist dies durch eine „o“ gekennzeichnet. Eine Abweichung zwischen -0,5 und -1,5 Standardabweichungen ist mit einem „-“ gekennzeichnet, analog ist eine positive Abweichung zwischen 0,5 und 1,5 Standardabweichungen mit einem „+“. Sofern signifikante Unterschiede zwischen den Segmentzentroiden bestehen, sind die dominierten Segmente hinter dem Symbol in Klammern vermerkt.[218]

Signifikante Unterschiede zwischen den fünf Segmenten treten bei drei der sechs Qualitätsdimensionen auf. So wird die Wichtigkeit des Leistungsspektrums im elektronischen Firmenkundengeschäft in Segment 2, 3 und 4 signifikant höher beurteilt als in Segment 1. Segment 5 verfügt über einen unterdurchschnittlichen Segmentmittelwert, wobei sich jedoch wegen der relativ großen Standardabweichung signifikante Unterschiede hier nicht nachweisen lassen.

Weitere signifikante Unterschiede zeigen sich bzgl. der Wichtigkeit der Bank als Informationslieferant und Partner im In- und Ausland. Besonders bedeutsam ist diese Qualitätsdimension für Segment 2 und - etwas abgeschwächt - auch für Segment 3.

Schließlich offenbaren die Ergebnisse der Firmenkundenumfrage signifikante Unterschiede bzgl. der Qualitätsdimension Beistand der Bank. Diese Dimension hat insbesondere für die Segmente 1, 3 und 5 große Bedeutung. Demgegenüber ist sie in den Segmenten 2 und 4 nur unterdurchschnittlich wichtig.

Die Tatsache, daß sich bzgl. der anderen drei Qualitätsdimensionen - Leistungsfähigkeit und Transparenz der Geschäftsabwicklung, Erreichbarkeit und Entscheidungsfähigkeit der Bankmitarbeiter sowie persönliche Betreuung durch den Firmenkundenbetreuer - keine signifikanten Unterschiede zeigen, deutet darauf hin, daß es sich hierbei um Pflichtdimensionen handelt, die jedes der fünf Segmente in etwa gleichem Umfang von Kreditinstituten erwartet.

7.4.2 Erwünschter Leistungsumfang beim Vertrieb elektronischer Mehrwertsysteme durch die Bank

Bzgl. des Leistungsumfangs beim Vertrieb elektronischer Mehrwertsysteme wurden in Kapitel 6 drei idealtypische Konzepte unterschieden. Die Analyse nach Firmenkundensegmenten ist in Tabelle 7-12 dargestellt.

---

218 Zur Identifikation signifikanter Unterschiede wurde für sämtliche Segmentpaare jeweils über alle Merkmale ein zweiseitiger t-Test für unabhängige Stichproben durchgeführt. Zeigte der Levene-Test mit einer Irrtumswahrscheinlichkeit unter 5% unterschiedliche Standardabweichungen zwischen den Segmenten an, so wurde der t-Test für unterschiedliche Varianzen durchgeführt. Im anderen Fall wurde der t-Test für gepoolte Varianzen angewendet [vgl. Norusis 1994, S. 257-258].

	Segment 1 Reaktiver Mittelstand mit primär nationalem Geschäft	Segment 2 Proaktiver, international ausgericht. Mittelstand	Segment 3 Semiaktiver Mittelstand mit partiell internationalem Geschäft	Segment 4 Proaktiver Mittelstand mit primär nationalem Geschäft	Segment 5 Reaktiver, international ausgericht. Mittelstand
EBMINI	o	o	o	o	o
EBHYBR	o	+ (1,3)	o	o	o
EBFULL	o	-	o	+ (1,2,3)	o

Tabelle 7-12: Erwünschter Leistungsumfang beim Vertrieb elektronischer Mehrwertsysteme durch die Bank

Wie Tabelle 7-12 zeigt, stimmt der gewünschte Leistungsumfang in den Segmenten 1, 3 und 5 überwiegend mit der Stichprobe des industriellen Mittelstands überein. Diese Segmente votieren mehrheitlich für die Komplettlösung. Noch stärker und damit überdurchschnittlich ist der Wunsch nach einer Komplettlösung beim Vertrieb elektronischer Mehrwertsysteme in Segment 4 ausgeprägt. Die Unterschiede sind im Vergleich zu den Segmenten 1, 2 und 3 signifikant. Demgegenüber kann sich Segment 2 am wenigsten mit einer Komplettlösung anfreunden und präferiert statt dessen die Hybridlösung, bei der Kreditinstitute beratend tätig werden, Installation und Schulung jedoch von einem Systemhaus übernommen werden. Eine Erklärung hierfür könnte sein, daß Unternehmen aus Segment 2 über ausreichendes Know-how verfügen, das eine Komplettlösung der Bank nicht notwendig erscheinen läßt. Das Koordinationsproblem zwischen Systemhaus und Kreditinstitut im Falle von Systemstörungen beim Firmenkunden erscheint für diese Unternehmen offensichtlich lösbar.

7.4.3 Bevorzugtes Betreuungskonzept

In bezug auf das bevorzugte Betreuungskonzept - zur Wahl standen das Firmenkundenbetreuerkonzept und das Produktbetreuerkonzept - gibt es keine signifikanten Unterschiede zwischen den Segmenten. Die Ausprägungen liegen alle im Intervall von einer halben Standardabweichung um das Stichprobenmittel des industriellen Mittelstands. Das Votum fällt in allen fünf Segmenten somit klar pro Firmenkundenbetreuerkonzept aus.

7.5 Potentialorientierte Segmentierung in der bankbetrieblichen Praxis: Segmentzuordnung bei stichprobenfremden Unternehmen

7.5.1 Problematik der Klassifikation stichprobenfremder Unternehmen

Eine wesentliche Anforderung an den potentialorientierten Segmentierungsansatz, die in Abschnitt 4.5.4.1 genannt wurde, ist die Klassifizierbarkeit stichprobenfremder, d.h. neuer Unternehmen. Klassifizierbarkeit bedeutet, daß jedes Unternehmen aus dem industriellem Mittelstand mit unbekannter Segmentzugehörigkeit auf Grundlage möglichst weniger Merkmale genau jenem Segment zugeordnet wird, dessen Charakteristika ihm entsprechen. Die Zuordnung eines Unternehmen zu einem Segment bestimmt, welche segmentspezifischen Strategien und Maßnahmen auf das Unternehmen angewendet werden.

Bei dem vorliegenden Problem handelt es sich um ein Klassifikationsproblem [vgl. Fahrmeir/Häußler/Tutz 1996, S. 357]. Das Problem besteht darin,

1. unter den erhobenen Merkmalen im industriellen Mittelstand solche zu finden, die ein großes diskriminatorisches Potential im Hinblick auf die gebildeten Segmente aufweisen und
2. geeignete Regeln zu finden, die die Klassifikation eines Unternehmen auf Basis dieser Merkmale mit einer möglichst geringen Fehlklassifikationsrate erlauben.

Zur Lösung von Klassifikationsproblemen existieren eine Reihe von Lösungsansätzen. Ein in der Marketing-Forschung weit verbreiteter Lösungsansatz ist die Diskriminanzanalyse [vgl. Büschgen 1995, S. 31].[219] Ziel der Diskriminanzanalyse ist die Formulierung von Zuordnungsregeln auf Grundlage der Merkmalsverteilungen in den Segmenten. Aufgrund der häufig unbekannten Merkmalsverteilungen werden diese mittels einer Lernstichprobe von Objekten, bei denen Merkmalsvektoren und Segmentzugehörigkeit bekannt sind, geschätzt [vgl. Fahrmeir/Häußler/Tutz 1996, S. 357-358]. Aus der Schätzung werden in einem zweiten Schritt dann Zuordnungsregeln abgeleitet. Die existierenden Verfahren der Diskriminanzanalyse unterscheiden sich im Hinblick auf die Annahmen zur Verteilung der Merkmale und die Schätzmethodik, wobei die lineare und die quadratische Diskriminanzanalyse die gebräuchlichsten Verfahren sind. Allen Verfahren ist gemein, daß sie von mehr oder weniger anspruchsvollen Verteilungsannahmen ausgehen und keine Möglichkeit der expliziten Berücksichtigung fehlender Daten bieten.

Aus den folgenden Gründen erscheint die Anwendung eines diskriminanzanalytischen Verfahrens im vorliegenden Fall nicht sinnvoll:

- **Gemischtskalierte Daten**: Im vorliegenden Fall liegt eine gemischtskalierte Datenmatrix vor. Um Verfahren der Diskriminanzanalyse anwenden zu können, kann man 1) alle Merkmale als metrisch auffassen und auf die Robustheit der linearen Diskriminanzfunktion vertrauen;[220] 2) eine Transformation der

[219] [Crask/Perreault 1977, S. 60] bemerken hierzu: „The adoption of discriminant function analysis (DFA) techniques has been rapid because marketing researchers and managers alike frequently are concerned with the nature and strength of the relationship between group membership (for example, different market segments) and individual characteristics (..)."

[220] Zu den Folgen der Verletzung von Annahmen der linearen Diskriminanzanalyse vgl. [Lachenbruch 1975, S. 40-50]. „Verfahren, die dem Skalenniveau nicht gerecht werden, können (..) nicht optimal sein und sind vom methodischen Standpunkt aus unbefriedigend" [Fahrmeir/Häußler/Tutz 1996, S. 435].

metrischen Merkmale auf kategoriales Skalenniveau durchführen, wobei man dabei u.U. einen hohen Informationsverlust in Kauf nehmen muß; 3) spezielle Verfahren für gemischtskalierte Daten anwenden, wobei sich das Lokalisationsmodell und das logistische Modell anbieten [vgl. Fahrmeir/Häußler/Tutz 1996, S. 411-416]. Während die Lösungen 1) und 2) dem Problem nicht gerecht werden, setzen die in 3) genannten Verfahren wiederum auf Verteilungsannahmen auf, deren Erfüllung insbesondere bei kleinen Stichproben zweifelhaft ist [vgl. Fahrmeir/Häußler/Tutz 1996, S. 435].[221]

- **Fehlende Daten**: In der Bankpraxis ist bei der Klassifikation eines Unternehmens davon auszugehen, daß nicht immer alle Merkmale bekannt sind. Dies stellt für Verfahren der Diskriminanzanalyse generell ein Problem dar, weil sie keine Möglichkeit zur expliziten Berücksichtigung fehlender Daten bieten.
- **Handhabbarkeit**: Eine weitere wesentliche Anforderung an den Segmentierungsansatz ist die einfache Handhabbarkeit in der Bankpraxis. Bei Verfahren der Diskriminanzanalyse erfolgt die Klassifikation neuer Objekte auf Grundlage der errechneten Diskriminanzfunktionen, die die Zuordnungsregel beinhalten. Aus Praktikersicht stellt die Berechnung der Funktionswerte und die anschließende Zuordnung ein Problem dar, das sich negativ auf die Akzeptanz des Segmentierungsansatzes in der Bankpraxis auswirken kann.

Es stellt sich somit die Frage, ob ein alternativer Lösungsansatz für das Klassifikationsproblem existiert, der für den vorliegenden Anwendungsfall besser geeignet ist.[222]

7.5.2 Klassifikationsbäume als Methode zur Klassifikation stichprobenfremder Unternehmen und zur Identifikation diskriminierender Merkmale zwischen den Segmenten

CART - Classification and Regression Trees - ist ein noch relativ junger Lösungsansatz für das Klassifikationsproblem. Seine Entwicklung geht auf *Breiman*, *Friedman*, *Olshen* und *Stone* zurück, die neben dem Buch „Classification and Regression Trees" auch eine gleichnamige Software zur praktischen Nutzung der Methode entwickelt haben. Der CART-Ansatz wurde für Datensätze hoher Dimensionalität und gemischter Skalenniveaus geschaffen [vgl. Breiman et al. 1984, S. 7].

Die Idee der Methode besteht darin, den Merkmalsraum sukzessive so zu partitionieren, daß die entstehenden Untermengen in bezug auf die zugrunde liegenden Segmente in sich möglichst homogen, untereinander aber möglichst heterogen sind [vgl. Fahrmeir/Häußler/Tutz 1996, S. 425]. Die Partitionierung des Merkmals-

---

[221] Die Stichprobe des industriellen Mittelstands im vorliegenden Fall ist im Hinblick auf diskriminanzanalytische Verfahren als klein zu bezeichnen.

[222] Auf die Diskussion der Kerndichteschätzung und der k-Nearest-Neighbor-Methode wird verzichtet, da auch sie keine Lösung der Probleme gemischtskalierter Datensätze mit kategorialen Merkmalen und fehlenden Daten liefern [vgl. Breiman et al. 1984, S. 17].

raums geschieht durch die schrittweise Auswahl von Merkmalen, die bei Dichotomisierung am besten zwischen den bestehenden Segmenten trennen. Jede Dichotomisierung erfolgt durch Festlegung eines Split-Wertes für genau ein Merkmal.[223] Durch Anwendung der binären Rekursion entsteht ein binärer Baum, dessen Knoten jeweils eine Untermenge der Objekte und eine Regel zur Dichotomisierung beinhalten [vgl. Fahrmeir/Häußler/Tutz 1996, S. 426]. Der Baum endet mit Blättern ohne Verzweigung, die im Idealfall nur noch Objekte eines Segments beinhalten.

Grundlage für die Generierung des Klassifikationsbaums ist eine Lernstichprobe mit Objekten, für die neben einer Menge von Merkmalen auch die Segmentzuordnung jedes Objekts verfügbar ist. Mit Hilfe dieser Lernstichprobe wird ein Klassifikationsbaum erzeugt. Ein solcher Baum erlaubt die Klassifikation eines neuen Objekts, indem von der Wurzel des Baums beginnend sukzessive die Split-Regeln auf die Merkmalsausprägungen des Objekts angewendet werden, wobei das Objekt die den Ausprägungen entsprechenden Pfade durchläuft bis es ein Blatt des Baums erreicht. Das Blatt erlaubt die eindeutige Zuordnung des Objekts zu einem Segment.

Neben der Klassifikation neuer Objekte erlaubt der Baum auch Aussagen über die diskriminatorische Kraft der Merkmale. Ausgewählte bzw. nahe an der Wurzel befindliche Merkmale besitzen eine höhere diskriminatorische Kraft als nicht ausgewählte bzw. weit von der Wurzel entfernte Merkmale. Somit lassen sich mit dem CART-Ansatz die in Abschnitt 7.5.1 genannten Probleme lösen.

Die Anwendung des CART-Ansatzes im vorliegenden Fall erfolgt in fünf Schritten.

1. Auswahl der Merkmale;
2. Kategorisierung der fehlenden Daten bei Merkmalen mit fehlenden Daten;
3. Generierung des Baums;
4. Berechnung der Fehlklassifikationsrate durch Resubstitution;
5. Optimierung des Baums im Hinblick auf eine Minimierung der Fehlklassifikationsrate für neue Unternehmen durch Kreuzvalidierung.

Für die Durchführung der Analysen wird auf das Statistikpaket S-Plus zurückgegriffen.[224]

Zunächst sind diejenigen Merkmale auszuwählen, die vom CART-Algorithmus für die Erstellung des binären Baums herangezogen werden können. Die im Klassifikationsbaum vom Algorithmus selektierten Merkmale stellen eine Teilmenge dieser Merkmale dar. In einem zweiten Schritt sind die fehlenden Daten jedes Merk-

[223] Arithmetische Verknüpfungen von Merkmalen (z.B. Linearkombinationen) sollen hier nicht betrachtet werden.

[224] Zur Analysesoftware vgl. Abschnitt 5.8.1.

mals zu jeweils einer eigenen Kategorie zusammenzufassen. Dies ist notwendig, damit auch das Nichtvorhandensein einer Merkmalsausprägung als Kriterium in die Split-Regeln eingehen kann. In Schritt 3 wird der Baum generiert und visualisiert. Schritt 4 beinhaltet die Berechnung der Fehlklassifikationsrate, die ein Maß für die Güte des Klassifikationsbaums ist. Die Fehlklassifikationsrate kann durch **Resubstitution** ermittelt werden. Hierbei werden alle Objekte der Lernstichprobe anhand des Baums klassifiziert und die so erhaltene Segmentzuordnung der Objekte mit ihrer tatsächlichen Segmentzugehörigkeit verglichen. Ein anderer Weg ist die sog. **Kreuzvalidierung**. Hier wird der Klassifikationsbaum auf Grundlage einer Lernstichprobe generiert und seine Klassifikationsgüte anschließend mit einer Kontrollstichprobe überprüft. Bei geringem Stichprobenumfang ist es möglich, daß man die Lernstichprobe gleichzeitig als Kontrollstichprobe verwendet, indem man die Stichprobe in eine Lern- und eine Teststichprobe aufteilt, den Klassifikationsbaum auf Grundlage der Lernstichprobe erzeugt und mit Hilfe des erzeugten Baums die Objekte in der Teststichprobe klassifiziert. Üblicherweise wird diese Methode mit einer anderen Kombination von Lern- und Teststichprobe wiederholt angewendet, bis alle Objekte klassifiziert sind. Die Methode der Kreuzvalidierung wird eingesetzt, um in Schritt 5 den Klassifikationsbaum im Hinblick auf die Klassifikation neuer Objekte zu optimieren.

7.5.3 Anwendung des CART-Ansatzes unter Einbezug aller aktiven und passiven Merkmale

Zunächst werden alle aktiven und passiven Merkmale der Clusteranalyse bei der Anwendung des CART-Ansatzes in die Erstellung des Klassifikationsbaums mit einbezogen. Insgesamt sind dies 117 Merkmale, die im Codeplan der Firmenkundenumfrage aufgeführt sind.[225] Die Daten werden aus SPSS in S-Plus importiert, wobei die fehlenden Daten zuvor durch ein entsprechendes Symbol (NA) als solche kenntlich gemacht werden [vgl. Ripley 1992, S. 14-15]. Der Importbefehl lautet:

```
daten <- read.table ("spssexpm.csv", sep = ";", na.strings = "NA",
                     header=T)
```

Danach befindet sich die Datenmatrix in dem Data Frame mit dem Namen `daten`. Die Erstellung des Baums und die Kategorisierung der fehlenden Daten erfolgt in einem Schritt mit dem folgendem Befehl [vgl. Clark/Pregibon 1992, S. 382-385]:[226]

```
baum <- tree (SEGMENT ~ PUMSATZ + EXPEU + ... + QUALDIM6, daten,
       weights = GEWICHT, na.action = na.tree.replace)
```

---

225 Der Codeplan für die Firmenkundenumfrage ist im Anhang abgedruckt.

226 Die Punkte in der Merkmalsliste `PUMSATZ + EXPNEU + ... + QUALDIM6` stehen stellvertretend für alle Merkmale des Codeplans.

Das Merkmal SEGMENT beinhaltet die Segmentzuordnung der Unternehmen. Über den Befehl `weights` kann eine Gewichtung der Unternehmen vorgenommen werden, die aufgrund der nach Umsatzklassen geschichteten Stichprobe notwendig ist.[227] In Abhängigkeit davon, ob die Ausprägungen dieses Merkmals metrisch oder kategorial sind, erzeugt S-Plus einen Regressions- oder einen Klassifikationsbaum. Die Variable `baum` ist ein Datenobjekt vom Typ Tree, das graphisch oder textuell ausgegeben werden kann. Der auf diese Weise erzeugte Klassifikationsbaum ist in Abb. 7-3 dargestellt.

In den Knoten des Baums sind die Split-Regeln dargestellt; *n* gibt die Anzahl der Unternehmen in dem jeweiligen Knoten an. In den Blättern des Baums ist neben der Segmentbezeichnung die sog. Deviance *u* angegeben, ein Maß für die Unreinheit eines Knotens. *u* erreicht sein Minimum von 0, wenn alle Unternehmen in dem betreffenden Knoten bzw. Blatt einem einzigen Segment entstammen.[228]

Wie aus der Anzahl der Unternehmen (*n*=75 statt *n*=107) ersichtlich ist, wird von S-Plus die Option `weights` ignoriert.[229] Das bedeutet, daß Unternehmen zwischen 10 und 100 Mio. DM Umsatz unterproportional in Relation zur ihrer tatsächlichen Existenz in der Grundgesamtheit bei der Bildung des Baums berücksichtigt werden und der Klassifikationsbaum somit auf die ungewichtete Stichprobe des industriellen Mittelstands optimiert ist. Dies ist bei der Interpretation des Baums zu beachten. Da in dieser Untersuchung die Anwendung des CART-Ansatzes auf die vorliegende Problemstellung im Vordergrund steht, wird im folgenden der ungewichtete Klassifikationsbaum zugrunde gelegt.

[227] Zur Gewichtung der Unternehmen vgl. Abschnitt 5.6.

[228] „The deviance of a node is defined as the sum of the deviances of all observations in the node (..). The deviance is identically zero if all the y's (Anm. d. Verf.: y ist Segmentvektor eines Objektes, z.B. y=(0,0,1,0,0), falls das Objekt zu Segment 3 gehört) are the same (i.e., the node is pure), and increases as the y's deviate from this ideal." [Clark/Pregibon 1992, S. 414].

[229] Die Rückfrage bei der Firma GraS GmbH (http://www.gras.de) in Berlin, die S-Plus vertreibt, ergab, daß es sich hierbei offensichtlich um einen Programmfehler in S-Plus handelt.

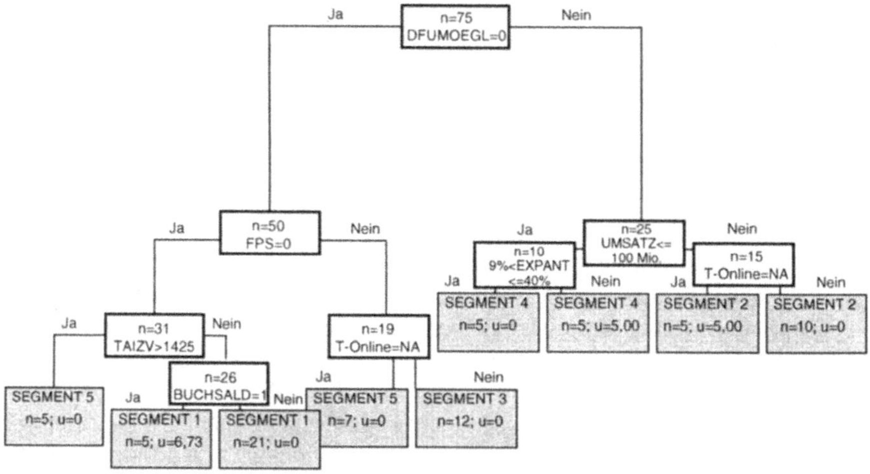

Abb. 7-3: Klassifikationsbaum auf Grundlage aller aktiven und passiven Merkmale

Von den 117 Merkmalen tauchen sieben Merkmale in den Split-Regeln des Baums auf. Sechs der sieben Merkmale sind aktive Merkmale der Clusteranalyse (das Merkmal BUCHSALD ist keines). Die Knoten des Baums sind derart angeordnet, daß ihre Höhe ein Maß für die Trennkraft der Merkmale in den Split-Regeln ist.[230] Der Baum besitzt neun Blätter, wobei in drei Fällen ein Split existiert, der zu einer identischen Segmentzuordnung führt. Aus diesem Grunde kann der Klassifikationsbaum in den Verzweigungen {TAIZV>1425 = Nein}, {UMSATZ<=100 Mio. = Ja} und {UMSATZ<=100 Mio. = Nein} abgeschnitten werden. Damit reduziert sich die Anzahl der Merkmale im Klassifikationsbaum auf fünf. Für die potentialorientierte Segmentierung von Unternehmen des industriellen Mittelstands besitzen die Fähigkeit zum Electronic Funds Transfer (DFUMOEGL), das Vorhandensein eines Finanzplanungssystems (FPS), der Umsatz des Unternehmens (UMSATZ), die Anzahl der Inlandstransaktionen pro Monat (TAIZV) und der Einsatz bzw. konkrete Pläne bzgl. des Einsatzes von T-Online im Unternehmen (TONLINE) im Vergleich zu den anderen 21 aktiven und 91 passiven Merkmalen die größte Trennschärfe.

Schritt 4 des Vorgehensschemas beinhaltet die Ermittlung der Fehlklassifikationsrate durch Resubstitution. Der Klassifikationsbaum liefert ein Klassifikationsergebnis mit einer sehr geringen Zahl von vier fehlklassifizierten Unternehmen (Quote: 4/75 = 5,3%). Eine Ursache dieser geringen Resubstitutions-Fehlerrate liegt in der Bereitstellung aller aktiven Merkmale der Clusteranalyse zur Erstellung des Klassifikationsbaums; die Cluster-konstituierenden Merkmale werden hierbei

230 „The change in deviance (is used) to guide the vertical positioning of each pair of nodes" [Clark/Pregibon 1992, S. 387].

erneut verwendet, um Klassifikationsregeln abzuleiten. Darüber hinaus ist zu berücksichtigen, daß die Resubstitution im Regelfall zu einer Überschätzung der Klassifikationsgüte führt, weil das Modell (in diesem Fall der Klassifikationsbaum) speziell auf die Lernstichprobe optimiert wurde. Bei der Klassifikation stichprobenfremder Unternehmen sind höhere Fehlklassifikationsraten zu erwarten.

Im folgenden sollen die fünf selektierten Merkmale näher untersucht werden. Zunächst ist festzustellen, daß die ausgewählten Merkmale auf allen drei Skalenniveaus erhoben wurden, was darauf hindeutet, daß im vorliegenden Fall kein Zusammenhang zwischen der diskriminatorischen Kraft und dem Skalenniveau besteht. Zwei der fünf Merkmale sind Indikatoren des Ausstattungsbedarfs (UMSATZ, TAIZV), drei des Ausstattungsgrads (DFUMOEGL, FPS, TONLINE). Die beiden Dimensionen sind somit in etwa gleich repräsentiert, wenngleich die Merkmale des Ausstattungsgrads unter Berücksichtigung der Anordnung der Merkmale im Klassifikationsbaum eine größere Trennschärfe besitzen. Von Interesse ist die Frage, ob ein Zusammenhang zwischen den selektierten Merkmalen und dem bei der Erstellung der Distanzmatrix festgelegten Merkmalsgewicht erkennbar ist.[231] TAIZV besitzt ein Blockgewicht von 1/2, die Merkmale DFUMOEGL, FPS und UMSATZ jeweils ein Blockgewicht von 1/3 und TONLINE ein Blockgewicht von 1/9. Eine bevorzugte Auswahl ausschließlich hoch gewichtiger Merkmale ist somit nicht feststellbar.

Als letzten Schritt des Vorgehensschemas soll ein Klassifikationsbaum ausgewählt werden, der zur Klassifikation neuer Unternehmen mit unbekannter Segmentzugehörigkeit besonders gut geeignet ist. In S-Plus wird dies erreicht, indem zunächst eine Folge von shrink-Bäumen[232] erzeugt wird, aus der derjenige Baum, mit der geringsten cross-validierten Deviance selektiert wird [vgl. Clark/Pregibon 1992, S. 390-391 und S. 393-395]. Eine solche Baumfolge kann mit dem Befehl

```
folge <- cv.tree (baum, k=(1:9)/10)
```

erzeugt werden. *k* ist eine Zahlenfolge im Intervall [0..1] und bestimmt die Anzahl der erzeugten Bäume. Mit `plot(folge)` kann die Folge graphisch dargestellt und das Minimum identifiziert werden. Das Minimum wird bei einer effektiven Blat-

---

231 Vgl. hierzu Tabelle 7-1.

232 Die `shrink`-Funktion „uses a particular parametrization of k that optimally shrinks lower nodes to their parent nodes based upon the magnitude of the difference between the fitted values of the lower nodes and the fitted values of their parent nodes" [S-Plus Online-Hilfe]. Die `shrink`-Funktion bewirkt somit das Zurückziehen einzelner Knoten zu ihren Eltern, wobei die Anzahl der Blätter insgesamt nicht verändert wird. Die Vereinfachung wird erzielt, indem nach dem Zurückziehen nahe beieinander liegende Blätter die gleiche Segmentzuordnung aufweisen. Im Unterschied dazu schneidet die `prune`-Funktion weniger wichtige Knoten des Baums einfach ab. Durch Auswahl des optimalen „shrink-Baums" kann ein Kompromiß zwischen Baumkomplexität und Klassifikationsgüte erzielt werden.

tanzahl von 6 bei *k*=0,47 erreicht. Die Generierung des optimalen Baums geschieht mit

```
optbaum <- shrink.tree (baum, k=0.47)
```

Der generierte Baum stimmt mit dem in Abb. 7-3 dargestellten Baum exakt überein. Auch die Fehlklassifikationsrate von 5,3% bleibt gleich. Der Klassifikationsbaum erweist sich somit unter den gegebenen Voraussetzungen als optimal im Hinblick auf die Klassifikation neuer Unternehmen.

Es bleibt festzuhalten, daß die Anwendung des CART-Ansatzes im vorliegenden Fall eine Bereicherung darstellt. Neue Unternehmen des industriellen Mittelstands, deren Segmentzugehörigkeit unbekannt ist, können auf Grundlage von fünf Merkmalen mit maximal drei Abfragen klassifiziert werden. Die besondere Eignung dieser Methode für die bankbetriebliche Praxis ergibt sich aus ihrer einfachen und schnellen Handhabung und der leichten Implementierbarkeit. Auch wenn zu erwarten ist, daß die Fehlklassifikationsrate bei einer Klassifikation stichprobenfremder Unternehmen über dem sehr guten Wert von 5,3% liegt, erscheint der Einsatz der Methode für eine potentialorientierte Segmentierung mittelständischer Unternehmen für den Absatz von Bankmarktleistungen im elektronischen Firmenkundengeschäft erfolgversprechend. Eine weitere Stärke des CART-Ansatzes aus Sicht der Bankpraxis besteht in der Möglichkeit, den Klassifikationsbaum im Hinblick auf die in den bankeigenen oder bankfremden Datenbanken (z.B. Hoppenstedt, Creditreform) verfügbaren Merkmale zu optimieren. Damit wird die Anforderung der Klassifizierbarkeit aus Abschnitt 4.5.4.1 erfüllt. Die in Kapitel 4 aufgestellte Hypothese, daß die Segmentierungsmerkmale ein unterschiedliches diskriminatorisches Potential besitzen und sich Regeln zur Klassifikation neuer Unternehmen finden lassen (**H 8**), ist damit verifiziert.

Zum Schluß dieses Abschnitts werden die Klassifikationsregeln für die fünf Segmente zusammenfassend dargestellt:

- **Segment 1 „Reaktiver Mittelstand mit primär nationalem Geschäft"**: Keine Möglichkeit zum Electronic Funds Transfer und kein Finanzplanungssystem im Einsatz sowie Anzahl der Inlandszahlungstransaktionen pro Monat weniger als 1425 oder keine Angaben. Mit diesem Kriterium werden alle Unternehmen in Segment 1 plus zwei weitere Unternehmen aus Segment 5 selektiert.
- **Segment 2 „Proaktiver, international ausgerichteter Mittelstand"**: Möglichkeit zum Electronic Funds Transfer und Umsatz größer 100 Mio. DM. Mit diesem Kriterium werden alle Unternehmen in Segment 2 plus ein weiteres aus Segment 4 selektiert, wobei ein Unternehmen aus Segment 2 nicht getroffen wird.
- **Segment 3 „Semiaktiver Mittelstand mit partiell internationalem Geschäft"**: Keine Möglichkeit zum Electronic Funds Transfer und Finanzplanungssystem im Einsatz und T-Online-Zugang im Unternehmen vorhanden

oder zumindest Einsatzpläne. Mit diesem Kriterium werden alle Unternehmen aus Segment 3 selektiert.

- **Segment 4 „Proaktiver Mittelstand mit primär nationalem Geschäft“**: Möglichkeit zum Electronic Funds Transfer und Umsatz kleiner als 100 Mio. DM. Mit diesem Kriterium werden neun der zehn Unternehmen in der Lernstichprobe aus Segment 4 selektiert, wobei ein Unternehmen aus diesem Segment nicht getroffen wird.
- **Segment 5 „Reaktiver, international ausgerichteter Mittelstand“**: Keine Möglichkeit zum Electronic Funds Transfer und ((kein Finanzplanungssystem im Einsatz und Anzahl der Inlandstransaktionen pro Monat größer als 1425) oder (Finanzplanungssystem im Einsatz und kein Einsatz sowie keine Pläne bei T-Online)). Unter Anwendung dieses Selektionskriteriums werden in der Lernstichprobe zwölf der 14 Unternehmen aus Segment 5 getroffen.

7.5.4 Anwendung des CART-Ansatzes unter Einbezug aller passiven Merkmale

Nachdem im vorangegangenen Abschnitt ein Klassifikationsbaum auf Grundlage aller aktiven und passiven Merkmale generiert wurde, soll in diesem Abschnitt zum Vergleich ein Baum ausschließlich unter Bereitstellung passiver Merkmale erzeugt werden. Die Durchführung dieser Analyse soll neben einem Vergleich der Fehlklassifikationsraten auch weitere Erkenntnisse im Hinblick auf die Identifikation diskriminierender Merkmale liefern. Das Vorgehen orientiert sich an dem Vorgehensschema in Abschnitt 7.5.2, wobei auf eine Optimierung des Baums und eine erneute Darstellung der S-Plus-Befehle verzichtet wird.

S-Plus erzeugt auf Grundlage der 91 passiven Merkmale folgenden Klassifikationsbaum:

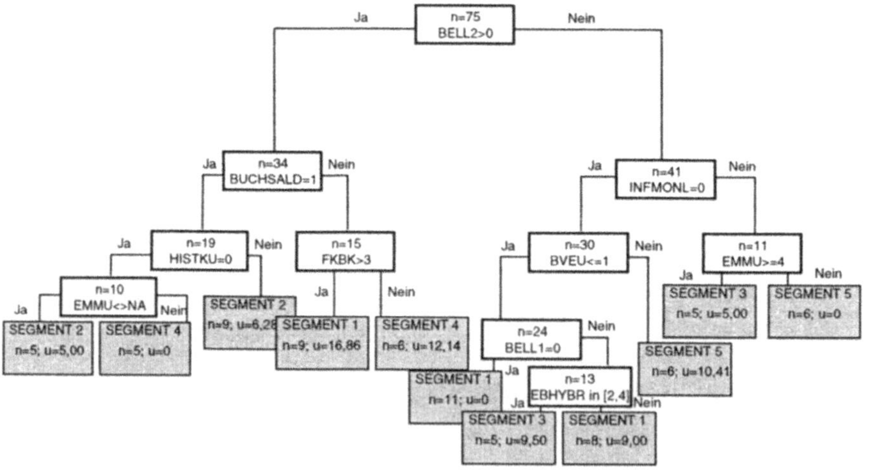

Abb. 7-4: Klassifikationsbaum auf Grundlage der passiven Merkmale

Von den 91 Merkmalen tauchen neun Merkmale in den Split-Regeln des Baums auf. Die Knoten des Baums sind derart angeordnet, daß ihre Höhe ein Maß für die Trennkraft der Merkmale in den Split-Regeln ist. Der Baum besitzt elf Blätter. Für die potentialorientierte Segmentierung von Unternehmen des industriellen Mittelstands besitzen (in absteigender Bedeutung)

- die Pläne für den Anteil der per DFÜ-initiierten Zahlungstransaktionen in zwei Jahren (BELL2);
- die Verfügbarkeit eines Cash Management-Systems mit der Funktion einer Übersicht über Buchungssalden (BUCHSALD);
- das Interesse an einem Online-Bezug von Informationen (INFMONL);
- die Möglichkeit zum Online-Bezug historischer Kurse heute (HISTKU);
- die Bevorzugung des Firmenkundenbetreuerkonzepts gegenüber dem Produktbetreuerkonzept (FKBK);
- die Anzahl der Bankverbindungen in der EU (BVEU);
- derzeitiger Einsatz oder Pläne bzgl. des Einsatzes von EMail zur Kommunikation mit anderen Unternehmen innerhalb der nächsten zwei Jahre (EMMU);
- die Pläne für den Anteil der per DFÜ-initiierten Zahlungstransaktionen in einem Jahr (BELL1) sowie
- die Zustimmung für das Hybridkonzept beim Vertrieb elektronischer Mehrwertsysteme (EBHYBR)[233]

im Vergleich zu 82 weiteren passiven Merkmalen die größte Trennschärfe. Auch in diesem Klassifikationsbaum sind Merkmale aller drei Skalenniveaus enthalten. Die selektierten Merkmale sind allen vier erhobenen Themenbereichen (Ausstattungsbedarf, Ausstattungsgrad, Bankmarktleistungsinnovation und Anforderungen an die Gestaltung der Bank-Firmenkunde-Schnittstelle) zuzuordnen.

Erwartungsgemäß verschlechtert die ausschließliche Verwendung passiver Merkmale die Fehlklassifikationsrate. Der Wert steigt von 5,3% auf 16/75 = 20,3%.

Zum Abschluß dieses Kapitels werden im folgenden Abschnitt Handlungsempfehlungen für die identifizierten Firmenkundensegmente im strategischen Geschäftsfeld „Industrieller Mittelstand" skizziert.

7.6 Segmentspezifische Handlungsempfehlungen

7.6.1 Positionierung der Firmenkundensegmente im Potentialportfolio

Die bisherigen Ausführungen dieses Kapitels hatten die potentialorientierte Segmentierung des industriellen Mittelstands im Hinblick auf den Absatz von Bankmarktleistungen im elektronischen Firmenkundengeschäft der Kreditinstitute zum Ziel. Grundlage hierfür bildeten die Ergebnisse der Firmenkundenumfrage. Die

---

233 Zur Beschreibung dieses Konzepts vgl. Abschnitt 5.5.6.

unter Einsatz von Verfahren der Clusteranalyse identifizierten Segmente wurden im Verlauf dieses Kapitels mit Hilfe der erhobenen Merkmale charakterisiert.

Bevor Handlungsempfehlungen für die fünf Segmente formuliert werden, sollen die Segmente zunächst im Potentialportfolio aus Abschnitt 4.5.4.3 positioniert werden. Die Positionierung der Segmente erfolgt nach ihrem Ausstattungsbedarf und ihrem Ausstattungsgrad mit Bankmarktleistungen im elektronischen Firmenkundengeschäft, insbesondere mit elektronischen Mehrwertsystemen. Die Positionierung kann nicht exakt, sondern nur näherungsweise erfolgen, da keine Abbildungsvorschrift aus dem 26-dimensionalen Merkmalsraum der aktiven Segmentierungsmerkmale in den zweidimensionalen Positionierungsraum existiert. Die Positionierung gibt den jeweiligen Segmentschwerpunkt an, der sich aus den Segmentzentroiden ergibt.

Nach dem Konzept des potentialorientierten Segmentierungsansatzes besitzen Unternehmen mit niedrigem Ausstattungsgrad und hohem Ausstattungsbedarf ein hohes Potential. Diese Unternehmen sind in Abb. 7-5 oberhalb der Hauptdiagonalen angeordnet; unterhalb der Hauptdiagonalen befinden sich Unternehmen mit geringerem Potential.

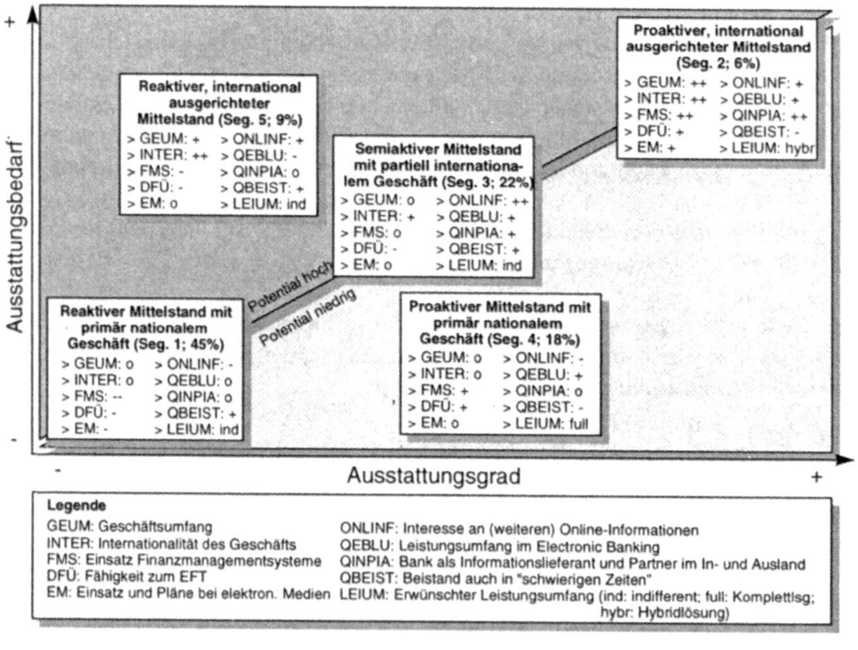

Abb. 7-5: Positionierung der Firmenkundensegmente im Potentialportfolio

Die Beschriftungen in den Segmentkästen geben in aggregierter Form die Merkmalsausprägungen in den einzelnen Segmenten wider. Die Symbole '—' bis '++' zeigen an, daß ein Merkmal oder eine Merkmalsgruppe in einem Segment relativ zu den anderen Segmenten sehr schwach bzw. sehr stark ausgeprägt ist; auch Zwischenstufen ('-', 'o', '+') sind möglich.[234] Es wurden jene Merkmale bzw. Merkmalsgruppen ausgewählt, die eine hohe Trennkraft besitzen. LEIUM steht für den erwünschten Leistungsumfang beim Vertrieb elektronischer Mehrwertsysteme (Aggregat der Merkmale: EBMINI, EBHYBR und EBFULL).

Mittelständische Unternehmen in Segment 5 „Reaktiver, international ausgerichteter Mittelstand" besitzen relativ zu den anderen Segmenten das größte Potential für den Absatz von Bankmarktleistungen im elektronischen Firmenkundengeschäft. Demgegenüber ist das Potential in Segment 4 „Proaktiver Mittelstand mit primär nationalem Geschäft" wegen des im Vergleich zum Ausstattungsbedarf relativ hohen Ausstattungsgrads als eher gering einzustufen.

Die anderen drei Segmente (Segment 1, 3 und 2) befinden sich in der Nähe der Hauptdiagonalen, so daß Ausstattungsgrad und Ausstattungsbedarf in etwa im Gleichgewicht sind. Das Potential dieser Segmente ist somit höher als das von Segment 4, aber niedriger als das von Segment 5 einzustufen.

Die Positionierung der Segmente in Abb. 7-5 unterstreicht noch einmal die Gültigkeit von Hypothese **H 6**, daß im industriellen Mittelstand Unterschiede bzgl. des Ausstattungsgrads und des Ausstattungsbedarfs bestehen. Der Vergleich zwischen Segment 1 und 4 zeigt, daß Unternehmen mit ähnlicher Geschäftsintensität und Internationalität des Geschäfts, mit einer vergleichbaren Anzahl von Bankverbindungen im In- und Ausland und einer ähnlichen Anzahl von Zahlungstransaktionen über einen sehr unterschiedlichen Ausstattungsgrad mit elektronischen Mehrwertsystemen verfügen können. Die Notwendigkeit einer differenzierten Marktbearbeitung wird hierdurch noch einmal mit Nachdruck unterstrichen.

Dem Schwerpunkt der Firmenkundenumfrage folgend, wird der Fokus bei den Handlungsempfehlungen auf die Leistungs- und Distributionspolitik gelegt. Die Handlungsempfehlungen basieren auf den Ergebnissen der Firmenkundenumfrage zum segmentspezifischen Ausstattungsgrad und Ausstattungsbedarf, dem Interesse an Bankmarktleistungsinnovationen sowie den Anforderungen an die Gestaltung der Bank-Firmenkunde-Schnittstelle.

An dieser Stelle sei noch einmal darauf hingewiesen, daß der Stichprobenumfang der Firmenkundenumfrage nicht den Anspruch erheben kann, segmentspezifisch

---

[234] Die Symbole stimmen zwar mit den Symbolen in den Abschnitten 7.2.5, 7.4.1.5 und 7.4.2 überein, jedoch wurde aus Gründen einer stärkeren Akzentuierung der Segmentunterschiede eine freie Zuordnung nach Maßgabe der Segmentmittelwerte gewählt.

repräsentative Ergebnisse zu erzeugen. Deshalb sind Rückschlüsse von der Stichprobe auf die Grundgesamtheit mit der entsprechenden Vorsicht zu ziehen.

7.6.2 Handlungsempfehlungen für die fünf Firmenkundensegmente

Ein Vergleich der Segmente zeigt sehr unterschiedliche Segmentcharakteristiken, die differenzierte Marketing-Mix-Maßnahmen erforderlich machen. Im folgenden werden die Eckpfeiler eines Marketing-Programms für jedes Segment beschrieben. Eine Darstellung von segmentspezifischen Maßnahmen im Rahmen der Leistungs-, Distributions-, Preis- und Kommunikationspolitik findet sich in Tabelle 7-13. Die Tabelle beinhaltet auch die zugrunde liegenden Ziele, die den Ausgangspunkt für die Marketing-Mix-Maßnahmen bilden.

Segment 1 ist mit einem Anteil von 45% das größte Segment. In diesem Segment befinden sich Unternehmen mit einem primär nationalen Geschäftsfokus, für die das Leistungsspektrum einer Bank im elektronischen Firmenkundengeschäft relativ zum industriellen Mittelstand insgesamt eine unterdurchschnittliche Bedeutung besitzt. Demgegenüber haben weiche Faktoren in der Bank-Firmenkunde-Beziehung einen hohen Stellenwert. Da keines dieser Unternehmen in der Lage ist, Zahlungstransaktionen per DFÜ zu übermitteln, verursachen diese Unternehmen einen erheblichen Verarbeitungsaufwand in der Bank. Das primäre Ziel aus Sicht der Bank sollte deshalb in der Schaffung einer Basisinfrastruktur für den Electronic Funds Transfer (EFT) liegen, z.B. durch den preisgünstigen oder kostenlosen Absatz standardisierter und benutzerfreundlicher Zahlungsverkehrssysteme. Da in diesem Segment nur geringe Kenntnisse bzgl. elektronischer Mehrwertsysteme zu erwarten sind, empfiehlt sich eine Leistungsbündelung (Packaging) mit dem Ziel, dem Firmenkunden eine fertige „Plug-and-Play-Lösung" zu offerieren. Ein solches Paket kann neben einem Netzanschluß, einem Zugang zu einem Online-Dienst (z.B. T-Online) auch ein Cash Management-System mit gewissen Basisfunktionen enthalten. Dieses Paket versetzt den mittelständischen Firmenkunden in die Lage, elementare Funktionen im Finanz- und Informationsmanagement, wie die tägliche Disposition der Zahlungsmittelbestände oder die Beschaffung relevanter Informationen, systemgestützt abzuwickeln. Zur Kommunikation dieses Angebots und der Vermittlung der Nutzenpotentiale kommen neben Direct-Mailing-Aktionen vor allem Informationsveranstaltungen im großen Rahmen in Betracht. Auffällig in Segment 1 ist der überdurchschnittliche Anteil der Unternehmen, die eine Zahlungsbereitschaft für eine betriebswirtschaftliche Beratung durch Kreditinstitute signalisieren. Offensichtlich vermuten Unternehmen dieses Segments auf Seiten der Kreditinstitute eine hohe Kompetenz und bringen Banken das entsprechende Vertrauen entgegen. Dies sind gute Voraussetzungen dafür, daß Kreditinstitute eine entgeltliche betriebswirtschaftliche Beratung - z.B. in einer bankeigenen Beratungstochter - für Unternehmen dieses Segments mit Erfolg anbieten können. Insgesamt besitzt dieses Segment ein mittleres Potential, wobei seine besondere Attraktivität aus der Größe des Segments erwächst.

Segment 2 ist das kleinste Segment mit einem Anteil von 6%. Das Segment umfaßt international ausgerichtete mittelständische Unternehmen mit großer Aufgeschlossenheit und Erfahrung bzgl. elektronischer Mehrwertsysteme. Unternehmen in diesem Segment messen dem Leistungsspektrum der Kreditinstitute im elektronischen Firmenkundengeschäft besonders viel Bedeutung bei. Auch besitzt die Qualitätsdimension „Bank als Informationslieferant und Partner im In- und Ausland" große Wichtigkeit. Ziel in diesem Segment sollte die Pflege und Intensivierung des Kontakts mit den mittelständischen Firmenkunden sein. Hierzu kann ein Kreditinstitut einerseits Bankmarktleistungsinnovationen des elektronischen Firmenkundengeschäfts, wie z.B. Systemmodule für Wertpapiertransaktionen und Derivatgeschäfte oder EDI/EDIFACT-Mehrwertdienste, offerieren; andererseits ist eine enge Zusammenarbeit im Rahmen von Pilot-Projekten bei Bankmarktleistungsinnovationen denkbar. Die Anforderungen der Firmenkunden in diesem Segment machen eine kundenindividuelle und persönliche Betreuung notwendig. Darüber hinaus sind Informationsveranstaltungen zu Trends und Entwicklungen im elektronischen Firmenkundengeschäft und verwandten Themenbereichen (z.B. EDI/EDIFACT) denkbar. Insgesamt besitzt dieses Segment ein mittleres Potential, wobei seine Attraktivität aus der Aufgeschlossenheit der Firmenkunden gegenüber neuen Technologien erwächst.

Segment 3 ist mit 22% das zweitgrößte der fünf Segmente. Unternehmen in diesem Segment wickeln im Durchschnitt signifikant mehr Auslandszahlungstransaktionen pro Monat ab als Unternehmen in Segment 1 und 4 und setzen Online-Datenbanksysteme und T-Online in signifikant höherem Umfang als Unternehmen in Segment 1 ein. Ähnlich wie in Segment 1 verfügt auch in diesem Segment kein Unternehmen über die Fähigkeit zum Electronic Funds Transfer. Somit sollte das Ziel der Bank sein, Rationalisierungspotentiale in der Zahlungsverkehrsabwicklung durch die kostengünstige Überlassung von Zahlungsverkehrssystemen zu erschließen. Da einerseits nur jedes dritte Unternehmen in diesem Segment über ein Cash Management-System verfügt und andererseits der Ausstattungsbedarf besondere Nutzenpotentiale beim Einsatz dieser Systeme anzeigt, sollten die Absatzbemühungen besonders auch auf diese Systemkategorie gerichtet werden. Aufgrund des partiell internationalen Geschäfts sollte ein solches System neben umfassenden Informationen über Geld- und Devisenmärkte auch eine Akkreditivabwicklungsfunktion und die Möglichkeit zur elektronischen Abwicklung von Termin- und Wertpapiergeschäften umfassen. Dem besonderen Interesse an Online-Informationen in diesem Segment kann durch das Angebot von Online-Datenbanksystemen Rechnung getragen werden. Da mehr als jedes zweite Unternehmen in diesem Segment über einen T-Online-Zugang verfügt, könnten Software-Updates über dieses Medium bereitgestellt werden. Zur Kommunikation der speziellen Angebote für dieses Segment bieten sich Werbeanzeigen, Direct-Mailing-Aktionen und Informationsveranstaltungen mittlerer Größe an. Darüber hinaus kann auch das Internet / World Wide Web als Informationsmedium genutzt werden; aufgrund der großen Verbreitung von T-Online ist es den Firmenkunden möglich, über einen Gateway in das Internet zu gelangen. Insgesamt besitzt dieses Segment ein mittleres Potential.

In **Segment 4** befinden sich 18% der befragten mittelständischen Unternehmen. Unternehmen dieses Segments verfügen über einen relativ hohen Ausstattungsgrad mit Finanzmanagementsystemen und dementsprechend über Erfahrung im Umgang mit diesen Systemen. Demzufolge besitzt das Leistungsspektrum eines Kreditinstituts im elektronischen Firmenkundengeschäft für diese Zielgruppe einen besonders hohen Stellenwert. Unternehmen in diesem Segment votieren deutlicher als in den anderen Segmenten für die Full-Service-Bank. Die Qualität der erbrachten Leistungen genießt hierbei einen hohen Stellenwert. Deshalb ist zu erwarten, daß die Einführung von Servicegarantien, z.B. im Support („Wir beheben Ihr Software-Problem im Finanzmanagement innerhalb von *x* Stunden"), in der Abwicklung („Für jede Fehlbuchung erhalten Sie eine Gutschrift von *y* DM") oder in der Ausführung („Mit unserem weltweiten Zahlungsverkehrsnetz garantieren wir Ihnen eine Überweisungslaufzeit von *z* Stunden") mit einem Vertrauensbonus und einer höheren Kundenbindung belohnt wird. Dem überdurchschnittlichen Interesse an einer Bankberatung zu Finanzthemen kann durch das Angebot eines Finanzmanagement-Assessments begegnet werden. Hierunter wird eine entgeltliche Dienstleistung der Bank verstanden, die ein persönliches Interview eines Finanzmanagementexperten der Bank mit dem Finanzverantwortlichen eines mittelständischen Unternehmens auf Grundlage eines standardisierten Fragebogens umfaßt. Ziel des Interviews ist eine umfassende Bestandsaufnahme und die Identifikation von Stärken und Schwächen im Finanzmanagement des Unternehmens. In die Analyse werden Aspekte des Informations- und Systemmanagements - soweit sie das Finanzmanagement betreffen - mit einbezogen. Die Auswertung des Fragebogens erfolgt automatisch mit einer speziellen Software und beinhaltet - im Sinne eines Benchmarking - Vergleichszahlen zum Gesamtdurchschnitt der Unternehmen sowie zu Unternehmen der gleichen Umsatzklasse und Branche. Die gemeinsame Interpretation der Assessment-Ergebnisse des Bankexperten mit dem Finanzverantwortlichen kann aus Sicht der Bank Ansatzpunkte für zukünftige Geschäfte liefern. Eine weitere segmentspezifische Maßnahme besteht im bankseitigen Angebot von Outsourcing-Leistungen. Der starke Wunsch der Unternehmen dieses Segments nach einer Full-Service-Bank im elektronischen Firmenkundengeschäft legt die Vermutung nahe, daß zumindest ein Teil der Unternehmen bereit ist, bestimmte Finanzmanagementaktivitäten an die Bank auszulagern. Denkbar sind z.B. Pooling-Leistungen der Bank, bestimmte ereignisbezogene Leistungen, wie z.B. die Anlage von Geldern, falls bestimmte Konten einen Maximalsaldo übersteigen, oder das automatische Tätigen von Absicherungsgeschäften bei wiederkehrenden internationalen Warengeschäften. Das Outsourcing bestimmter Finanzmanagementaktivitäten birgt ein enormes Kundenbindungspotential für die Bank, weil eine stärkere Verflechtung zwischen dem Finanzmanagement des Firmenkunden und den Leistungen des anbietenden Kreditinstituts erreicht wird. Insgesamt besitzt dieses Segment ein mittleres Potential, wobei seine besondere Attraktivität aus seinem spezifischen Anforderungsprofil erwächst.

	Segment 1 Reaktiver Mittelstand mit primär nationalem Geschäft	**Segment 2** Proaktiver, international ausgerichteter Mittelstand	**Segment 3** Semiaktiver Mittelstand mit partiell internationalem Geschäft	**Segment 4** Proaktiver Mittelstand mit primär nationalem Geschäft	**Segment 5** Reaktiver, international ausgerichteter Mittelstand
Kurzcharakteristik der Segmente	• **„Passive“** • größtes Segment (45%; rd. 5.950 Unternehmen) • „Mengenkunden“ • Attraktivität vom Volumen her hoch, mittleres Potential • nationaler Fokus • Electronic Banking-Spektrum hat eine relativ geringe Bedeutung • Loyalität der Bank hat eine hohe Bedeutung	• **„Pioniere“** • kleinstes Segment (6%; rd. 800 Unternehmen) • Attraktivität vom Volumen her niedrig, mittleres Potential, als Partner bei Pilot-Tests hoch • internationaler Fokus mit Auslandstöchtern • große Aufgeschlossenheit und Erfahrung im EFKG • überdurchschnittlich anspruchsvoll im EFKG • wünscht die Bank als Informationslieferant und Partner im In- und Ausland	• **„Zurückhaltende“** • zweitgrößtes Segment (22%; rd. 2.900 Unternehmen) • Attraktivität vom Volumen her mittelmäßig, mittleres Potential • z.T. internationales Geschäft • keine besonders profilierte Qualitätswahrnehmung	• **„Aufgeschlossene“** • drittgrößtes Segment (18%; rd. 2.350 Unternehmen) • Attraktivität vom Volumen her mittelmäßig, vom Potential her niedrig • nationaler Fokus • Erfahrung im Umgang mit Finanzmanagementsystemen • wünscht sich die „Full-Service-Bank“ • überdurchschnittlich anspruchsvoll im EFKG	• **„High Potentials“** • zweitkleinstes Segment (9%; rd. 1.200 Betriebe) • Attraktivität vom Volumen her niedrig, Potential sehr hoch • internationaler Fokus bei gleichzeitig vielen Bankverbindungen im Ausland • kaum Erfahrung im Umgang mit elektronischen Mehrwertsystemen • EFKG besitzt unterdurchschnittliche Bedeutung • Loyalität der Bank hat eine sehr hohe Bedeutung
Leistungspolitische Ziele der Bank	• Schaffung einer Basisinfrastruktur für den EFT und den elektronischen Vertrieb von Bankmarktleistungen, u.a. zur Rationalisierung der Zahlungsverkehrsabwicklung	• Schließen bestehender Ausstattungslücken • partielle Erneuerung der bestehenden Systemlandschaft im Finanzmanagement • Angebot von Bankmarktleistungsinnovationen im EFKG	• Schaffung der technischen Voraussetzungen für den EFT, u.a. zur Rationalisierung der Zahlungsverkehrsabwicklung • Schließen bestehender Ausstattungslücken • Erschließen des Online-Informationspotentials	• Ergänzung bzw. partielle Erneuerung der bestehenden Systemlandschaft im Finanzmanagement • Angebot von Bankmarktleistungsinnovationen im EFKG	• Schaffung einer Basisinfrastruktur für den EFT und den elektronischen Vertrieb von Bankmarktleistungen durch den schrittweisen Aufbau einer modularen Telebanking-Plattform • Erschließen des Online-Informationspotentials

	Segment 1 Reaktiver Mittelstand mit primär nationalem Geschäft	**Segment 2** Proaktiver, international ausgerichteter Mittelstand	**Segment 3** Semiaktiver Mittelstand mit partiell internationalem Geschäft	**Segment 4** Proaktiver Mittelstand mit primär nationalem Geschäft	**Segment 5** Reaktiver, international ausgerichteter Mittelstand
Leistungspolitische Maßnahmen der Bank	• Angebot von standardisierten, sehr einfach zu installierenden und bedienenden Zahlungsverkehrssystemen • Angebot von Cash Management-Systemen mit Basisfunktionalität • Packaging: Bündelung einzelner Systemkomponenten, wie Netzzugang, T-Online-Zugang und Zugangssystem zu einem Komplettpaket • Angebot von betriebswirtschaftlichen Beratungsleistungen gegen Entgelt • Angebot eines Finanzmanagement-Assessments mit standardis. Auswertung	• Angebot von komplexen Cash Management-Systemmodulen, wie Pooling, Wertpapiertransaktionen, Derivatgeschäfte etc. • Angebot eines Realtime-Datenbanksystems • Angebot eines Online-Datenbanksystems evtl. in Kooperation mit einem Datenbank-Host • Angebot eines Finanzplanungssystems • Angebot von EDI/EDIFACT-Mehrwertdiensten • evtl. Komplettierung der Angebotspalette durch eine Kooperation mit einem Systemhaus	• Angebot von Zahlungsverkehrssystemen mit EFT-Funktionalität • Angebot von Cash Management-Systemen mit einem Akkreditivabwicklungsmodul, Geld- und Deviseninformationen und Wertpapierinformationen • Angebot einer EDI/EDIFACT-Beratung • Angebot von betriebswirtschaftlichen Beratungsleistungen gegen Entgelt	• Angebot eines Finanzmanagement-Assessments mit standardisierter Auswertung • Angebot einer EDI/EDIFACT-Beratung • Servicegarantien • Angebot von Outsourcing-Leistungen, z.B. im Finanzmanagement (Financial-Engineering)	• Ablösung der alten DTA-Systeme durch neue Zahlungsverkehrssysteme • Angebot sehr einfach zu installierender und bedienender Mehrwertsysteme, deren modularer Aufbau eine spätere Erweiterung ermöglicht • im zweiten Schritt: Angebot von EDI/ EDIFACT-Mehrwertdiensten • Packaging: Bündelung einzelner Systemkomponenten zu einer Komplettlösung (z.B. Finanzmanagementlösung, Online-Informationslösung)
Distributionspolitische Ziele der Bank	• Standardisierte Komplettbetreuung durch einen Firmenkundenbetreuer	• Individualbetreuung evtl. in Kooperation mit einem Systemhaus	• standardisierte Komplettbetreuung durch einen Firmenkundenbetreuer, z.T. mit individueller Ansprache	• Standardisierte Komplettbetreuung durch einen Firmenkundenbetreuer, z.T. mit individueller Ansprache	• Individualbetreuung evtl. in Kooperation mit einem Systemhaus

	Segment 1 Reaktiver Mittelstand mit primär nationalem Geschäft	**Segment 2** Proaktiver, international ausgerichteter Mittelstand	**Segment 3** Semiaktiver Mittelstand mit partiell internationalem Geschäft	**Segment 4** Proaktiver Mittelstand mit primär nationalem Geschäft	**Segment 5** Reaktiver, international ausgerichteter Mittelstand
Distributionspolitische Maßnahmen der Bank	• individuelle Betreuung nur bei Bedarf • Softwarevertrieb über CD-ROM oder auf Disketten	• Aktive Betreuung durch regelmäßige persönliche Kundenbesuche • Software-Update über T-Online bzw. Internet/WWW	• in bestimmten Zeitabständen aktive Kundenansprache • persönliche Betreuung nur bei Bedarf • Software-Update über T-Online bzw. Internet/WWW	• in bestimmten Zeitabständen aktive Kundenansprache • persönliche Unterstützung, falls kundenseitig gewünscht, gegen Entgelt	• aktive Betreuung durch regelmäßige persönliche Kundenbesuche
Preispolitische Ziele der Bank	• kurzfristig dem Motiv der Rationalisierung der Zahlungsverkehrsabwicklung nachgeordnet • mittelfristig zumindest kostendeckend	• mittelfristig Preistransparenz und verursachungsgerechte Preisstellung angestrebt	• kurzfristig dem Motiv der Rationalisierung der Zahlungsverkehrsabwicklung nachgeordnet • mittelfristig zumindest kostendeckend	• mittelfristig Preistransparenz und verursachungsgerechte Preisstellung angestrebt	• kurzfristig dem Akquisitionsziel nachgeordnet • mittelfristig Preistransparenz und verursachungsgerechte Preisstellung angestrebt
Preispolitische Maßnahmen der Bank	• kostenlose Abgabe der einfachen Systeme • marktübliche Beratungspreise für eine betriebswirtschaftliche Unternehmensberatung	• kostenlose oder sehr preisgünstige Teilnahme an Pilot-Projekten • sonst marktorientierte Verrechnung insbesondere bei Kooperation mit Systemhaus	• Sehr preisgünstige Abgabe des Zahlungsverkehrssystems • Andere Mehrwertsysteme kostenadäquat	• kostenorientierte Verrechnung der Beratungs- und Unterstützungsleistungen • kostenorientierte Verrechnung der Outsourcing-Leistungen	• in der Überzeugungsphase zunächst subventionierte Preise • danach stärker verursachungsgerecht und kostendeckend

	Segment 1 Reaktiver Mittelstand mit primär nationalem Geschäft	**Segment 2** Proaktiver, international ausgerichteter Mittelstand	**Segment 3** Semiaktiver Mittelstand mit partiell internationalem Geschäft	**Segment 4** Proaktiver Mittelstand mit primär nationalem Geschäft	**Segment 5** Reaktiver, international ausgerichteter Mittelstand
Kommunikations-politische Ziele der Bank	• Vermitteln der Nutzenpotentiale einer elektronischen Abwicklung von Standardgeschäften • Sensibilisierung für den Wert der Information • Darstellung des Leistungsspektrums der Bank	• individuellen Kontakt pflegen und intensivieren • Gewinnung der Unternehmen als Pilot-Tester von neuen Mehrwertsystemen im EFKG	• Vermittlung der Nutzenpotentiale komplexerer Mehrwertsysteme im EFKG • Darstellung des für das Segment interessanten Leistungsspektrums der Bank	• Vermitteln der Nutzenpotentiale komplexerer Mehrwertsysteme im EFKG • Darstellung des für das Segment interessanten Leistungsspektrums der Bank	• mit den Unternehmen ins Gespräch kommen • Vermittlung der Möglichkeiten und Nutzenpotentiale von elektronischen Mehrwertsystemen
Kommunikations-politische Maßnahmen der Bank	• Werbeanzeigen • Direct Mailing-Aktionen • Vorträge und Seminare im großen Rahmen zum elektronischen Firmenkundengeschäft und verwandten Themen	• regelmäßige Veranstaltungen zu den neuesten Entwicklungen im EFKG im kleineren Rahmen • Einführung von EMail an der Bank-Firmenkunde-Schnittstelle • Internet/WWW-Präsenz	• Werbeanzeigen • Informationsveranstaltungen bei mittlerer Teilnehmerzahl • Direct-Mailing-Aktionen • Individualpräsentationen bei Bedarf • Internet/WWW-Präsenz	• Werbeanzeigen • Informationsveranstaltungen bei mittlerer Teilnehmerzahl • Direct-Mailing-Aktionen • Individualpräsentationen bei Bedarf	• individuelle Mailings • Informationsveranstaltungen zusammen mit Betrieben aus Segment 2 im kleineren Rahmen

Tabelle 7-13: Segmentspezifische Handlungsempfehlungen in der Übersicht

Im Vergleich zu den anderen vier Segmenten besitzt **Segment 5** das größte Potential für den Absatz von Bankmarktleistungen im elektronischen Firmenkundengeschäft. Es umfaßt 9% der Unternehmen in der Stichprobe. Obwohl Unternehmen dieses Segments über einen ähnlichen Ausstattungsbedarf wie in Segment 2 verfügen, sind sie deutlich schlechter mit elektronischen Mehrwertsystemen ausgestattet. Kein einziges Unternehmen in diesem Segment verfügt über die Fähigkeit zum Electronic Funds Transfer, obwohl im Schnitt rund 2.700 Inlandsüberweisungen und 170 Auslandsüberweisungen pro Monat abgewickelt werden. Lediglich jedes fünfte Unternehmen verfügt über ein Cash Management-System, zwei von fünf über ein Finanzplanungssystem. Ein wesentliches mittelfristiges Ziel der Kreditinstitute in diesem Segment sollte deshalb der Aufbau einer modularen Telebanking-Plattform sein, die alle relevanten Systemmodule für Unternehmen dieses Ausstattungsbedarfs umfaßt und ihre Funktionalität unter einem einheitlichen Zugriffssystem bereitstellt [vgl. Kerscher 1996, S. 62]. Aufgrund der geringen Systemausstattung besteht gerade in Segment 5 die Chance, losgelöst von den Altsystemen diese Telebanking-Plattform mit einem maximalen Integrationsgrad von Daten, Funktionen und Systemen zu errichten. Ein wichtiger Erfolgsfaktor ist hierbei, daß die offensichtlich bestehenden Akzeptanzbarrieren der Finanzverantwortlichen bzgl. eines stärkeren Systemeinsatzes überwunden werden. Hierzu ist es notwendig, mit den Unternehmen dieses Segments ins Gespräch zu kommen, um die Möglichkeiten und Nutzenpotentiale eines Systemeinsatzes zu vermitteln. Dies kann im Rahmen von Informationsveranstaltungen erfolgen, zu denen auch „Pioniere“ aus Segment 2 eingeladen werden sollten. Die Einführung von elektronischen Mehrwertsystemen sollte schrittweise erfolgen, wobei zunächst die Einführung eines Zahlungsverkehrssystems für den Electronic Funds Transfer im Vordergrund steht. Anschließend sollten sukzessive Systeme bzw. Systemmodule zur Telebanking-Plattform ergänzt werden. Aufgrund der internationalen Ausrichtung der Unternehmen in diesem Segment sollten die Systeme UN/EDIFACT-tauglich sein und eine internationale Multibankfähigkeit besitzen. Zur Erschließung des Online-Informationspotentials in diesem Segment ist in späteren Ausbaustufen das Angebot von Online-Datenbanksystemen i.e.S. und Realtime-Datenbanksystemen denkbar. Wegen der mangelnden Erfahrung der Unternehmen im Umgang mit elektronischen Mehrwertsystemen ist vor, während und nach der Systemeinführung eine umfassende Unterstützung von seiten der Bank notwendig. Das hohe Potential dieses Segments rechtfertigt eine individuelle Betreuung durch einen Firmenkundenbetreuer.

Mit den segmentspezifischen Handlungsempfehlungen ist die Operationalisierung des strategischen Marketing-Konzepts, das in Kapitel 4 entwickelt wurde, beendet. Die Untersuchung schließt in Kapitel 8 mit Zusammenfassung und Ausblick.

8 Zusammenfassung und Ausblick

Ziel der vorliegenden Untersuchung war die Entwicklung und Operationalisierung eines strategischen Marketing-Konzepts zur Potentialerschließung im elektronischen Firmenkundengeschäft mit dem industriellen Mittelstand. Hierzu wurde nach der Grundlegung eine Situationsanalyse durchgeführt, die die Darstellung der im Untersuchungskontext relevanten Problembereiche des industriellen Mittelstands, der Entwicklungstendenzen bei wesentlichen Einflußfaktoren auf das elektronische Firmenkundengeschäft und einen Vergleich der Angebotsspektren der neun größten deutschen Kreditinstitute bzgl. Bankmarktleistungen im elektronischen Firmenkundengeschäft umfaßte. Unter Berücksichtigung der aus der Situationsanalyse abgeleiteten Problemfelder wurde ein strategisches Marketing-Konzept für Kreditinstitute entwickelt, das

- die Abgrenzung des strategischen Geschäftsfelds „Industrieller Mittelstand“,
- die Positionierung in diesem Geschäftsfeld als „Innovativer und kompetenter Full-Service-Finanzpartner“,
- die Wahl der Differenzierungsstrategie als strategische Stoßrichtung und
- die Anwendung der Strategie der Marktsegmentierung und der Strategie der Bankmarktleistungsinnovation auf das elektronische Firmenkundengeschäft in diesem Geschäftsfeld

zum Inhalt hatte. Der zur Operationalisierung des strategischen Marketing-Konzepts notwendige Informationsbedarf wurde anschließend spezifiziert und im empirischen Teil dieser Untersuchung mit Hilfe einer Firmenkundenumfrage gedeckt.

Folgende Kernaussagen lassen sich als Ergebnis dieser Untersuchung festhalten:

Implikationen der IuK-Technologie für das Firmenkundengeschäft

- **Einflußfelder der IuK-Technologie**: Entwicklungen in der Informations- und Kommunikationstechnologie verändern das Firmenkundengeschäft der Kreditinstitute, indem sie die Markteintrittsbarrieren für Non- und Near-Banks und ausländische Banken senken, die Entstehung von Ersatzprodukten, wie multilaterale Netting-Center oder elektronisches Geld, ermöglichen, durch die Option eines elektronischen Vertriebs die Eigenschaften von Bankmarktleistungen des traditionellen Firmenkundengeschäfts partiell verändern und das Spektrum realisierbarer Bankmarktleistungsinnovationen deutlich erweitern.
- **Neue Gestaltungsmöglichkeiten im elektronischen Firmenkundengeschäft**: Durch Entwicklungen in der Informations- und Kommunikationstechnologie haben sich die Gestaltungsmöglichkeiten im elektronischen Firmenkundengeschäft der Kreditinstitute in den letzten Jahren deutlich erweitert. Integrierte Online-Systeme, wie das Internet / World Wide Web, unterstützen inzwischen die drei elementaren Interaktionsformen Information, Transaktion und Kommunikation und ermöglichen die Realisierung komplexer Telebank-

Anwendungen. Andere elektronische Mehrwertsysteme, wie Finanzmanagementsysteme und Online-Datenbanksysteme, profitieren von einer steigenden Verfügbarkeit der notwendigen technischen Infrastruktur auf Seiten der Firmenkunden und einer zunehmenden Verbreitung von internationalen Kommunikationsstandards, wie z.B. UN/EDIFACT.

- **Akuter Handlungsbedarf für Kreditinstitute**: Die genannten Entwicklungen sind Chance und Risiko zugleich. Um sie als Chance zu nutzen, müssen Kreditinstitute Potentiale frühzeitig erkennen und diese proaktiv durch geeignete Strategien und Maßnahmen für sich erschließen. Kreditinstitute, die eine Anpassungsstrategie verfolgen, setzen sich der Gefahr aus, im veränderten Wettbewerb Marktanteile zu verlieren.

Potentiale im elektronischen Firmenkundengeschäft mit dem industriellen Mittelstand

- **Potentiale des elektronischen Firmenkundengeschäfts**: Das elektronische Firmenkundengeschäft eröffnet Kreditinstituten eine Reihe von Potentialen, die ihm strategische Bedeutung verleihen. Zu nennen sind das Informationsgewinnungspotential, das Kundenbindungspotential, das Cross-Selling-Potential, das Rationalisierungspotential, das Differenzierungspotential und das Imagepotential.
- **Attraktivität des industriellen Mittelstands**: Aufgrund seines begrenzten Spezialisten-Know-hows ist der industrielle Mittelstand auch künftig auf eine qualifizierte Unterstützung durch Banken angewiesen. Dies unterscheidet ihn von Großunternehmen, die einen zunehmenden Anteil traditioneller Bankgeschäfte ohne Einschaltung von Kreditinstituten abwickeln.
- **Bankmarktleistungen im elektronischen Firmenkundengeschäft als Lösungsbeitrag zu ausgewählten Problembereichen des industriellen Mittelstands**: Kreditinstitute können mit Bankmarktleistungen des elektronischen Firmenkundengeschäfts den industriellen Mittelstand im Informationsmanagement, Finanzmanagement und Systemmanagement unterstützen. In diesen Feldern bestehen z.T. erhebliche Defizite, die - bei anforderungsgerechter Gestaltung des Marketing-Mix - ein Potential für den Absatz dieser Bankmarktleistungen eröffnen.
- **Fehlende systematische Potentialerschließung**: Die Potentiale im elektronischen Firmenkundengeschäft mit dem industriellen Mittelstand werden von Kreditinstituten bisher nicht systematisch erschlossen. Bankseitig herrschen häufig unkoordinierte Einzelaktionen und reaktives Verhalten vor.

Entwicklungslinien im elektronischen Firmenkundengeschäft mit dem industriellen Mittelstand

- **Anforderungen des industriellen Mittelstands**: Wie die Ergebnisse der Firmenkundenumfrage deutlich machen, wünschen sich 58% der mittelständischen Unternehmen die Full-Service-Bank im elektronischen Firmenkundengeschäft, d.h. ein Kreditinstitut, das umfassende Unterstützung vor, während und nach der Einführung elektronischer Mehrwertsysteme im Finanzbereich liefert.

Hierbei kommt der Beratung eine zentrale Bedeutung zu, denn für viele mittelständische Unternehmen ist der Absatz von elektronischen Mehrwertsystemen untrennbar mit umfassenden Beratungsleistungen verbunden. 73% der befragten Finanzverantwortlichen wünschen sich einen Firmenkundenbetreuer als zentralen Ansprechpartner, der bei Bedarf an Spezialisten weiterleitet.

- **Einsatz elektronischer Mehrwertsysteme**: Im industriellen Mittelstand wurden Ende 1995 Cash Management-Systeme von 31% und Finanzplanungssysteme von 37% der Unternehmen eingesetzt. Zum Electronic Funds Transfer waren 24% der befragten mittelständischen Unternehmen in der Lage. Der industrielle Mittelstand plant, in den nächsten Jahren verstärkt neue Technologien an der Bank-Firmenkunde-Schnittstelle einzusetzen. Nach den Ergebnissen der Firmenkundenumfrage verfügen EMail zur Kommunikation mit Kreditinstituten (Verbreitung Ende 1995 2%; Potential bis Ende 2000 31%), ISDN (49%; 72%), Realtime-Datenbanksysteme (12%; 33%), T-Online (25%; 44%), Online-Datenbanksysteme i.e.S. (17%; 35%) und UN/EDIFACT im Inlandszahlungsverkehr (3%; 21%) absolut gesehen über das größte Verbreitungspotential. Demgegenüber ist das absolute Verbreitungspotential von CompuServe (9%; 12%) und X.400 (3%; 3%) am geringsten. Es ist festzustellen, daß nach den Plänen des industriellen Mittelstands nur acht der 18 erfragten elektronischen Mehrwertsysteme und Kommunikationstechnologien Ende 2000 eine Verbreitung von mehr als 20% aufweisen werden.
- **Ansatzpunkte zur leistungsbezogenen Differenzierung**: Der Angebotsvergleich unter den neun größten deutschen Universalbanken verdeutlicht, daß sich auch im elektronischen Firmenkundengeschäft die Leistungsspektren angeglichen haben. Ansatzpunkte für eine leistungsbezogene Differenzierung durch Bankmarktleistungsinnovationen bestehen in einer Erweiterung von Cash Management-Systemen um die Funktionen Wertpapierabwicklung und internationales Pooling, in einer Komplettierung und Erweiterung der angebotenen UN/EDIFACT-Formate und EDI/EDIFACT-Mehrwertdienste, in der Ergänzung des Internet-Angebots um tagesaktuelle Informationen, spezielle Informationen für den industriellen Mittelstand und Transaktionsleistungen sowie in einer Komplettierung der Beratungsleistungen, z.B. durch Kooperationspartner. Die Bedeutung der Beratung im elektronischen Firmenkundengeschäft und der Wunsch des industriellen Mittelstands nach einer größeren Kompetenz und maßgeschneiderten Problemlösungen von Kreditinstituten deuten auf große Differenzierungspotentiale in diesem Bereich hin.

Potentialerschließung im elektronischen Firmenkundengeschäft mit dem industriellen Mittelstand: Das strategische Marketing-Konzept und seine Operationalisierung durch die Firmenkundenumfrage

- **Notwendigkeit für ein strategisches Marketing-Konzept**: Zur systematischen Potentialerschließung bedarf es eines strategischen Marketing-Konzepts, das alle relevanten anbieter- und nachfragerseitigen Entwicklungstendenzen in der Zielfestlegung und Strategieformulierung berücksichtigt. Das Konzept muß insbesondere das unterschiedliche Potential von Unternehmen des industriellen

Mittelstands für den Absatz von Bankmarktleistungen des elektronischen Firmenkundengeschäfts in geeigneter Form berücksichtigen.

- **Anwendbarkeit und Umsetzbarkeit des strategischen Marketing-Konzepts**: Die Ergebnisse der Firmenkundenumfrage belegen, daß die Voraussetzungen, die an die Anwendbarkeit des in dieser Untersuchung entwickelten strategischen Marketing-Konzepts geknüpft sind, erfüllt werden. Darüber hinaus ist die potentialorientierte Segmentierung des industriellen Mittelstands im Hinblick auf den Absatz von Bankmarktleistungen des elektronischen Firmenkundengeschäfts durchführbar. Sie führt zu Firmenkundensegmenten, die klare Profile aufweisen, sich gegeneinander abgrenzen lassen und die Formulierung von Handlungsempfehlungen ermöglichen.
- **Firmenkundensegmente und Handlungsempfehlungen**: Die Anwendung des potentialorientierten Segmentierungsansatzes auf die Daten der Firmenkundenumfrage ergibt eine Aufteilung des industriellen Mittelstands in fünf Segmente. Die Segmente lassen sich mit Eckpfeilern eines segmentspezifischen Marketing-Programms für das elektronische Firmenkundengeschäft wie folgt skizzieren:
    - Passive (45%) - Reaktiver Mittelstand mit primär nationalem Geschäft: Standardisierte Betreuung - Angebot von „Plug-and-Play“-Lösungen.
    - Pioniere (6%) - Proaktiver, international ausgerichteter Mittelstand: Individuelle Betreuung - Angebot von Bankmarktleistungsinnovationen - Gewinnung als Pilot-Tester von neuen elektronischen Mehrwertsystemen.
    - Zurückhaltende (22%) - Semiaktiver Mittelstand mit partiell internationalem Geschäft: Standardisierte, z.T. individuelle Betreuung - Angebot von Cash Management-Systemen und Online-Datenbanksystemen.
    - Aufgeschlossene (18%) - Proaktiver Mittelstand mit primär nationalem Geschäft: Standardisierte, z.T. individuelle Betreuung - Angebot von Outsourcing-Leistungen und einem Finanzmanagement-Assessment - Servicegarantien.
    - High-Potentials (9%) - Reaktiver, international ausgerichteter Mittelstand: Individuelle Betreuung - Sensibilisierung für die Nutzenpotentiale elektronischer Mehrwertsysteme - stufenweiser Aufbau einer integrierten Telebanking-Plattform.

Für die Zukunft ist zu wünschen, daß das entwickelte strategische Marketing-Konzept für das elektronische Firmenkundengeschäft mit dem industriellen Mittelstand in der Praxis zur Anwendung gelangt. Neben einem ganzheitlichen Einsatz des strategischen Marketing-Konzepts ist auch die Anwendung von Konzeptteilen, wie z.B. dem potentialorientierten Segmentierungsansatz, der Systematik der Bankmarktleistungsinnovationen, der Ansatzpunkte zur Verbesserung des Erfolgs von technologieorientierten Bankmarktleistungsinnovationen oder des Konzepts der Individualisierung von Informationen durch elektronische Mehrwertsysteme denkbar. Der Verfasser verfolgte mit der Berücksichtigung der Anforderungen der Bankpraxis bei der Konzeptgestaltung, der Beschreibung der Vorgehensweise zur Operationalisierung dieses Ansatzes und der Formulierung praxisbezogener Handlungsempfehlungen das Ziel, die notwendigen Voraussetzungen hierfür zu schaffen.

Anhang

Fragebogenleitfaden für Firmenkundeninterviews

1. Status quo

Bankverbindungen

- Bei welchen Institutsgruppen unterhalten Sie Konten?
- Wie lange ist Ihr Unternehmen dort bereits Kunde?
- Welche Leistungen nehmen Sie bei den einzelnen Banken in Anspruch?
- Als wie stark würden Sie die Bindung zu den einzelnen Banken, zu denen Sie Geschäftsbeziehungen unterhalten, bezeichnen?
- Was sind Ihrer Meinung nach die zentralen Determinanten der Kundenbindung (Beratungskompetenz / Komplettangebot („alles aus einer Hand") / Leistungsfähigkeit im Electronic Banking etc.)?
- Wie zufrieden sind Sie mit Ihren Banken?
- Im Falle von Unzufriedenheit im Bereich Electronic Banking - welche Auswirkungen hat dies auf den gesamten Bankkontakt?
- Inwieweit fühlen Sie sich von Ihren Banken abhängig? Wodurch wird das Abhängigkeitsverhältnis begründet (durch Kernbankleistungen bedingt / durch Technik bedingt / durch Beratung bedingt)?

Betreuung

- Wie werden Sie durch Ihre Bank betreut (ein Firmenkundenbetreuer, mehrere Produktspezialisten)?
- Wie klappt die Abstimmung und Koordination zwischen den einzelnen Mitarbeitern Ihrer Bank (z.B. Electronic Banking Spezialist und Firmenkundenbetreuer)?
- Sind Sie mit dem fachlichen Zusatzangebot Ihrer Bank (z. B. Kongresse, Fachinformationsveranstaltungen, Fortbildungen) zufrieden?

Vertriebswege

- Über welche Vertriebswege nehmen Sie die Leistungen in Anspruch?

Arbeitsteilung: Bank / Unternehmen

- Welche Aufgaben haben Sie vollständig auf ihre Bank(en) übertragen?
- Welche Aufgaben wickeln Sie selbst ab?
- Welche Pläne haben Sie für die Zukunft?

- Welche der folgenden DV-Lösungen ihrer Bank(en) bevorzugen Sie:
    1. Die Bank stellt lediglich Schnittstellen bereit. Die Software wird von Ihrem Unternehmen selbst erstellt oder zugekauft.
    2. Die Bank berät Sie bei DV-Lösungen in banktypischen Einsatzfeldern. Die Bank vermittelt Ihnen Lizenzverträge für Bank-SW von Systemhäusern, die dann auch Installation, Schulung, Support etc. übernehmen.
    3. Die Bank stellt eine Komplettlösung zur Verfügung (Eigenentwicklung oder Lizenzverkauf).
- Sind Sie bereit für Leistungen, die ihre Bank im Electronic Banking erbringt (Technik, Service, Beratung), verursachungsgerechte Preise zu bezahlen?
- Wie soll idealerweise der Verkehr unstrukturierter Dokumente (Briefe, Geschäftsberichte, Kreditunterlagen etc.) erfolgen - heute und in Zukunft?

2. Zahlungsverkehr
- Wie reichen Sie ihre Überweisungen ein (beleghaft, beleglos per Diskette, beleglos per DFÜ)?
- Inwieweit setzen Sie UN/EDIFACT ein (bei der Abwicklung von Zahlungstransaktionen mit ihrer Bank / mit Ihren Geschäftspartnern)?
- Wie möchten Sie Ihren Zahlungsverkehr zukünftig gestalten (Bsp.: Zentralisierung des Auslandszahlungsverkehrs)?

3. Cash Management
- Haben Sie ein Cash Management-System im Einsatz?
- Handelt es sich hierbei um ein eigenentwickeltes oder ein zugekauftes System? Wer ist der Hersteller des Systems?
- Welche Funktionen erfüllt das System?
  - IZV / AZV
  - Führen von Fremdwährungskonten
  - Pooling (bilateral, multilateral)
  - Netting
  - Schnittstellen zur Buchhaltung
  - Geld- und Devisen
  - Akkreditive
  - Wertpapier- / Börseninformation
  - Transaktionen (Wertpapier, Akkreditiv etc.)
- Welche Probleme treten auf (bei der Software / bei der Abwicklung / im Service)?
- Welche Verbesserungsvorschläge (Bsp.: SW-Module) haben Sie?
- Welche Pläne haben Sie für die Zukunft?

4. Finanzplanung

- Welche Bankleistungen nutzen Sie?
- Inwieweit ist die Finanzplanung in die Unternehmens-DV integriert?
- Welche Probleme treten auf (bei der Software / bei der Abwicklung)?
- Welche Verbesserungsvorschläge (Bsp.: SW-Module) haben Sie?
- Welche Pläne haben Sie für die Zukunft?

5. Finanzbuchhaltung

- Inwieweit ist die Finanzverwaltung in die Unternehmens-DV integriert?
- Welche Probleme treten auf (bei der Software / bei der Abwicklung)?
- Welche Verbesserungsvorschläge haben Sie?
- Welche Pläne haben Sie für die Zukunft?

6. Information und Recherche

- Welche Informationen beziehen Sie von Ihren Banken?
- Wie haben Sie die Aufgaben zwischen Ihrem Unternehmen und Ihren Banken aufgeteilt?
- Welche Probleme treten auf (bei der Software / bei der Abwicklung / bei den Informationsquellen)?
- Welche Verbesserungsvorschläge haben Sie?
- Welche Pläne haben Sie für die Zukunft?

7. Beratungsleistungen

- Zu welchen Themen möchten Sie von Ihrer Bank beraten werden?
- Bietet Ihre Bank Beratungsleistungen selbst und/oder über eine Tochtergesellschaft an? Wenn ja, welche sind das?
- Wie denken Sie darüber, wenn Sie ihre Bank zu den Themen Hardware-, Software- und Netzwerkauswahl im Finanzbereich berät?

8. Neue Geschäftsfelder von Banken

- Wie denken Sie darüber, wenn Banken als Netzbetreiber auftreten?
- Welche Vor- und Nachteile sehen Sie, wenn Banken ein EDI/EDIFACT-Service-Center aufbauen und Mehrwertdienste nicht nur bankspezifischer Art anbieten?
- Was halten Sie davon, wenn Banken im Sinne des Information Banking als Bereitsteller von Informationen aus den verschiedensten Themenbereichen auftreten?

Fragebogenleitfaden für Bankinterviews

Anforderungen/Akzeptanz/Nutzungsverhalten

1. Welche Anforderungen stellen Firmenkunden an die Verfügbarkeit und den Leistungsumfang von Bankleistungen im Electronic Banking?
2. Inwieweit hat sich das Verhalten der Firmenkunden in den letzten Jahren verändert?
3. Welche Entwicklungstrends bzgl. Akzeptanz und Nutzungsverhalten gibt es hier?

Kundenstruktur/Segmentierung/Marketing-Mix

1. Wie sieht die Kundenstruktur im Firmenkundengeschäft aus?
2. Nach welchen Kriterien werden Firmenkunden segmentiert?
3. Wie ist das Marketing-Mix bzgl. der Segmente gestaltet?
   - Produktpolitik
   - Preispolitik
   - Distributionspolitik
   - Kommunikationspolitik
4. Hat sich diese Segmentierung bisher als erfolgreich bewiesen? Bestehen Überlegungen hinsichtlich einer neuen Segmentierung?

Zukunft des Firmenkundengeschäfts

1. Welche wesentlichen Trends im Firmenkundengeschäft in bezug auf
   - Marktgröße und Marktstruktur,
   - technische Entwicklungen und Standards,
   - die Bank-Firmenkunde-Schnittstelle (z.B. Electronic Banking, neue Vertriebswege durch elektronische Medien) sehen Sie?
2. Wie reagiert die Bank auf diese Entwicklungen?
3. Wie sieht nach Ihrer Einschätzung die Bank-Firmenkunde-Schnittstelle der Zukunft aus?
4. Was sind die kritischen Erfolgsfaktoren im Firmenkundengeschäft der Zukunft?

Fragebogen der Firmenkundenumfrage

Megatrends im elektronischen Firmenkundengeschäft

Eine Umfrage des Instituts für Bankinformatik an der Universität Regensburg gemeinnützige GmbH

Das Institut für Bankinformatik an der Universität Regensburg wurde 1993 als gemeinnützige GmbH mit dem Forschungsprogramm „Finanzdienstleistungen in der Informationsgesellschaft" gegründet. Die Arbeit am Institut für Bankinformatik ist in Kompetenzzentren organisiert. Das Kompetenzzentrum „CC Medien" befaßt sich u.a. mit Veränderungen im Firmenkundengeschäft der Kreditinstitute soweit diese durch die Informations- und Kommunikationstechnologie bedingt sind. Gegenwärtig arbeiten acht diplomierte Mitarbeiter (Volkswirte, Wirtschaftsinformatiker, Informatiker und Kaufleute) im CC Medien.

Im Rahmen des CC Medien wird gegenwärtig ein Projekt mit dem Titel „Megatrends im elektronischen Firmenkundengeschäft" durchgeführt. Ziel des Projekts ist es, Akzeptanz und Nutzung von Electronic Banking Leistungen bei in Deutschland ansässigen Unternehmen zu erfragen sowie Anforderungen von Unternehmen an die (elektronische) Bank-Firmenkunde-Schnittstelle zu identifizieren. Zu diesem Zweck hat das Institut für Bankinformatik auf Basis von 15 persönlichen Interviews mit Cash Managern aus Unternehmen, Experten von Hardware-Herstellern sowie Electronic Banking Leitern und Firmenkundenbetreuern in Kreditinstituten diesen Fragebogen entwickelt, der ausgewählten Unternehmen aus den einzelnen Wirtschaftszweigen mit der Bitte um Beantwortung zugeht. Ihr Unternehmen wurde zur Beantwortung ausgewählt.

Die Antworten in diesem Fragebogen werden selbstverständlich anonym und streng vertraulich behandelt. Mit der Beantwortung dieses Fragebogens leisten Sie einen wesentlichen Beitrag zur Identifikation der Firmenkundenpräferenzen bzgl. Electronic Banking-Leistungen. Die Ergebnisse dieser Umfrage gehen einer Reihe von Kreditinstituten in aggregierter Form zu. Der Name Ihres Unternehmens wird zu keiner Zeit erwähnt.

Auf Wunsch senden wir Ihnen die Ergebnisse dieser Umfrage nach Durchführung der Auswertung zu. Vermerken Sie dies bitte auf der folgenden Seite bei der entsprechenden Frage.

Für Ihre Mühe bedanken wir uns bereits heute recht herzlich. Falls Sie Rückfragen haben, stehen wir Ihnen gerne zur Verfügung. Bitte übersenden Sie den Fragebogen nach Ihrer Beantwortung per Fax oder per Post an folgende Adresse:

Institut für Bankinformatik an der
Universität Regensburg gemeinnützige GmbH
Prof. Dr. Dieter Bartmann
93 040 Regensburg
Tel. 0941/943-1921 oder 0941/943-1923
Fax. 0941/943-1888

UNTERNEHMENSPROFIL

Ergebnisübermittlung: Ja ☐ Nein ☐

1. **Name des Unternehmens:** ______________________

2. **Welchen Umsatz hat Ihr Unternehmen in 1994 erzielt?**

☐ < 10 Mio. DM	☐ 100 Mio. - 250 Mio. DM	☐ >1 Mrd. DM
☐ 10 - 50 Mio. DM	☐ 250 Mio. - 500 Mio. DM	
☐ 50 - 100 Mio. DM	☐ 500 Mio. - 1 Mrd. DM	

3. **Wie hoch ist der Exportanteil am Umsatz in Prozent?** ca. ________

4. **In welche Regionen exportieren Sie Ihre Produkte?**
☐ Länder in der Europäischen Union (EU) ☐ Länder außerhalb der Europäischen Union

5. **Welche rechtliche Stellung hat Ihr Unternehmen?**
☐ Selbständiges Unternehmen ☐ Muttergesellschaft eines Konzerns ☐ Zweigwerk oder Tochter eines Konzerns

6. **Wieviel Auslandstöchter hat Ihr Unternehmen?** ______ Anzahl der Töchter im Ausland

BANKVERBINDUNGEN

7. **Bankverbindungen heute**	Inland	EU	Außerh. EU
Zu wieviel Banken unterhalten Sie eine Kontoverbindung?	____	____	____
Mit wieviel Banken wickeln Sie Ihren Zahlungsverkehr ab?	____	____	____

ANFORDERUNGEN AN KREDITINSTITUTE

8. **Auf welche Faktoren legen Sie in der Beziehung Ihres Unternehmens zu einer Bank allgemein besonderen Wert?**	sehr unwichtig	unwichtig	weder wichtig noch unwichtig	wichtig	sehr wichtig
Persönliche Betreuung	☐	☐	☐	☐	☐
Genau ein Ansprechpartner	☐	☐	☐	☐	☐
Branchenkenntnisse	☐	☐	☐	☐	☐
Räumliche Nähe zur Bank	☐	☐	☐	☐	☐
Schnelligkeit in der Ausführung	☐	☐	☐	☐	☐
Flexibilität in der Abwicklung	☐	☐	☐	☐	☐
Preistransparenz (klare Preisstruktur)	☐	☐	☐	☐	☐
Fachkundige, zuverlässige Beratung	☐	☐	☐	☐	☐
Erreichbarkeit der Mitarbeiter	☐	☐	☐	☐	☐
Beistand auch in „schwierigen Zeiten"	☐	☐	☐	☐	☐
Entscheidungskompetente Ansprechpartner	☐	☐	☐	☐	☐
Informationsangebot der Bank	☐	☐	☐	☐	☐
Präsenz der Bank in für Sie wichtigen Ländern	☐	☐	☐	☐	☐

9. Welche Anforderungen stellen Sie an Electronic Banking (EB) Produkte und Leistungen eines Kreditinstituts?	sehr unwichtig	unwichtig	weder wichtig noch unwichtig	wichtig	sehr wichtig
Breites EB-Leistungsspektrum	☐	☐	☐	☐	☐
Neueste Software (z.B. letzter Releasestand)	☐	☐	☐	☐	☐
Support (z.B. Telefon-Hotline) verfügbar	☐	☐	☐	☐	☐
Installation der EB-Systeme durch die Bank	☐	☐	☐	☐	☐
Anpassung der EB-Systeme an die eigene DV	☐	☐	☐	☐	☐
Kompetente Beratung vor und während der Einführung von EB-Systemen	☐	☐	☐	☐	☐
Kompetente Beratung/Wartung nach Einführung von EB-Systemen (fortlaufend)	☐	☐	☐	☐	☐
Einweisung und Schulung bzgl. EB-Software	☐	☐	☐	☐	☐
Technische Erreichbarkeit (Schnittstellen)	☐	☐	☐	☐	☐
Software Dokumentation in gedruckter Form trotz umfangreicher Online-Hilfe	☐	☐	☐	☐	☐

ZUGÄNGE ZU NETZEN UND ONLINE-DIENSTEN

10. Verfügt Ihr Unternehmen über einen Zugang zu den folgenden Netzen und Online-Diensten oder ist ein solcher Zugang geplant?	Zugang schon heute	im nächsten Jahr	in zwei Jahren	in fünf Jahren
ISDN	☐	☐	☐	☐
DATEX-P/X.25	☐	☐	☐	☐
X.400	☐	☐	☐	☐
DATEX-J / BTX	☐	☐	☐	☐
CompuServe	☐	☐	☐	☐
Internet/World Wide Web	☐	☐	☐	☐

ZAHLUNGSVERKEHR

11. Wieviel Zahlungstransaktionen wickeln Sie in Ihrem Unternehmen in etwa pro Monat ab (Basis: Transaktionen - nicht Buchungsposten - pro Monat)?	per Überweisung	per Lastschrift	per Scheck
Inlandszahlungsverkehr	____________	____________	____________
Auslandszahlungsverkehr	____________		____________

12. Setzen Sie ein System zur Unterstützung Ihres Zahlungsverkehrs ein (z.B. zur Erstellung von DTA-Dateien)?

☐ Nein. **ZV-System**

☐ Ja, Eigenentwicklung unter: ______________________________

☐ Ja, gekauftes System. Name: ______________________________

Hersteller/Bank: ______________________________

13. Welchen Anteil der Überweisungen/LA pro Monat wickeln Sie in etwa in der folgenden Art und Weise ab und welche Pläne haben Sie für die Zukunft?	heute	in einem Jahr	in zwei Jahren	in fünf Jahren
konventionell beleghaft	____	____	____	____
beleglos per DTA und physischem Transport des Datenträgers (Diskette, Band etc.)	____	____	____	____
beleglos per Datenfernübertragung (DFÜ)	____	____	____	____
	=100%	=100%	=100%	=100%

CASH MANAGEMENT

14. Setzen Sie ein System zur Unterstützung Ihres Cash Managements ein?

		Cash Management-System	**Kommunikationsmodul (falls separat)**
☐ Nein.			
☐ Ja,	Eigenentwicklung unter:	____	____
☐ Ja,	Gekauftes System. Name:	____	____
	Hersteller/Bank:	____	____

15. Über welchen Funktionsumfang verfügen die von Ihnen verwendeten Cash Management-Systeme insgesamt bzw. welche der nicht verfügbaren Funktionen wünschen Sie sich?	vorhanden	nicht vorhanden, aber erwünscht
Inlandszahlungsverkehr	☐	☐
Auslandszahlungsverkehr	☐	☐
Kontoübersicht Buchungssalden	☐	☐
Kontoübersicht valutarische Salden	☐	☐
Geld- und Deviseninformationen	☐	☐
Wertpapierinformationen	☐	☐
Akkreditivabwicklung	☐	☐
Abwicklung von Wertpapiergeschäften	☐	☐
Abwicklung von Geld- und Termingeschäften	☐	☐
Kontenkonzentration/Pooling	☐	☐

FINANZ- UND LIQUIDITÄTSPLANUNG (MITTEL- UND LANGFRISTIG)

16. Setzen Sie ein System zur Finanz- und Liquiditätsplanung ein?

		Finanzplanungssystem
☐ Nein.		
☐ Ja,	Eigenentwicklung unter:	____
☐ Ja,	Gekauftes System. Name:	____
	Hersteller/Bank:	____

Finanzbuchhaltung

17. Setzen Sie ein System zur Unterstützung Ihrer Finanzbuchhaltung ein?

		Finanzbuchhaltungssystem
☐ Nein.		
☐ Ja,	Eigenentwicklung unter:	______________
☐ Ja,	Gekauftes System. Name:	______________
	Hersteller/Bank:	______________

Information und Recherche

18. Welche Informationen beziehen/ bekommen Sie von Ihren Banken regelmäßig? Welche Information, die Sie noch nicht beziehen, sind (auch von anderen Anbietern) für Sie besonders interessant?	**Bezug heute** auf Papier	Online	**Interesse** auf Papier	Online
Historische Börsen- und Rentenkurse	☐	☐	☐	☐
Geld- und Devisenkurse	☐	☐	☐	☐
Volkswirtschaftliche Daten	☐	☐	☐	☐
Preise und Gebühren der Bank	☐	☐	☐	☐
Unternehmensprofile	☐	☐	☐	☐
Tagesaktuelle Nachrichten	☐	☐	☐	☐
Länderanalysen	☐	☐	☐	☐
Realtime Informationen (z.B. Kurse)		☐		☐
Entwicklungen im Electronic Banking	☐	☐	☐	☐
Brancheninformationen	☐	☐	☐	☐
Förderprogramme	☐	☐	☐	☐

Elektronische Medien

19. Welche elektronischen Medien setzen Sie in Ihrem Unternehmen ein bzw. für welche haben Sie einen Einsatz geplant?	Einsatz schon heute	im nächsten Jahr	in zwei Jahren	in fünf Jahren
EMail mit anderen Unternehmen	☐	☐	☐	☐
EMail mit Kreditinstituten	☐	☐	☐	☐
ISDN-Videokonferenz innerh. des Unternehmens	☐	☐	☐	☐
ISDN-Videokonferenz mit anderen Unternehmen	☐	☐	☐	☐
ISDN-Videokonferenz mit Kreditinstituten	☐	☐	☐	☐
UN/EDIFACT mit anderen Unternehmen	☐	☐	☐	☐
UN/EDIFACT mit Kreditinstituten				
• im Inlandszahlungsverkehr	☐	☐	☐	☐
• im Auslandszahlungsverkehr	☐	☐	☐	☐
• im Akkreditiv-/Dokumentengeschäft	☐	☐	☐	☐
Online-Datenbanksysteme im Unternehmen	☐	☐	☐	☐
Online-Informationssysteme im Finanzbereich	☐	☐	☐	☐
Internet/World Wide Web im Finanzbereich	☐	☐	☐	☐

BERATUNG

20. **Zu welchen Themen möchten Sie von Ihrer Bank beraten werden?**	Uninter-essant	interessant, falls Beratung kostenlos	auch interessant, falls Beratung zu marktüblichen Preisen
Finanzwirtschaftliche Beratung			
• Zahlungsverkehr	□	□	□
• Cash Management	□	□	□
• Finanzplanung	□	□	□
• EDI/EDIFACT	□	□	□
Betriebswirt. Unternehmensberatung	□	□	□
Technische Beratung (im Finanzbereich)			
• Netzwerkauswahl	□	□	□
• Softwareauswahl	□	□	□
• Hardwareauswahl	□	□	□

AUSSAGEN ZUM ELECTRONIC BANKING

21. **Inwieweit stimmen Sie den folgenden Aussagen zu?**	trifft nicht zu	trifft eher nicht zu	weiß nicht	trifft eher zu	trifft zu
• Kreditinstitute sollen im EB lediglich Schnittstellen bereitstellen. Die Software und die Installation übernehmen wir als Unternehmen selbst.	□	□	□	□	□
• Kreditinstitute sollen EB-Beratung anbieten. Installation, Schulung, Service etc. sollen von einem Software-Haus übernommen werden, das die Bank vermittelt.	□	□	□	□	□
• Kreditinstitute sollen Electronic Banking-Komplettlösungen selbst anbieten.	□	□	□	□	□
• Gute Beratung bei Electronic Banking Leistungen lassen wir uns etwas kosten.	□	□	□	□	□
• Bei der Betreuung eines Unternehmens durch eine Bank gibt es zwei Konzepte: Firmenkundenbetreuer- versus Produktbetreuerkonzept. Beim Produktbetreuerkonzept gibt es einen Verantwortlichen für jede Produktsparte. Beim Firmenkundenbetreuerkonzept ist zunächst eine Person der Ansprechpartner. Er leitet bei Bedarf an Spezialisten wieiter. Von den beiden Konzepten bevorzuge ich das Firmenkundenbetreuerkonzept.	□	□	□	□	□
• Ich kann mir vorstellen, meinen EDI/EDIFACT-Verkehr mit meinen Kunden und Lieferanten über Banknetze zu übertragen, wenn Banken Ihre Netze Dritten anbieten.	□	□	□	□	□
• Bei einer EDI/EDIFACT Abwicklung sind mir weitere Mehrwertdienste (z.B. Formatkonvertierung) wichtig.	□	□	□	□	□

BEMERKUNGEN (ZU BANKEN ALLGEMEIN, ZUM FRAGEBOGEN ETC.)

Vielen herzlichen Dank für Ihre Mühe!

BITTE SENDEN SIE DEN AUSGEFÜLLTEN FRAGEBOGEN AN:

Institut für Bankinformatik an der Universität Regensburg gemeinnützige GmbH
Prof. Dr. Dieter Bartmann
93 040 Regensburg

ODER FAXEN SIE DEN AUSGEFÜLLTEN FRAGEBOGEN FORMLOS AN:

Institut für Bankinformatik
Fax: 0941/943-1888

Begriffsglossar zum Fragebogen

Finanzmanagementsysteme
In dieser Studie werden unter dem Begriff Finanzmanagementsystem drei Systemarten subsumiert: Zahlungsverkehrssystem, Cash Management-System und Finanzplanungssystem. Darüber hinaus ist der Einsatz von Finanzbuchhaltungssystemen von Interesse.
Zu jeder Systemart existieren unzählige, z.T. gegensätzliche Definitionen, die hier nicht aufgeführt oder gar diskutiert werden sollen. Die für diese Studie zugrunde gelegten Definitionen folgen einem pragmatischen Ansatz und dienen zur Herausbildung einer gemeinsamen Terminologie für die Teilnehmer an dieser Studie und deren Autoren.

Zahlungsverkehrssystem (ZV-System)
Ein Zahlungsverkehrssystem unterstützt die Abwicklung des Zahlungsverkehrs ohne Bereitstellung zusätzlicher Dispositions-, Planungs- oder Entscheidungsunterstützungsfunktionen.
Man unterscheidet Offline- und Online-ZV-Systeme. Offline-ZV-Systeme generieren DTA-Dateien, die physisch auf einem Datenträger (Band, Diskette) transportiert werden. Online-ZV-Systeme verfügen über ein Kommunikationsmodul für den elektronischen Datenaustausch mit einem oder mehreren Kreditinstituten zur Sammlung von Kontoinformationen (Salden, Umsätze etc.) und zur Initiierung von Zahlungsaufträgen.
Beispiele für ZV-Systeme: ZV-Light, SAP R/3 (FI), DTA-Software.

Cash Management-System (CM-System)
Das Cash Management (= Liquiditätsmanagement) umfaßt die Planung, Realisation und Kontrolle der Liquidität (Primär- und Sekundärliquidität). Es beinhaltet in Unternehmen folgende Aufgaben: Steuerung der Kassenhaltung, Disposition der Zahlungsmittelbestände (valutarische Salden, Buchungssalden) und Aktualisierung der Liquiditätsplanung, Geldanlage und -aufnahmegeschäfte, Pooling, Steuerung der Zahlungsströme, Wahl der Zahlungsinstrumente, Zahlungszeitpunktsteuerung, Netting, Liquiditätsplanung, Währungsmanagement, Auswahl und Pflege der Bankbeziehungen (Konten, Personen, Kontakte etc.), Liquiditätskontrolle.
Cash Management-Systeme verfügen über Funktionen zur Unterstützung dieser Aufgaben. Dabei kann ein Cash Management-System über ein Kommunikationsmodul verfügen, muß es aber nicht. Verfügt ein Cash Management-System über die Funktion zur DFÜ-Übermittlung von Zahlungsaufträgen, so ist dieses System als CM-System *und* als ZV-System im Fragebogen zu vermerken.
Beispiele für CM-Systeme: Multicash Plus und Ableger, CMFC, Cerg Finance, ICMS, SAP R/3 (TR-CM, TR-TM), Moneta.

Finanzplanungssystem (FP-System)
Unter Finanzplanungssystemen werden Systeme verstanden, die finanzwirtschaftliche Entscheidungen mit einem mittel- und/oder langfristigen Zeithorizont unterstützen. Der Planungszeitraum muß mindestens sechs Monate betragen. Eigenentwicklungen (z.B. auch Spreadsheets unter Excel oder Lotus 1-2-3) mit einem Planungshorizont von mindestens sechs Monaten werden ebenfalls zu den FP-Systemen gezählt. Verfügt ein CM-System über eine solche Funktionalität, so ist dieses System als CM-System *und* als FP-System zu vermerken.
Beispiele für FP-Systeme: CMFC, ICMS.

Finanzbuchhaltungssystem
Hierunter werden Systeme verstanden, die das externe Rechnungswesen unterstützen, z.B. Kreditoren- und Debitorenbuchhaltung, Angebotserstellung, Verbuchung von Lieferungen, etc.
Beispiele für Finanzbuchhaltungssysteme: SAP R/3 (RF), proprietäre Systeme.

Mehrwertdienst
Über die Verschmelzung von Informationstechnik und Kommunikationstechnik entstehen intelligente Telekommunikationsdienste. Man bezeichnet sie als Mehrwertdienste, da sie dem Basisdienst - der reinen Übertragung - einen Mehrwert hinzufügen. Beispiele für Mehrwertdienste sind Electronic Mail, Electronic Data Interchange (EDI) oder interaktive Informationsdienste, wie das World Wide Web.

Electronic Banking / Electronic Banking-System
Electronic Banking umfaßt alle EDV-gestützten Dienstleistungen, die im Verkehr zwischen Bankkunde und Bank angeboten werden, ohne direkte Involvierung von Bankpersonal. In dieser Untersuchung steht das elektronische Firmenkundengeschäft als Teil des Electronic Banking im Mittelpunkt, das elektronische Mehrwertsysteme (= Zugangssysteme beim Firmenkunden, wie Multicash Plus, und Mehrwertdienste der Bank), Electronic Services ohne Systemnotwendigkeit beim Firmenkunden und Beratungsleistungen hierzu umfaßt. Ein Electronic Banking-System ist ein elektronisches Mehrwertsystem, das den Firmenkunden in die Lage versetzt, Bankmarktleistungen an seinem Standort in Anspruch zu nehmen.

UN/EDIFACT
(Electronic Data Interchange for Administration, Commerce and Transport)
UN/EDIFACT ist ein international genormter Standard für einen branchen- und länderübergreifenden Austausch strukturierter Geschäftsdaten (Rechnungen, Überweisungen, etc.) zwischen Computeranwendungen. Mit dem UN/EDIFACT-Format lassen sich unter Vermeidung von Medienbrüchen (z.B. durch manuelle Nacherfassung von bereits einmal elektronisch erfaßten Daten) vollautomatisierte, unternehmensinterne und -übergreifende Prozeßketten aufbauen. Vor allem im internationalen, branchenübergreifenden Geschäftsverkehr besitzt UN/EDIFACT große Vorteile gegenüber den bisherigen Standards, wenn bspw. Eingangsrechnungen nicht mehr manuell abgeglichen werden müssen oder Zahlungsavise mit

umfassenden Informationen zur Zahlungstransaktion die Finanzabteilung des Unternehmen frühzeitig erreichen.

ISDN-Videokonferenzsystem
Ein ISDN-Videokonferenzsystem ist ein auf dem ISDN-Netz arbeitendes, standardisiertes multimediales Kommunikationsmedium. Diese Systeme besitzen ihre Vorteile in den geringen Anschaffungskosten (ab 4.000 DM), den geringen Benutzungskosten und der internationalen Kompatibilität. Neben der Übertragung von Daten, Sprache und Bild lassen sich auch Applikationen und Dokumente gemeinsam bearbeiten. Somit unterstützen ISDN-Videokonferenzsysteme das gemeinsame Arbeiten in räumlich verteilten Teams.

Electronic Mail
Electronic Mail ist ein elektronisches System für die asynchrone Übertragung von Nachrichten, Dokumenten und Briefen. Um diese elektronische Post auch unternehmensübergreifend einsetzen zu können, sind standardisierte Systeme notwendig, z.B. auf der Grundlage des X.400-Standards.

Internet/World Wide Web
Das Internet ist ein weltweites Datennetz, das von einer Vielzahl von Organisationen betrieben wird. Es besteht aus vielen einzelnen Teilnetzen, die alle ein einheitliches Kommunikationsprotokoll (TCP/IP) verwenden. Wichtige Mehrwertdienste im Internet sind Electronic Mail und das World Wide Web. Letzteres ist ein interaktiver Informationsdienst, der intuitiv bedient werden kann. Insbesondere die äußerst einfache Bedienung verschafft dem WWW gewaltige Zuwachsraten.

Fragebogen für die Telefoninterviews mit Electronic Banking-Experten

1. Inwieweit können die Firmenkundenbetreuer in Ihrer Bank über EMail erreicht werden?

2. Bieten Sie Firmenkunden an, über ISDN-Videokonferenzsysteme mit Ihnen zu kommunizieren?

3. Beratungsleistungen zu technischen Themen:

    - Bieten Sie Beratungsleistungen zu technischen Themen unentgeltlich als Nebenleistung im Rahmen des Absatzes Ihrer Electronic Banking-Produkte an?

    - Bieten Sie Beratungsleistungen zu technischen Themen auch gegen Entgelt ohne direkten Bezug zu Ihren Electronic Banking Produkten an?

    - Kooperieren Sie mit einem Beratungsunternehmen, das technische Beratungsleistungen gegen Entgelt anbietet?

4. Bieten Sie ein System für Firmenkunden an, mit dem vom Standort des Firmenkunden aus Wertpapiertransaktionen (z.B. Aktienkäufe) initiiert werden können?

5. Bieten Sie ein Finanzplanungssystem - als eigenes Produkt oder in Kooperation mit einem Softwarehaus - an, das über die Funktionalität von Multicash Plus hinausgeht?

Interviewerliste der Telefoninterviews mit Electronic Banking-Experten

Interviewdatum: 24. bzw. 25.07.1996

Bankgesellschaft Berlin, Zentrale Berlin - Herr Lefkes - Tel. 030/3109-3048.

Bayerische Landesbank, Zentrale München - Herr Baier - Tel. 089/2171-3612.

Commerzbank, Filiale München - Herr Rocher - Tel. 089/3564-1191.

Deutsche Bank, Filiale München - Herr Stanke - Tel. 089/239-2928.

DG Bank, Zentrale Frankfurt - Herr Köhler - Tel. 069/7447-2783.

Dresdner Bank, Filiale München - Herr Müller - Tel. 089/2139-2292.

Hypo Bank, Zentrale München - Herr Sick - Tel. 089/9244-6299.

Vereinsbank, Filiale Frankfurt - Herr Pleyer - Tel. 069/2717-2490.

WestLB, Zentrale Düsseldorf - Herr Topp - Tel. 0211/826-7370.

Codeplan für die Firmenkundenumfrage

Ausstattungsbedarf

Nr.	Merkmal	Frage	Merkmals typ	Codierung der Ausprägungen	Beschreibung
1	UMSATZ	2	ordinal	1: 10-50 Mio.; 2: 50-100 Mio.; 3: 100-250 Mio.; 4: 250-500 Mio.; 5: 500-1Mrd.; 6: >1Mrd.	Unternehmensumsatz in 1994
2	EXPEU	4	binär	0: Nein; 1: Ja	Export in die EU
3	EXPNEU	4	binär	0: Nein; 1: Ja	Export in Länder außerhalb d. EU
4	AUSLTOCH	6	metrisch		Anzahl der Auslandstöchter
5	EXPANT	3	metrisch		Exportanteil am Umsatz in %
6	BVINL	7	metrisch		Anzahl Bankverbindungen Inland
7	BVEU	7	metrisch		Anzahl Bankverbindungen EU
8	BVNEU	7	metrisch		Anzahl Bankverb. außerhalb EU
9	ZVINL	7	metrisch		Banken für ZV Inland
10	ZVEU	7	metrisch		Banken für ZV in der EU
11	ZVNEU	7	metrisch		Banken für ZV außerhalb EU
12	TAIZV	11	metrisch		Anzahl d. Inlandstransakt. p.M.
13	TAAZV	11	metrisch		Anzahl d. Auslandstransakt. p.M.

Ausstattungsgrad

Nr.	Merkmal	Frage	Merkmals typ	Codierung der Ausprägungen	Beschreibung
1	ZVS	12	binär	0: Nein; 1: Ja	Einsatz Zahlungsverkehrssystem
2	CMS	14	binär	0: Nein; 1: Ja	Einsatz Cash Management-System
3	FPS	16	binär	0: Nein; 1: Ja	Einsatz Finanzplanungssystem
4	FIBU	17	binär	0: Nein; 1: Ja	Einsatz Finanzbuchhaltungssystem
5	DFUMOEGL	abgel 235	binär	0: Nein; 1: Ja	Möglichkeit zum Electronic Funds Transfer
6	EDIMU	19	ordinal	6: Einsatz heute; 5: Einsatz vorstellbar in einem Jahr; 4: Einsatz vorstellbar in zwei Jahren; 1: Einsatz vorstellbar in fünf Jahren; 0: keine Antwort	Einsatz, Pläne EDI/EDIFACT mit Unternehmen
7	EDIMBIZ	19	ordinal	siehe EDIMU	Einsatz, Pläne EDI/EDIFACT im IZV
8	EDIMBAZ	19	ordinal	siehe EDIMU	Einsatz, Pläne EDI/EDIFACT im AZV
9	EDIMBAK	19	ordinal	siehe EDIMU	Einsatz, Pläne EDI/EDIFACT im Akkreditivgeschäft

235 Die Abkürzung „abgel." steht für „abgeleitet" und bedeutet, daß dieses Merkmal nicht originär erhoben, sondern aus anderen Merkmalen nach einer definierten Regel oder einer Berechnungsmethode berechnet wurde. Vgl. Abschnitt 7.2.2.3.

Nr.	Merkmal	Frage	Merkmals typ	Codierung der Ausprägungen	Beschreibung
10	BELL0	13	metrisch		Anteil beleglos per DFÜ abgewickelter Zahlungen heute
11	BELL1	13	metrisch		Anteil beleglos per DFÜ abgewickelter Zahlungen in einem Jahr
12	BELL2	13	metrisch		Anteil beleglos per DFÜ abgewickelter Zahlungen in zwei Jahren
13	BELL5	13	metrisch		Anteil beleglos per DFÜ abgewickelter Zahlungen in fünf Jahren
14	EMMU	19	ordinal	siehe EDIMU	Ausstattung, Pläne bzgl. EMail mit Unternehmen
15	EMMB	19	ordinal	siehe EDIMU	Ausstattung, Pläne bzgl. EMail mit Banken
16	ISDNVKIU	19	ordinal	siehe EDIMU	Ausstattung, Pläne bzgl. ISDN-Videokonferenzen im Unternehmen
17	ISDNVKMU	19	ordinal	siehe EDIMU	Ausstattung, Pläne bzgl. ISDN-Videokonferenzen mit Unternehmen
18	ISDNVKMB	19	ordinal	siehe EDIMU	Ausstattung, Pläne bzgl. ISDN-Videokonferenzen mit Banken
19	ONLDBU	19	ordinal	siehe EDIMU	Ausstattung, Pläne bei Online-Datenbanken im Unternehmen
20	ONLISFB	19	ordinal	siehe EDIMU	Ausstattung, Pläne bei Online-Informationssystemen (Realtime-Datenbanken) im Finanzbereich
21	WWWFB	19	ordinal	siehe EDIMU	Ausstattung, Pläne bei Internet/WWW im Finanzbereich
22	ISDN	10	ordinal	6: Einsatz heute; 5: Einsatz geplant in einem Jahr; 4: Einsatz geplant in zwei Jahren; 1: Einsatz geplant in fünf Jahren; 0: keine Antwort	Ausstattung, Pläne ISDN
23	DTXP	10	ordinal	siehe ISDN	Zugang und Pläne bei ISDN
24	X400	10	ordinal	siehe ISDN	Zugang und Pläne bei X.400
25	TONLINE	10	ordinal	siehe ISDN	Ausstattung und Pläne bei T-Online
26	COMPS	10	ordinal	siehe ISDN	Ausstattung und Pläne bei CompuServe
27	WWWU	10	ordinal	siehe ISDN	Ausstattung und Pläne bei Internet/WWW im Unternehmen

Bankmarktleistungsinnovationen

Nr.	Merkmal	Frage	Merkmals typ	Codierung der Ausprägungen	Beschreibung
1	IZV	15	nominal polytom	0: keine Angabe; 1: nicht vorhanden, aber erwünscht; 2: vorhanden	Funktionalität IZV
2	AZV	15	nominal polytom	siehe IZV	Funktionalität AZV
3	BUCHSALD	15	nominal polytom	siehe IZV	Buchungssalden
4	VALSALD	15	nominal polytom	siehe IZV	valutarische Salden
5	GEDEVINF	15	nominal polytom	siehe IZV	Geld- und Deviseninformationen
6	WPINF	15	nominal polytom	siehe IZV	Wertpapierinformationen
7	AKKRABW	15	nominal polytom	siehe IZV	Akkreditivabwicklung
8	WPABW	15	nominal polytom	siehe IZV	Wertpapierabwicklung
9	GETERABW	15	nominal polytom	siehe IZV	Abwicklung v. Termingeschäften
10	POOLING	15	nominal polytom	siehe IZV	Pooling / Kontenkonzentration
11	EDINETZ	21	metrisch	1: trifft nicht zu; 2: trifft eher nicht zu; 3: weiß nicht; 4: trifft eher zu; 5: trifft zu	EDI/EDIFACT über Banknetze
12	EDIMWD	21	metrisch	siehe EDINETZ	EDI/EDIFACT Mehrwertdienste
13	HISTKU	18	nominal polytom	0: kein Bezug; 1: Bezug auf Papier; 2: Bezug Online	Historische Aktien- und Rentenkurse
14	GEDEVKU	18	nominal polytom	siehe HISTKU	Geld- und Devisenkurse
15	VWLDTN	18	nominal polytom	siehe HISTKU	Volkswirtschaftliche Daten
16	GEBBANK	18	nominal polytom	siehe HISTKU	Preise und Gebühren der Bank
17	UNTPROF	18	nominal polytom	siehe HISTKU	Unternehmensprofile
18	AKTNACHR	18	nominal polytom	siehe HISTKU	Tagesaktuelle Nachrichten
19	LAENDAN	18	nominal polytom	siehe HISTKU	Länderanalysen
20	REALTIME	18	nominal polytom	siehe HISTKU	Realtime Informationen
21	ENTWEB	18	nominal polytom	siehe HISTKU	Entwicklungen im Electronic Banking
22	BRANCHIN	18	nominal polytom	siehe HISTKU	Brancheninformationen
23	FOERDPR	18	nominal polytom	siehe HISTKU	Förderprogramme
24	IHISTKU	18	nominal polytom	siehe HISTKU	Interesse an historischen Aktien- und Rentenkursen
25	IGEDEVKU	18	nominal polytom	siehe HISTKU	Interesse an Geld- und Devisen-kursen
26	IVWLDTN	18	nominal polytom	siehe HISTKU	Interesse an volkswirtschaftli-chen Daten
27	IGEBBANK	18	nominal polytom	siehe HISTKU	Interesse an Preisen und Gebüh-ren der Bank

Nr.	Merkmal	Frage	Merkmals typ	Codierung der Ausprägungen	Beschreibung
28	IUNTPROF	18	nominal polytom	siehe HISTKU	Interesse an Unternehmensprofilen
29	IAKTNACHR	18	nominal polytom	siehe HISTKU	Interesse an tagesaktuellen Nachrichten
30	ILAENDAN	18	nominal polytom	siehe HISTKU	Interesse an Länderanalysen
31	IREALTIM	18	nominal polytom	siehe HISTKU	Interesse an Realtime Informationen
32	IENTWEB	18	nominal polytom	siehe HISTKU	Interesse an Entwicklungen im Electronic Banking
33	IBRANCHI	18	nominal polytom	siehe HISTKU	Interesse an Brancheninformationen
34	IFOERDPR	18	nominal polytom	siehe HISTKU	Interesse an Förderprogrammen
35	INFHONL	abgel.	nominal dichotom	0: Nein; 1: Ja	Werden heute Informationen online bezogen?
36	INFMONL	abgel.	nominal dichotom	0: Nein; 1: Ja	Besteht Interesse, Informationen morgen online zu beziehen?
37	BERZV	20	nominal polytom	0: uninteressant; 1: interessant, falls Beratung kostenlos; 2: auch interessant, falls zu marktüblichen Preisen	Bankberatung zum Zahlungsverkehr
38	BERCM	20	nominal polytom	wie BERZV	Bankberatung zum Cash Management
39	BERFP	20	nominal polytom	wie BERZV	Bankberatung zur Finanzplanung
40	BEREDI	20	nominal polytom	wie BERZV	Bankberatung zu EDI/EDIFACT
41	BERBWL	20	nominal polytom	wie BERZV	Betriebswirtschaftliche Unternehmensberatung
42	BERNET	20	nominal polytom	wie BERZV	Beratung zu Netzwerkauswahl
43	BERSW	20	nominal polytom	wie BERZV	Beratung zur Softwareauswahl
44	BERHW	20	nominal polytom	wie BERZV	Beratung zur Hardwareauswahl
44	BERPRE	21	metrisch	1: trifft nicht zu; 2: trifft eher nicht zu; 3: weiß nicht; 4: trifft eher zu; 5: trifft zu	Beratung hat ihren Preis

Anforderungen an die Gestaltung der Bank-Firmenkunde-Beziehung

Nr.	Merkmal	Frage	Merkmals typ	Codierung der Ausprägungen	Beschreibung
1	PERSBET	8	metrisch	1: sehr unwichtig; 2: unwichtig; 3: weder noch; 4: wichtig; 5: sehr wichtig	Persönliche Betreuung
2	EINANSPR	8	metrisch	siehe PERSBET	Genau ein Ansprechpartner
3	BRANCHKE	8	metrisch	siehe PERSBET	Branchenkenntnisse
4	RAUMLNAE	8	metrisch	siehe PERSBET	Räumliche Nähe zur Bank
5	SCHNELL	8	metrisch	siehe PERSBET	Schnelligkeit in der Ausführung
6	FLEXIBI	8	metrisch	siehe PERSBET	Flexibilität in der Abwicklung
7	PREISTRA	8	metrisch	siehe PERSBET	Preistransparenz (klare Preisstruktur)

Nr.	Merkmal	Frage	Merkmalstyp	Codierung der Ausprägungen	Beschreibung
8	ZUVBER	8	metrisch	siehe PERSBET	Fachkundige, zuverlässige Beratung
9	ERRMA	8	metrisch	siehe PERSBET	Erreichbarkeit der Mitarbeiter
10	BEISTAND	8	metrisch	siehe PERSBET	Beistand auch in „schwierigen Zeiten"
11	ENTKAP	8	metrisch	siehe PERSBET	Entscheidungskompetente Ansprechpartner
12	INFANG	8	metrisch	siehe PERSBET	Informationsangebot der Bank
13	INTPRAES	8	metrisch	siehe PERSBET	Präsenz der Bank in für Sie wichtigen Ländern
14	EBSPEKT	9	metrisch	siehe PERSBET	Breites EB-Leistungsspektrum
15	NEUESW	9	metrisch	siehe PERSBET	Neueste Software
16	SUPPORT	9	metrisch	siehe PERSBET	Support verfügbar
17	INSTEBS	9	metrisch	siehe PERSBET	Bankinstallation der Systeme
18	ANPDV	9	metrisch	siehe PERSBET	Anpassung an die eigene DV
19	BERVW	9	metrisch	siehe PERSBET	Beratung vor und während
20	BERN	9	metrisch	siehe PERSBET	Beratung nach Systemeinführung
21	SCHUL	9	metrisch	siehe PERSBET	Einweisung und Schulung
22	TECHERR	9	metrisch	siehe PERSBET	Technische Erreichbarkeit
23	SWDOK	9	metrisch	siehe PERSBET	Software Dokumentation
24	EBMINI	21	metrisch	1: trifft nicht zu; 2: trifft eher nicht zu; 3: weiß nicht; 4: trifft eher zu; 5: trifft zu	Leistungsumfang im Electronic Banking: Minimallösung
25	EBHYBR	21	metrisch	wie EBMINI	Leistungsumfang im Electronic Banking: Hybridlösung
26	EBFULL	21	metrisch	wie EBMINI	Leistungsumfang im Electronic Banking: Full-Service-Lösung
27	FKBK	21	metrisch	wie EBMINI	Firmenkunden- vs. Produktbetreuerkonzept
28	QUALDIM1	abgel 236	metrisch	Mittelwert>0: überdurchschnittlich Mittelwert<0: unterdurchschnittlich	Qualitätsdimension 1
29	QUALDIM2	abgel.	metrisch	wie QUALDIM1	Qualitätsdimension 2
30	QUALDIM3	abgel.	metrisch	wie QUALDIM1	Qualitätsdimension 3
31	QUALDIM4	abgel.	metrisch	wie QUALDIM1	Qualitätsdimension 4
32	QUALDIM5	abgel.	metrisch	wie QUALDIM1	Qualitätsdimension 5
33	QUALDIM6	abgel.	metrisch	wie QUALDIM1	Qualitätsdimension 6

236 Zu den Qualitätsdimensionen vgl. Abschnitt 7.4.1.

Abbildungsverzeichnis

Tabellenverzeichnis

Literaturverzeichnis

[Ansoff/Stewart 1967] Ansoff, H.I. / Stewart, J.M. - Strategies for a technology based business - in: Harvard Business Review - Vol. 45 - No. 6 1967 - S. 71-83.

[Backhaus et al. 1994] Backhaus, K. / Erichson, B. / Plinke, W. / Weiber, R. - Multivariate Analysemethoden: Eine anwendungsorientierte Einführung - Berlin et al. 1994.

[Bartmann 1996] Bartmann, D. - Megatrends in der Bankenwelt - in: Sonderdruck aus RZ-Aktuell: Kundenzeitschrift der Rechenzentrale Bayerische Genossenschaften eV - Nr. 1 1996 - o.S.

[Bartmann/Grebe 1995] Bartmann, D. / Grebe, M. - Made in Germany 2: Ergebnisbericht - IBM Unternehmensberatung GmbH (Hrsg.) - Mainz 1995.

[Bartmann/Kerscher 1995] Bartmann, D. / Kerscher, B. - Telekommunikation: Heißer Draht zum Kunden - in: Business Computing Spezial: Banken und Versicherungen - Nr. 4 1995 - S. 40-43.

[Bartmann/Stockmann 1996] Bartmann, D. / Stockmann, C. - Hackerimage schreckt nicht mehr - in: Business Online - Nr. 1 1996 - S. 56-58.

[Bausch/Opitz 1993] Bausch, T. / Opitz, O. - PC-gestützte Datenanalyse mit Fallstudien aus der Marktforschung - München 1993.

[BdB 1996] Bundesverband deutscher Banken (Hrsg.) - Banken 1996: Fakten, Meinungen, Perspektiven - Köln April 1996.

[Berberich 1996] Berberich, F. - Informationen magisch anziehen - in: Business Online - Nr. 3 1996 - S. 60-63.

[Berger 1993] Berger, R. - Consulting: eine komplementäre Dienstleistung - in: Juncker, K. / Priewasser, E. (Hrsg.) - Das Firmenkundengeschäft auf dem Weg ins 21. Jahrhundert - Frankfurt am Main 1993 - S. 459-473.

[Bodo 1993] Bodo, R. - Technologie als Wettbewerbsfaktor - in: Juncker, Klaus / Priewasser, Erich (Hrsg.) - Das Firmenkundengeschäft auf dem Weg ins 21. Jahrhundert - Frankfurt am Main 1993 - S. 171-181.

[Boettger 1995] Boettger, U. - Cash-Management internationaler Konzerne: Strategien, Organisation, Umsetzung - Wiesbaden 1995.

[Böhler 1992] Böhler, H. - Marktforschung - 2., überarbeitete Auflage - Stuttgart et al. 1992.

[Böltken 1976] Böltken, F. - Auswahlverfahren: Eine Einführung für Sozialwissenschaftler - 1. Auflage - Stuttgart 1976.

[Bösler 1995] Bösler, B. - Wer macht was bei EDIFACT? - in: edi-change - Nr. 2 1995 - S. 31-33.

[Brachinger/Ost 1996] Brachinger, H.W. / Ost, F. - Modelle mit latenten Variablen: Faktorenanalyse, Latent Structure-Analyse und LISREL-Analyse - in: Fahrmeir, L. / Hamerle, A. / Tutz, G. (Hrsg.) - Multivariate statistische Verfahren - 2., überarbeitete Auflage - Berlin, New York 1996 - S. 639-766.

[Breiman et al. 1984] Breiman, L. / Friedman, J.H. / Olshen, R.A. / Stone, C. J. - Classification and Regression Trees - Belmont, California 1984.

[Brinkmann/Peill 1996] Brinkmann, T. / Peill, E. - Kundenbindung durch Servicegarantien - in: Die Bank - Nr. 5 1996 - S. 284-287.

[Bruhn 1994] Bruhn, M. - Anforderungen des Marktes - in: Masing, W. (Hrsg.) - Handbuch Qualitätsmanagement - 3., gründlich überarbeitete und erweiterte Auflage - München, Wien 1994 - S. 331-354.

[Bück 1993] Bück, W. - Kommunikationspolitik - in: Juncker, K. / Priewasser, E. (Hrsg.) - Das Firmenkundengeschäft auf dem Weg ins 21. Jahrhundert - Frankfurt am Main 1993 - S. 696-711.

[Bürkner/Woerz 1993] Entwicklung und Implementierung von Strategien im Firmenkundengeschäft - in: Juncker, K. / Priewasser, E. (Hrsg.) - Das Firmenkundengeschäft auf dem Weg ins 21. Jahrhundert - Frankfurt am Main 1993 - S. 715-738.

[Büschgen 1995] Büschgen, H.E. - Bankmarketing - Düsseldorf 1995.

[Bullinger 1994] Bullinger, H.-J. - Einführung in das Technologiemanagement: Modelle, Methoden, Praxisbeispiele - Stuttgart 1994.

[Cenarius 1994] Cenarius, F. - Mailboxdienste - in: Diebold Management Report - Nr. 8/9 1994 - S. 15-19.

[Cenarius 1995] Cenarius, F. - Mehrwertdienste - in: Diebold Management Report - Nr. 3 1995 - S. 18-21.

[Clark/Pregibon 1992] Clark, L.A. / Pregibon, D. - Tree-Based Models - in: Chambers, J. / Hastie, T. - Statistical Models in S - Pacific Grove 1992 - S. 377-420.

[Cochran 1972] Cochran, W.G. - Stichprobenverfahren - Berlin, New York 1972.

[Conklin 1987] Conklin, J. - Hypertext: An introduction and a survey - IEEE Computer - Nr. 20 9/1987 - S. 17-41.

[Corsten 1985] Corsten, H. - Die Produktion von Dienstleistungen - Betriebswirtschaftliche Studien, Nr. 51 - Berlin 1985.

[Crask/Perreault 1977] Crask, M.R. / Perreaul, J.R. - Validation of Discriminant Analysis in Marketing Research - in: Journal of Marketing Research - February 1977 - S. 60-68.

[Creditreform 1996] Creditreform Wirtschafts- und Konjunkturforschung (Hrsg.) - Unternehmensentwicklung 1. Halbjahr 1996 in den alten und neuen Bundesländern - Neuss 1996.

[Danziger/Vogel 1996] Danziger, U. / Vogel, L. - Electronic Banking im Firmenkundengeschäft - in: Bank und Markt - Heft 5 1996 - S. 40-43.

[Deckers 1990] Deckers, M. - Zukunftsorientierte Kreditentscheidung im mittelständischen Firmenkundengeschäft - München 1990.

[Deutsche Bank 1994] Deutsche Bank (Hrsg.) - euro-select: 1. Europäische Datenbank für Förderprogramme der EU-Länder sowie der EU - Frankfurt am Main April 1994.

[Deutsche Bank 1996] Deutsche Bank (Hrsg.) - Geschäftsbericht 1995 - Frankfurt am Main März 1996.

[Diamond 1995] Diamond, S. - client/server: Myths & Realities - in: Journal of Systems Management - July/August 1995 - S. 44-48.

[Dolff/Tober 1993] Dolff, P. / Tober, D. - Konditionen im Firmenkundengeschäft - in: Juncker, K. / Priewasser, E. (Hrsg.) - Das Firmenkundengeschäft auf dem Weg ins 21. Jahrhundert - Frankfurt am Main 1993 - S. 653 - 681.

[Dratva 1995] Dratva, R. - Elektronische Informationsdienste: Zukunftsweisende Konzepte und prototypische Umsetzung im Bankbereich - in: Schmid, B. - Electronic Mall: Banking und Shopping in globalen Netzen - Stuttgart 1995 - S. 95-179.

[Drewes 1993] Drewes, W. - Electronic Banking - in: Obst / Hintner (Begr.), Kloten, N. / Stein, J.H. v. (Hrsg.) - Geld-, Bank- und Börsenwesen - 39. Auflage - Stuttgart 1993 - S. 729-731.

[Eggert 1992] Eggert, A. - Information und Innovation im industriellen Mittelstand: eine theoriegeleitete empirische Untersuchung - Frankfurt et al. 1992.

[Eilenberger 1993] Eilenberger, G. - Bankbetriebswirtschaftslehre: Grundlagen, internationale Bankleistungen, Bank-Management - 5., überarbeitete und erweiterte Auflage - München, Wien 1993.

[Eistert 1994] Eistert, T. - Cash Management-Systeme -2., aktualisierte und vollständig überarbeitete Auflage 1994 - Studien zur Wirtschaftsinformatik Nr. 1 - Prof. Dr. Helmut Krcmar - Stuttgart 1994.

[Esch/Levermann 1995] Esch, F.-R. / Levermann, T. - Positionierung als Grundlage des strategischen Kundenmanagements - in: Thexis - Nr. 3 1995 - S. 8-14.

[Ewers/Fritsch 1987] Ewers, H.-J. / Fritsch, M. - Unterschiede zwischen frühen und späten Übernehmern computergestützer Techniken im Verarbeitenden Gewerbe der Bundesrepublik Deutschland - Wirtschaftswissenschaftliche Dokumentation der TU Berlin (Hrsg.) - Diskussionspapier 119 - Berlin 1987.

[Fahrmeir/Häußler/Tutz 1996] Fahrmeir, L. / Häußler, W. / Tutz, G. - Diskriminanzanalyse - in: Fahrmeir, L. / Hamerle, A. / Tutz, G. (Hrsg.) - Multivariate statistische Verfahren - 2., überarbeitete Auflage - Berlin, New York 1996 - S. 357-435.

[Fritsch 1987] Fritsch, M. - Räumliche Unterschiede in der Telematik Adoption in Industriebetrieben der Bundesrepublik Deutschland - in: Räumliche Wirkungen der Telematik - Forschungs- und Sitzungsberichte der Akademie für Raumforschung und Landesplanung Nr. 169 - Hannover 1987 - S. 301-335.

[Geis 1996] Geis, I. - Ohne Brief und Siegel? - in: Business Computing - Nr. 1 1996 - S. 76-77.

[Georg 1993] Georg, T. - EDIFACT: Ein Implementierungskonzept für mittelständische Unternehmen - Wiesbaden 1993.

[Gerken 1996] Gerken, S. - Logistik und Banken - Wiesbaden 1996.

[Glogowski 1990] Glogowski, E. - Neue Finanzdienstleistungen: Bankenmärkte im Wandel - 2. Auflage - Wiesbaden 1990.

[Götze/Rudolph 1994] Götze, U. / Rudolph, F. - Instrumente der strategischen Planung - in: Bloech, J. et al. (Hrsg.) - Strategische Planung: Instrumente, Vorgehensweisen und Informationssysteme - Heidelberg 1994 - S. 1-56.

[Gordon 1981] Gordon, A.D. - Classification - London, New York 1981.

[Grebe 1994] Grebe, M. / Die IBM-Studie 'Made in Germany' zur Situation in Deutschland ansässiger Produktionsbetriebe: Ein empirischer Beitrag zur deutschen Standortdiskussion - Mannheim 1994.

[Grebe/Kerscher 1996] Kerscher, B. / Grebe, M. - Edifact im Firmenkundengeschäft: Status quo und Zukunft - in: Bank und Markt - Nr. 11 1996 - S. 32-36.

[Gries/Schmidt 1995] Gries, C.-I. / Schmidt, A. - Datenbanken als Informationsquelle für kleine und mittlere Unternehmen - Institut für Mittelstandsforschung (Hrsg.) - ifm-Materialien Nr. 116 - Bonn September 1995.

[Gruhler 1994] Gruhler, W. - Wirtschaftsfaktor Mittelstand: Wesenselement der Marktwirtschaft in West und Ost - Institut der deutschen Wirtschaft (Hrsg.) - 2., überarbeitete, ergänzte und aktualisierte Auflage - Köln 1994.

[Hamer 1990a] Hamer, E. - Mittelständische Unternehmen: Gründung, Führung, Chancen, Risiken - Landsberg/Lech 1990.

[Hamer 1990b] Hamer, E. - Marktwirtschaft durch Mittelstand - Schriftenreihe des Mittelständischen Instituts Niedersachsen e.V. Band 23 - Essen 1990.

[Hartmann 1996] Hartmann, W. - Der Einfluß neuer Technologien auf die Arbeit der Zentralbanken - in: Deutsche Bundesbank (Hrsg.) - Auszüge aus Presseartikeln Nr. 36 - 11.06.1996 - S. 3-7.

[Hein 1993] Hein, M. - Einführung in die Bankbetriebslehre - 2., überarbeitete Auflage - München 1993.

[Helmstädter/Vogelbusch 1990] Helmstädter, H.G. / Vogelbusch, F. - Die Mittelstandsstichprobe des IFM - ifm-Materialien Nr. 81 - Bonn Dezember 1990.

[Hensche 1996] Hensche, C. - Ansprüche an die Bank - in: Die Bank - Nr. 6 1996 - S. 368-372.

[Henzler 1992] Henzler, R. - Information und Dokumentation: Sammeln, Speichern und Wiedergewinnen von Fachinformationen in Datenbanken - Berlin, Heidelberg 1992.

[Herget/Hensler 1995] Herget, J. / Hensler, S. - Online-Datenbanken in Wirtschaft und Wissenschaft: aktuelle Nachfragestrukturen und Nutzungstendenzen - in: Wirtschaftsinformatik - Nr. 2 1995 - S. 129-138.

[Herold 1994] Herold, K.O. - Zentrales Cash-Management internationaler Konzerne: Strukturen, Technologienutzung und Performancebeurteilung - St. Gallen 1994.

[Hermanns/Flegel 1992] Hermanns, A. / Flegel, V. - Einsatzbedingungen, Integrationspotentiale und Perspektiven für das Electronic Marketing - in: Hermanns, A. / Flegel, V. - Handbuch des Electronic Marketing - München 1992 - S. 905-924.

[Hötzel 1993] Hötzel, B. - Der Mittelstand im Spiegel der Finanzmarktforschung - in: Juncker, K. / Priewasser, E. (Hrsg.) - Das Firmenkundengeschäft auf dem Weg ins 21. Jahrhundert - Frankfurt am Main 1993 - S. 361-378.

[Hügel 1990] Hügel, R. - Der internationale Markt für Online-Datenbanken - Frankfurt am Main et al. 1990.

[Huth 1985] Huth, H.O. - Ertragsorientiertes Zielgruppenmarketing im mittelständischen Firmenkundenbereich von Universalbanken - Institut für Bankwirtschaft und Bankrecht an der Universität Köln Band 34 - Frankfurt am Main 1985.

[Jacob/Klein 1995] Jacob, A.-F. / Klein, S. - Cash Management: Firmenkunden wünschen hohe Servicequalität - in: Bank und Markt - Heft 2 Februar 1995 - S. 18-21.

[Jetter 1987] Jetter, T. - Cash-Management-Systeme: ein Entscheidungsproblem der Marketing Politik im Firmenkundengeschäft der Kreditinstitute - Wiesbaden 1987.

[Jonas 1992] Jonas, C. - Telekommunikation: Datenfernübertragung mit Personal Computern - München 1992.

[Jugel/Zerr 1989] Jugel, S. / Zerr, K. - Dienstleistungen als strategisches Element eines Technologie-Marketing - in: Marketing ZFP - Nr. 3 3. Quartal 1989 - S. 162-171 sowie in: Corsten, H. (Hrsg.) - Integratives Dienstleistungsmanagement: Grundlagen, Beschaffung, Produktion, Marketing, Qualität - Wiesbaden 1994 - S. 323-345.

[Juncker 1993] Juncker, K. - Firmenkundengeschäft: Den Wandel managen - in: Juncker, K. / Priewasser, E. (Hrsg.) - Das Firmenkundengeschäft auf dem Weg ins 21. Jahrhundert - Frankfurt am Main 1993 - S. 72-100.

[Kagermann/Scheuermann 1993] Kagermann, H. / Scheuermann, H.-D. - Der vernetzte Kunde - Integration von Bank- und Unternehmens-EDV - in: Juncker, K. / Priewasser, E. (Hrsg.) - Das Firmenkundengeschäft auf dem Weg ins 21. Jahrhundert - Frankfurt am Main 1993 - S. 182-202.

[Kailich 1990] Kailich, N. - Qualität der Bankberatung im Firmenkundengeschäft: Theoretische Analyse der Beratungsqualität und empirische Untersuchung ihrer Beurteilung durch mittelständische Unternehmen - Bergisch Gladbach 1990.

[Kappler/Rehkugler 1991] Kappler, E. / Rehkugler, H. - Kapitalwirtschaft - in: Heinen, E. - Industriebetriebslehre - 9., vollständig neu bearbeitete und erweiterte Auflage - Wiesbaden 1991 - S. 897-1068.

[Kaufmann/Pape 1996] Kaufmann, H. / Pape, H. - Clusteranalyse - in: Fahrmeir, L. / Hamerle, A. / Tutz, G. (Hrsg.) - Multivariate statistische Verfahren - 2., überarbeitete Auflage - Berlin, New York 1996 - S. 437-536.

[Kerner 1993] Kerner, B. - Rechnernetze nach OSI - 2. Auflage - Bonn, Paris 1993.

[Kerscher 1995] Kerscher, B. - Telekommunikation im elektronischen Bankgeschäft - Institut für Bankinformatik an der Universität Regensburg (Hrsg.) - Studie/CCM/5004 - Regensburg 1995.

[Kerscher 1996] Kerscher, B. - Technologieszenario: Mehrwert- und Onlinesysteme im elektronischen Bankgeschäft - Institut für Bankinformatik an der Universität Regensburg (Hrsg.) - Studie/CCM/6033 - Regensburg 1996.

[Kettern 1987] Kettern, T. - Cash Management und Bankenwahl - München 1987.

[Kleinaltenkamp/Fließ 1995] Kleinaltenkamp, M. / Fließ, S. - Entwicklung einer strategischen Marketing Konzeption - in: Kleinaltenkamp, M. / Plinke, W. (Hrsg.) - Technischer Vertrieb: Grundlagen - Berlin et al. 1995 - S. 947-1019.

[Kleinherne 1996] Kleinherne, R. - Videokonferenzen in Banken: Einsatzfelder und Wirtschaftlichkeit - in: Bank und Markt - Nr. 3 1996 - S. 22-24.

[Koller 1963] Koller, S. - Typisierung korrelativer Zusammenhänge - in: Metrika - Nr. 6 1963 - ohne Jahrgang - S. 65-75.

[Kopper 1996] Kopper, H. - Zeit zum Sparen - Interview in: Manager Magazin - März 1996 - S. 122-131.

[Kotler/Bliemel 1992] Kotler, P. / Bliemel, F.W. - Marketing-Management: Analyse, Planung, Umsetzung und Steuerung - 7., vollständig neu bearbeitete und für den deutschen Sprachraum erweiterte Auflage unter Einbeziehung der Übersetzung zur 6. Auflage durch Manfred Brandl - Stuttgart 1992.

[Krämer 1988] Krämer, C. - Elektronische Medien in Kreditinstituten - Betriebswirtschaftliche Schriftenreihe - Band 42 - Münster 1988.

[Kröger 1996] Kröger, C. - Unendlich aufregende Welt im Umbruch - in: Diebold Management Report - Nr. 3 1996 - S. 15-18.

[Kube 1991] Kube, C. - Erfolgsfaktoren in Filialsystemen: Diagnose und Umsetzung im strategischen Controlling - Wiesbaden 1991.

[Küspert 1991] Küspert, A. - Bildung und Bewertung strategischer Geschäftsfelder im Privatkundengeschäft einer Universalbank - München 1991.

[Lachenbruch 1975] Lachenbruch, P.A. - Discriminant Analysis - New York 1975.

[Lehner 1996] Lehner, F. - Multimedia und Telekooperation: Herausforderung für mittelständische Unternehmen - in: IHK Regensburg (Hrsg.) - Elektronischer Marktplatz Bayern: Stärkung der Wettbewerbsbasis von Kleinen und Mittleren Unternehmen (KMU), insbesondere in strukturschwachen Regionen - Vortragsveranstaltung mit der Universität Regensburg 10.05.1996 - Schriftenreihe Heft 17 - Regensburg 1996 - S. 17-51.

[Linn 1990] Linn, N. - EDV in Klein- und Mittelbetrieben - in: Pfohl, H.-Chr. (Hrsg.) - Betriebswirtschaftslehre der Mittel- und Kleinbetriebe: grössenspezifische Probleme und Möglichkeiten zu ihrer Lösung - 2., neubearbeitete Auflage - Berlin 1990 - S. 325-348.

[Ludwig 1993] Ludwig, W. F. - Die Bank als Partner des Mittelstands - in: Juncker, K. / Priewasser, E. (Hrsg.) - Das Firmenkundengeschäft auf dem Weg ins 21. Jahrhundert - Frankfurt am Main 1993 - S. 17-31.

[Luhmann 1973] Luhmann, N. - Vertrauen: Ein Mechanismus der Reduktion sozialer Komplexität - 2. erweiterte Auflage - Stuttgart 1973.

[Mahler 1994] Mahler, A. - Neue Dienste der Telekommunikation: Kreditbanken führend - in: Bank und Markt - Nr. 7 1994 - S. 33-37.

[Matzer 1996] Matzer, M. - @vantage sichert Informationsvorsprung - in: Business Online - Nr. 3 1996 - S. 17.

[Meffert 1986] Meffert, H. - Perspektiven des Marketing im Spannungsfeld zwischen Standardisierung und Differenzierung: Thesen zu den Herausforderungen der 90er Jahre - in: Markenartikel - Nr. 10 1986 - S. 442-451.

[Meffert 1988] Meffert, H. - Strategische Unternehmensführung und Marketing: Beiträge zur marktorientierten Unternehmenspolitik - Wiesbaden 1988.

[Meffert/Bruhn 1995] Meffert, H. / Bruhn, M. - Dienstleistungsmarketing: Grundlagen, Konzepte, Methoden - Wiesbaden 1995.

[Meyer 1992] Meyer, A. - Automatisierte Dienstleistungen durch Informationstechnik - in: Hermanns, A. / Flegel, V. (Hrsg.) - Handbuch des Electronic Marketing - München 1992 - S. 825-835.

[Meyer 1994] Meyer, A. - Dienstleistungsmarketing: Erkenntnisse und praktische Beispiele - 6., unveränderte Auflage - München 1994.

[Meyer/Dornach 1995] Meyer, A. / Dornach, F. - Jahrbuch der Kundenzufriedenheit in Deutschland 1995: Das Deutsche Kundenbarometer 1995 - Qualität und Zufriedenheit - München 1995.

[Mortsiefer et al. 1980] Mortsiefer, H.-J. / Reske, W. / Steiner, J. - Betriebsgrößenbedingte Wettbewerbsvorteile und Wettbewerbsnachteile mittelständischer Betriebe - Beiträge zur Mittelstandsforschung Heft 64 - Göttingen 1980.

[Nader 1993] Nader, G. - Die Qualität von Bankdienstleistungen - in: Österreichisches Bankarchiv - Nr. 6 1993 - S. 454-463.

[Nahlik 1989] Nahlik, W. - Mittelständische Unternehmen als Kreditnehmer - in: Die Bank - Nr. 11 1989 - S. 628-634.

[Neuburger/Jaros-Sturhan 1995] Neuburger, R. / Jaros-Sturhan, A. - EDI und Internet - in: edi-change - Nr. 2 1995 - S. 36-40.

[Niehoff 1996] Niehoff, W. - Ändert Cybermoney die Rolle der Banken? - in: Business Online - Nr. 3 1996 - S. 71.

[Nieschlag/Dichtl/Hörschgen 1988] Nieschlag, R. / Dichtl, E. / Hörschgen, H. - Marketing - 15., überarbeitete und erweiterte Auflage - Berlin 1988.

[Norusis 1993] Norusis, M. J. - SPSS for Windows Professional Statistics Release 6.0 - SPSS Inc. (Hrsg.) - Chicago 1993.

[Norusis 1994] Norusis, M. J. - SPSS für Windows Amwenderhandbuch für das Base-System Version 6.0 - SPSS Inc. (Hrsg.) - Chicago 1994.

[o.V. 1995] o.V. - GE Information Services - Commerce Express Services - in: Informationsblätter der GE Information Services - München 1995 - o.S.

[o.V. 1996a] o.V. - BIZ: Bankensektor unter Anpassungsdruck - in: Handelsblatt - Nr. 192 - 13.06.1996 - S. 35.

[o.V. 1996b] o.V. - DG-Bank-Umfrage: Den Mittelstand unter die Lupe genommen - in: Bank Magazin - Nr. 2 1996 - S. 18.

[o.V. 1996c] o.V. - Videokonferenzen werden billiger - in: Handelsblatt - Nr. 57 - 20.03.1996 - S. 18.

[o.V. 1996d] o.V. - Handelsblatt startet Wirtschaft-Online - in: Süddeutsche Zeitung - Nr. 192 - 4./5.10.1996 - S. 25.

[o.V. 1996e] o.V. - Datenmaterial jetzt online abrufbar - in: Computerzeitung - Nr. 18 - 02.05.1996 - S. 8.

[o.V. 1996f] o.V. - R/3 ist für das Internet gerüstet - in: Handelsblatt - Nr. 115 - 18.06.1996 - S. 24.

[o.V. 1996g] o.V. - CompuServe steigt um - in: Handelsblatt - Nr. 101 - 28.05.1996 - S. 21.

[o.V. 1996h] o.V. - Cybergeld Anfang des Jahres 1997 im Test - in: Frankfurter Allgemeine Zeitung - Nr. 238 - 12.10.1996 - S. 24.

[o.V. 1996i] o.V. - Deutschlands größte Unternehmen in Zahlen - in: Die 100 größten Unternehmen - Beilage zur Frankfurter Allgemeinen Zeitung - 38. Folge Nr. 157 - 09.07.1996.

[o.V. 1996j] o.V. - Der Online-Dienst CompuServe wandelt sich zum Web-Service - in: ComputerWoche - Nr. 22 - 31.05.1996 - S. 1.

[o.V. 1996k] o.V. - GEIS und Netscape machen EDI-Dienste reif fürs Internet - in: ComputerWoche - Nr. 16 - 19.04.1996 - S. 1-2.

[o.V. 1996l] o.V. - Deutsche Bank bietet Internet-Service - in: Frankfurter Allgemeine Zeitung - Nr. 271 - 20.11.1996 - S. 32.

[Pausenberger/Glaum/Johansson 1995] Pausenberger, E. / Glaum, M. / Johansson, A. - Das Cash Management internationaler Unternehmungen in Deutschland - in: Zeitschrift für Betriebswirtschaft - Heft 12 1995 - S. 1365-1386.

[Pfohl/Kellerwessel 1990] Pfohl, H.-Chr. / Kellerwessel, P. - Abgrenzung der Klein- und Mittelbetriebe von Großbetrieben - in: Pfohl, H.-Chr. (Hrsg.) - Betriebswirtschaftslehre der Mittel- und Kleinbetriebe: grössenspezifische Probleme und Möglichkeiten zu ihrer Lösung - 2., neubearbeitete Auflage - Berlin 1990 - S. 1-23.

[Pieper 1990] Pieper, A. - Rationelle Informationsbeschaffung: Datenbanknutzung in Klein- und Mittelbetrieben - Institut der Deutschen Wirtschaft Köln (Hrsg.) - Köln 1990.

[Porter 1992] Porter, M.E. - Wettbewerbsvorteile: Spitzenleistungen erreichen und behaupten - 3. Auflage - Frankfurt am Main, New York 1992.

[Priewasser 1992] Priewasser, E. - Bankbetriebslehre - 3., völlig überarb. Aufl. - München, Wien 1992.

[Priewasser 1994] Priewasser, E. - Die Priewasser-Prognose: Bankstrategien und Bankmanagement 2009 - Frankfurt am Main 1994.

[Rapp 1996] Rapp, A. - Nur wer dient, kann verdienen - in: Geldinstitute - Nr. 6 1996 - S. 26-29.

[Renker 1993] Renker, C. - Firmenkundenmarketing: Erfolg im Bankmarketing gegenüber Unternehmen und Selbständigen - Stuttgart 1993.

[Riehm/Wingert 1995] Riehm, U. / Wingert, B. - Multimedia: Mythen, Chancen, Herausforderungen - Büro für Technikfolgen-Abschätzung beim Deutschen Bundestag - Arbeitsbericht Nr. 33 - Bonn Mai 1995.

[Ripley 1992] Ripley, B.D. - Introductory Guide to S-Plus - Oxford August 1992.

[Rogers 1995] Rogers, E. M. - Diffusion of Innovations - 4th edition - New York 1995.

[Rogge 1981] Rogge, H.-J. - Marktforschung: Elemente und Methoden betrieblicher Informationsgewinnung - München, Wien 1981.

[Salton/McGill 1983] Salton, G. / McGill, M. - Introduction to Modern Information Retrieval - New York 1983.

[Scharf 1996] Scharf, A. - Vom Ausland aus auf Firmendaten zugreifen - in: Handelsblatt - Nr. 98 - 22.05.1996 - S. 29.

[Schmid 1995] Schmid, B. - Elektronische Märkte - in: Stoetzer, M.-W. / Mahler, A. (Hrsg.) - Die Diffusion von Innovationen in der Telekommunikation - Berlin, Heidelberg, New York 1995 - S. 219-236.

[Schmidt-Chiari 1993] Schmidt-Chiari, G. - Zukunftsperspektiven der traditionellen Kernprodukte im Firmenkundengeschäft - in: Juncker, K. / Priewasser, E. (Hrsg.) - Das Firmenkundengeschäft auf dem Weg ins 21. Jahrhundert - Frankfurt am Main 1993 - S. 640-652.

[Schmoll 1996] Schmoll, A. - Firmenkunden aktiv und erfolgreich betreuen: Konzepte, Checklisten, Tips - Wiesbaden 1996.

[Schmoll 1994] Schmoll, T. - Nachrichtenaustausch mit EDI/EDIFACT - Handelsverkehr elektronisch, weltweit - München 1994.

[Schneider 1995] Schneider, G. - Eine Einführung in das Internet - in: Informatik Spektrum - Nr. 18 1995 - S. 263-271.

[Schoder 1995] Schoder, D. - Diffusion von Netzeffektgütern - in: Marketing ZFP - Heft 1 1995 - S. 18-28.

[Shapiro 1992] Shapiro, A. C. - Multinational financial management - 4. Auflage - Boston 1992.

[Spahni-Klass 1990] Spahni-Klass, A. - Cash-Management im internationalen Industriekonzern - Bern, Stuttgart 1990.

[StaBuAmt 1995] Statistisches Bundesamt (Hrsg.) - Fachserie 14 Finanzen und Steuern, Reihe 8 Umsatzsteuer 1992 - Wiesbaden Mai 1995.

[StaBuAmt 1996] Statistisches Bundesamt (Hrsg.) - Fachserie 2 Unternehmen und Arbeitsstätten, Reihe 4.1 Insolvenzverfahren Dezember und Jahr 1995 - Wiesbaden Mai 1996.

[Staud 1991] Staud, J.L. - Online Datenbanken: Aufbau, Struktur, Abfragen - München et al. 1991.

[Stein 1993] Stein, J.H. v. - Arten und Wesensmerkmale der Bankleistung - in: Obst / Hintner (Begr.), Kloten, N. / Stein, J.H. v. (Hrsg.) - Geld-, Bank- und Börsenwesen - 39. Auflage - Stuttgart 1993 - S. 357-359.

[Stein/Cantor 1993] Stein, P.J. / Cantor, A. - The Role of Financial EDI in the United States - in: Juncker, K. / Priewasser, E. (Hrsg.) - Das Firmenkundengeschäft auf dem Weg ins 21. Jahrhundert - Frankfurt am Main 1993 - S. 441-458.

[Steiner 1969] Steiner, G.A. - Strategic Factors in Business - New York 1969.

[Steinmetz 1993] Steinmetz, R. - Multimedia-Technologie - Heidelberg 1993.

[Stoetzer 1993] Stoetzer, M.-W. - Der Einsatz von Mehrwertdiensten in bundesdeutschen Unternehmen: Eine empirische Bestandsaufnahme - Wissenschaftliches Institut für Kommunikationsdienste - Diskussionsbeitrag Nr. 116 - Bad Honnef September 1993.

[Straub 1990] Straub, E. - Electronic Banking: die elektronische Schnittstelle zwischen Banken und Kunden - Bern 1990.

[Telekom 1994] Deutsche Bundespost Telekom - Forschungs- und Technologiezentrum Referat K12 - Datex-J-Neukunden: Strukturuntersuchung - 7. Fragebogenserie, Abschlußbericht - Darmstadt Juli 1994.

[Terrahe/Schuck 1993] Terrahe, J. / Schuck, M. - Elektronischer Zahlungsverkehr in Deutschland: Entwicklung, Status und Tendenzen - in: Juncker, K. / Priewasser, E. (Hrsg.) - Das Firmenkundengeschäft auf dem Weg ins 21. Jahrhundert - Frankfurt am Main 1993 - S. 427-440.

[Thiess 1986] Thiess, M. - Marktsegmentierung als Basisstrategie des Marketing - in: WiSt Wirtschaftswissenschaftliches Studium - Nr. 12 1986 - S. 635-638.

[Trumler 1996] Trumler, W. - Erfolgsfaktoren des Innovationsmanagements von Bankprodukten - in: Österreichisches Bankarchiv - Nr. 4 1996 - S. 253-263.

[Trummer 1990] Trummer, A. - Strategien für strategische Geschäftseinheiten in stagnierenden und schrumpfenden Märkten - Frankfurt am Main, Thun 1990.

[Vogt 1990] Vogt, G. - Geschäftsbeziehungen im europäischen Binnenmarkt: der Firmenkundenbetreuer der Sparkassen als Partner der mittelständischen Unternehmen - Stuttgart 1990.

[Wagner 1992] Wagner, H. - Banken mit integrierter Unternehmensberatung für mittelständische Unternehmen im Wettbewerb: Analyse ihrer Wettbewerbsposition anhand eines Konzeptes der Wettbewerbsfaktoren - Frankfurt et al. 1992.

[Walter 1991] Walter, B. - Electronic Banking als Erweiterung des Vertriebssystems und Leistungsprogramms - in: Süchting, J. / Hooven, E. v. - Handbuch des Bankmarketing - 2., völlig überarbeitete und erweiterte Aufl. - Wiesbaden 1991.

[Weiber 1992] Weiber, R. - Diffusion von Telekommunikation: Problem der kritischen Masse - Wiesbaden 1992.

[Weinkauf 1993] Weinkauf, W. - Zielgruppenidentifikation - in: Juncker, K. / Priewasser, E. (Hrsg.) - Das Firmenkundengeschäft auf dem Weg ins 21. Jahrhundert - Frankfurt am Main 1993 - S. 391-400.

[Weißenberg 1995] Weißenberg, P. - Strategien für Sieger - in: Top Business - Nr. 1 1995 - S. 18-23.

[Werner 1987] Werner, J. - Marktsegmentierung für eine erfolgreiche Markt-Bearbeitung - in: Jahrbuch der Absatz- und Verbrauchsforschung - Heft 4 1987 - S. 396-405.

[Wertschulte 1993] Wertschulte, J.F. - Liquidity- und Asset-Management für mittelständische Firmenkunden - in: Juncker, K. / Priewasser, E. (Hrsg.) - Das Firmenkundengeschäft auf dem Weg ins 21. Jahrhundert - Frankfurt am Main 1993 - S. 490-512.

[Wieandt 1994] Wieandt, P. - Wettbewerb im deutschen und europäischen Firmenkundengeschäft - in: Bank und Markt - Heft 5 Mai 1994 - S. 13-20.

[Willi 1993] Willi, R. - Cash Management - in: Obst / Hintner (Begr.), Kloten, N. / Stein, J.H. v. (Hrsg.) - Geld-, Bank- und Börsenwesen - 39. Auflage - Stuttgart 1993 - S. 672-680.

[Winkler 1972] Winkler, A. - Praktische Anwendung der Marktsegmentierung: Marktsegmentierung als Methode der Marktforschung - in: Jahrbuch der Absatz- und Verbrauchsforschung - Heft 2 1972 - S. 101-129.

[Witte/Dowling 1991] Witte, E. / Dowling, M. - Value Added Services: Regulation and Reality in the Federal Republic of Germany - in: Telecommunications Policy - Vol. 15 - No. 5 1991 - S. 437-452.

[Wittmann 1959] Wittmann, W. - Unternehmung und unvollkommene Information. Unternehmerische Voraussicht - Ungewißheit und Planung - Köln und Opladen 1959.

[Wittstock 1987] Wittstock, M. - Die Auswirkungen neuer Informations- und Kommunikationstechniken auf mittelständische Unternehmen - Schriften zur Mittelstandsforschung, Nr. 21 - Stuttgart 1987.

[Wördenweber 1985] Wördenweber, M. - Clusteranalysen bei gemischtskalierten Datensätzen unter besonderer Berücksichtigung der Gewichtung von Variablen und Variablengruppen - Betriebswirtschaftliche Schriftenreihe Band 22 - Münster 1985.

[Wossidlo 1990] Wossidlo, P.R. - Finanzierung - in: Pfohl, H.-Chr. (Hrsg.) - Betriebswirtschaftslehre der Mittel- und Kleinbetriebe: grössenspezifische Probleme und Möglichkeiten zu ihrer Lösung - 2., neubearbeitete Auflage - Berlin 1990 - S. 239-287.

[Zahn/Rüttler 1990] Zahn, E. / Rüttler, M. - Ganzheitliches Informationsmanagement: Informationsbereitschaft, Informationspotential, Informationsfähigkeit - in: Heilmann, H. et al. (Hrsg.) - Informationsmanagement: Aufgabe der Unternehmensleitung - Stuttgart 1990.

Verzeichnis der elektronischen Quellen

[MARKUS 1995] Marketing Untersuchungen - CDROM-Datenbank - Verband der Vereine Creditreform e.V. - Neuss Mai 1995.

[SAP FI] SAP AG (Hrsg.) - Produktüberblick FI Finanzwesen: Die solide Basis ihrer betriebswirtschaftlichen Entscheidungen - in: CD-ROM zur CeBIT '96 - Walldorf 1996.

[SAP TR-CM] SAP AG (Hrsg.) - Produktüberblick TR-CM Cash Management: Liquiditätsaussagen schnell und zuverlässig durch Integration mit operativen Systemen - in: CD-ROM zur CeBIT '96 - Walldorf 1996.

[SAP TR-TM] SAP AG (Hrsg.) - Produktüberblick TR-TM Treasury-Management: Aktives Treasury-Management: Zur Erreichung ihrer strategischen Unternehmensziele - in: CD-ROM zur CeBIT '96 - Walldorf 1996.

[T-Online 1996] T-Online - Seite *10444# - 28.07.1996.

[WWW 1996a] Internet / World Wide Web - Bankgesellschaft Berlin - Adresse: http://www.bankgesellschaft.de/research/volkswirtschaft/insolvenz.html - 23.07.1996.

[WWW 1996b] Internet / World Wide Web - Gesellschaft für Betriebswirtschaftliche Information mbH - Adresse: http://www.gbi.de/pages/rech/ zugang.html - 30.07.1996.

[WWW 1996c] Internet / World Wide Web - Der Online-Markt - Burda Medien Forschung - Adresse: http://www.newsline.de/folien/f11.jpg - 22.11.1996.

[WWW 1996d] Internet / World Wide Web - Institut für Bankinformatik - Banken im Internet - Adresse: http//www.ibi.de - 07.11.1996.